自由自在 小学3·4年 国語

From Basic to Advanced

受験研究社

はじめに

みなさんのまわりには、たくさんの言葉があふれています。たとえば、言葉によって書かれた数々のすばらしい本が、読まれるのを今か今かと待っています。本を読むことは、みなさんに豊富《ほうふ》な知識《ちしき》や、ふだんとはちがう経験《けいけん》をあたえてくれます。あるいは、みなさんが感じたり考えたりしたことを言葉で表すことで、自分の心の中にあったふわふわとしたものに形をあたえることができます。それを言葉で他の人々に伝えられるようになれば、そこから新たな人と人とのつながりが生まれることでしょう。

みなさんの前には、言葉によって形作られ結びつけられた豊《ゆた》かな世界が広がっているのです。その世界に分け入っていくために、みなさんは国語を学び、言葉を自分のものにして、使いこなせるようにならなければなりません。この本には、そのための土台となる基《き》本的《ほんてき》な知識から、みなさんのもっと知りたいという気持ちを満たしてくれる発展《はってん》的な知識まで、たくさんの国語に関する知識がのせられています。

この本で学習を進めることによって、みなさんが自信をもって、言葉の世界への門を開き、言葉を使いこなしてさまざまな経験をし、前とはちがう新たな自分と出会えることを心から願っています。

ぜひとも覚えておきたい慣用句《かんようく》・ことわざ・四字熟語《よじじゅくご》・故事成語《こじせいご》をまとめて解説しています。また，マンガになっているものもあり，楽しく学習を進められます。

くわしい学習

その単元《たんげん》で学習する内容《ないよう》をくわしく解説《かいせつ》し，わかりやすく整理してまとめてあります。

発てん では，よりレベルの高い内容を解説してあります。

覚《おぼ》えておきたい 慣用句《かんようく》・ことわざ

※慣は慣用句、こはことわざです。例は用例《ようれい》、類は類義語《るいぎご》、対は対義語《たいぎご》を示《しめ》しています。重要《じゅうよう》な言葉《ことば》には★印《しるし》をつけています。

頭・顔・面

★**頭が上がらない** 慣 相手《あいて》に負《お》い目を感《かん》じて、対等《たいとう》にふるまえない。

★**頭かくしてしりかくさず** こ 欠点《けってん》や悪事《あくじ》の一部《いちぶ》をかくして、全部《ぜんぶ》をかくしたつもりでいること。

★**頭が下がる** 慣 感心させられる。例 弟のがんばりには**頭が下がる**。

頭をかかえる 慣 よい考えがうかばず、ひどく困《こま》る。例 難《むずか》しい問題《もんだい》に、**頭をかかえる**。

★**顔が売れる** 慣 世の中に知られる。

★**顔にどろをぬる** 慣 はじをかかせる。

面《つら》の皮《かわ》があつい 慣 ずうずうしい。

★**泣《な》き面《つら》にはち** こ 悪《わる》いことに、さらに悪いことが重《かさ》なること。類 弱《よわ》り目にたたり目・ふんだりけったり

目

目が回る 慣 とてもいそがしい。

★**目から鼻《はな》へぬける** 慣 非常《ひじょう》にかしこい。また、ぬけ目がない。

★**目にあまる** 慣 あまりにひどくて、だまって見ていられない。

★**目の上のこぶ** こ 目ざわりでじゃまな存在《そんざい》のたとえ。

目をぬすむ 慣 人に見つからないように、こっそりとする。

★**目を丸くする** 慣 おどろいて目を見開《みひら》く。例 君《きみ》の変身《へんしん》ぶりには、みんな**目を丸くした**よ。

口

口がうまい 慣 相手が望《のぞ》むことを上手に話す。

★**口が重《おも》い** 慣 口数が少ない。言いたくない様子《ようす》。例 **口が重い**兄は、家でほとんど話さない。

口がすべる 慣 言ってはいけないことを、うっかり言ってしまう。例 **口がすべって**秘密《ひみつ》をもらす。

口がへらない 慣 次《つぎ》から次へと、好《す》き勝手《かって》なことを言う。例 あいつは**口がへらない**やつだ。

★**口車に乗《の》る** 慣 うまい話にだまされる。

くわしい学習

1 常体《じょうたい》と敬体《けいたい》

「～だ」「～である」はふつうの言い方で常体といい、「～です」「～ます」はていねいな言い方で敬体といいます。

例 公園に行く。（常体）
公園に行きます。（敬体）

2 敬語《けいご》とは 発てん

話をしている相手《あいて》や話の中に出てくる人を敬《うやま》っていう言葉《ことば》を、敬語といいます。敬語には、ていねい語、尊敬語《そんけいご》、

練習問題

答え▶368ページ

1 次《つぎ》の□にひらがなを一字入れて、ていねいな言い方に直しましょう。

(1) □手本　(2) □意見
(3) □便《たよ》り　(4) □気持ち
(5) □活やく　(6) □上手

2 次のふつうの言い方(常体)の文を、ていねいな言い方(敬体)の文に直しましょう。

(1) もう一年になる。（　）
(2) 明日《あす》も雨がふるだろう。（　）
(3) 七時に夕食を食べる。（　）

単元の学習内容に合ったレベル別の問題に取り組んで，実力アップ！

上段の くわしい学習 で学んだ内容がしっかり身についているかどうか，下段の 練習問題／力をつける問題／力をのばす問題で確かめることができます。段階的にレベルが高くなっていくので，無理《むり》なく実力をアップできます。さらに，各章の最後には，力をためす問題によって，その章の学習の仕上げができます。

特長と使い方

●学習のまとめと問題

例題

単元《たんげん》のはじめに，まずは問題に取り組みます。その単元で学習する内容《ないよう》を知るだけでなく，現時点《げんじてん》でその内容について自分がどのくらい知識《ちしき》をもっているかを確かめられます。

考え方

上段の例題について，考え方をかんたんに説明してあります。また，あとで学習するページを示してあります。できなかった問題は，そこを読んでからもう一度取り組んでみましょう。

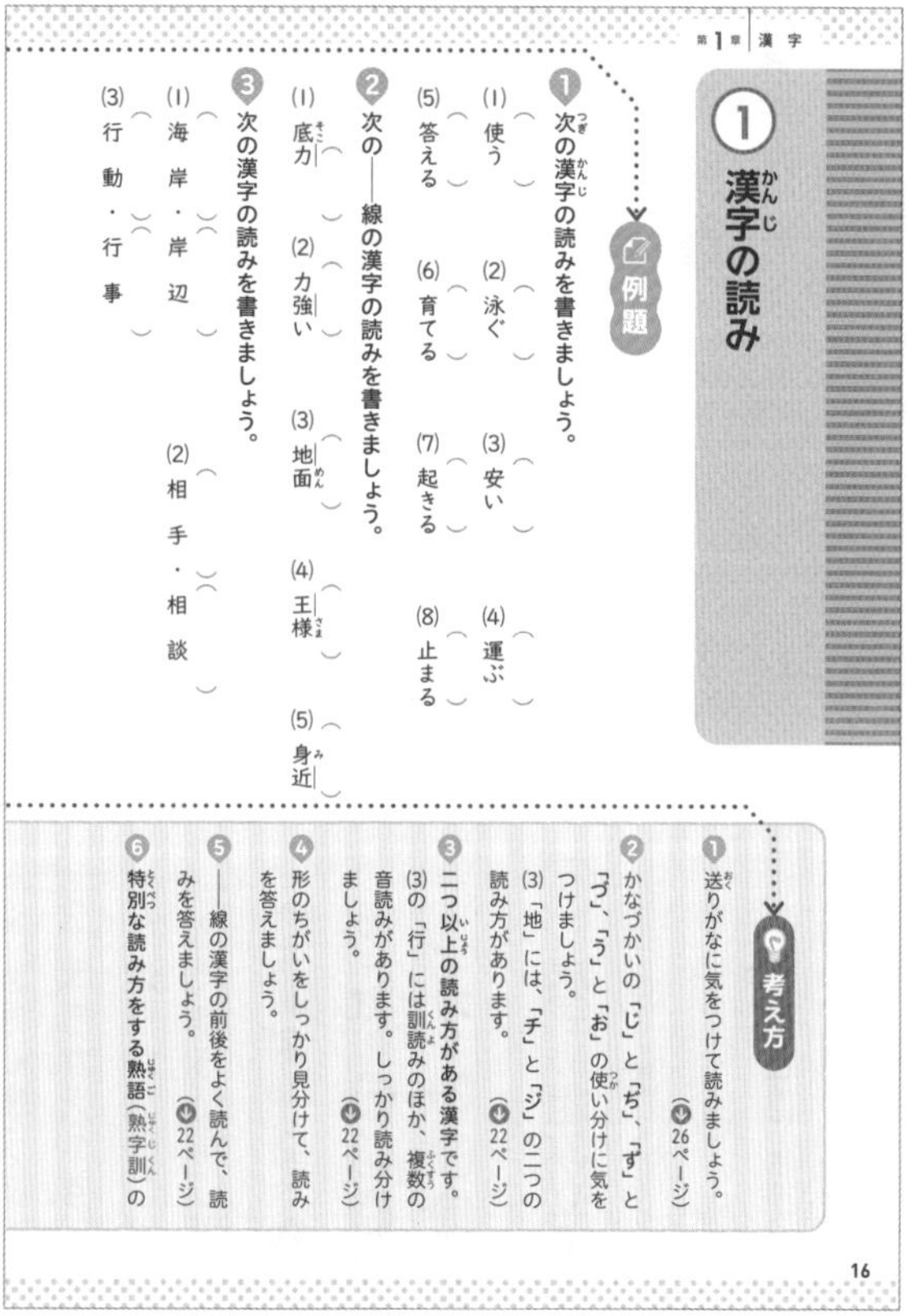
第1章　漢字

① 漢字《かんじ》の読み

例題

❶ 次《つぎ》の漢字《かんじ》の読みを書きましょう。
(1) 使う（　）　(2) 泳ぐ（　）　(3) 安い（　）　(4) 運ぶ（　）
(5) 答える（　）　(6) 育てる（　）　(7) 起きる（　）　(8) 止まる（　）

❷ 次の――線の漢字の読みを書きましょう。
(1) 底《そこ》力（　）　(2) 力強い（　）　(3) 地面《めん》（　）　(4) 王様《さま》（　）　(5) 身《み》近（　）

❸ 次の漢字の読みを書きましょう。
(1) 海岸・岸辺（　）（　）　(2) 相手・相談（　）（　）
(3) 行動・行事（　）（　）

考え方

❶ 送《おく》りがなに気をつけて読みましょう。（→26ページ）
❷ かなづかいの「じ」と「ぢ」，「ず」と「づ」，「う」と「お」の使《つか》い分けに気をつけましょう。
(3)「地」には，「チ」と「ジ」の二つの読み方があります。（→22ページ）
❸ 二つ以上《いじょう》の読み方がある漢字です。(3)の「行」には訓読《くんよ》みのほか，複数《ふくすう》の音読みがあります。しっかり読み分けましょう。（→22ページ）
❹ 形のちがいをしっかり見分けて，読みを答えましょう。
❺ ――線の漢字の前後をよく読んで，読みを答えましょう。（→22ページ）
❻ 特別《とくべつ》な読み方をする熟語《じゅくご》（熟字訓《じゅくじくん》）の

16

●ここからスタート！

●各章《かくしょう》はじめの「ここからスタート！」では，その章の内容をマンガで楽しくしょうかいしています。各キャラクターは本文中にも登場《とうじょう》します。

しん
明るく元気な男の子。

ゆい
しんのおさななじみ。しっかり者。

先生
やさしい新米先生。少し天然。

タロ
ゆいの飼い犬。天才犬。

もくじ

第1編 言葉

第2編 読む

第3編 書く・話す・聞く

本書に関する最新情報は、小社ホームページにある**本書の「サポート情報」**をご覧ください。（開設していない場合もございます。）なお、この本の内容についての責任は小社にあり、内容に関するご質問は直接小社におよせください。

第1編 言葉

ここからスタート！

第1章 漢字

学習することがら

わたしの愛犬《あいけん》のタロよ。
はじめまして！
ゆいの犬だったのか。よし、いっしょに遊《あそ》ぼう！
ちょっと待《ま》って。
しんくん、この字は何？
ずーん
こうじくんと公えんで遊びました
読めない…。
「遊」の筆順《ひつじゅん》はわかる？
遊
左上の「、」から書くんでしょ。
ちがうよ。しんにょう「辶」は最後《さいご》に書くんだ。
しんくん、先に漢字の練習《れんしゅう》よ。
ザンネンでした
えー、そんなあ。
筆順や画数《かくすう》に注意《ちゅうい》して正しく書くと、きれいな字が書けるわよ。
タロ、行きましょ！
人間は大変《たいへん》だね～。

① 漢字《かんじ》の読み

例題

1 次《つぎ》の漢字《かんじ》の読みを書きましょう。

(1) 使う（　　）
(2) 泳ぐ（　　）
(3) 安い（　　）
(4) 運ぶ（　　）
(5) 答える（　　）
(6) 育てる（　　）
(7) 起きる（　　）
(8) 止まる（　　）

2 次の――線の漢字の読みを書きましょう。

(1) 底力《そこぢから》（　　）
(2) 力強い（　　）
(3) 地面《めん》（　　）
(4) 王様《さま》（　　）
(5) 身《み》近（　　）

3 次の漢字の読みを書きましょう。

(1) 海岸（　　）・岸辺（　　）
(2) 相手（　　）・相談（　　）
(3) 行動（　　）・行事（　　）

考え方

1 送《おく》りがなに気をつけて読みましょう。 （↓26ページ）

2 かなづかいの「じ」と「ぢ」、「ず」と「づ」、「う」と「お」の使《つか》い分けに気をつけましょう。
(3)「地」には、「チ」と「ジ」の二つの読み方があります。 （↓22ページ）

3 二つ以上《いじょう》の読み方がある漢字です。
(3)の「行」には訓読《くんよ》みのほか、複数《ふくすう》の音読みがあります。しっかり読み分けましょう。 （↓22ページ）

4 形のちがいをしっかり見分けて、読みを答えましょう。

5 ――線の漢字の前後をよく読んで、読みを答えましょう。 （↓22ページ）

6 特別《とくべつ》な読み方をする熟語《じゅくご》（熟字訓《じゅくじくん》）の

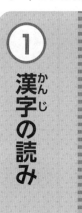

4 次の――線の漢字の読みを書きましょう。

(1) 問う・間近（　　）（　　）
(2) 聞く・開く（　　）（　　）
(3) 待つ・持つ（　　）（　　）
(4) 内側《がわ》・肉体（　　）（　　）
(5) お皿・出《しゅっ》血（　　）（　　）
(6) 楽しい・薬箱《ばこ》（　　）（　　）

5 次の――線の漢字の読みを書きましょう。

(1) 平らな広い土地を平野という。（　　）（　　）
(2) 四番打者がホームランを打った。（　　）（　　）
(3) 羊の絵の入った羊毛のセーター。（　　）（　　）

6 次の漢字の読みを書きましょう。

(1) 今朝（　　）
(2) 七夕（　　）
(3) 明日（　　）
(4) 一人（　　）
(5) 二人（　　）
(6) 大人（　　）

問題《もんだい》です。熟語単位《たんい》での読みを覚《おぼ》えましょう。（32ページ）

答え

1 (1)つか (2)およ (3)やす (4)はこ (5)こた (6)そだ (7)お (8)と

2 (1)ぢから (2)づよ (3)じ (4)おう (5)ぢか

3 (1)かいがん・きしべ (2)あいて・そうだん (3)こうどう・ぎょうじ

4 (1)と・ま (2)き・ひら (3)ま・も (4)うち・にく (5)さら・けつ (6)たの・くすり

5 (1)たい・へいや (2)だしゃ・う (3)ひつじ・ようもう

6 (1)けさ (2)たなばた (3)あす (4)ひとり (5)ふたり (6)おとな

くわしい学習

1 漢字《かんじ》について

① 中国《ちゅうごく》から伝《つた》わる

わたしたちが毎日使《つか》っている漢字は、もともと中国の文字です。

漢字は、今から五千年ほど前に、中国で考え出されたと伝えられています。けものの骨《ほね》やかめのこうらにほりつけられた古い漢字が、今でも残《のこ》っています。

漢字が日本に伝わってきたのは今からおよそ千七百年ほど前のことです。日本人は漢字を使って、生活や文化《ぶんか》を豊《ゆた》かにしていきました。『古事《こじ》記《き》』『日本書紀《にほんしょき》』『万葉集《まんようしゅう》』な

練習問題 ①

答え▼346ページ

1 次の漢字の読みを書きましょう。

(1) 動く（　　）
(2) 投げる（　　）
(3) 消す（　　）
(4) 注ぐ（　　）
(5) 決まる（　　）
(6) 負ける（　　）
(7) 登る（　　）
(8) 感じる（　　）
(9) 終わる（　　）
(10) 送る（　　）
(11) 急ぐ（　　）
(12) 集まる（　　）
(13) 助ける（　　）
(14) 受ける（　　）
(15) 暗い（　　）
(16) 写す（　　）
(17) 住む（　　）
(18) 待つ（　　）
(19) 暑い（　　）
(20) 表す（　　）

2 次の漢字の読みを書きましょう。

(1) 遠足（　　）
(2) 図画（　　）
(3) 回答（　　）
(4) 外出（　　）
(5) 人形（　　）
(6) 午後（　　）
(7) 通行（　　）
(8) 行列（　　）
(9) 作者（　　）
(10) 計算（　　）
(11) 駅長（　　）
(12) 自習（　　）

どの本も、奈良時代《ならじだい》に漢字を使って作られました。

❷ 日本語に合うようにした漢字

漢字は中国の文字ですが、日本に伝えられて、そのまま使われているのではありません。例《たと》えば、「山《サン》」「川《セン》」のような漢語（音読み）のほかに、「山《やま》」「川《かわ》」というような和語（訓読《くんよ》み）が日本でできました。

❸ 日本で作った漢字

畑（はた・はたけ）、峠（とうげ）、働（はたら-く）、辻（つじ）などで、国字《こくじ》といいます。ふつう訓読みしかありません。

❹ 日本でかんたんにした漢字

次《つぎ》のように、画数を少なくしたものもあります。

例 學→学・讀→読・區→区

3 次の——線の漢字の読みを書きましょう。

(1) 通（　）学路《ろ》を　通（　）る。

(2) 店（　）の　店（　）員。

(3) 昼食（　）を　食（　）べる。

4 次の——線の漢字の読みを書きましょう。

(1)
- 上（　）ぐつをはく。
- 上（　）水道《どう》。
- 川を上（　）る。
- たなに上（　）げる。

(2)
- 直（　）線を引く。
- 文を直（　）す。
- 直（　）ちにする。
- 正直（　）な人。

(3)
- 後（　）ろを見る。
- 後（　）の世《よ》。
- 午後（　）三時。
- 人に後（　）れる。

5 次の言葉《ことば》の読み方の正しいほうの記号《きごう》に、○をつけましょう。

(1) 体重　ア たいちょう　イ たいじゅう

(2) 発言　ア はつげん　イ はつごん

(3) 交代　ア こうたい　イ こうだい

(4) 世代　ア せいだい　イ せだい

(5) 色紙　ア しょくし　イ しきし

(6) 元日　ア がんじつ　イ げんじつ

2 音読みと訓読《くんよ》み

漢字《かんじ》の読み方には、音読みと訓読みとがあります。

・音読み…中国《ちゅうごく》の漢字の発音《はつおん》をもとにした読み方。

・訓読み…漢字を、その漢字の意味《いみ》をもつ日本の言葉《ことば》にあてはめた読み方。

例 白《しろ》いペンキで白線《はくせん》を引く。
楽《たの》しい音楽《おんがく》。
値段《ねだん》が安《やす》いので安心《あんしん》だ。
鉄《てつ》でできた橋《はし》は鉄橋《てっきょう》だ。

■の読み方が訓読み、■の読み方が音読みです。

中国読み…音読み
例 白《ハク》《しろ(い)》・楽《ガク》《たの(しい)》・安《アン》《やす(い)》・橋《キョウ》《はし》
日本読み…訓読み

練習問題 2

答え▼346ページ

1 次《つぎ》の漢字の読みを書きましょう。

(1) 有る（　　）
(2) 流れる（　　）
(3) 練る（　　）
(4) 計る（　　）
(5) 食べる（　　）
(6) 調べる（　　）
(7) 転ぶ（　　）
(8) 等しい（　　）
(9) 配る（　　）
(10) 悲しい（　　）
(11) 植える（　　）
(12) 実る（　　）
(13) 拾う（　　）
(14) 乗る（　　）
(15) 去る（　　）
(16) 死ぬ（　　）
(17) 指す（　　）
(18) 温かい（　　）
(19) 晴れる（　　）
(20) 整える（　　）

2 次の漢字の読みを書きましょう。

(1) 研究（　　）
(2) 文庫（　　）
(3) 方向（　　）
(4) 幸福（　　）
(5) 悪人（　　）
(6) 飲食（　　）
(7) 荷物（　　）
(8) 旅館（　　）
(9) 学期（　　）
(10) 作曲（　　）
(11) 湖水（　　）
(12) 家族（　　）

1 音読みだけ、訓読みだけの漢字

漢字の中には、音読みだけ、訓読みだけの漢字もあります。

①訓読みだけの漢字

例 貝(かい)　畑(はた・はたけ)

②音読みだけの漢字

例 愛(アイ)　意(イ)
駅(エキ)　科(カ)
点(テン)　番(バン)

2 同じ訓読みをもつ漢字

同訓異字といい、意味を考えて使い分けます(→53ページ)。

例 **かえる** { 家に帰る。／貸《か》した本が返る。

なく { 赤ちゃんが泣く。／小鳥が鳴く。

はやい { 足が速い。／朝が早い。

3 次の漢字の送《おく》りがなの正しいほうの記号《きごう》に、○をつけましょう。

(1) まったく { ア 全たく　イ 全く
(2) みじかい { ア 短い　イ 短かい
(3) おちる { ア 落ちる　イ 落る
(4) もちいる { ア 用る　イ 用いる
(5) すくない { ア 少ない　イ 少い
(6) むかう { ア 向う　イ 向かう

4 次の熟語《じゅくご》の読みの組み合わせをあとから選《えら》んで、記号で答えましょう。

(1) 役場(　)　(2) 木箱(　)　(3) 新春(　)
(4) 助手(　)　(5) 花畑(　)　(6) 弱気(　)
(7) 合図(　)　(8) 朝食(　)　(9) 客間(　)

ア 音読み＋音読み　イ 訓読み＋訓読み
ウ 音読み＋訓読み　エ 訓読み＋音読み

5 次の漢字の読みを書きましょう。

(1) 景色(　)　(2) 部屋(　)　(3) 時計(　)

3 漢字《かんじ》のいろいろな読み

一つの漢字には、いろいろな読み方があります。中国《ちゅうごく》からは、いろいろな時代や場所《ばしょ》の読み方が伝《つた》わり、複数《ふくすう》の音読みができました。また、訓《くん》読《よ》みがいくつもある漢字もあります。

例（かたかなが音読み、ひらがなが訓読み）

音…オン（音楽《おんがく》・和音《わおん》）
　　おと（音《おと》さた・足音《あしおと》）
　　ね（音色《ねいろ》・声音《こわね》）

金…キン（金魚《きんぎょ》・金色《きんいろ》）
　　コン（金色《こんじき》・黄金《おうごん》）
　　かね（金《かね》持《も》ち）
　　かな（金物《かなもの》）

空…クウ（空港《くうこう》・上空《じょうくう》）
　　そら（空色《そらいろ》・夏空《なつぞら》）

力をつける問題 1

答え▶347ページ

1 次《つぎ》の漢字の読みを書きましょう。

(1) 意見（　　）
(2) 教育（　　）
(3) 病院（　　）
(4) 家屋（　　）
(5) 寒流（　　）
(6) 球根（　　）
(7) 陸橋（　　）
(8) 薬局（　　）
(9) 道具（　　）
(10) 最高（　　）
(11) 商品（　　）
(12) 委員（　　）
(13) 健康（　　）
(14) 野球（　　）
(15) 完成（　　）
(16) 機械（　　）
(17) 血管（　　）
(18) 給料（　　）
(19) 道徳（　　）
(20) 児童（　　）

2 次の漢字の読みを書きましょう。

(1) 返す（　　）
(2) 記す（　　）
(3) 群れる（　　）
(4) 味わう（　　）
(5) 転がる（　　）
(6) 連なる（　　）
(7) 冷える（　　）
(8) 浴びる（　　）
(9) 変える（　　）
(10) 笑う（　　）
(11) 負ける（　　）
(12) 細い（　　）
(13) 冷たい（　　）
(14) 明らか（　　）
(15) 消える（　　）

あ-ける（家《いえ》を空《あ》ける）
から（空手《からて》）

上…ジョウ（上下《じょうげ》・海上《かいじょう》）
うえ（上下《うえした》・山の上《うえ》）
うわ（上着《うわぎ》・上書《うわが》き）
かみ（上《かみ》の句《く》・川上《かわかみ》）
あ-げる（値上《ねあ》げ）
のぼ-る（上《のぼ》り列車《れっしゃ》）

生…セイ（生活《せいかつ》・学生《がくせい》）
ショウ（生《しょう》がい・一生《いっしょう》）
い-きる（生《い》き方《かた》・生《い》きがい）
う-まれる（東京生《とうきょうう》まれ）
は-える（生《は》えぎわ）
なま（生水《なまみず》・生身《なまみ》）

日…ニチ（日時《にちじ》・毎日《まいにち》）
ジツ（元日《がんじつ》・後日《ごじつ》）
か（五日《いつか》・十日《とおか》）
ひ（日々《ひび》・朝日《あさひ》）

木…ボク（木石《ぼくせき》・木刀《ぼくとう》）

3 次の漢字の読みを書きましょう。

(1) 安全（　　）
(2) 温度（　　）
(3) 岩石（　　）
(4) 地階（　　）
(5) 研究（　　）
(6) 起立（　　）
(7) 幸福（　　）
(8) 昔話（　　）
(9) 油田（　　）
(10) 実験（　　）
(11) 印刷（　　）
(12) 氷山（　　）
(13) 競馬（　　）
(14) 未来（　　）
(15) 結果（　　）
(16) 飲食（　　）
(17) 短期（　　）
(18) 丁度（　　）
(19) 北極（　　）
(20) 勝利（　　）

4 次の(例《れい》)にならって、――線の読みを書きましょう。

(例) 炭（タン）（すみ）　石炭／炭火

(1) 定（　）（　）　定時／定める
(2) 置（　）（　）　放《ほう》置／置く
(3) 配（　）（　）　配達《たつ》／配る
(4) 祝（　）（　）　祝日《じつ》／祝う
(5) 調（　）（　）　調子《し》／調べる
(6) 追（　）（　）　追加《か》／追う
(7) 住（　）（　）　住所《しょ》／住む
(8) 深（　）（　）　深海《かい》／深い

モク（木曜日《もくようび》・材木《ざいもく》）
き（木戸《きど》・植木《うえき》）
こ（木立《こだち》）

家…カ（家庭《かてい》・作家《さっか》）
ケ（家来《けらい》・出家《しゅっけ》）
いえ（家出《いえで》・家《いえ》がら）
や（家主《やぬし》・大家《おおや》）

外…ガイ（外国《がいこく》・屋外《おくがい》）
そと（外海《そとうみ》・外回《そとまわ》り）
ほか（思《おも》いの外《ほか》）
はず-す（時計《とけい》を外《はず》す）

間…カン（間食《かんしょく》・時間《じかん》）
ケン（人間《にんげん》・世間《せけん》）
あいだ（少《すこ》しの間《あいだ》）
ま（すき間《ま》・茶《ちゃ》の間《ま》）

形…ケイ（形式《けいしき》・三角形《さんかくけい》）
ギョウ（僧形《そうぎょう》・人形《にんぎょう》）
かたち（姿形《すがたかたち》）
かた（形見《かたみ》・手形《てがた》）

力をつける問題 2

答え▶347ページ

1 次《つぎ》の——線の漢字《かんじ》の読みを書きましょう。

(1) 今週（　）の 当番（　）はぼくだ。
(2) 保健所（　）は 表通り（　）にある。
(3) 音楽会（　）が 終わった（　）。
(4) 不安定（　）な 天候（　）だ。
(5) 運動部（　）の 必勝（　）をいのる。
(6) 辞典（　）を 売る（　）店。
(7) 未来（　）の 夢（　）を語る。
(8) 競争（　）に 敗れる（　）。

2 次の——線の漢字の読みを書きましょう。

(1) 満《まん》開（　）・開く（　）・開ける（　）
(2) 千円札（　）・名札（　）
(3) 去年（　）・過《か》去（　）・去る（　）
(4) 晴天（　）・晴れる（　）
(5) 幸福《ふく》（　）・幸い（　）・幸せ（　）
(6) 平《へい》静（　）・静か（　）

言…ゲン（言語《げんご》・発言《はつげん》）
ゴン（伝言《でんごん》・無言《むごん》）
い-う（うそを言《い》う）
こと（言葉《ことば》・独《ひと》り言《ごと》）

行…コウ（行進《こうしん》・銀行《ぎんこう》）
ギョウ（行事《ぎょうじ》・苦行《くぎょう》）
い-く（買《か》い物《もの》に行《い（ゆ）》く）
ゆ-く（行《ゆ》く先《さき》）
おこな-う（物事《ものごと》を行《おこな》う）

直…チョク（直角《ちょっかく》・実直《じっちょく》）
ジキ（正直《しょうじき》）
なお-す（書《か》き直《なお》す）
ただ-ちに（直《ただ》ちに行《おこな》う）

明…メイ（明白《めいはく》・発明《はつめい》）
ミョウ（明星《みょうじょう》・明朝《みょうちょう》）
あか-るい（明《あか》るい空《そら》）
あき-らか（明《あき》らかな事実《じじつ》）
あ-く（明《あ》くる日《ひ》）
あ-ける（夜《よ》明《あ》け）

3 次の(例《れい》)にならって、右がわに音読み、左がわに訓読《くんよ》みを書きましょう。

(例) 息（ソク）（いき）

(1) 輪（　）（　）
(2) 刷（　）（　）る
(3) 戦（　）（　）う
(4) 失（　）（　）う
(5) 進（　）（　）む
(6) 受（　）（　）ける
(7) 転（　）（　）げる
(8) 等（　）（　）しい
(9) 登（　）（　）る
(10) 唱（　）（　）える
(11) 始（　）（　）まる

4 次の——線の漢字の読みを書きましょう。

(1) 足のけがが治る。（　）
(2) いたみが治まる。（　）
(3) 試合《しあい》に負ける。（　）
(4) やけどを負う。（　）

5 次の漢字の読みを書きましょう。

(1) 特急列車（　）
(2) 開校記念日（　）
(3) 学級委員（　）

重…ジュウ（重役《じゅうやく》・重量《じゅうりょう》）
　チョウ（貴重《きちょう》・自重《じちょう》）
　おも-い（重苦《おもくる》しい）
　かさ-ねる（積《つ》み重《かさ》ね）

平…ヘイ（平野《へいや》・公平《こうへい》）
　ビョウ（平等《びょうどう》）
　たい-ら（平《たい》らな道《みち》）
　ひら（平泳《ひらおよ》ぎ・平社員《ひらしゃいん》）

治…ジ（政治《せいじ》・退治《たいじ》）
　チ（治安《ちあん》・自治《じち》）
　おさ-める（国《くに》を治《おさ》める）
　なお-す（病気《びょうき》を治《なお》す）

4 送《おく》りがながつく漢字《かんじ》の読み

漢字の読み方をはっきりさせるために、**漢字のあとに続《つづ》けてつけるかなのことを「送りがな」**といいます。

例《たと》えば、「上」「下」に、

力をのばす問題 1

答え▶348ページ

1 次《つぎ》の漢字《かんじ》の読みを書きましょう。

(1) 本音（　　）
(2) 暗算（　　）
(3) 開始（　　）
(4) 倉庫（　　）
(5) 毛筆（　　）
(6) 特色（　　）
(7) 無料（　　）
(8) 協力（　　）
(9) 器械（　　）
(10) 兵隊（　　）
(11) 半径（　　）
(12) 節約（　　）
(13) 気候（　　）
(14) 説明（　　）
(15) 一兆円（　　）
(16) 水泳（　　）
(17) 宿題（　　）
(18) 卒業（　　）
(19) 英語（　　）
(20) 熱帯（　　）
(21) 録音（　　）
(22) 新緑（　　）
(23) 旅館（　　）
(24) 仲間（　　）
(25) 松林（　　）

2 次の——線の漢字の読みを書きましょう。

(1) 最《さい》初（　）・初雪（　）・初めて（　）
(2) 都心（　）・都合《ごう》（　）・京の都（　）
(3) 午《ご》後（　）・後ろ（　）・後味《あじ》（　）
(4) 反《はん》省（　）・省力化《か》（　）・省く（　）

次のように送りがなをつけて書くことで、読み方がわかります。

- 下《くだ》る／下《さ》がる／下《お》りる
- 上《のぼ》る／上《あ》がる

❶ 送りがなのちがいによって、ちがう読み方をする漢字

例

- 新《あたら》しい／新《あら》た
- 苦《くる》しい／苦《にが》い
- 教《おし》える／教《おそ》わる
- 交《ま》じる／交《まじ》わる
- 歩《ある》く／歩《あゆ》む
- 通《とお》る／通《かよ》う
- 細《ほそ》い／細《こま》かい
- 食《く》う／食《た》べる
- 出《で》る／出《だ》す
- 負《お》う／負《ま》ける
- 連《つら》なる／連《つ》れる
- 着《き》る／着《つ》く
- 重《おも》い／重《かさ》ねる
- 行《い》く／行《おこな》う
- 少《すこ》し／少《すく》ない

❸ 次の(例《れい》)にならって、右がわに音読み、左がわに訓読《くんよ》みを書きましょう。

(例) 争 （ソウ） （あらそ）う

(1) 養 （　　） （　　）う

(2) 包 （　　） （　　）む

(3) 勇 （　　） （　　）む

(4) 浴 （　　） （　　）びる

(5) 暑 （　　） （　　）い

(6) 飛 （　　） （　　）ぶ

(7) 満 （　　） （　　）ちる

(8) 束 （　　） （　　）

❹ 次の漢字の訓読みを書きましょう。

(1) 冷…（　　）たい・（　　）える・（　　）める

(2) 明…（　　）かり・（　　）るい・（　　）らか

(3) 全…（　　）く・（　　）て

(4) 育…（　　）てる・（　　）む

(5) 正…（　　）しい・（　　）に

(6) 主…池の（　　）・（　　）に

(7) 治…（　　）まる・（　　）る

消《け》す／消《き》える
明《あき》らか／明《あ》ける／明《あか》るい
開《あ》ける／開《ひら》く
下《くだ》る／下《さ》がる
入《い》れる／入《はい》る
放《はな》す／放《ほう》る

直《なお》す／直《ただ》ちに
冷《ひ》える／冷《つめ》たい／冷《さ》める
覚《おぼ》える／覚《さ》める
上《のぼ》る／上《あ》がる
治《おさ》まる／治《なお》る

好《この》む／好《す》く
生《い》きる／生《う》まれる／生《は》える
全《すべ》て／全《まった》く
育《そだ》てる／育《はぐ》む
幸《さいわ》い／幸《しあわ》せ

2 送《おく》りがなのあるなしで読み方に注意《ちゅうい》する漢字《かんじ》

例
・話《はな》す—話《はなし》
〔母に遠足について話す。〕
〔母に遠足の話をする。〕

力をのばす問題 2

答え▼348ページ

1 次《つぎ》の漢字の読みを書きましょう。

(1) 参加（　）
(2) 変化（　）
(3) 洋酒（　）
(4) 本州（　）
(5) 写真（　）
(6) 歯科（　）
(7) 面積（　）
(8) 光明（　）
(9) 肉体（　）
(10) 空想（　）
(11) 約束（　）
(12) 農業（　）
(13) 材料（　）
(14) 兄弟（　）
(15) 残念（　）
(16) 無害（　）
(17) 病死（　）
(18) 工作（　）
(19) 屋根（　）
(20) 詩集（　）
(21) 子孫（　）
(22) 草笛（　）
(23) 伝達（　）
(24) 単品（　）
(25) 高低（　）

2 次の——線の漢字の読みを書きましょう。

(1) 小包（　）
(2) 三日月（　）
(3) 手続き（　）
(4) 間近（　）
(5) 手作り（　）
(6) 鼻血（　）
(7) 宮仕え（　）
(8) 色白（　）

・組《く》む—組《くみ》
　二人ずつの組みになる。
　仲《なか》よし三人組。

・光る—光
　夜空に星が光る。
　明るい光がさす。

・帯《お》びる—帯《おび》
　赤みを帯びる。
　新しい着物《きもの》の帯。

・係《かか》る—係《かかり》
　主語《しゅご》に係る。
　係の活動《かつどう》をする。

3 間に送りがなの入る熟語《じゅくご》

二字熟語に表《あらわ》すと（　）内の言葉《ことば》になり、読み方が変《か》わります。

例
生《い》き物《もの》（生物《せいぶつ》）
食《た》べ物《もの》（食物《しょくもつ》）
満《み》ち潮《しお》（満潮《まんちょう》）

3 次の漢字の〔　〕の読みが音読みならア、訓読《くんよ》みならイを書きましょう。

(1) 帯〔おび〕（　　）　(2) 億〔おく〕（　　）　(3) 札〔さつ〕（　　）
(4) 末〔まつ〕（　　）　(5) 熱〔ねつ〕（　　）　(6) 巣〔す〕（　　）
(7) 駅〔えき〕（　　）　(8) 者〔もの〕（　　）　(9) 客〔きゃく〕（　　）

4 次の漢字の読みを書きましょう。

(1) 競　競争（　　）　競馬（　　）
(2) 太　太陽（　　）　丸太（　　）
(3) 不　不思議（　　）　不細工（　　）
(4) 登　登場（　　）　登山（　　）
(5) 無　無理（　　）　無事（　　）
(6) 代　代理（　　）　交代（　　）

5 次の読みになるように、（　）に送りがなを書きましょう。

(1) あたたかい…温（　　）　(2) ととのえる…整（　　）
(3) おりる…下（　　）　(4) あらためる…改（　　）

5 読みに注意《ちゅうい》する熟語《じゅくご》

① 音読みと訓《くん》読みの漢字《かんじ》が組み合わさった熟語

熟語の多くは、音読みの漢字どうし、訓読みの漢字どうしが組み合わさってできています。

例 全体《ゼンタイ》・引力《インリョク》（音＋音）
親子《おやこ》・歌声《うたごえ》（訓＋訓）

音読みと訓読みが組み合わさった熟語もあります。

①上の漢字を音、下の漢字を訓で読む熟語（重箱《じゅうばこ》読み）

例 番組（バンぐみ）
仕事（シごと）

②上の漢字を訓、下の漢字を音で読む熟語（湯桶《ゆとう》読み）

例 手本（てホン）
高台（たかダイ）

力をのばす問題 3

答え▶349ページ

1 次《つぎ》の漢字《かんじ》の読みを書きましょう。

(1) 飲食物（　　）
(2) 印刷機（　　）
(3) 無関心（　　）
(4) 南半球（　　）
(5) 学級会（　　）
(6) 大量生産（　　）
(7) 栄養失調（　　）
(8) 文学博士（　　）
(9) 陸上選手（　　）
(10) 品種改良（　　）
(11) 器械運動（　　）
(12) 国会議員（　　）
(13) 最低気温（　　）
(14) 海水浴（　　）
(15) 世界一周（　　）
(16) 観光地（　　）

2 次の——線の漢字の読みを書きましょう。

(1) 図表（　　）　表通り（　　）　表す（　　）

(2) 好意《い》（　　）　好み（　　）　好き（　　）

(3) 指定《てい》（　　）　指人形《にんぎょう》（　　）　指す（　　）

(4) 平和《わ》（　　）　平等《どう》（　　）　平たい（　　）

2 漢字の組み合わせによって特別《とくべつ》な読みになる熟語

例

木立（こだち）　金物（かなもの）
酒屋（さかや）　七日（なのか）
春雨（はるさめ）　合戦（かっせん）
何人（なんにん）　雨戸（あまど）
船宿（ふなやど）　上着（うわぎ）
読点（とうてん）　大豆（だいず）
一日中（いちにちじゅう）
兄弟（きょうだい）

3 読み方が二つ以上《いじょう》ある熟語

例

人気
- 人気《にんき》のある歌手《かしゅ》。
- 人気《ひとけ》のない通り。

市場
- 市場《いちば》で買《か》い物《もの》をする。
- 自動車《じどうしゃ》の国際市場《こくさいしじょう》。

分別
- ごみを分別《ぶんべつ》する。
- 分別《ふんべつ》のない行動《こうどう》。

---

3 次の——線部の漢字の読みを書きましょう。

(1) 大阪府《ふ》（　　）　(2) 富山県《けん》（　　）　(3) 愛媛県（　　）　(4) 茨城県（　　）
(5) 滋賀県（　　）　(6) 宮城県（　　）　(7) 岐阜県（　　）　(8) 大分県（　　）
(9) 長崎県（　　）　(10) 埼玉県（　　）　(11) 栃木県（　　）　(12) 山梨県（　　）

4 次の——線の漢字の読みを書きましょう。

(1) 真実（　　）の究明（　　）　(2) 街角（　　）の商店（　　）
(3) 医学（　　）の進歩（　　）　(4) 理科（　　）の実験（　　）
(5) 当然（　　）の結果（　　）　(6) 洋服（　　）の種類（　　）

5 次の読みになるように、（　）に送《おく》りがなを書きましょう。

(1) おちる…落（　　）　(2) たたかう…戦（　　）
(3) うしろ…後（　　）　(4) かりる…借（　　）

④ 熟語《じゅくご》全体で特別《とくべつ》な読み方をするもの（熟字訓《じゅくじくん》）

明日（あす）
大人（おとな）
母さん（かあさん）
河原（かわら）
川原（かわら）
昨日（きのう）
今日（きょう）
果物（くだもの）
今朝（けさ）
景色（けしき）
今年（ことし）
清水（しみず）
上手（じょうず）
七夕（たなばた）
一日（ついたち）
手伝う（てつだう）
父さん（とうさん）
時計（とけい）
友達（ともだち）
兄さん（にいさん）
姉さん（ねえさん）
博士（はかせ）
二十日（はつか）
一人（ひとり）
二人（ふたり）
二日（ふつか）
下手（へた）
部屋（へや）
迷子（まいご）
真面目（まじめ）
真っ赤（まっか）
真っ青（まっさお）
眼鏡（めがね）
八百屋（やおや）

6 次《つぎ》の熟語の音読みを右にかたかなで、訓読《くんよ》みを左にひらがなで書きましょう。

(1) 風車（　　）（　　）
(2) 草原（　　）（　　）
(3) 船底（　　）（　　）
(4) 竹林（　　）（　　）

7 次の漢字の二通りの音読みを、かたかなで書きましょう。

(1) 漁（　　）（　　）
(2) 物（　　）（　　）
(3) 省（　　）（　　）
(4) 無（　　）（　　）
(5) 自（　　）（　　）
(6) 楽（　　）（　　）

8 次の漢字の読みを書きましょう。

(1) 友達（　　）
(2) 真面目（　　）
(3) 八百屋（　　）
(4) 清水（　　）
(5) 果物（　　）
(6) 手伝う（　　）う

ひろがる国語

漢字《かんじ》のでき方

漢字《かんじ》のでき方には、主に次《つぎ》のようなものがあります。

1 絵からできた漢字（象形文字《しょうけいもじ》）

ものの形を絵にしたものから、形が整《ととの》って文字になりました。このような漢字は六百字ほどあります。

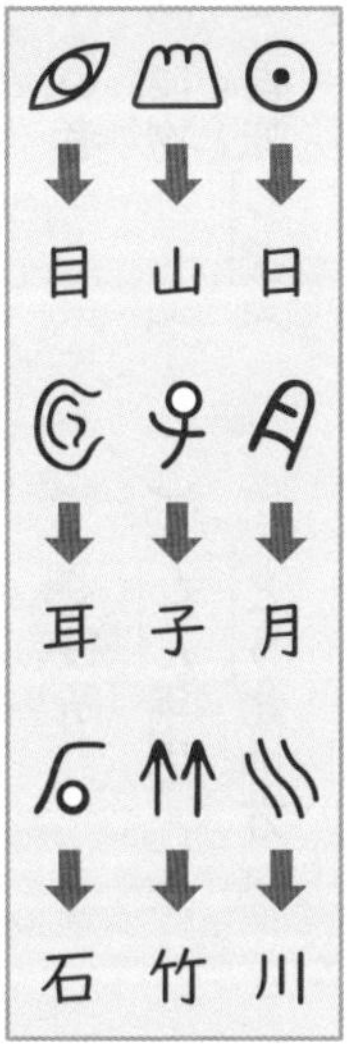

2 点や線などの記号《きごう》からできた漢字（指事文字《しじもじ》）

形で表《あらわ》せないものを、点や線を使《つか》って表した文字です。このような漢字は百三十字ほどあります。

・↓一　・・↓二

・点の数がひとつで「一」、ふたつで「二」を表す。

↓上　↓下

・横線《よこせん》の上に点を置《お》いて「上」を、横線の下に点を置いて「下」を表す。

↓中

・たての線が丸の真《ま》ん中《なか》を通り、「中」を表す。

3 文字と文字とを組み合わせてできた漢字（会意文字《かいいもじ》）

いくつかの文字を組み合わせることで、新《あたら》しい意味《いみ》を表すようになったものです。

林	木＋木↓林	木と木がならぶと「はやし」
明	日＋月↓明	日と月がならぶと「あかるい」
男	田＋力↓男	田で力を出して働《はたら》く「おとこ」
休	木＋人（亻）↓休	木のそばで人が「やすむ」

4 音《おん》と意味とを組み合わせてできた漢字（形声文字《けいせいもじ》）

読み（音）を表す部分《ぶぶん》と意味を表す部分とを組み合わせてできた文字です。漢字の九割《わり》ほどがこれに当たります。

艹（意味＝植物《しょくぶつ》）＋化（読み＝カ）↓花
氵（意味＝水）＋永（読み＝エイ）↓泳
木（意味＝木）＋反（読み＝ハン）↓板
金（意味＝金属《きんぞく》）＋同（読み＝ドウ）↓銅

2 漢字《かんじ》の書き

例題

1 次《つぎ》の——線のひらがなを、漢字《かんじ》に直しましょう。

(1) しょう数（　）・しょう年（　）
(2) 天き（　）・き船《せん》（　）
(3) 伝《でん》ぶん（　）・もん題《だい》（　）
(4) い者（　）・く役所《やくしょ》（　）
(5) に物《もつ》（　）・なん年生（　）
(6) 自《じ》転《てん》しゃ（　）・とう北地方（　）

2 次の——線の言葉《ことば》を、漢字と送《おく》りがなで書きましょう。

(1) 手紙をはこぶ。（　）
(2) 校庭《こうてい》をはしる。（　）
(3) 家にかえる。（　）
(4) 夜があける。（　）
(5) たのしい遠足。（　）
(6) パンをたべる。（　）

考え方

1 **漢字の形がよくにていることに注意《ちゅうい》しましょう。**特《とく》に、(1)と(2)は、読み方も同じなので、使《つか》い方のちがいをしっかり覚《おぼ》えておくことが大切です。
（43ページ）

2 **送りがな**に注意が必要《ひつよう》です。送りがなは、ふつうは**読みの変《か》わるところ**からつけます。ただし、(5)の「たのしい」のような、**言い切りの形が「～い」で終《お》わる、**性質《せいしつ》や様子《ようす》を表《あらわ》す言葉（形容詞《けいようし》）のうち、変わる前に「し」のつくものは特別《とくべつ》なきまりがあるので気をつけましょう。
（44ページ）

3 **訓読《くんよ》み**をヒントに考えましょう。漢字には同じ音読みをもつものが多いので、書き分けるときには訓読みが重要《じゅうよう》になります。
（55ページ）

3 (例《れい》)のように、次の――線の読み方をする漢字を書きましょう。

(例) がく・まなぶ (学)

(1) あん・やすい ( )
(2) しん・すすむ ( )
(3) き・おきる ( )
(4) いん・のむ ( )
(5) かん・さむい ( )
(6) えん・しお ( )
(7) び・うつくしい ( )
(8) か・ばける ( )
(9) きょく・まげる ( )
(10) きょ・こ・さる ( )

4 次の――線のひらがなを、漢字に直しましょう。

(1) ① 妹のしんちょうをはかる。 ( )
② 洋服《ようふく》をしんちょうする。 ( )

(2) ① 代理人《だいりにん》にしめいされる。 ( )
② 解答用紙《かいとうようし》にしめいを書く。 ( )

(3) ① 絶好《ぜっこう》のきかいをのがす。 ( )
② 店にきかいを入れる。 ( )

(4) ① パーティーかいじょうに着《つ》く。 ( )
② かいじょうにうかぶヨット。 ( )

4 同じ音読みの熟語《じゅくご》(同音異義語《どうおんいぎご》)は、文中での意味《いみ》を正しくとらえて書き分けましょう。(1)②の「しんちょう」は、あたらしくととのえるという意味です。(→63ページ)

答え

1 (1)小・少 (2)気・汽 (3)聞・問 (4)医・区 (5)荷・何 (6)車・東
2 (1)運ぶ (2)走る (3)帰る (4)明ける (5)楽しい (6)食べる
3 (1)安 (2)進 (3)起 (4)飲 (5)寒 (6)塩 (7)美 (8)化 (9)曲 (10)去
4 (1)①身長 ②新調 (2)①指名 ②氏名 (3)①機会 ②機械 (4)①会場 ②海上

くわしい学習

1 漢字《かんじ》の書《か》き取《と》りテストの形式《けいしき》

漢字の書き取りテストは、だいたい次《つぎ》のような形で出《しゅつ》題《だい》されます。よく練習《れんしゅう》して、いろいろな形式に慣《な》れておくようにしましょう。

❶ かな書きのところを漢字に直す問題《もんだい》

① 一語として出される問題

例 がっこう（学校）

② 文の中で出される問題

例 広い空をヒコウキがトぶ。（飛行機・飛）

③ 漢字と送《おく》りがなで書く問題

例 友達《ともだち》とあそぶ。（遊ぶ）

練習問題 1

答え▶350ページ

1 次《つぎ》の言葉《ことば》を漢字に直しましょう。

(1) あんぜん（　　）　(2) いけん（　　）

(3) がんせき（　　）　(4) きんじょ（　　）

(5) どうぐ（　　）　(6) しゅざい（　　）

(7) もくじ（　　）　(8) しゅじん（　　）

2 次の――線のひらがなを、漢字に直しましょう。

(1) 口とみみ（　　）　(2) 頭とかお（　　）

(3) 田とはたけ（　　）　(4) うまと牛（　　）

(5) 春分としゅうぶん（　　）

3 次の読み方の漢字を、□に書きましょう。

(1) か……仲《なか》のよい□族《ぞく》。理□の実験《じっけん》。

(2) し……□事《ごと》がはやい。学校の□業式《ぎょうしき》。

(3) あ……気が□う友。先生と□う。

(4) お……背中《せなか》に子を□う。ボールを□う。

② 正しい漢字を選《えら》ぶ問題

文中での意味《いみ》を考えて答えます。

例 次のうち、正しいほうの漢字を○でかこみましょう。

・あついお茶《ちゃ》。（熱・暑）
・山へのぼる。（上・登）
・ちゅう意《い》する。（注・中）

③ 読み方が同じで、使《つか》い方《かた》のちがう漢字の問題

例 次の□に入る漢字を書きましょう。

交《こう》通《つう》
光《こう》線《せん》

機《き》械《かい》を直《なお》す。
病《びょう》気《き》を治《なお》す。

4 次の――線のひらがなを、漢字に直しましょう。

(1) 紙で指《ゆび》をきる。（　　）・ゆかたをきる。（　　）
(2) たて札《ふだ》を読む。（　　）・小屋《こや》をたてる。（　　）
(3) 朝はやく起《お》きる。（　　）・足がはやい。（　　）

5 次の言葉を漢字に直したときの正しいほうの記号《きごう》に、○をつけましょう。

(1) きゅうじつ　ア 休日　イ 体日
(2) しんぶん　ア 新聞　イ 新間
(3) まんかい　ア 満関　イ 満開
(4) やきゅう　ア 野球　イ 野求
(5) とくさん　ア 持産　イ 特産
(6) やくしゃ　ア 投者　イ 役者

6 次の（　）の漢字のうち、正しいほうの記号に○をつけましょう。

(1) 今日は日ちょく（ア 植　イ 直）とう（ア 等　イ 当）番だ。
(2) 愛鳥《あいちょう》しゅう（ア 周　イ 週）間のポスターをつく（ア 作　イ 昨）る。
(3) おきゃく（ア 各　イ 客）様《さま》がちゅう（ア 注　イ 柱）文《もん》する。

2 漢字《かんじ》の覚《おぼ》え方

漢字の覚え方には、いろいろな方法《ほうほう》があります。次《つぎ》にいくつか例《れい》を挙《あ》げておきますが、自分でも工夫《くふう》してみましょう。

① 漢字の部分《ぶぶん》の意味《いみ》を組み合わせる方法

例

岩（ガン・いわ）
・山にある石が岩だ。

動（ドウ・うご-く）
・重いものを、力を入れて動かす。

働（ドウ・はたら-く）
・人（亻）が動いて働く。

拾（ジュウ・シュウ・ひろ-う）
・手（扌）を合わせて拾う。

晴（セイ・は-れる）
・お日様《さま》が青い空に出て晴れ。

練習問題 2

答え▼350ページ

1 次の□に、漢字を書きましょう。

(1) □《くら》い夜道
(2) □《おう》断《だん》歩《ほ》道《どう》
(3) 博《はく》物《ぶつ》□《かん》
(4) □《ぎん》メダル
(5) 長い□《さか》道
(6) 冷《れい》蔵《ぞう》□《こ》
(7) ひな□《まつ》り
(8) □《じょう》車《しゃ》券《けん》
(9) 日《にっ》記《き》□《ちょう》

2 次の□に合う漢字を、上から選《えら》んで書きましょう。

(1) 作・左
□折《せつ》　□法《ほう》

(2) 底・低
□気《き》圧《あつ》　□面《めん》積《せき》

(3) 安・案
図《ず》□　□全《ぜん》

(4) 昭・照
□明《めい》　□和《わ》時《じ》代《だい》

(5) 清・静
安《あん》□　□潔《けつ》

(6) 求・球
要《よう》□　白《はっ》□

② 部首《ぶしゅ》(→70ページ)の意味から覚える方法

例

持(ジ・も-つ)
・手(扌)でものを持つ。

柱(チュウ・はしら)
・木の柱。

味(ミ・あじ・あじ-わう)
・口で食《た》べ物《もの》を味わう。

結(ケツ・むす-ぶ)
・糸で結ぶ。

聞(ブン・き-く・き-こえる)
・耳で聞く。

薬(ヤク・くすり)
・草(艹)から薬を作る。

助(ジョ・たす-ける・たす-かる)
・力をかして助ける。

話(ワ・はな-す・はなし)
・言葉《ことば》を話す。

3 次の読み方の漢字を、□に書きましょう。

(1) かん……家が□成《せい》する。□想《そう》をのべる。
(2) はか……時間を□る。体重《たいじゅう》を□る。
(3) かえ……ひっくり□る。家に□る。

4 次の( )の漢字のうち、正しいほうの記号《きごう》に○をつけましょう。

(1) はまべでかい(ア 貝　イ 具)をとる。
(2) 動物園《どうぶつえん》の入園りょう(ア 科　イ 料)をはらう。
(3) ゆ(ア 由　イ 油)断《だん》は大敵《たいてき》だ。
(4) よう(ア 洋　イ 羊)毛《もう》を輸入《ゆにゅう》する。
(5) わたしは町にす(ア 住　イ 主)んでいる。

5 次の熟語《じゅくご》のうち、正しいほうの記号に○をつけましょう。

(1) へいわ　ア 平話　イ 平和
(2) りか　ア 理科　イ 理料
(3) しんせつ　ア 親切　イ 新切
(4) すみび　ア 岸火　イ 炭火
(5) たいぐん　ア 大群　イ 大郡
(6) ぎょせん　ア 魚船　イ 漁船

③ 同じ部首《ぶしゅ》をもつ漢字《かんじ》をまとめておぼえる方法《ほうほう》

例

きへん（木）　林・植・松・板・柱・梅

ごんべん（言）　語・読・記・計・詩・談

にんべん（亻）　住・仕・代・伝・位・作

おんなへん（女）　姉・妹・始・好

てへん（扌）　打・持・投・拾・折

くさかんむり（艹）　花・草・芽・茶・薬

さんずい（氵）　泳・池・海・湖・湯・流

意味につながりのある漢字を、まとめておぼえられるよ。

練習問題 ③

答え▼350ページ

1 次《つぎ》の□に、漢字《かんじ》を書きましょう。

(1) □□《いがく》の進歩《しんぽ》につくした□□《きょうだい》。

(2) □□《けんきゅう》の結果《けっか》を□□《はっぴょう》する。

(3) □□《かいかい》式《しき》で□□《こうちょう》先生が話す。

(4) □□《さいしん》の□□《ちゅうい》をはらう。

(5) 図書館《としょかん》で□□《ししゅう》を□《か》りる。

(6) もっと□《ひろ》い□□《ばしょ》で遊《あそ》ぼう。

2 次の読み方の漢字を、□に書きましょう。

(1) やく　□目　□束《そく》

(2) しゅう　□金ぶくろ　一□間

(3) ふく　幸《こう》□　衣《い》□

(4) そう　□談《だん》　空《くう》□

(5) れん　歌の□習《しゅう》　三□休

(6) せつ　季《き》□　伝《でん》□

3 まちがえやすい漢字

漢字を書くときに、画数や形をまちがえやすい例《れい》を挙《あ》げました。次《つぎ》のような漢字には特《とく》に注意《ちゅうい》しましょう。

1 一画多すぎるまちがい

例

×式—○式　×礼—○礼

×寒—○寒　×幸—○幸

×具—○具　×羊—○羊

×茨—○茨　×的—○的

2 一画足りないまちがい

例

×鳥—○鳥　×橋—○橋

×食—○食　×配—○配

×曜—○曜　×底—○底

×鼻—○鼻　×挙—○挙

×達—○達　×陽—○陽

3 次の——線に合う漢字を選《えら》んで、記号《きごう》に○をつけましょう。

(1) 太《たい》よう　ア 場　イ 陽

(2) 日記《にっき》ちょう　ア 長　イ 帳

(3) 黒《こく》ばん　ア 板　イ 坂

(4) 写《しゃ》しん　ア 真　イ 具

(5) 電《でん》せん　ア 緑　イ 線

(6) 保《ほ》けん室　ア 健　イ 建

4 次の読み方の漢字を、□に書きましょう。

(1) はなす…草原に牛を□す。家族《かぞく》について□す。

(2) さめる…目が□める。お茶が□める。

(3) あける…夜が□ける。旅行《りょこう》で家を□ける。

(4) たま……ゴルフの□。魚の目の□。

(5) あつい…□いコーヒー。夏の□い日。

5 次の漢字にはまちがいがあります。正しく書き直しましょう。

(1) 鉄《てつ》（　　）

(2) 角《つの》（　　）

(3) 単《たん》（　　）

×求―○求　×博―○博
×単―○単　×学―○学
×初―○初　×係―○係

3 つき出すまちがい

例
×号―○号　×急―○急
×角―○角　×雪―○雪
×害―○害　×左―○左
×差―○差　×細―○細

4 つき出さないまちがい

例
×用―○用　×君―○君
×黄―○黄　×使―○使
×争―○争　×笛―○笛

力をつける問題 1

答え▼351ページ

1 次《つぎ》の□に、漢字を書きましょう。

(1) お□《ゆ》が□《はや》くわく。
(2) 草花が□□《しぜん》に□《そだ》つ。
(3) □□《がいとう》の□《あ》かり。
(4) □□《びょうどう》に□《わ》ける。
(5) □□《けっか》を□□《きょうしつ》にはり出す。
(6) □□《じゆう》に□《かんが》える。
(7) □□《ふくび》きで景品《けいひん》が□《あ》たる。
(8) □□《まんいち》にそなえる。
(9) □《みなと》町を□《たび》する。
(10) □□《せきたん》を倉庫《そうこ》に□《はこ》ぶ。

2 次の――線の言葉《ことば》を、漢字と送《おく》りがなで書きましょう。

(1) 試合《しあい》に<u>やぶれる</u>。（　　）
(2) 愛犬《あいけん》の死《し》を<u>かなしむ</u>。（　　）
(3) カップにお茶を<u>そそぐ</u>。（　　）
(4) <u>すべて</u>の問題《もんだい》が解決《かいけつ》する。（　　）
(5) <u>しあわせ</u>に暮《く》らす。（　　）

5 形が似《に》ている漢字《かんじ》

例

- 小…大小《だいしょう》 / 少…少年《しょうねん》
- 貝…貝類《かいるい》 / 具…道具《どうぐ》
- 大…大学《だいがく》 / 太…太陽《たいよう》
- 休…休日《きゅうじつ》 / 体…体力《たいりょく》
- 便…便利《べんり》 / 使…使用《しよう》
- 末…月末《げつまつ》 / 未…未来《みらい》
- 低…低温《ていおん》 / 底…地底《ちてい》
- 夫…工夫《くふう》 / 天…晴天《せいてん》
- 官…長官《ちょうかん》 / 宮…王宮《おうきゅう》
- 持…本を持《も》つ / 待…人を待《ま》つ
- 季…季節《きせつ》 / 委…委員《いいん》
- 門…校門《こうもん》 / 問…問題《もんだい》
- 科…科学《かがく》 / 料…料金《りょうきん》
- 動…動物《どうぶつ》 / 働…労働《ろうどう》
- 例…例外《れいがい》 / 列…行列《ぎょうれつ》
- 果…果実《かじつ》 / 単…単語《たんご》
- 矢…弓矢《ゆみや》 / 失…失敗《しっぱい》
- 各…各国《かっこく》 / 名…本名《ほんみょう》

3 次の読み方の漢字を、□に書きましょう。

(1) しゅう
九□地方　□合時間　円□

(2) とう
□手《しゅ》　□台　□校

(3) こう
方□　天□　健《けん》□

(4) さい
文化《ぶんか》□　野《や》□　□初《しょ》

4 次の読み方の熟語《じゅくご》を、□に書きましょう。

(1) りょうしん
将来《しょうらい》について□と話し合う。
□にしたがって行動《こうどう》する。

(2) こうじょう
製紙《せいし》□を見学する。
学校の成績《せいせき》が□する。

(3) かじ
住宅地《じゅうたくち》で□があった。
母は毎日、□でいそがしそうだ。

4 送《おく》りがなのつけ方

「話《はな》す」「楽《たの》しい」など、訓《くん》読《よ》みをする漢字《かんじ》のあとには送りがなをつけます。送りがなのつけ方のきまりを正しく覚《おぼ》えましょう。

例《たと》えば、「下」という漢字には、いろいろな読み方があります。そのため、意味《いみ》をはっきりさせ、読み方をまちがえないように、次《つぎ》のように送りがなをつけます。

下げる（さ-げる）
下がる（さ-がる）
下る（くだ-る）
下す（くだ-す）
下さる（くだ-さる）
下ろす（お-ろす）
下りる（お-りる）

力をつける問題 2

答え▼351ページ

1 次の□に、漢字を書きましょう。

(1) □□《びょういん》に□《かよ》う。
(2) □□《がいちゅう》に□《くる》しむ。
(3) 兄と□《とも》に□□《きょうりょく》する。
(4) □□《じんこう》が□□《いちおく》をこす。
(5) □《むかし》の□□《しじん》の作品《さくひん》だ。
(6) □□《ようふく》を□《えら》ぶ。
(7) □《かなら》ず□□《せいこう》させる。
(8) □《くすり》の□《ふく》作用《さよう》。
(9) □□□《しずおかけん》へ行く。
(10) □□《こうてい》で□《あそ》ぶ。

2 次の――線の言葉を、漢字と送りがなで書きましょう。

(1) シャワーを<u>あびる</u>。（　　）
(2) 祖父《そふ》がめっきり<u>おいる</u>。（　　）
(3) おにぎりを<u>つつむ</u>。（　　）
(4) 規則《きそく》を<u>さだめる</u>。（　　）
(5) 準備《じゅんび》を<u>ととのえる</u>。（　　）

1 もとになるきまり

①言葉《ことば》の終《お》わりが変わるものは、変わるところから送る。

例えば、「読む」「起きる」などの言葉は、次のように赤字のところの形が変わります。赤字の部分《ぶぶん》から送りがなになります。

読
- よまない → 読まない
- よみます → 読みます
- よむ → 読む
- よめば → 読めば
- よもう → 読もう

起
- おきない → 起きない
- おきます → 起きます
- おきる → 起きる
- おきれば → 起きれば
- おきよう → 起きよう

※青字は「読む」「起きる」の後につく言葉です。

3 次の言葉の反対《はんたい》の意味の言葉を、漢字とひらがなで書きましょう。

(1) 暗《くら》い ↔（　　）
(2) 冷《つめ》たい ↔（　　）
(3) 重《おも》い ↔（　　）
(4) 始《はじ》まり ↔（　　）
(5) 負《ま》ける ↔（　　）
(6) 大きい ↔（　　）
(7) 近い ↔（　　）
(8) 強い ↔（　　）
(9) 寒《さむ》い ↔（　　）
(10) 長い ↔（　　）

4 (例《れい》)のように、次の——線部の読み方をもつ漢字を書きましょう。

(例) そう・おくる（送）
(1) えん・まるい（　　）
(2) が・め（　　）
(3) きゅう・いそぐ（　　）
(4) さつ・ふだ（　　）
(5) しょう・まつ（　　）
(6) じょう・しろ（　　）
(7) しん・ふかい（　　）
(8) そう・くら（　　）

5 次の読み方の漢字を、□に書きましょう。

(1) せき：出□　体□　□外線
(2) た：□国　□数　丸□
(3) ち：土□　位《い》□　未《み》□

「高い」「急だ」などの言葉も同じように、形が変わるところから送りがなになります。

高
- たかかろう↓高かろう
- たかかった↓高かった
- たかくない↓高くない
- たかい↓高い
- たかければ↓高ければ

急
- きゅうだろう↓急だろう
- きゅうだった↓急だった
- きゅうでない↓急でない
- きゅうだ↓急だ
- きゅうならば↓急ならば

力をつける問題③

答え▼352ページ

1 次《つぎ》の□に、漢字《かんじ》を書きましょう。

(1) □《しず》かな□□《じんじゃ》。

(2) 本の□□《かんそう》を□《かた》る。

(3) □□《うみべ》を□《はし》る。

(4) □□□《としょかん》の□《にわ》で休む。

(5) □□《りょうり》を□《くば》る。

(6) □□《しんかい》に住《す》む生物《せいぶつ》を□《しら》べる。

(7) □《おも》い□□《ろうどう》に苦《くる》しむ。

(8) □□□□《しんぶんきしゃ》になりたい。

(9) □□《しんじつ》を□《つた》える。

(10) □《べつ》の□□《ほうほう》を選ぶ。

2 次の——線の言葉《ことば》を、漢字と送《おく》りがなで書きましょう。

(1) コンクリートが<u>かたまる</u>。（　　　）

(2) リボンを<u>むすぶ</u>。（　　　）

(3) 得点《とくてん》のチャンスを<u>うしなう</u>。（　　　）

(4) <u>みじかい</u>ひも。（　　　）

(5) ボールが<u>ころがる</u>。（　　　）

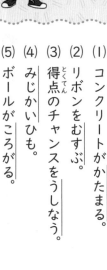

②物《もの》や事《こと》がらの名前（名詞《めいし》）には、送《おく》りがなをつけない。

例 月《つき》　鳥《とり》　花《はな》　山《やま》
男《おとこ》　女《おんな》　空《そら》　歌《うた》

③形の変《か》わる言葉《ことば》からできた言葉（名詞）は、送りがなをつける。

例 祭《まつ》り　願《ねが》い　勝《か》ち　答《こた》え
問《と》い　向《む》かい　帰《かえ》り
動《うご》き　代《か》わり　遠《とお》く
近《ちか》く　負《ま》け　温《あたた》かみ
確《たし》かさ　正《ただ》しさ　苦《くる》しげ

④習慣《しゅうかん》によって送りがなをつけない言葉には、つけない。

例 受付《うけつけ》　立場《たちば》　小包《こづつみ》　番組《ばんぐみ》
夕立《ゆうだち》　切手《きって》　合図《あいず》　建物《たてもの》
組合《くみあい》　待合室《まちあいしつ》　積立金《つみたてきん》
関取《せきとり》　西陣織《にしじんおり》　備前焼《びぜんやき》

3 次の読み方の漢字を、□に書きましょう。

(1) けい
三角□　関《かん》□　風□

(2) さん
□数　名《めい》□　□品《ひん》　□考《こう》

(3) せい
火□　□列《れつ》　□功《こう》

(4) ふ
□知事《ちじ》　□満《まん》　送《そう》□

4 次の（　）に合う言葉を下から選んで、漢字に直しましょう。

(1) 優勝《ゆうしょう》できなくて（　　）だ。
(2) 電話機《でんわき》を（　　）する。
(3) 今年《ことし》の（　　）の服《ふく》を買う。
(4) （　　）街《がい》がにぎわう。
(5) デパートの（　　）で遊《あそ》ぶ。

ショウテン
オクジョウ
ハツメイ
ザンネン
リュウコウ

5 次の――線の言葉を、漢字に直しましょう。

かれは(1)やくそくしたことは(2)かならずやりとげる(3)せいねんです。

(1)（　　）
(2)（　　）
(3)（　　）

2 特別《とくべつ》なきまり

①言い切りの形が「～い」で終《お》わる、性質《せいしつ》や様子《ようす》を表《あらわ》す言葉《ことば》(形容詞《けいようし》)のうち、「美《うつく》しい」「苦《くる》しい」のように、変《か》わる前に「し」のつくものは、「し」から送《おく》る。

例　新《あたら》しい　楽《たの》しい　親《した》しい
美しい　苦しい

②言い切りの形が「～だ」で終わる、性質や様子を表す言葉(形容動詞《けいようどうし》)のうち、変わる前に「か」「やか」「らか」のつくものは、そこから送る。

例　静《しず》かだ　温《あたた》かだ
和《なご》やかだ　健《すこ》やかだ
明《あき》らかだ　平《たい》らかだ

③物《もの》や事《こと》がらの名前(名詞)で

力をつける問題4

答え▼352ページ

1 次の□に、漢字《かんじ》を書きましょう。

(1) □□《かんさつ》を□《つづ》ける。
(2) 野球部《やきゅうぶ》の□□《きたい》の□《ほし》。
(3) □□《けっか》を□《つた》える。
(4) □《みずうみ》の□□《なんがん》の町。
(5) □《うめ》の□□《かじつ》をとる。
(6) □□《こうつう》の□《べん》がよい。
(7) 魚を□□《すみび》で□《や》く。
(8) □《まご》に宝物《たからもの》を□《のこ》す。

2 次の――線の言葉を、漢字と送りがなで書きましょう。

(1) 友人を動物《どうぶつ》にたとえる。（　）
(2) 兄の成功《せいこう》をのぞむ。（　）
(3) かなしい物語《ものがたり》を読む。（　）
(4) ボールをなげる。（　）
(5) 足のほねがおれる。（　）
(6) むねをそらす。（　）

も、読みまちがいをしやすい言葉には送りがなをつける。

例 後《うし》ろ　半《なか》ば　幸《さいわ》い　幸《しあわ》せ
情《なさ》け　上《のぼ》り　自《みずか》ら

④形の変わる言葉からできたものでも、次《つぎ》の言葉は送りがなをつけない。

例 氷《こおり》　印《しるし》　帯《おび》　話《はなし》
係《かかり》　光《ひかり》　組《くみ》　次《つぎ》

⑤名詞以外《いがい》の形の変わらない言葉は、最後《さいご》の音を送ることが多い。

例 必《かなら》ず　少し　全《まった》く　最《もっと》も

⑥二つ以上《いじょう》の言葉が結《むす》び付《つ》いてできた言葉は、もとの言葉の送りがなのつけ方によって送る。

例 打《う》ち合わせる　話し合い

3 次の――線にあたる漢字を下から選《えら》んで、記号《きごう》に○をつけましょう。

(1) だい所《どころ》で、夕飯《ゆうはん》のしたくをする。（ア 代　イ 台　ウ 題）
(2) 日本の政《せい》じをよくする。（ア 次　イ 時　ウ 治）
(3) 忘《わす》れ物《もの》にちゅう意《い》しよう。（ア 柱　イ 注　ウ 中）
(4) クラス全員《ぜんいん》できょう力《りょく》しよう。（ア 強　イ 協　ウ 共）
(5) コメの生産《せいさん》りょうがふえる。（ア 料　イ 量　ウ 両）
(6) 将来《しょうらい》は警《けい》かんになるのがゆめだ。（ア 官　イ 管　ウ 関）
(7) 勝利《しょうり》のえい光《こう》にかがやく。（ア 英　イ 泳　ウ 栄）
(8) 重《じゅう》ような問題《もんだい》について話し合う。（ア 要　イ 養　ウ 用）
(9) 海辺《うみべ》の生物《せいぶつ》を研《けん》きゅうする。（ア 級　イ 究　ウ 求）

4 次の言葉を、必要《ひつよう》なものには送りがなをつけて漢字で書きましょう。

(1) （　くらい　）の高い人物。
(2) （　くらい　）空が広がる。
(3) 六月の（　はじめ　）。
(4) 仕事《しごと》（　はじめ　）。
(5) 友人と（　わかれる　）。
(6) 道路《どうろ》が三つに（　わかれる　）。

●四年生までに学ぶ送《おく》りがながつく漢字《かんじ》の例《れい》

あ
明《あか》るい　明《あき》らか　空《あ》ける　開《あ》ける　挙《あ》げる　遊《あそ》ぶ　温《あたた》かい　温《あたた》まる　辺《あた》り　当《あ》たる　改《あらた》める　合《あ》わせる

い
生《い》きる　勇《いさ》ましい　急《いそ》ぐ　祝《いわ》う

う
植《う》える　失《うしな》う　後《うし》ろ　歌《うた》う　写《うつ》す　生《う》まれる

お
大《おお》きい　起《お》きる　行《おこな》う　治《おさ》める　教《おし》える　落《お》ちる　同《おな》じ　覚《おぼ》える　終《お》わる　泳《およ》ぐ

か
係《かか》る　重《かさ》ねる　固《かた》める　語《かた》る　借《か》りる　軽《かる》い　代《か》わる

き
消《き》える　決《き》める

く
暗《くら》い　苦《くる》しい

こ
試《こころ》みる　細《こま》かい　転《ころ》がる

力をつける問題5

1 次《つぎ》の□に、漢字を書きましょう。

(1) □《あね》の□□《しゃしん》を見る。
(2) □□《やさい》を□《た》べる。
(3) □□《じゅんばん》を□《ま》つ。
(4) □《にわ》に□《まつ》を植《う》える。
(5) いろいろな□《まめ》の□□《しゅるい》。
(6) □□《さいご》の切り□《ふだ》。
(7) □□《かんこう》で□《しろ》を訪《おとず》れる。
(8) □□《とし》の□□《ぎんこう》。
(9) 綿《めん》□□《こうぎょう》が□《さか》える。
(10) □□《たはた》を□《う》る。

2 次の——線に合う漢字を下から選《えら》んで、記号《きごう》に○をつけましょう。

(1) 校き（ア 旗　イ 期　ウ 記）
(2) き具《ぐ》（ア 機　イ 汽　ウ 器）
(3) 保《ほ》けん所《じょ》（ア 建　イ 健　ウ 験）
(4) しん切（ア 新　イ 親　ウ 神）
(5) 命れい（ア 令　イ 礼　ウ 冷）

答え▼353ページ

さ
幸《さいわ》い
差《さ》す
寒《さむ》い
覚《さ》める
冷《さ》める

し
幸《しあわ》せ
静《しず》か
親《した》しい
調《しら》べる
記《しる》す

す
少《すく》ない
少《すこ》し

そ
注《そそ》ぐ
育《そだ》つ
育《そだ》てる
反《そ》らす

た
平《たい》ら
高《たか》い
助《たす》ける
戦《たたか》う
正《ただ》しい
建《た》てる
例《たと》える
楽《たの》しい
便《たよ》り

ち
小《ちい》さい
近《ちか》い
近《ちか》づく

つ
仕《つか》える
努《つと》める
冷《つめ》たい
積《つ》もる
強《つよ》い

と
遠《とお》い
整《ととの》える
止《と》める

な
治《なお》る
半《なか》ば
投《な》げる
習《なら》う

の
残《のこ》す
乗《の》る

は
入《はい》る
育《はぐく》む
運《はこ》ぶ
始《はじ》まる
初《はじ》めて
外《はず》す
働《はたら》く

3 次の□に、漢字を書きましょう。

(1) □□《きせつ》外《はず》れの暑《あつ》さだ。
(2) 学級《がっきゅう》□□《いいん》になる。
(3) □□《れんぞく》ドラマを見る。
(4) 今日《きょう》から交通□□《あんぜん》週間だ。
(5) □□□《がくえんさい》の出しもの。
(6) 星を□□《かんさつ》する。
(7) □□《ぎゅうにく》料理《りょうり》をたべる。
(8) □□《ごご》の予定《よてい》を確《かく》にんする。
(9) 有名《ゆうめい》な□□《さっきょく》家。
(10) 欠席《けっせき》の□□《りゆう》を伝《つた》える。

4 (例《れい》)のように、——線部の読み方をもつ漢字を書きましょう。

(例) ざん・のこる　（残）
(1) しゃ・もの　（　　）
(2) しゅ・さけ・さか　（　　）
(3) じゅ・うける　（　　）
(4) しょう・となえる　（　　）
(5) し・いち　（　　）
(6) しん・すすむ　（　　）
(7) ぼう・のぞむ　（　　）
(8) ぶつ・もつ・もの　（　　）

5 次の——線の熟語《じゅくご》にはまちがいがあります。正しく書き直しましょう。

(1) 文《もん》部《ぶ》科《か》学《がく》大人《だいじん》。　（　　）→（　　）
(2) 単所《たんしょ》を直す。　（　　）→（　　）
(3) 満一《まんいち》の場合《ばあい》にそなえる。　（　　）→（　　）

ひ
冷《ひ》える
光《ひか》る
等《ひと》しい
拾《ひろ》う

ま
全《まった》く
祭《まつ》り
守《まも》る
円《まる》い
周《まわ》り

み
短《みじか》い
実《みの》る

む
向《む》かう
結《むす》ぶ
群《む》れる

も
用《もち》いる
求《もと》める
最《もっと》も

や
養《やしな》う
安《やす》い
休《やす》む
敗《やぶ》れる

よ
弱《よわ》い

わ
分《わ》かれる
別《わか》れる

「治」には「おさ-める」と「なお-る」という訓読《くんよ》みがあるよ。送《おく》りがなによって、読み方と意味《いみ》がわかるね。

力をつける問題 6

答え▼353ページ

1 次《つぎ》の□に、漢字を書きましょう。

(1) □□《こくばん》の字を□《け》す。

(2) □《きゅう》に□□《てんこう》が変《か》わる。

(3) □□□《はくぶつかん》を□《た》てる。

(4) □《かた》い□□《けつい》。

(5) □□《ぎょこう》について□《しら》べる。

(6) □□□□《じどうこうえん》で□《あそ》ぶ。

(7) □□《のうぎょう》が□《はっ》展《てん》する。

(8) □□《えいよう》に□《と》む。

(9) □□□《はいしゃ》に□《かよ》う。

(10) □□□《ひゃっかてん》で□《か》う。

2 次の□に、漢字を書きましょう。

(1) こうげきの□□《ひょうてき》

(2) □□《でんぴょう》の整理《せいり》

(3) □□《さくねん》の話

(4) 学習計画《がくしゅうけいかく》の□□《さくせい》

(5) □□《ちてい》の調査《ちょうさ》

(6) □□《ていおん》貯蔵《ちょぞう》

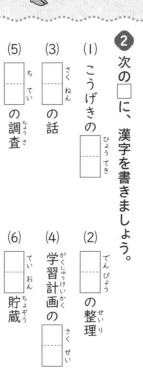

5 読み方が同じ漢字《かんじ》

① 訓読《くんよ》みが同じで、意味がちがう漢字（同訓異字《どうくんいじ》）

読み	漢字	使《つか》い方《かた》の例《れい》
あう	合	話が合う。
	会	友達《ともだち》に会う。
あける	空	席《せき》を空ける。
	明	夜が明ける。
	開	窓《まど》を開ける。
あつい	熱	熱いお茶。
	暑	夏は暑い。
おう	負	荷物《にもつ》を負う。
	追	ボールを追う。
かえる	帰	家に帰る。
	返	忘《わす》れ物《もの》が返る。
かた	方	書き方。
	形	形見《かたみ》の品《しな》。
	型	最新型《さいしんがた》の車。
かわ	川	川の流《なが》れ。

3 次の□に、漢字を書きましょう。

(1) 千・万・□《おく》・□《ちょう》

(2) 市・町・村・□《と》・道・□《ふ》・県《けん》

(3) 子・□《まご》・□《おや》・祖父母《そふぼ》

4 次の読み方の漢字を、□に書きましょう。

(1) あん……□全《ぜん》・□記

(2) しゅう……□辺《へん》・□合《ごう》

(3) けい……直□・関《かん》□

(4) とう……□校・電□

(5) ほう……□装《そう》・方□

(6) み……□覚《かく》・□来

5 次の□に、漢字を書きましょう。

(1) コーヒーは□《にが》い。

(2) 昼ご飯《はん》の□《あと》に遊《あそ》ぶ。

(3) □《こま》かい模様《もよう》のワンピース。

(4) 板《いた》を何枚《なんまい》も積《つ》み□《かさ》ねる。

	皮	木の皮。
かえる	変	形を変える。
	代	あいさつに代える。
きる	切	木を切る。
	着	着物《きもの》を着る。
たつ	立	山上に立つ。席《せき》を立つ。
	建	家が建つ。
とも	友	親《した》しい友。
	共	共に学ぶ。
なおす	直	機械《きかい》を直す。
	治	けがを治す。
なく	鳴	鳥や虫が鳴く。
	泣	赤ちゃんが泣く。
のぼる	上	京へ上る。川を上る。
	登	山に登る。
はかる	計	時間を計る。
	量	米を量る。
はじめ	初	年の初め。
	始	仕事《しごと》始め。
はなす	放	犬を放す。

力をのばす問題 1

答え▼353ページ

1 次《つぎ》の□に、漢字を書きましょう。

(1) □《あね》は、中学で□□《えいご》を□□《べんきょう》している。

(2) □□□《ちずちょう》で、茨城県《いばらきけん》の□□《めんせき》や□□《さんぶつ》をたしかめる。

(3) 学校の□□《きゅうしょく》は、□《やす》くて□□《しゅるい》も多い。

(4) □□《きぼう》を□《うしな》って生きることは□□《むり》だと思う。

(5) □□《りょかん》での□□《にゅうよく》は、夕方にすませる□□《よてい》だ。

2 次の――線部《せんぶ》の読み方をする漢字を書きましょう。

(1) まつ・すえ　（　）（　）

(2) そく・たば　（　）（　）

(3) よう・さま　（　）（　）

(4) しゃく・かりる　（　）（　）

(5) ゆう・いさむ　（　）（　）

(6) べつ・わかれる　（　）（　）

(7) てき・まと　（　）（　）

(8) せつ・とく　（　）（　）

読み	漢字	使い方の例
	話	父と話す。
はやい	速	足が速い。
	早	朝が早い。
ひ	日	日がくれる。
	火	火がつく。
まわり	回	ひと回り。
	周	池の周り。

「速い」と「早い」は、「速《そく》度《ど》」と「早朝《そうちょう》」のように、熟語《じゅくご》で覚《おぼ》えるといいよ。

❷ 音読みが同じで、意味《いみ》がちがう漢字《かんじ》(同音異《い》字《じ》)

読み	漢字	使《つか》い方《かた》の例《れい》
イ	以	以上《いじょう》・以下《いか》・以後《いご》
	衣	衣服《いふく》・白衣《はくい》・衣料《いりょう》
	位	上位《じょうい》・位置《いち》・地位《ちい》
	医	医者《いしゃ》・医学《いがく》・医院《いいん》
	委	委員《いいん》・委細《いさい》

❸ 次の読み方の漢字を、□に書きましょう。

(1) シュウ
本□の県《けん》
□業式《ぎょうしき》
一□間

(2) コウ
□労者《ろうしゃ》
□都合《つごう》
首相《しゅしょう》□補《ほ》

(3) テン
漢字辞《じ》□
□校生
商《しょう》□主《しゅ》

(4) ヤク
□草園
市《し》□所《しょ》
□百名

(5) セツ
SF小《エスエフしょう》□
足の関《かん》□
骨《こっ》□

(6) グン
□部《ぶ》
陸海空《りくかいくう》□
大□集《しゅう》

❹ 次の読み方の漢字を、□に書きましょう。

(1) ヨウシ
原こう□□に書く。
親せきの家の□□になる。

(2) ジンコウ
□□の少ない村。
□□呼吸《こきゅう》。

(3) シンチョウ
□□がのびる。
スーツを□□する。

(4) シメイ
□□を書く。
□□を果《は》たす。

カ　　カイ

意	意地《いじ》・意見《いけん》・注意《ちゅうい》
火	火口《かこう》・火山《かざん》・火事《かじ》
化	化石《かせき》・化合《かごう》・化学《かがく》
加	加入《かにゅう》・加工《かこう》・追加《ついか》
花	開花《かいか》・花器《かき》・落花《らっか》
歌	歌手《かしゅ》・歌集《かしゅう》・校歌《こうか》
科	科学《かがく》・内科《ないか》・理科《りか》
夏	夏季《かき》・初夏《しょか》・夏期《かき》
家	家事《かじ》・家具《かぐ》・実家《じっか》
果	効果《こうか》・成果《せいか》・果実《かじつ》
貨	貨車《かしゃ》・貨物《かもつ》・金貨《きんか》
会	会社《かいしゃ》・大会《たいかい》・会計《かいけい》
回	回数《かいすう》・回転《かいてん》・今回《こんかい》
改	改定《かいてい》・改名《かいめい》・改良《かいりょう》
開	開会《かいかい》・開始《かいし》・開店《かいてん》
海	海上《かいじょう》・海水《かいすい》・海岸《かいがん》
界	世界《せかい》・下界《げかい》・外界《がいかい》
械	器械《きかい》・機械《きかい》
絵	絵画《かいが》
階	階級《かいきゅう》・音階《おんかい》・上階《じょうかい》

力をのばす問題 2

答え▼354ページ

1 次《つぎ》の□に、漢字《かんじ》を書きましょう。

(1) 弟は、□□《せかい》の□□□《ふしぎ》な話が□《す》きだ。

(2) 家の□□《そうこ》には、□《ふる》い□□《きんか》がねむっている。

(3) 母は□《にわ》で、□□《えんげい》を□《たの》しんでいる。

(4) 英《えい》□□《たんご》を□《おぼ》えるのは□□《たいへん》だ。

(5) □□《ぶんぽう》の□□《さんこう》書に、□《しるし》をつけた。

2 次の――線部《せんぶ》の読み方をする漢字を書きましょう。

(1) えい・およぐ（　　）

(2) がい・まち（　　）

(3) き・おきる（　　）

(4) きょ・あげる（　　）

(5) さん・うむ（　　）

(6) せい・はれる（　　）

(7) そく・がわ（　　）

(8) ひ・とぶ（　　）

カン	官	官立《かんりつ》	官軍《かんぐん》	器官《きかん》
	管	血管《けっかん》	気管《きかん》	管理《かんり》
	間	間食《かんしょく》	夜間《やかん》	年間《ねんかん》
	完	完全《かんぜん》	完成《かんせい》	完結《かんけつ》
	寒	寒流《かんりゅう》	寒波《かんぱ》	寒村《かんそん》
	漢	漢字《かんじ》	漢語《かんご》	漢詩《かんし》
	感	感心《かんしん》	同感《どうかん》	感想《かんそう》
	関	関係《かんけい》	関東《かんとう》	機関《きかん》
	館	旅館《りょかん》	館内《かんない》	会館《かいかん》
	観	観光《かんこう》	観客《かんきゃく》	観察《かんさつ》
キ	気	天気《てんき》	気温《きおん》	気分《きぶん》
	汽	汽車《きしゃ》	汽船《きせん》	
	季	季節《きせつ》	四季《しき》	冬季《とうき》
	希	希望《きぼう》	希少《きしょう》	希求《ききゅう》
	帰	帰国《きこく》	帰港《きこう》	帰路《きろ》
	記	記事《きじ》	記録《きろく》	記者《きしゃ》
	期	期日《きじつ》	期待《きたい》	学期《がっき》
	旗	国旗《こっき》	旗手《きしゅ》	校旗《こうき》
	器	器具《きぐ》	器楽《きがく》	食器《しょっき》
	機	機会《きかい》	機関《きかん》	機械《きかい》

3 次の右は音読み、左は訓読《くんよ》みです。（　）に合う漢字を書きましょう。

(1)（　） サン／ちる
(2)（　） ヨウ／やしなう
(3)（　） ケン／たてる
(4)（　） クン／きみ
(5)（　） サ／さす
(6)（　） キュウ／いそぐ
(7)（　） ケツ／むすぶ
(8)（　） サイ／な
(9)（　） ショ／ところ

4 次の□に、漢字を書きましょう。

(1) □□《とっとり》県
(2) □□《なら》県
(3) □□□《かごしま》県
(4) □□《いばらき》県
(5) □□《さが》県
(6) □□□《かながわ》県
(7) □□《しずおか》県
(8) □□《くまもと》県
(9) □□《おきなわ》県

5 次の言葉《ことば》と反対《はんたい》の意味《いみ》をもつ言葉を、漢字と送《おく》りがなを使って書きましょう。

(1) 長い ↕（　）
(2) 深《ふか》い ↕（　）
(3) 重《おも》い ↕（　）
(4) 温《あたた》かい ↕（　）

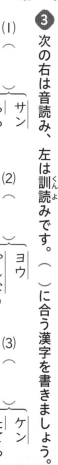

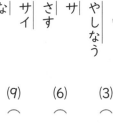

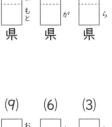

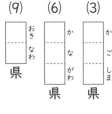

キュウ	弓	弓道《きゅうどう》・弓術《きゅうじゅつ》
	休	休日《きゅうじつ》・連休《れんきゅう》・休業《きゅうぎょう》
	究	研究《けんきゅう》・究明《きゅうめい》・追究《ついきゅう》
	急	急転《きゅうてん》・急病《きゅうびょう》・急行《きゅうこう》
	級	学級《がっきゅう》・進級《しんきゅう》・級友《きゅうゆう》
	宮	宮中《きゅうちゅう》・王宮《おうきゅう》
	求	求人《きゅうじん》・希求《ききゅう》・追求《ついきゅう》
	球	地球《ちきゅう》・球技《きゅうぎ》・野球《やきゅう》
	給	給食《きゅうしょく》・月給《げっきゅう》・自給《じきゅう》
キョウ	兄	兄弟《きょうだい》
	共	共感《きょうかん》・共通《きょうつう》・共有《きょうゆう》
	京	京都《きょうと》・上京《じょうきょう》・帰京《ききょう》
	協	協力《きょうりょく》・協調《きょうちょう》・協会《きょうかい》
	強	強化《きょうか》・強力《きょうりょく》・強弱《きょうじゃく》
	教	教会《きょうかい》・教育《きょういく》・教室《きょうしつ》
	橋	鉄橋《てっきょう》・陸橋《りっきょう》
	鏡	鏡台《きょうだい》・望遠鏡《ぼうえんきょう》
	競	競争《きょうそう》・競走《きょうそう》・競泳《きょうえい》
ケン	犬	愛犬《あいけん》・野犬《やけん》・番犬《ばんけん》
	見	見物《けんぶつ》・見学《けんがく》・意見《いけん》

力をのばす問題 ❸

答え▼354ページ

1 次《つぎ》の□に、漢字《かんじ》を書きましょう。

(1) □□《かぞく》の□《あい》をえがいた□□《どうわ》を読む。

(2) □《あらた》めて言うまでもなく、□□《べんきょう》は□□《じゅうよう》だ。

(3) □□《しつれい》なことを□《もう》し上げ、□□《はんせい》しています。

(4) わたしの□《ねが》いは、□□《そつぎょう》生がみんな□□《なかよ》くなることだ。

(5) □□《ちじ》の□□《せんきょ》が近いので、公約《こうやく》を□《き》く。

2 次の——線部《せんぶ》の読み方をする漢字を書きましょう。

(1) こ・ふるい （　　）

(2) けい・かかる・かかり （　　）

(3) さつ・する （　　）

(4) し・ゆび・さす （　　）

(5) しゃ・やしろ （　　）

(6) しゅ・ぬし・おも （　　）

(7) しゅ・とる （　　）

(8) るい・たぐい （　　）

コウ			
研	研究《けんきゅう》	研修《けんしゅう》	
県	県立《けんりつ》	秋田県《あきたけん》	
建	建国《けんこく》	建設《けんせつ》	建築《けんちく》
験	実験《じっけん》	試験《しけん》	体験《たいけん》
健	健康《けんこう》	保健《ほけん》	健全《けんぜん》
間	世間《せけん》	人間《にんげん》	
口	口語《こうご》	人口《じんこう》	口実《こうじつ》
工	工業《こうぎょう》	工作《こうさく》	人工《じんこう》
公	公園《こうえん》	公立《こうりつ》	公平《こうへい》
広	広告《こうこく》	広言《こうげん》	広野《こうや》
光	月光《げっこう》	日光《にっこう》	光景《こうけい》
考	考案《こうあん》	思考《しこう》	考察《こうさつ》
行	行動《こうどう》	旅行《りょこう》	発行《はっこう》
交	交通《こうつう》	外交《がいこう》	交代《こうたい》
好	好意《こうい》	友好《ゆうこう》	好調《こうちょう》
幸	幸運《こううん》	不幸《ふこう》	幸福《こうふく》
後	後期《こうき》	後方《こうほう》	後半《こうはん》
校	学校《がっこう》	校歌《こうか》	母校《ぼこう》
高	高山《こうざん》	高級《こうきゅう》	高原《こうげん》
功	功名《こうみょう》	功労《こうろう》	功績《こうせき》

3 次の読み方の漢字を、□に書きましょう。

(1) ヒャッカ　□事典《じてん》　□店《てん》

(2) カイジョウ　□整理《せいり》　□時間

(3) キカン　□車　消化《しょうか》□

(4) ヨウヒン　台所《だいどころ》□　□店

(5) タイリョウ　□旗《ばた》　□生産《せいさん》

(6) セイネン　未《み》□　□時代《じだい》

(7) カジ　山□　□労働《ろうどう》

(8) サイショウ　□得点《とくてん》　□限《げん》

(9) キョクチ　□探検《たんけん》　□的《てき》

4 (例《れい》)のように、――線の部分に合う漢字を書きましょう。

(例) こうちょう・こうか・ぼこう　（校）

(1) ひつよう・ひっし・ひつぜん　（　）

(2) しゅくじつ・しゅくふく・しゅくでん　（　）

(3) そうだん・ようそう・にんそう　（　）

(4) こんじょう・こんぽん・きゅうこん　（　）

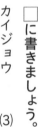

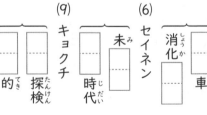

サン	港	入港《にゅうこう》・空港《くうこう》・港内《こうない》
	候	兆候《ちょうこう》・天候《てんこう》・候補《こうほ》
	講	開講《かいこう》・講読《こうどく》・講堂《こうどう》
	山	山林《さんりん》・山村《さんそん》・火山《かざん》
	産	産地《さんち》・産卵《さんらん》・国産《こくさん》
	散	分散《ぶんさん》・散歩《さんぽ》・解散《かいさん》
	算	算数《さんすう》・予算《よさん》・成算《せいさん》
	参	参加《さんか》・参観《さんかん》・参考《さんこう》
シ	子	子孫《しそん》・養子《ようし》・原子《げんし》
	止	中止《ちゅうし》・休止《きゅうし》・停止《ていし》
	仕	仕事《しごと》・仕方《しかた》・給仕《きゅうじ》
	市	市立《しりつ》・市場《しじょう》・都市《とし》
	氏	氏名《しめい》・田中氏《たなかし》
	司	司会《しかい》・司法《しほう》・司令《しれい》
	死	生死《せいし》・死者《ししゃ》・必死《ひっし》
	使	天使《てんし》・使命《しめい》・使者《ししゃ》
	自	自然《しぜん》
	始	開始《かいし》・始末《しまつ》・始業《しぎょう》
	姉	姉妹《しまい》・長姉《ちょうし》
	思	思考《しこう》・思案《しあん》・思想《しそう》

力をのばす問題4

答え▼354ページ

1 次《つぎ》の□に、漢字《かんじ》を書きましょう。

(1) この学校の先生には、□□《しんねん》をもった□□《じんぶつ》が□《おお》い。

(2) □□《びょうき》のため、□《はじ》めて学校を□□《けっせき》した。

(3) 重《じゅう》□□《こうぎょう》が□□《はったつ》した町へ原料《げんりょう》を□《はこ》ぶ。

(4) かれとは□《ち》のつながりがなく、□《まった》くの□□《たにん》だ。

(5) □□《しゃいん》のみなさんが□《しあわ》せに暮《く》らせるように□《つと》める。

2 次の――線部《せんぶ》の読み方をする漢字を書きましょう。

(1) ひつ・ふで（　）

(2) とう・ず・まめ（　）

(3) は・なみ（　）

(4) とう・ず・あたま（　）

(5) つい・おう（　）

(6) ぶつ・もつ・もの（　）

(7) れん・ねる（　）

(8) む・ぶ・ない（　）

	指	指名《しめい》・指定《してい》・指令《しれい》
	紙	半紙《はんし》・表紙《ひょうし》・紙面《しめん》
	歯	歯科《しか》・永久歯《えいきゅうし》
	試	試合《しあい》・試食《ししょく》・入試《にゅうし》
	詩	詩作《しさく》・詩集《ししゅう》・漢詩《かんし》
セイ	正	正式《せいしき》・改正《かいせい》・正解《せいかい》
	生	生命《せいめい》・生活《せいかつ》・生産《せいさん》
	西	西洋《せいよう》・西方《せいほう》・西北《せいほく》
	成	成績《せいせき》・完成《かんせい》・成長《せいちょう》
	声	音声《おんせい》・名声《めいせい》・声楽《せいがく》
	青	青年《せいねん》・青春《せいしゅん》・青天《せいてん》
	星	星雲《せいうん》・流星《りゅうせい》・金星《きんせい》
	清	清書《せいしょ》・清算《せいさん》・清潔《せいけつ》
	晴	晴天《せいてん》・晴雨《せいう》・快晴《かいせい》
	世	世紀《せいき》・中世《ちゅうせい》・二世《にせい》
	静	冷静《れいせい》・安静《あんせい》・静止《せいし》
	整	整列《せいれつ》・調整《ちょうせい》・整理《せいり》
トウ	刀	名刀《めいとう》・短刀《たんとう》・木刀《ぼくとう》
	当	当日《とうじつ》・当時《とうじ》・当番《とうばん》
	冬	冬季《とうき》・冬期《とうき》・初冬《しょとう》

3 次の□に、漢字を書きましょう。

(1) 戦国《せんごく》時《じ》代《だい》の□《しろ》。

(2) お□《ば》けが出る家。

(3) □《たい》らな土地。

(4) 明るい□《なが》れ星。

(5) □《お》とし物を拾《ひろ》う。

(6) 夜中に目が□《さ》める。

(7) 竹の□《ふえ》をふく。

(8) 父はお□《さけ》が好《す》きだ。

(9) 海の□《そこ》にもぐる。

(10) □《ひつじ》を飼《か》う。

4 次の□に、漢字を書きましょう。

(1) 簡《かん》□《たん》なテスト。つばめの□《す》。よい結《けっ》□《か》が出る。

(2) 決《けっ》して□《しっ》敗《ぱい》しない。的《まと》に□《や》をいる。おしどり□《ふう》婦《ふ》。

(3) 学校に□《よう》事《じ》がある。つくえの□《かど》。□《おな》じクラスの仲間《なかま》。

(4) それには理《り》□《ゆう》がある。本を□《もう》しこむ。□《でん》園の風景《ふうけい》。

	投	投手《とうしゅ》・投書《とうしょ》・投薬《とうやく》
	東	東洋《とうよう》・東西《とうざい》・関東《かんとう》
	島	島民《とうみん》・半島《はんとう》・列島《れっとう》
	答	答案《とうあん》・返答《へんとう》・回答《かいとう》
	湯	熱湯《ねっとう》・給湯《きゅうとう》・銭湯《せんとう》
	登	登校《とうこう》・登場《とうじょう》・登用《とうよう》
	等	同等《どうとう》・平等《びょうどう》・上等《じょうとう》
	頭	頭部《とうぶ》・店頭《てんとう》・先頭《せんとう》
	灯	灯火《とうか》・灯台《とうだい》・消灯《しょうとう》
ハン	反	反対《はんたい》・反省《はんせい》・反転《はんてん》
	半	前半《ぜんはん》・半数《はんすう》・半分《はんぶん》
	板	黒板《こくばん》・鉄板《てっぱん》・看板《かんばん》
ヨウ	用	用意《ようい》・用事《ようじ》・使用《しよう》
	羊	羊毛《ようもう》・綿羊《めんよう》
	洋	海洋《かいよう》・西洋《せいよう》・洋食《ようしょく》
	要	重要《じゅうよう》・要点《ようてん》・要求《ようきゅう》
	葉	落葉《らくよう》・紅葉《こうよう》
	陽	太陽《たいよう》・陽気《ようき》・陽光《ようこう》
	様	様子《ようす》・同様《どうよう》・多様《たよう》
	養	養分《ようぶん》・養成《ようせい》・教養《きょうよう》

力をのばす問題 5

答え▼355ページ

1 次《つぎ》の□に、漢字《かんじ》を書きましょう。

(1) たきたてのご□《はん》に□□《りょくちゃ》を□《そそ》ぐ。

(2) この□□《じいん》の住職《じゅうしょく》は□《とく》の高いことで□□《ゆうめい》だ。

(3) □《いき》つぎがうまくできないので、□□《すいえい》は□□《にがて》だ。

(4) ここは、□《やかた》の□□《ぜんけい》が見わたせる□□《ばしょ》だ。

(5) チームの□□《けっせい》を記念《きねん》する□《しき》の□□《しかい》をする。

(6) かれは□□《てんさい》的《てき》な□□《しじん》であり□□《がか》でもある。

2 次の——線の言葉《ことば》を、漢字と送《おく》りがなで書きましょう。

(1) 心をしずめる。（　　）

(2) お金がたりる。（　　）

(3) 書店ではたらく。（　　）

(4) うつくしい町なみ。（　　）

(5) あきらかな事実《じじつ》。（　　）

(6) 決意《けつい》をかためる。（　　）

③ 音読みが同じで、意《い》味《み》がちがう熟語《じゅくご》(同音異《い》義《ぎ》語《ご》)

読み	熟語	使《つか》い方《かた》の例《れい》
アンザン	暗算	暗算が得意《とくい》だ。
	安産	安産を願《ねが》う。
イガイ	以外	土日以外は営業中《えいぎょうちゅう》。
	意外	意外な展開《てんかい》。
カイシン	会心	会心の作だ。
	改心	改心して勉強《べんきょう》する。
ガイトウ	街頭	街頭演説《えんぜつ》を聞く。
	街灯	街灯がともる。
ガッキ	学期	新学期が始《はじ》まる。
	楽器	楽器を演奏《えんそう》する。
カンシン	関心	科学《かがく》に関心がある。
	感心	妹の絵に感心する。
キカイ	器械	器械体操《たいそう》をする。
	機械	工場の機械。
	機会	機会をのがす。
キカン	機関	交通《こうつう》機関のみだれ。

3 次の右は音読み、左は訓読《くんよ》みです。(　)に合う漢字を書きましょう。

(1)（　）ゴ／うしろ
(2)（　）セツ／おる
(3)（　）タイ／おびる・おび
(4)（　）デン／つたわる
(5)（　）ソン／まご
(6)（　）ソク／がわ
(7)（　）ヒ／かなしい
(8)（　）ヒ／とぶ
(9)（　）フ／とむ・とみ

4 次の二つの訓読みがある漢字を書きましょう。

(1) まったく・すべて（　）
(2) おや・したしい（　）
(3) きる・つく（　）
(4) そだつ・はぐくむ（　）
(5) とおる・かよう（　）
(6) ただちに・なおす（　）

5 次の□に、漢字を書きましょう。

(1) 新聞《しんぶん》を□《す》る。
(2) 月が□《か》ける。
(3) 書き□《あらわ》す。
(4) 花が□《ち》る。

キコウ	器官	消化《しょうか》器官の働《はたら》き。
	気管	食物《しょくもつ》が気管に入る。
	期間	今週は試験《しけん》期間だ。
	気候	気候の変化《へんか》。
	起工	図書館《としょかん》の起工式《しき》。
	帰港	漁船《ぎょせん》が帰港する。
キョウソウ	競争	生存《せいぞん》競争。
	競走	百メートル競走。
コウセイ	公正	公正な取引《とりひき》。
	後世	後世に残《のこ》る作品《さくひん》。
	校正	文字を校正する。
コウテン	好天	好天が続《つづ》く。
	好転	運命《うんめい》が好転する。
ジシン	自身	自分自身。
	自信	絵には自信がある。
ジテン	字典	漢字《かんじ》字典。
	事典	百科《ひゃっか》事典。
	辞典	国語《こくご》辞典。
シメイ	氏名	氏名を名乗《なの》る。
	使命	使命を果《は》たす。

力をのばす問題 6

答え▼355ページ

1 次《つぎ》の□に、漢字《かんじ》を書きましょう。

(1) □□《じどう》たちは、□《ふえ》の音に合わせて□《はた》をふった。

(2) 裏山《うら》の□□《じんじゃ》には、□《うめ》や□《まつ》の木がある。

(3) □□《ほっきょく》の□□《ひょうざん》には、白い□《くま》がいる。

(4) □□《こうつう》の□《べん》のよい地域《ちいき》に□《す》んでいる。

(5) シャワーの□《あつ》いお□《ゆ》を□《あ》びる。

2 次の読み方の漢字を、□に書きましょう。

(1) なく……すず虫が□く。赤ちゃんが□く。

(2) はやい…流《なが》れが□い。起《お》きるにはまだ□い。

(3) なおる…きずが□る。悪《わる》いくせが□る。

(4) はかる…時間を□る。重《おも》さを□る。

第1編 言葉
第1章 漢字
第2章 ローマ字
第3章 いろいろな言葉
第4章 言葉のきまり

	指名	議長《ぎちょう》に指名される。
シュウケツ	終結	戦争《せんそう》が終結する。
	集結	選手《せんしゅ》が集結する。
シュッケツ	出欠	出欠をとる。
	出血	転《ころ》んで出血する。
ショウカ	消化	消化のよい食《た》べ物《もの》。
	消火	消火に当《あ》たる。
シンシン	新進	新進の作家。
	心身	心身ともに健康《けんこう》だ。
セイサン	清算	借金《しゃっきん》を清算する。
	成算	勝利《しょうり》の成算がある。
	生産	米の生産量《りょう》。
セイチョウ	生長	植物《しょくぶつ》の生長。
	成長	立派《りっぱ》に成長する。
セイネン	成年	成年に達《たっ》する。
	青年	青年時代《じだい》を過《す》ごす。
ゼンシン	全身	全身をきたえる。
	前進	一歩《いっぽ》前進する。
タイグン	大群	小鳥の大群。
	大軍	敵国《てきこく》の大軍。

3 次の読み方の漢字を、□に書きましょう。

(1) てい　安《あん》□　校□

(2) けつ　□末《まつ》　□意《い》

(3) きゅう　□流《りゅう》　□業《ぎょう》

(4) じゅう　□所《しょ》　体□

(5) しょう　□売　合《がっ》□　□年

(6) しん　□林　□海　□聞

4 次の――線の言葉《ことば》を、漢字と送《おく》りがなで書きましょう。

(1) みじかい期間《きかん》で準備《じゅんび》をととのえる。（　　）（　　）

(2) おおくの人たちとまじわることがたのしい。（　　）（　　）（　　）

(3) あたらしい かんがえ方をとなえる。（　　）（　　）（　　）

(4) いさましい男がやりをなげる。（　　）（　　）

タイメン	対面	先生と対面する。
	体面	体面を保《たも》つ。
タイリョウ	大量	大量のごみ。
	大漁	サンマが大漁だ。
ツイキュウ	追求	平和《へいわ》を追求する。
	追究	真理《しんり》を追究する。
テンキ	天気	今日は天気がよい。
	転機	人生の転機になる。
	転記	ノートに転記する。
トウキ	冬期	冬期講座《こうざ》。
	冬季	冬季オリンピック。
ドウコウ	動向	世界《せかい》の動向。
	同行	旅行《りょこう》に同行する。
	同好	野球《やきゅう》の同好会。
ハンセイ	反省	反省会をひらく。
	半生	半生をふり返《かえ》る。
フヨウ	不要	不要な買《か》い物《もの》。
	不用	不用になった衣類《いるい》。
マンテン	満点	テストで満点をとる。
	満天	満天の星。

力をのばす問題 7

答え▼355ページ

1 次《つぎ》の□に、漢字《かんじ》を書きましょう。

(1) ひなん□□《くんれん》を終えて□□《せいと》が□□《おくがい》にならぶ。

(2) □□《やさい》のドレッシングに□《しお》を□《くわ》える。

(3) 一万円□《さつ》の□《たば》を□□《じゅうおく》円分積《つ》み上げる。

(4) □《みずうみ》の□《ふか》い底《そこ》に、昔《むかし》の□□《たてもの》がしずんでいる。

(5) □□《そつぎょう》記念《きねん》の□□《ぶんしゅう》を□□《いんさつ》する。

2 次の——線の言葉《ことば》を、必要《ひつよう》なときは送《おく》りがなをつけて漢字で書きましょう。

(1) あたり一面《いちめん》（　　）　(2) あたりくじ（　　）

(3) かわり目（　　）　(4) 父のかわり（　　）

(5) やさしいとも（　　）　(6) ともに歩《あゆ》む（　　）

3 次の読み方の漢字を、□に書きましょう。

(1) きゅう…研《けん》□・□食《しょく》・□殿《でん》・□流《りゅう》

メイアン	明暗	明暗が分かれる。
	名案	名案を思いつく。
ユウメイ	有名	父は有名な作家だ。
	勇名	勇名をはせる。
ヨウシ	用紙	原稿《げんこう》用紙の使い方。
	養子	親類《しんるい》の養子になる。
ヨウジン	用心	火の用心。
	要人	政府《せいふ》の要人。
リョウシン	両親	両親ともに元気だ。
	良心	良心がとがめる。
レイガイ	冷害	冷害で不作《ふさく》になる。
	例外	例外はみとめない。

「満点」「満天」のように一字が共《きょう》通《つう》するものと、「用心」「要人」のように二字ともちがうものとがあるね。

(2) こう……□線・□通・思□・□気
(3) い……地□・□上・□見・□員《いん》
(4) かん……□全《ぜん》・□波《ぱ》・機《き》□・□理
(5) ちょう……□理・前□・三□目・通□
(6) せい……□産・□潔《けつ》・安□・快《かい》□
(7) しん……家《か》□・□行・□体・□用
(8) ふく……□用・幸《こう》□・□会長

4 次の読み方の漢字を、□に書きましょう。

(1) ショウシャ…□を祝《いわ》う。・□に勤《つと》める。
(2) サンシュツ…石炭《せきたん》の□量《りょう》。・費用《ひよう》の□。
(3) カイウン…□の発達《はったつ》。□のお守《まも》り。

5 次の□に、漢字を書きましょう。

(1) □《とんや》で働《はたら》く。
(2) □《びょうどう》に決《き》める。
(3) □《おうごん》の茶室。
(4) □《しんまい》の医師《いし》。

3 漢字《かんじ》の組み立て

例題

1 次《つぎ》の部首《ぶしゅ》の種類《しゅるい》にあてはまる漢字《かんじ》をあとから選《えら》んで、記号《きごう》で答えましょう。

(1) へん（　）（　）　(2) つくり（　）（　）　(3) かんむり（　）（　）

(4) あし（　）（　）　(5) たれ（　）（　）　(6) にょう（　）（　）

(7) かまえ（　）（　）

ア 筆　イ 広　ウ 倍　エ 間　オ 都　カ 然　キ 建

2 次の部首の名前と、その部首をもつ漢字を二つ書きましょう。

(1) 氵（　）□・□　(2) 言（　）□・□

3 次のうち、「くさかんむり」の漢字には○、「たけかんむり」の漢字には×を書きましょう。

(1) 第（　）　(2) 葉（　）　(3) 茶（　）　(4) 英（　）

(5) 等（　）

考え方

1 漢字のほとんどは、**上下・左右・内外の部分《ぶぶん》の組み合わせ**でできていることから考えましょう。部首の部分が、漢字の意味《いみ》を表《あらわ》していることに注目《ちゅうもく》しましょう。
（↓70ページ）

2 **部首の意味**を考え、関係《かんけい》のあるものを思い出しましょう。「氵」は、水に関係のある漢字につく部分です。
（↓71・72ページ）

3 部首の名前から形を思いうかべます。「たけかんむり」は、「竹」の漢字が変《へん》形《けい》して部首になっています。
（↓73ページ）

4 上下・左右・内外のどの組み合わせか考えましょう。
（↓70〜74ページ）

5 まず、部首にあたるものを考えましょう。
（↓70〜74ページ）

第1編 言葉
第1章 漢字
第2章 ローマ字
第3章 いろいろな言葉
第4章 言葉のきまり

4 次の漢字を大きく二つの部分《ぶぶん》に分けると、どの部分とどの部分になりますか。（例《れい》）にならって書きましょう。

（例）休 亻・木

(1) 冷 □・□　(2) 熱 □・□　(3) 票 □・□　(4) 区 □・□

(5) 漁 □・□　(6) 国 □・□　(7) 近 □・□　(8) 形 □・□

(9) 考 □・□　(10) 雪 □・□　(11) 動 □・□　(12) 病 □・□

5 次の上と下の漢字を一つずつ組み合わせて、正しい漢字を作りましょう。

日・山・木・青
早・白・言・糸
女・巾

目・周・長・立
生・羽・争・子
氏・灰

□・□・□・□
□・□・□・□
□・□

6 次の部首をもつ漢字をあとから二つずつ選んで、記号で答えましょう。

(1) にんべん （　）・（　）　(2) てへん （　）・（　）

(3) のぎへん （　）・（　）　(4) きへん （　）・（　）

ア 指　イ 秋　ウ 住　エ 札　オ 投　カ 根　キ 係　ク 種

6 「のぎへん」と「きへん」は、ちがう意味をもつ部首です。しっかりと区別《くべつ》して覚《おぼ》えましょう。（→71ページ）

答え

1 (1)ウ (2)オ (3)ア (4)カ (5)イ (6)キ (7)エ

2 (1)さんずい (例)池・海 (2)ごんべん (例)語・話

3 (1)× (2)○ (3)○ (4)○ (5)×

4 (順不同《じゅんふどう》) (1)冫・令 (2)執・灬 (3)西・示 (4)匚・メ (5)氵・魚 (6)囗・玉 (7)斤・辶 (8)开・彡 (9)耂・丂 (10)雨・ヨ (11)重・力 (12)疒・丙

5 (順不同) 星・炭・相・静・章・習・調・紙・好・帳

6 (順不同) (1)ウ・キ (2)ア・オ (3)イ・ク (4)エ・カ

くわしい学習

1 部首《ぶしゅ》とは

漢字《かんじ》を形の上から分類《ぶんるい》するときにもとになる部分を、部首といいます。部首は、「へん」「つくり」「かんむり」「たれ」「にょう」「かまえ」「あし」の七種類《しゅるい》に分けられます。

2 部首の種類

1 へん

部首	部首名	漢字の例《れい》
イ	にんべん〔人〕	休 作 体 使 住 係 借 信
ｔ	つちへん〔土〕	地 場 坂 城
女	おんなへん〔女〕	始 妹 姉 好

練習問題

答え▼356ページ

1 次《つぎ》の部首の名前を書きましょう。

(1) 艹（　　）　(2) 金（　　）　(3) 宀（　　）
(4) 言（　　）　(5) 刂（　　）　(6) 車（　　）

2 次の部首をもつ漢字を、それぞれ三つずつ書きましょう。

(1) 艹 □・□・□　(2) 宀 □・□・□
(3) 言 □・□・□　(4) 辶 □・□・□
(5) 口 □・□・□　(6) 刂 □・□・□

3 次の漢字のうち、部首が「がんだれ」には「が」、「まだれ」には「ま」、「やまいだれ」には「や」を書きましょう。

(1) 度（　　）　(2) 原（　　）　(3) 庭（　　）　(4) 病（　　）

4 次の中から部首が「こざとへん」の漢字をすべて選《えら》んで、記号《きごう》で答えましょう。

ア 作　イ 陽　ウ 場　エ 都　（　　　　）

亻	扌	氵	阝	日	礻	木	禾	糸
ぎょうにんべん〔道を行く〕	てへん〔手〕	さんずい〔水〕	こざとへん〔土地・地形〕	ひへん〔時間・天候《てんこう》・明暗《めいあん》〕	しめすへん〔神《かみ》〕	きへん〔木〕	のぎへん〔いね・穀物《こくもつ》〕	いとへん〔糸・織物《おりもの》〕
得 待 径	指 持 投 拾 打 折	海 池 深 波 流 泳 湖 港	院 階 陽 陸 隊 阪	時 明 暗 昭 晴 昨	祝 神 礼 福	村 林 校 橋 根 柱 板 材	秋 科 種 積 秒	紙 組 絵 細 線 続 緑 練

5 次の中から部首が「ぎょうにんべん」の漢字をすべて選んで、記号で答えましょう。

ア 倍　イ 後　ウ 役　エ 他　（　　）

6 次の中には、部首に「えんにょう」を使《つか》うべきところを「しんにょう」にしている漢字があります。その漢字を選んで、記号で答えましょう。

ア 連　イ 運　ウ 建　エ 通　（　　）

7 次の漢字は、部首の部分が一画足りません。正しい漢字になるように、足りない部分を書き入れましょう。

(1) 安　(2) 清　(3) 秋　(4) 整　(5) 徒

8 次の漢字を調《しら》べるには、何という部首をさがせばよいですか。部首とその部首の名前を書きましょう。

(1) 放 □（　　）
(2) 強 □（　　）
(3) 究 □（　　）
(4) 列 □（　　）
(5) 顔 □（　　）
(6) 部 □（　　）
(7) 粉 □（　　）
(8) 開 □（　　）

車	くるまへん〔車・運行《うんこう》〕	軽 転 輪
言	ごんべん〔言葉《ことば》〕	語 詩 読 話 記 説 談 訓
金	かねへん〔金属《きんぞく》〕	銀 鉄 鏡 録
食	しょくへん〔食べ物《もの》・飲食《いんしょく》〕	飲 館 飯

② つくり

刂	りっとう〔刀・切る〕	別 利 列 刷 副
阝	おおざと〔住《す》む場所《ばしょ》〕	都 郡 部
攵	のぶん・ぼくづくり・ぼくにょう〔働《はたら》きかける〕	教 数 改 放 整 散 敗
頁	おおがい〔頭〕	顔 頭 順 類

力をつける問題

答え▼356ページ

1 次《つぎ》の漢字《かんじ》の部首《ぶしゅ》の名前を書きましょう。

(1) 横（　　）　(2) 室（　　）　(3) 落（　　）

(4) 試（　　）　(5) 億（　　）　(6) 曜（　　）

(7) 好（　　）　(8) 院（　　）　(9) 部（　　）

(10) 鉄（　　）　(11) 牧（　　）　(12) 折（　　）

(13) 級（　　）　(14) 登（　　）　(15) 先（　　）

(16) 建（　　）　(17) 点（　　）　(18) 国（　　）

2 次のことに関係《かんけい》のある「へん」と、その名前を書きましょう。

(1) 「水」に関係がある。（　　・　　）

(2) 「人」に関係がある。（　　・　　）

(3) 「言葉」に関係がある。（　　・　　）

(4) 「時間」や「天候」に関係がある。（　　・　　）

(5) 「いね」や「穀物《こくもつ》」に関係がある。（　　・　　）

③ かんむり

宀	うかんむり〔家〕	家 安 室 宿 客 宮 官
艹	くさかんむり〔草・植物《しょくぶつ》〕	花 草 芽 茶 葉 落 菜 薬
⺮	たけかんむり〔竹〕	算 第 笛 節 箱 筆 管
雨	あめかんむり〔雨・天候《てんこう》〕	雲 雪 電

④ たれ

厂	がんだれ〔がけ〕	原
广	まだれ〔建物《たてもの》〕	庫 庭 底 府 広 度 店

⑤ にょう

辶	しんにょう・しんにゅう〔道を行く〕	道 運 遠 近 週 進 送 追

---

3 (例《れい》)のように、次の漢字と同じ部首の漢字を一つずつ書きましょう。

(例) 村 板

(1) 焼 □　(2) 姉 □　(3) 打 □

(4) 引 □　(5) 阪 □　(6) 次 □

(7) 係 □　(8) 熱 □　(9) 刷 □

(10) 明 □　(11) 箱 □　(12) 柱 □

4 次の漢字のうち、「たれ」の部分がまちがっているものをすべて選《えら》んで、記《き》号《ごう》で答えましょう。

ア 度　イ 底　ウ 庫　エ 屋　オ 病

カ 原　キ 府

（　　　）

5 次の部首の名前と、その部首をもつ漢字を二つ書きましょう。

(1) ネ（　　　）□・□

(2) 土（　　　）□・□

(3) 禾（　　　）□・□

(4) 彳（　　　）□・□

(5) 門（　　　）□・□

(6) 氵（　　　）□・□

廴	えんにょう〔道を行く〕	建

⑥ 囗 冂 匚 門 かまえ

口	くにがまえ〔かこむ〕	四 国 回 図 園 固
門	もんがまえ〔門〕	間 開 関

⑦ 灬 あし

灬	れんが・れっか〔火〕	点 照 然 熱 無
儿	ひとあし・にんにょう〔人〕	兄 先 光 元

力をのばす問題

答え▼357ページ

❶ 次《つぎ》の漢字《かんじ》と①・②の部首《ぶしゅ》を組み合わせると、どんな漢字ができますか。(例《れい》)にならって、その漢字と訓《くん》読《よ》みを書きましょう。

(例) 主
① にんべん → 住 （す-む）
② きへん → 柱 （はしら）

(1) 豆
① はつがしら → □ （　　）
② おおがい → □ （　　）

(2) 売
① ごんべん → □ （　　）
② いとへん → □ （　　）

❷ 次の漢字の部首の名前を書きましょう。

(1) 陸 （　　） (2) 練 （　　） (3) 福 （　　）
(4) 建 （　　） (5) 返 （　　） (6) 徒 （　　）

❸ 次の漢字の部首を□に、その名前を（　）に書きましょう。

(1) 宮 □ （　　） (2) 度 □ （　　） (3) 湖 □ （　　）
(4) 遊 □ （　　） (5) 別 □ （　　） (6) 都 □ （　　）

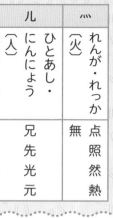

ひろがる国語

いろいろな漢字《かんじ》の成《な》り立ち

1 もとの漢字《かんじ》の意味《いみ》とは別《べつ》の意味で使《つか》われるようになった漢字（転注文字《てんちゅうもじ》）

漢字が長く使われているうちに、その漢字がもともともっていた意味とはちがう意味でも使われるようになった漢字があります。

（例《れい》）

楽

「楽」はもともと「音楽」の意味だったが、音楽は人をたのしませるものなので、「たのしい」という意味で使われるようになった。

好

「好」はもともと「好《よ》い」の意味だったが、好いものはこのましいので、「このむ」という意味で使われるようになった。

悪

「悪」はもともと「悪《わる》い」の意味だったが、悪いものをにくむ気持《きも》ちから「にくむ（音読みは「お」＝嫌悪《けんお》・憎悪《ぞうお》）」という意味で使われるようになった。

2 意味に関係《かんけい》なく、同じ音の漢字を借《か》りて使われるようになった漢字（仮借文字《かしゃもじ》）

漢字のもとの意味とは全《まった》く関係なく、漢字の読み方だけを借りたものです。

（例）

豆

もともと食《た》べ物《もの》をもるうつわの意味だった「豆（トウ）」という漢字を、そこにもる「まめ」という意味で使うようになった。

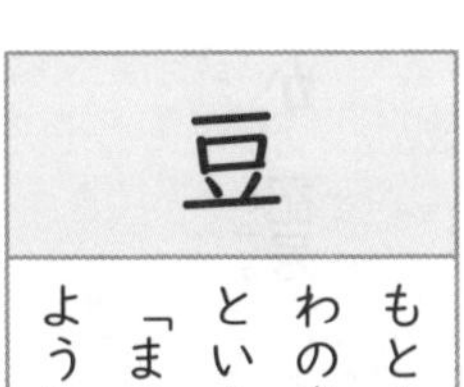

その他《ほか》、外国の地名や国名を「亜米利加《あめりか》」「印度《いんど》」のように表《あらわ》す場合や、「世話《せわ》」などの当て字も、漢字の読み方だけを借りたものです。

4 漢字《かんじ》の筆順《ひつじゅん》と画数

例題

1 「右」「左」の漢字《かんじ》の筆順《ひつじゅん》は、どの組み合わせが正しいですか。記号《きごう》に○をつけましょう。

ア 右（一ナ右） 左（ノナ左）
イ 右（ノナ右） 左（ノナ左）
ウ 右（ノナ右） 左（一ナ左）

2 次《つぎ》の漢字の赤色の画は何番目に書きますか。数字で答えましょう。

(1) 五（　） (2) 上（　） (3) 耳（　） (4) 馬（　） (5) 毎（　） (6) 赤（　） (7) 都（　） (8) 帳（　）

3 次の漢字の画数を、数字で書きましょう。

(1) 九（　） (2) 内（　） (3) 世（　） (4) 足（　）
(5) 引（　） (6) 配（　） (7) 糸（　） (8) 医（　）

考え方

1 「右」と「左」の初《はじ》めの二画の筆順のちがいに気をつけましょう。形がにているので、特《とく》に注意《ちゅうい》が必要《ひつよう》です。 （↓80ページ）

2 筆順の主《おも》なきまりをしっかり覚《おぼ》えましょう。「上」の一・二画目、「帳」の一～三画目には、特に注意しましょう。 （↓78ページ）

3 **一続《ひとつづ》きで書く部分は一画として数える**ことに注意しましょう。 （↓82・83ページ）

4 一続きに見える部分を、分けて書くことに注意しましょう。 （↓83ページ）

5 (1)の「回」は、**「囲《かこ》む形は、外側《そとがわ》の囲みから書く」**というきまりにしたがいます。 （↓79ページ）

6 (1)は**「つきぬける縦画《たてかく》は最後《さいご》に書く」**、

4 次の部首《ぶしゅ》の画数を、数字で書きましょう。

(1) 阝（　　）　(2) 辶（　　）　(3) 廴（　　）

5 次の漢字の筆順を、(例《れい》)にならって一画ずつ書きましょう。

(例) 寺（一 十 土 圭 寺 寺）

(1) 回（　　）

(2) 病（　　）

(3) 城（　　）

6 次の漢字の筆順の正しいほうの記号に、○をつけましょう。

(1) 事
- ア 一 ｢ 亘 事
- イ 丨 亅 亊 事

(2) 以
- ア 丶 レ 以 以
- イ レ レ 以 以

7 次の漢字の筆順で、一番目に書く画をなぞりましょう。

(1) 女　(2) 方　(3) 出　(4) 当

(5) 臣　(6) 近　(7) 店　(8) 場

(2)は「左から右へ書く」のきまりにしたがいます。（78・80ページ）

7 筆順をまちがえやすい漢字を集めています。特に一画目に注意が必要です。（81ページ）

答え

1 ウ

2 (1) 2　(2) 1　(3) 6　(4) 3　(5) 5　(6) 4　(7) 11　(8) 3

3 (1) 2　(2) 4　(3) 5　(4) 7　(5) 4　(6) 10　(7) 6　(8) 7

4 (1) 3　(2) 3　(3) 3

5 (1) 丨 冂 冂 冋 回 回
(2) 丶 亠 广 广 疒 疒 疒 病 病 病
(3) 一 十 土 圹 坂 坂 城 城 城

6 (1) ア　(2) イ

7 (1) 女　(2) 方　(3) 出　(4) 当　(5) 臣　(6) 近　(7) 店　(8) 場

くわしい学習

1 筆順《ひつじゅん》とは

筆順とは、漢字《かんじ》を形づくっている点や線（画）を書く順《じゅん》序《じょ》のことです。

2 筆順のきまり

漢字の筆順にはきまりがあります。ここでは、二大原則《げんそく》と、その他《た》の原則に分けて覚《おぼ》えましょう。

1 筆順の二大原則

①上（の部分《ぶぶん》）から下（の部分）へ書く

例 言→言言言言

鼻→鼻鼻鼻

②左（の部分）から右（の部分）へ書く

練習問題 1

答え▼357ページ

1 次《つぎ》の漢字《かんじ》の筆順《ひつじゅん》の正しいものの記号《きごう》に、○をつけましょう。

(1) 田

(2) 王

ア 一 丅 干 王
イ 一 二 干 王
ウ 一 二 三 王

(3) 飛

(4) 祭

(5) 歯

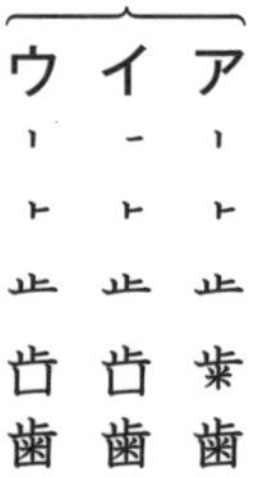

(6) 医

2 次の漢字で、一画目に書くのはどの画ですか。記号に○をつけましょう。

(1)

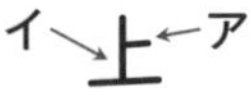

(2)

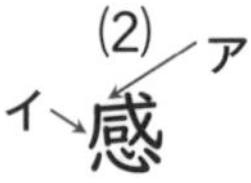

(3)

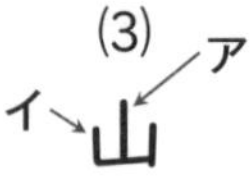

(4)

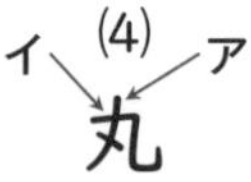

(5)

(6)

(7)

例 川↓川川川
側↓側側側

❷ 筆順のその他の原則

①横画《よこかく》と縦画《たてかく》が交《まじ》わる場合は、横画を先に書く

例 十↓十十
花↓花花花
(例外《れいがい》) 角↓角角角
馬↓馬馬馬

②中と左右があり、左右の画数が少ないときは、中を先に書く

例 小↓小小小
楽↓楽楽楽
(例外) 火↓火火火

③囲《かこ》む形は、外側《そとがわ》の囲みから書く

例 国↓国国国 同↓同同
(例外) 区↓区区区

3 次の部首《ぶしゅ》の画数を、数字で書きましょう。

(1) 子（　　） (2) 糸（　　） (3) 癶（　　） (4) 辶（　　）
(5) 廴（　　） (6) 阝（　　） (7) 金（　　） (8) 宀（　　）

4 次の漢字の筆順を、(例)にならって一画ずつ書きましょう。

(例) 去 (一 + 土 去 去)

(1) 公（　　）
(2) 表（　　）
(3) 級（　　）
(4) 氷（　　）

5 次の漢字の画数を、数字で書きましょう。

(1) 地（　　） (2) 定（　　） (3) 旅（　　） (4) 深（　　）
(5) 炭（　　） (6) 包（　　） (7) 湯（　　） (8) 員（　　）
(9) 写（　　） (10) 係（　　） (11) 港（　　） (12) 遊（　　）
(13) 様（　　） (14) 第（　　） (15) 都（　　） (16) 毛（　　）
(17) 横（　　） (18) 曲（　　） (19) 極（　　） (20) 局（　　）

④左はらいと右はらいがあるときは、左はらいを先に書く

例 人→人人　文→文文

⑤つきぬける縦画《たてかく》は、最後《さいご》に書く

例 中→中中　事→事事

⑥つきぬける横画《よこかく》は、最後に書く

例 子→子子子
　母→母母母

(例外《れいがい》) 世→世世世世世

⑦横画より左はらいが短《みじか》いものは、左はらいを先に書く

例 右→右右右
　有→有有有

⑧横画より左はらいが長いものは、横画を先に書く

例 左→左左左
　友→友友友

練習問題 2

答え▼357ページ

1 次《つぎ》の漢字の筆順の正しいほうの記号《きごう》に、○をつけましょう。

(1) 何
ア ノ 亻 仃 何 何
イ ノ 亻 仁 何 何

(2) 世
ア 一 十 廾 廿 世
イ 一 十 廾 廿 世

(3) 登
ア ヲ ヺ 癶 癶 登
イ ヲ ヺ ヺ 癶 登

(4) 両
ア 一 丅 丙 両 両
イ 一 冂 冂 币 両

(5) 兆
ア ノ 丬 丬 北 兆
イ 丶 冫 丬 兆 兆

(6) 別
ア 丶 口 另 別 別
イ 丶 口 夕 另 別

2 次の漢字の赤色の画は何番目に書きますか。数字で書きましょう。

(1) 農（　　）　(2) 病（　　）　(3) 郡（　　）　(4) 弟（　　）

(5) 用（　　）　(6) 服（　　）　(7) 寒（　　）　(8) 悪（　　）

3 次の部首《ぶしゅ》のうち、いちばん画数の多いものはどれですか。記号に○をつけましょう。

ア 殳　イ 舟　ウ 疒　エ 礻　オ 戈

⑨右かたの「、」は、最後に書く

例 犬→犬犬

代→代代代

(例外) 博→博博博博

⑩「にょう」のつくものは、その部分《ぶぶん》を最後に書く

例 近→近近

建→建建建

(例外) 起→起起

題→題題

③まちがえやすい筆順《ひつじゅん》の漢字《かんじ》

九	九 九
耳	耳 耳 耳 耳 耳 耳
止	止 止 止 止
長	長 長 長 長 長 長 長 長
式	式 式 式 式 式 式
乗	乗 乗 乗 乗 乗 乗 乗 乗 乗
楽	楽 楽 楽 楽 楽 楽 楽 楽 楽 楽 楽 楽 楽

4 次の漢字の画数《かくすう》を、数字で書きましょう。

(1) 女（　） (2) 礼（　） (3) 級（　） (4) 毎（　）

(5) 皮（　） (6) 夕（　） (7) 引（　） (8) 麦（　）

(9) 投（　） (10) 開（　） (11) 食（　） (12) 歌（　）

(13) 始（　） (14) 予（　） (15) 歩（　） (16) 写（　）

(17) 命（　） (18) 路（　） (19) 進（　） (20) 終（　）

(21) 不（　） (22) 遊（　） (23) 松（　） (24) 号（　）

5 次の漢字について、(例)のように（　）に合う字と漢数字を書きましょう。

(例)「地」を漢字辞典《じてん》で引くときは、（土）部の（三）画を見る。

(1)「陽」を漢字辞典で引くときは、（　）部の（　）画を見る。

(2)「温」を漢字辞典で引くときは、（　）部の（　）画を見る。

(3)「店」を漢字辞典で引くときは、（　）部の（　）画を見る。

(4)「群」を漢字辞典で引くときは、（　）部の（　）画を見る。

(5)「無」を漢字辞典で引くときは、（　）部の（　）画を見る。

(6)「刷」を漢字辞典で引くときは、（　）部の（　）画を見る。

(7)「芽」を漢字辞典で引くときは、（　）部の（　）画を見る。

(8)「賀」を漢字辞典で引くときは、（　）部の（　）画を見る。

医	発	皮	服	潟		臣	兆	飛	必	民
医	発	皮	服	潟	潟	臣	兆	飛	必	民
医	発	皮	服	潟	潟	臣	兆	飛	必	民
医	発	皮	服	潟	潟	臣	兆	飛	必	民
医	発	皮	服	潟	潟	臣	兆	飛	必	民
医	発	皮	服	潟	潟	臣	兆	飛	必	民
医	発		服	潟	潟	臣	兆	飛		
医	発		服	潟		臣		飛		
	発		服	潟				飛		
	発			潟				飛		

3 画数とは

画数とは、漢字《かんじ》を組み立てている点や線の数のことで、総《そう》画数ともいいます。

4 画数の数え方

一続《ひとつづ》きで書く点や線は、一《いっ》画《かく》と数えます。

力をつける問題

答え▼357ページ

1 次《つぎ》の漢字の筆順《ひつじゅん》の正しいほうの記号《きごう》に、○をつけましょう。

(1) 帯 ア 一 卌 卌 㠗 帯 ／ イ 丨 川 卌 㠗 帯

(2) 庭 ア 丶 亠 广 庀 庭 ／ イ 丶 亠 广 庄 庭

(3) 楽 ア 冫 ⺀ 泊 泊 楽 ／ イ 丿 白 泊 泊 楽

(4) 選 ア ㇇ 吕 巳巳 巽 選 ／ イ 丶 辶 辶 辶 選

(5) 画 ア 一 丆 丙 亜 画 ／ イ 一 匚 𠃊 凵 画

(6) 希 ア ノ 亠 ⺷ 肴 希 ／ イ メ ⺷ ⺷ 肴 希

(7) 印 ア ノ 𠂆 E 𠤎 印 ／ イ ノ 𠂆 E 𠤎 印

(8) 博 ア 十 十 博 博 博 ／ イ 十 十 博 博 博

2 次の漢字の赤色の画は何番目に書きますか。数字で書きましょう。

(1) 悲（　　）　(2) 業（　　）　(3) 習（　　）　(4) 起（　　）

(5) 健（　　）　(6) 究（　　）　(7) 氏（　　）　(8) 式（　　）

(9) 区（　　）　(10) 好（　　）

例《たと》えば、「フ」「乛」「く」「乚」「亅」などは一画、「了」「𠃊」などは二画と数えます。

例
・刀（刀刀）……二画
・万（万万万）……三画
・子（子子子）……三画
・引（引引引引）……四画
・去（去去去去去）……五画
・回（回回回回回回）……六画

1 まちがえやすい画数の部首《ぶしゅ》

・阝（阝阝阝）……三画
・弓（弓弓弓）……三画
・辶（辶辶辶）……三画
・廴（廴廴廴）……三画
・子（子子子）……三画
・殳（殳殳殳殳）……四画
・癶（癶癶癶癶癶）……五画
・糸（糸糸糸糸糸糸）六画

3 筆順には、次のようなきまりがあります。あとの漢字を、それぞれのきまりの合うところに書きましょう。

(1) 上から下へ書く。（　　）
(2) 左から右へ書く。（　　）
(3) 中・左・右の順に書く。（　　）
(4) 外側《そとがわ》から先に書く。（　　）
(5) つきぬける縦画《たてかく》は最後《さいご》に書く。（　　）
(6) 「辶」と「廴」は最後に書く。（　　）

光・牛・草・川・赤・近・同・建・円・言・車・湖

4 次の漢字で、一画目に書くのはどの画ですか。記号に○をつけましょう。

(1) 有　ア　イ
(2) 左　ア　イ
(3) 馬　ア　イ
(4) 原　ア　イ
(5) 申　ア　イ
(6) 州　ア　イ
(7) 成　ア　イ
(8) 長　ア　イ
(9) 堂　ア　イ
(10) 図　ア　イ

2 まちがえやすい画数の漢字《かんじ》

（二画）九　刀　力
（三画）丸　夕　万　女
（四画）引　内　予　公　今
（五画）号　世　台　皮　礼　母
（六画）死　糸　列　毎　争　衣
（七画）麦　足　図　投　医　改
（八画）始　表　物　刷　育　泳
（九画）屋　後　食　乗　送　級
（十画）起　帰　配　旅　郡　紙
（十一画）球　教　第　終　都　望
（十二画）開　勝　遊　極　歯　博
（十三画）遠　園　楽　新　数
（十四画）歌　聞　鼻　駅　旗
（十五画）線　器　選　熱　輪
（十六画）館　親　薬　録　橋
（十八画）曜　顔　観　題　類
（十九画）願　鏡
（二十画）競　議

力をのばす問題

答え▼358ページ

1 次《つぎ》の漢字の筆順《ひつじゅん》の正しいほうの記号《きごう》に、○をつけましょう。

(1) 以
ア　丨　レ　ﾚ丶　以　以
イ　丨　レ　ﾚ丿　以　以

(2) 臣
ア　一　厂　匚　臣　臣
イ　丨　厂　匚　臣　臣

(3) 乗
ア　二　三　乗　乗　乗
イ　二　千　乗　乗　乗

(4) 発
ア　ヲ　ヺ　癶　癶　発
イ　ヲ　ヺ　癶　癶　発

2 次の漢字の画数を、数字で書きましょう。

(1) 進（　　）
(2) 練（　　）
(3) 察（　　）
(4) 管（　　）
(5) 機（　　）
(6) 強（　　）
(7) 良（　　）
(8) 部（　　）
(9) 兵（　　）
(10) 号（　　）
(11) 実（　　）
(12) 初（　　）

3 次の漢字の部首《ぶしゅ》の画数とその名前を、(例)にならって書きましょう。

(例) 泳(三)画・(さんずい)

(1) 敗（　）画・（　　　）
(2) 頭（　）画・（　　　）
(3) 社（　）画・（　　　）
(4) 郡（　）画・（　　　）
(5) 寒（　）画・（　　　）
(6) 孫（　）画・（　　　）

第1編 言葉
第1章 漢字
第2章 ローマ字
第3章 いろいろな言葉
第4章 言葉のきまり

ひろがる国語

ひらがなの由来《ゆらい》

ひらがなもかたかなも漢字《かんじ》をもとにしてできたものです。文字がなかった時代《じだい》の日本では、中国《ちゅうごく》から伝《つた》わった漢字を使《つか》って文章《ぶんしょう》を書いていました。その漢字の音《おん》を借《か》りて書き表《あらわ》した「万葉仮名《まんようがな》」をもとに、漢字を簡単《かんたん》にしたものが「ひらがな」です。また、「かたかな」は漢字の一部《いちぶ》を取《と》って作られたといわれています。

ひらがなの成《な》り立ち

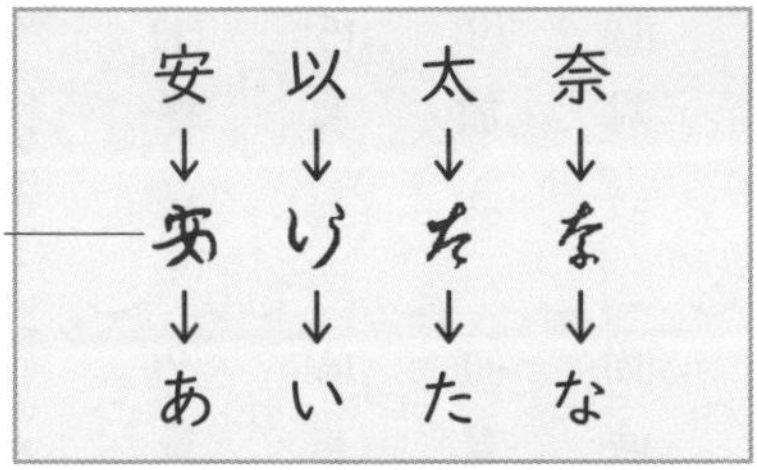

かたかなの成り立ち

於↓オ
江↓エ
宇↓ウ
伊↓イ
阿↓ア

もとになる部分

いろは歌

いろはにほへと
ちりぬるを
わかよたれそ
つねならむ
うゐ(イ)のおくやま
けふこえて
あさきゆめみし
ゑ(エ)ひもせす

※四十七文字の仮名《かな》を一度《いちど》ずつ使って作った七五調《ちょう》の歌。

中国から文字(漢字)が入ってきたとき、話し言葉《ことば》としての日本語はすでに存在《そんざい》していました。そのため、言葉の意味《いみ》とは関係《かんけい》なく、漢字の読みだけを借りて日本語を書き表したものが、「万葉仮名」です。この書き表し方は、奈良時代《ならじだい》ごろに書かれたとされる『万葉集《まんようしゅう》』で多く使われているので、このように呼《よ》ばれます。同じころに書かれたとされる『古事記《こじき》』も、万葉仮名で書かれています。

平安時代《へいあんじだい》に、万葉仮名を書きくずしたものから「ひらがな」が生まれました。すると、ひらがなで「物語《ものがたり》」が書かれるようになり、わが国の最《もっと》も古い物語である『竹《たけ》取物語《とりものがたり》』や、歌物語である『伊勢物語《いせものがたり》』などが作られました。

ひらがなは、主《おも》に、女性《じょせい》が使う文字とされ、宮《きゅう》てい(天《てん》皇《のう》の住《す》まい)に仕《つか》える女性を中心に、かな文字による文学作品が多数《たすう》生み出されました。清少納言《せいしょうなごん》のずい筆《ひつ》『枕草子《まくらのそうし》』、紫式部《むらさきしきぶ》の長編小説《ちょうへんしょうせつ》『源《げん》氏《じ》物《もの》語《がたり》』は、その代表《だいひょう》です。

力をためす問題 1

答え▼358ページ

1 次《つぎ》の漢字《かんじ》の読みを書きましょう。

(1) 標語（　　） (2) 筆順（　　） (3) 街角（　　） (4) 書類（　　）
(5) 有料（　　） (6) 車輪（　　） (7) 陸橋（　　） (8) 浴場（　　）
(9) 放牧（　　） (10) 昔話（　　） (11) 菜食（　　） (12) 司書（　　）
(13) 対照（　　） (14) 城下（　　） (15) 景観（　　） (16) 天然（　　）
(17) 達人（　　） (18) 正直（　　） (19) 灯火（　　） (20) 工夫（　　）

2 次の漢字の読みを書きましょう。

(1) 軽い（　　） (2) 温める（　　） (3) 化かす（　　） (4) 祝う（　　）
(5) 束ねる（　　） (6) 放す（　　） (7) 競う（　　） (8) 泣く（　　）
(9) 欠く（　　） (10) 失う（　　） (11) 最も（　　） (12) 借りる（　　）

3 次の——線の漢字はいろいろな読み方をします。——線の漢字の読みを書きましょう。

(1) 開花（　　） 開く（　　） 開ける（　　）
(2) 無い（　　） 無事《じ》（　　） 無料《りょう》（　　）
(3) 実験《けん》（　　） 木の実（　　） 実る（　　）
(4) 感《かん》覚（　　） 目覚め（　　） 覚える（　　）
(5) 冷水（　　） 冷たい（　　） 冷ます（　　）
(6) 自負（　　） 負かす（　　） 負う（　　）
(7) 自身（　　） 大自然《ぜん》（　　） 自ら（　　）
(8) 大群（　　） 群れる（　　） 群がる（　　）
(9) 半分（　　） 五分間（　　） 分ける（　　）
(10) 平気（　　） 平泳《およ》ぎ（　　） 平ら（　　）

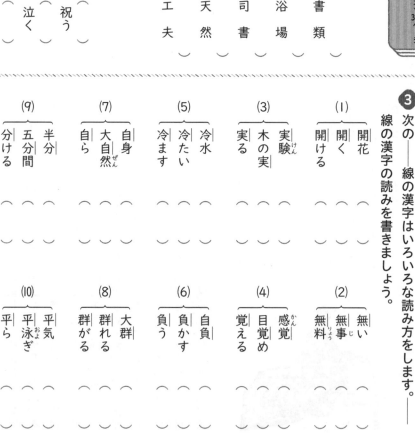

4 次の漢字の読みを書きましょう。

(1) 木立（　　） (2) 春雨（　　） (3) 雨戸（　　） (4) 船便（　　）
(5) 酒屋（　　） (6) 湯気（　　） (7) 七夕（　　） (8) 時計（　　）
(9) 二日（　　） (10) 景色（　　） (11) 川原（　　） (12) 大人（　　）
(13) 友達（　　） (14) 部屋（　　） (15) 真面目（　　） (16) 八百屋（　　）

5 (1)・(2)・(3)の読み方をもつ漢字を集《あつ》めました。それぞれの漢字の他《ほか》の読み方をあとから選《えら》んで、記号《きごう》で答えましょう。

(1) セイ
①晴（　） ②整（　） ③世（　） ④成（　）
⑤清（　） ⑥静（　） ⑦省（　）
ア ととの(える) イ な(る) ウ しず(か)
エ は(れる) オ よ カ きよ(い)
キ はぶ(く)

(2) コウ
①交（　） ②幸（　） ③港（　） ④好（　）
⑤考（　） ⑥広（　）
ア ひろ(い) イ この(む) ウ かんが(える)
エ みなと オ さいわ(い) カ まじ(わる)

(3) シ
①試（　） ②使（　） ③始（　） ④仕（　）
⑤指（　） ⑥止（　）
ア つか(う) イ と(める) ウ つか(える)
エ さ(す) オ はじ(める) カ こころ(みる)

6 次の言葉《ことば》の反対《はんたい》の意味《いみ》の言葉を、漢字で書きましょう。必要《ひつよう》なものは、送《おく》りがなをつけましょう。

(1) 失敗《しっぱい》 ↕（　　） (2) 危険《きけん》 ↕（　　）
(3) 長所《ちょうしょ》 ↕（　　） (4) 明るい ↕（　　）
(5) 深《ふか》い ↕（　　） (6) 楽しい ↕（　　）
(7) 売る ↕（　　） (8) 負《ま》ける ↕（　　）

力をためす問題 2

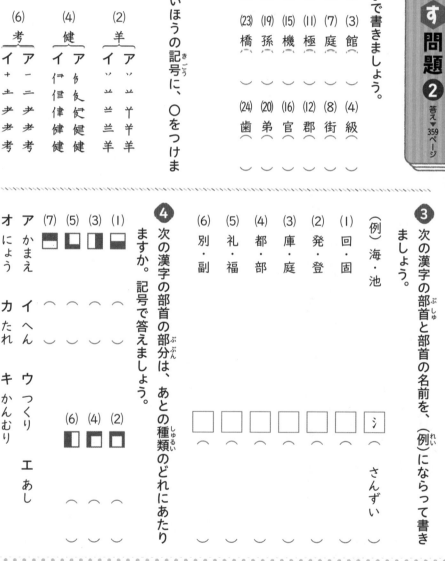

答え▼359ページ

1 次《つぎ》の漢字《かんじ》の画数を、数字で書きましょう。

(1) 横（　）　(2) 階（　）　(3) 館（　）　(4) 級（　）
(5) 軽（　）　(6) 週（　）　(7) 庭（　）　(8) 街（　）
(9) 巣（　）　(10) 観（　）　(11) 極（　）　(12) 郡（　）
(13) 練（　）　(14) 起（　）　(15) 機（　）　(16) 官（　）
(17) 建（　）　(18) 包（　）　(19) 孫（　）　(20) 弟（　）
(21) 芽（　）　(22) 鼻（　）　(23) 橋（　）　(24) 歯（　）

2 次の漢字の筆順《ひつじゅん》の正しいほうの記号《きごう》に、○をつけましょう。

(1) 飛
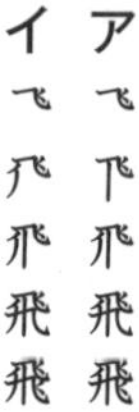

(2) 羊

(3) 必

(4) 健
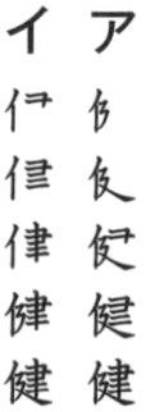

(5) 題
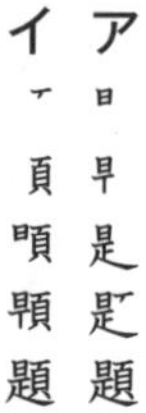

(6) 考

3 次の漢字の部首《ぶしゅ》と部首の名前を、(例《れい》)にならって書きましょう。

(例) 海・池　［氵］（さんずい）
(1) 回・固　［　］（　）
(2) 発・登　［　］（　）
(3) 庫・庭　［　］（　）
(4) 都・部　［　］（　）
(5) 礼・福　［　］（　）
(6) 別・副　［　］（　）

4 次の漢字の部首の部分《ぶぶん》は、あとの種類《しゅるい》のどれにあたりますか。記号で答えましょう。

(1) （　）
(2) （　）
(3) （　）
(4) （　）
(5) （　）
(6) （　）
(7) （　）

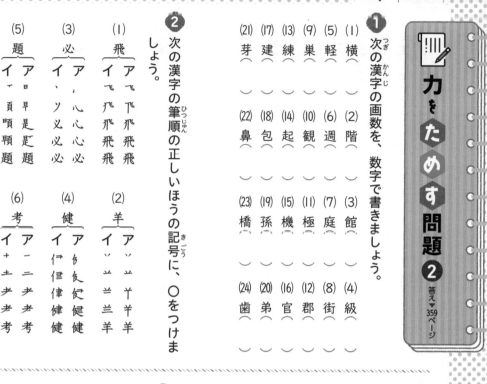

ア かまえ　イ へん　ウ つくり　エ あし
オ にょう　カ たれ　キ かんむり

5 (例)のように、次の――線を漢字に直し、その部首と部首の名前を書きましょう。

(例) りん業《ぎょう》がさかんだ。 [林] (木) (きへん)

(1) れい蔵庫《ぞうこ》を開《あ》ける。 [　] (　) (　)

(2) 相《そう》だんにのる。 [　] (　) (　)

(3) かい札口《さつぐち》から出る。 [　] (　) (　)

(4) マンションのかん理人。 [　] (　) (　)

(5) しょう明を当てる。 [　] (　) (　)

(6) 雲《くも》を研《けん》きゅうする。 [　] (　) (　)

6 次の漢字の赤色の画は何番目に書きますか。数字で書きましょう。

(1) 区 (　)　(2) 祭 (　)　(3) 荷 (　)

(4) 寒 (　)　(5) 械 (　)　(6) 集 (　)

(7) 乗 (　)　(8) 最 (　)　(9) 旗 (　)

(10) 曲 (　)　(11) 帯 (　)　(12) 兆 (　)

7 (例)のように、次の漢字の画数を(　)に書き、一番目に書く画をなぞりましょう。

(例) 今 (4)画

(1) 丸 (　)画　(2) 始 (　)画

(3) 病 (　)画　(4) 単 (　)画

(5) 帳 (　)画　(6) 悲 (　)画

(7) 園 (　)画　(8) 進 (　)画

8 次の漢字で、最後《さいご》に書くのはどの画ですか。記号で答えましょう。

(1) 笛 ア イ (　)　(2) 代 ア イ (　)

(3) 方 イ ア (　)　(4) 化 ア イ (　)

(5) 印 ア イ (　)　(6) 氏 ア イ (　)

力をためす問題 3

答え▼359ページ

1 次《つぎ》の漢字《かんじ》の読みを書きましょう。

(1) 交じる（　　）
(2) 図る（　　）
(3) 苦い（　　）
(4) 敗れる（　　）
(5) 注ぐ（　　）
(6) 勇む（　　）
(7) 類い（　　）
(8) 新た（　　）

2 次の漢字の読みを書きましょう。

(1) 山里（　　）
(2) 流氷（　　）
(3) 兄弟（　　）
(4) 新聞（　　）
(5) 発育（　　）
(6) 駅長（　　）
(7) 横笛（　　）
(8) 必要（　　）
(9) 祭礼（　　）
(10) 教訓（　　）
(11) 週末（　　）
(12) 栄養（　　）
(13) 記録（　　）
(14) 連帯（　　）
(15) 計量（　　）
(16) 反省（　　）
(17) 勝利（　　）
(18) 満開（　　）
(19) 思想（　　）
(20) 松林（　　）

3 次の□に、漢字を書きましょう。

(1) □□《ぎょうれつ》に□《くわ》わって歩く。
(2) このごろは、□□《わふく》を着《き》る人が少なくなった。
(3) 外国からの□□□《りょこうしゃ》が増《ふ》えている。
(4) □□《こうねつ》が出たので、学校を休んだ。
(5) 場内の□□《ぐあい》を問《と》いあわせる。
(6) □□《せきはん》をたいて、誕生日《たんじょうび》を□《いわ》う。
(7) かぜをひいて□□《はなごえ》になった。
(8) 買《か》い物《もの》した品《しな》を□□《はいたつ》してもらう。
(9) 日本の□□《じんこう》は、約《やく》一□《おく》三千万人だ。
(10) □《うめ》の木にうぐいすがとまっている。
(11) チューリップの□□《きゅうこん》を□《う》える。
(12) 世界《せかい》の□□《へいわ》を□《とな》える。
(13) 過《す》ごしやすい□□《きせつ》になった。

4 次の――線の熟語《じゅくご》の読み方が他《ほか》とちがうものを一つ選《えら》んで、記号《きごう》で答えましょう。

(1)
ア 音楽に関心がある。
イ 家に着《つ》いて安心する。
ウ 友の作文に感心する。
（　　）

(2)
ア 交通《こうつう》機関がまひする。
イ 消化《しょうか》器官を調《しら》べる。
ウ よい機会がおとずれる。
（　　）

(3)
ア 委員《いいん》に選ばれて光栄だ。
イ 公正な選挙《せんきょ》がおこなわれる。
ウ 後世に残《のこ》る作品《さくひん》を書く。
（　　）

5 次の読み方の漢字を、□に書きましょう。

(1) サツ
本の印《いん》□
一万円□
事件《じけん》の考《こう》□

(2) カ
百□店
毎日の日□
良《よ》い結《けっ》□

(3) ヒョウ
かりの□的《てき》
決選投《けっせんとう》□
本の□紙

(4) フ
キュリー□妻《さい》
大阪《おおさか》□
書類《しょるい》の交□

(5) ケイ
円の半《はん》□
学校の全《ぜん》□
家族関《かぞくかん》□

(6) ガン
□面《めん》のきず
長年の□望《ぼう》
広い海□

6 次の――線の漢字の読みを書きましょう。

(1)
絵が上手な子。（　　）
舞台《ぶたい》の上手に立つ。（　　）

(2)
ごみを分別する。（　　）
分別のある行動。（　　）

7 次の――線の言葉《ことば》を、漢字と送《おく》りがなで書きましょう。

(1) 新しい言葉をおそわる。（　　）
(2) そうじをはじめる。（　　）
(3) 年があらたまる。（　　）
(4) スープをあたためる。（　　）
(5) 長さがひとしい。（　　）

力をためす問題 4

答え▼360ページ

1 次《つぎ》の漢字《かんじ》の読みを書きましょう。

(1) 小屋（　　）　屋外（　　）

(2) 幸せ（　　）　幸い（　　）

(3) 市街（　　）　街角（　　）

(4) 細い（　　）　細かい（　　）

(5) 根元（　　）　根負け（　　）

(6) 入梅（　　）　梅ぼし（　　）

(7) 労働（　　）　働く（　　）

(8) 直後（　　）　正直（　　）

(9) 通う（　　）　通る（　　）

(10) 月末（　　）　末っ子（　　）

(11) 軽量（　　）　量る（　　）

(12) 平和（　　）　平等（　　）

2 次の読み方の漢字を、□に書きましょう。

(1) アン　□内　□心

(2) カン　会□　□想《そう》

(3) シャ　学□　□真《しん》

(4) キ　□間　□会

(5) ミ　□知　意《い》□

(6) ヒ　□肉　□鳴《めい》

(7) セキ　出□　面《めん》□

(8) カク　□自　直□

(9) シ　□事《ごと》　□会

3 次の読み方の漢字を、□に書きましょう。

(1) ショウカ
① □のよいものを食べる。
② すみやかな□活動《かつどう》に努《つと》める。

(2) キコウ
① 温暖《おんだん》な□の国に住《す》む。
② 流通《りゅうつう》□が混乱《こんらん》する。
③ 漁《りょう》を終《お》えて漁船《ぎょせん》が□する。

(3) タイショウ
① 試合《しあい》で□した。
② 二人の性格《せいかく》は□的《てき》だ。

4 次の漢字の部首《ぶしゅ》を〔　〕に、その名前を（　）に書きましょう。

(1) 姉〔　〕（　）
(2) 持〔　〕（　）
(3) 健〔　〕（　）
(4) 種〔　〕（　）
(5) 起〔　〕（　）
(6) 次〔　〕（　）
(7) 油〔　〕（　）
(8) 利〔　〕（　）
(9) 原〔　〕（　）
(10) 放〔　〕（　）
(11) 点〔　〕（　）
(12) 陸〔　〕（　）

5 次の「かんむり」の部首の名前と、それをもつ漢字を一つ書きましょう。

(1) 亠（　）□
(2) 穴（　）□
(3) 耂（　）□
(4) 雨（　）□
(5) 宀（　）□
(6) 癶（　）□
(7) ⺮（　）□
(8) 艹（　）□

6 次の読みをもつ漢字を、□に書きましょう。

(1) あげる
① くわしく例《れい》を□げる。
② バスの料金《りょうきん》を□げる。

(2) あける
① もうすぐ夜が□ける。
② 海外旅行《かいがいりょこう》で家を□ける。
③ 列車《れっしゃ》の窓《まど》を□ける。

(3) つく
① 早めに駅《えき》に□く。
② 服《ふく》に絵《え》の具《ぐ》が□く。

(4) かわる
① 父に□わって、あいさつをする。
② この本を読んで、考え方が□わった。

(5) さます
① オートバイの音で目を□ました。
② ご飯《はん》を□ましてから具《ぐ》をのせる。

(6) あつい
① 今年《ことし》の夏は、例年《れいねん》より□い。
② 祖母《そぼ》は□いお茶が好《す》きです。

第2章 ローマ字

ここからスタート！

学習することがら

外国の人にもわかりやすいようにしているのね。
!!Oh! ギンザー!!
西山田通り
Nishiyamada.St
路線バス
山田
Yamada
のりば
家の近くにもけっこうあったな〜。
ローマ字の文字はパソコンのキーボードで見たことがあるね。
スマホにも！
いいところに気が付《つ》いたわね。
パソコンで文字を打《う》ちこむときに、ローマ字つづりのルールをつかって入力する方法《ほうほう》があるのよ。
タロ、パソコンを使えるの？
すごい…。
カタカタカタ
カタカタカタ
あ い う え お
a i u e o
か き く け こ
ka ki ku ke ko
ぼくもパソコンの入力してみたい！ローマ字の表《ひょう》を見てやってみよう！
って、食《た》べ物《もの》ばっかり！
yakitori....
sukiyaki...
onigiri...
udon...
これからローマ字のルールを勉強《べんきょう》していくわよ！

① ローマ字

例題

❶ 次《つぎ》の絵の名前を，ローマ字で書きましょう。

(1)

(2)

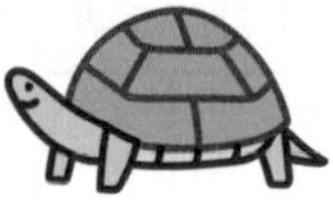

(3)

(4)

❷ 次のローマ字を，ひらがなで書きましょう。

(1) sakura　(　　　　)

(2) yasai　(　　　　)

(3) koisi　(　　　　)

(4) manga　(　　　　)

(5) goma　(　　　　)

(6) zikan　(　　　　)

(7) tukue　(　　　　)

(8) hetima　(　　　　)

考え方

❶ ローマ字では，かなの五《ご》十音表《じゅうおんひょう》のア行「a《あ》・i《い》・u《う》・e《え》・o《お》」(母音《ぼいん》)の五文字は，1字で表《あらわ》します。カ行以《い》降《こう》の音は，この五文字と別《べつ》の文字(子音《しいん》)を組み合わせて表します。これがローマ字の基本《きほん》なので，しっかりおさえておきましょう。(➡98ページ)

❷ ローマ字の1音《いちおん》を，かなの1音に置《お》きかえます。「a・i・u・e・o」の区切《くぎ》りで読んでいきましょう。

❸ ローマ字では，のばす音，つまる音「っ」の書き表し方や，はねる音「ん」の後に「a・i・u・e・o・y」がくる場合《ばあい》の書き表し方には，特別《とくべつ》なきまりがあります。しっかり覚《おぼ》えておきましょう。(➡100ページ)

3 次のひらがなを，ローマ字で書きましょう。

(1) ちゃわん　(2) かいしゃ

(3) きっぷ　(4) びょういん

(5) とんや　(6) はっぱ

(7) とうきょう　(8) きかんしゃ

(9) やまだ　さち

4 次の言葉《ことば》をコンピュータでローマ字入力するとき，どのように打《う》ちますか。□に１字ずつローマ字を書きましょう。（二通りの入力方法《ほうほう》がある場合，１マス余《あま》ることがあります。）

(1) ガラス

□□□□□□

(2) しんぶん

□□□□□□□□□

(3) ハーモニカ

□□□□□□□□□

(4) おかあさん

□□□□□□□□

4 (2)「し」は，ローマ字の書き表し方と同じように，**二つの入力方法**があります。「ん」は，ふつう**「NN」**と打ちます。
(4)のばす音は，ローマ字とはちがい，**ひらがなで書かれたとおりに**打ちます。

（➔101・102ページ）

答え

1 (1)ie　(2)kame
(3)ari
(4)zi(ji)sya(sha)ku

2 (1)さくら　(2)やさい
(3)こいし　(4)まんが
(5)ごま　(6)じかん
(7)つくえ　(8)へちま

3 (1)tya(cha)wan
(2)kaisya(sha)
(3)kippu　(4)byôin
(5)ton'ya　(6)happa
(7)Tôkyô
(8)kikansya(sha)
(9)Yamada　Sati(chi)

4 (1)GARASU
(2)SI(SHI)NNBUNN
(3)HA－MONIKA
(4)OKAASANN

くわしい学習

1 ローマ字とは

ローマ字は，A～Zのアルファベットを使《つか》って日本語を表《あらわ》したものです。それぞれの文字には**大文字**と**小文字**があり，「A」は大文字で，小文字は「a」と書きます。ローマ字は，もともと英語《えいご》などヨーロッパの言葉《ことば》を書き表すために使われていた文字ですが，日本の言葉も，このローマ字を使って書き表すことができます。このような書き表し方を**ローマ字表記《ひょうき》**といいます。

❶ ローマ字の書き表し方

①ア行の音と「ん」の音は，ローマ字1字で表します。

あ	い	う	え	お	ん
a	i	u	e	o	n

②カ行から下の音は，決《き》まった文字と「a・i・u・e・o」との組み合わせで表します。

例 **カ行…**「k」と「a・i・u・e・o」との組み合わせ

か	き	く	け	こ
ka	**ki**	**ku**	**ke**	**ko**

サ行…「s」と「a・i・u・e・o」との組み合わせ

さ	し	す	せ	そ
sa	**si**	**su**	**se**	**so**

続《つづ》く**タ行**は「t」，**ナ行**は「n」，**ハ行**は「h」，**マ行**は「m」，**ヤ行**は「y」，**ラ行**は「r」，**ワ行**は「w」と「a・i・u・e・o」との組み合わせとなります。

ローマ字の表

		A	I	U	E	O			
ア行		あ a	い i	う u	え e	お o			
カ行	K	か ka	き ki	く ku	け ke	こ ko	きゃ kya	きゅ kyu	きょ kyo
サ行	S	さ sa	し si [shi]	す su	せ se	そ so	しゃ sya [sha]	しゅ syu [shu]	しょ syo [sho]
タ行	T	た ta	ち ti [chi]	つ tu [tsu]	て te	と to	ちゃ tya [cha]	ちゅ tyu [chu]	ちょ tyo [cho]
ナ行	N	な na	に ni	ぬ nu	ね ne	の no	にゃ nya	にゅ nyu	にょ nyo
ハ行	H	は ha	ひ hi	ふ hu [fu]	へ he	ほ ho	ひゃ hya	ひゅ hyu	ひょ hyo
マ行	M	ま ma	み mi	む mu	め me	も mo	みゃ mya	みゅ myu	みょ myo
ヤ行	Y	や ya	(い) (i)	ゆ yu	(え) (e)	よ yo			
ラ行	R	ら ra	り ri	る ru	れ re	ろ ro	りゃ rya	りゅ ryu	りょ ryo
ワ行	W	わ wa	(い) (i)	(う) (u)	(え) (e)	を (o) [wo]			
ン	N	ん n							
ガ行	G	が ga	ぎ gi	ぐ gu	げ ge	ご go	ぎゃ gya	ぎゅ gyu	ぎょ gyo
ザ行	Z	ざ za	じ zi [ji]	ず zu	ぜ ze	ぞ zo	じゃ zya [ja]	じゅ zyu [ju]	じょ zyo [jo]
ダ行	D	だ da	ぢ (zi) [di]	づ (zu) [du]	で de	ど do	ぢゃ (zya) [dya]	ぢゅ (zyu) [dyu]	ぢょ (zyo) [dyo]
バ行	B	ば ba	び bi	ぶ bu	べ be	ぼ bo	びゃ bya	びゅ byu	びょ byo
パ行	P	ぱ pa	ぴ pi	ぷ pu	ぺ pe	ぽ po	ぴゃ pya	ぴゅ pyu	ぴょ pyo

[　]の中の書き方も使うことができます。
(　)の中の書き方は，重《かさ》ねて出してあるもの。

2 ローマ字のつづり方

❶ のばす音の書き表《あらわ》し方

「おかあさん」のようなのばす音は，「a・i・u・e・o」の上に「＾」をつけて書き表します。

例 おかあさん　おねえさん　せんぷうき
okâsan　onêsan　senpûki

❷ つまる音の書き表し方

「しっぽ」のようなつまる音は，「っ」の次《つぎ》の音のはじめの文字を重《かさ》ねて書き表します。

例 きって(切手)　しょっき(食器)　しっぽ
kitte　syokki　sippo

❸ 小さい「ゃ」「ゅ」「ょ」のつく音の書き表し方

「きゃ」「しゅ」「ちょ」などの音は，「y」を入れて，「kya」「syu」「tyo」のように3字で書き表します。

例 こうちゃ(紅茶)　しゃしん(写真)　きんぎょ(金魚)
kôtya　syasin　kingyo

❹ はねる音の書き表し方

①「とんぼ」のようなはねる音は，「n」と書き表します。

例 とんぼ　ほん(本)　みかん　あんパン
tonbo　hon　mikan　anpan

②はねる音の次に「a・i・u・e・o」や「y」がくるときは，「n」の後に「´」(切る印《しるし》)を入れて，読みまちがえないようにします。

例 ぎんいろ(銀色)　ほんや(本屋)　てんいん(店員)
gin´iro　hon´ya　ten´in

※「´」を入れないと「giniro」「honya」「tenin」となり、「ぎにろ」「ほにゃ」「てにん」とまちがった読みになってしまいます。

⑤ 地名や人の名前の書き表し方

地名や人の名前を書くときは，**最初《さいしょ》の1文字を大文字**で書き表します。

例 ほっかいどう(北海道)　　よこはま(横浜)
Hokkaidô　　Yokohama
おだのぶなが(織田信長)　　かとうくみ(加藤久美)
Oda Nobunaga　　Kato Kumi

※言葉《ことば》をつなぐ印として「-」を入れることもあります。

例 おきなわけん(沖縄県)　　きょうとし(京都市)
Okinawa-ken　　Kyôto-si(shi)
なかく(中区)
Naka-ku

※地名などでは，**すべての文字を大文字**で書くこともあります。

例 なごや(名古屋)　　よこはま(横浜)
NAGOYA　　YOKOHAMA

⑥ 二通りの書き表し方

「し」や「ち」のように，書き方が二つあるものがあります。

例 しろ(城) → siro —— shiro
まち(町) → mati —— machi
つき(月) → tuki —— tsuki
もじ(文字) → mozi —— moji
ふね(船) → hune —— fune
いしゃ(医者) → isya —— isha
ちゃいろ(茶色) → tyairo —— chairo

右側《みぎがわ》の書き方は、駅名《えきめい》や道路標識《どうろひょうしき》などの看板《かんばん》によく使われている表記だよ。

3 コンピュータのローマ字入力

ローマ字は，**コンピュータで日本語を打《う》ちこむときにも使《つか》います。** キーボードを使って，文字や記号《きごう》などを打ちこむことを「入力」といいます。

かなで入力することもできますが，コンピュータの入力には，ローマ字が多く使われます。キーボードには大文字が書かれているので，大文字を使って打ちます。例《たと》えば，[H][A][N][A]とキーを打つと，コンピュータの画面《がめん》には「はな」とひらがなが表示《ひょうじ》されます。

1 入力のきまり

①「し」「ち」「ふ」など，ローマ字で**二通りの書き方がある文字**は，どちらの打ち方でも入力できます。

例

- ・し… [S][I] または [S][H][I]
- ・ち… [T][I] または [C][H][I]
- ・ふ… [H][U] または [F][U]
- ・じ… [Z][I] または [J][I]
- ・しゃ… [S][Y][A] または [S][H][A]
- ・ちゅ… [T][Y][U] または [C][H][U]
- ・じょ… [Z][Y][O] または [J][O]

②「ぢ」「づ」「を」「ん」などは，ふつう次《つぎ》のように入力します。

例

- ・ぢ… [D][I]　・づ… [D][U]
- ・を… [W][O]　・ん… [N][N]

③**のばす音**は，ふつうのローマ字の書き表《あらわ》し方とはちがい，**ひらがなで書く場合《ばあい》と同じように**入力します。

例

・とうだい(灯台)… [T][O][U][D][A][I]
(ローマ字では…tôdai)

④**つまる音**は，ローマ字で書き表す場合と同じように，**「っ」の次の音のはじめの文字を重《かさ》ねて**入力します。

例

・にっき(日記)… [N][I][K][K][I]　・ヨット… [Y][O][T][T][O]

② へんかんのしかた

入力してひらがなで表示されている文字を**ひらがなや漢字《かんじ》に変《か》えること**を「へんかん」といいます。

①へんかんするとき，同じ音の言葉《ことば》があると，いっしょに出てきます。その中で使いたいものを選《えら》びます。

例《たと》えば，「たいよう」をへんかんしようとすると，右のような文字が出てくるので，「大洋」であれば，2を選《えら》びます。

1	太陽
2	大洋
3	大要
4	タイヨウ
5	たいよう ▼

②かたかなの言葉で**のばす音が入る場合は，「－」を打ち**，へんかんします。

例

・ゲーム… [G][E][－][M][U]　・コート… [K][O][－][T][O]

入力のしかたはコンピュータによってちがうこともあるから，確《かく》にんしながら使うといいよ。

練習問題

答え▶360ページ

1 次《つぎ》のローマ字に合う絵をあとから選《えら》んで，記号《きごう》で答えましょう。

(1) himawari （　　）　(2) tubame （　　）　(3) tonbo （　　）

(4) katatumuri （　　）　(5) medaka （　　）　(6) remon （　　）

(7) zinzya （　　）　(8) koppu （　　）　(9) haisya （　　）

ア

イ

ウ

エ

オ

カ

キ
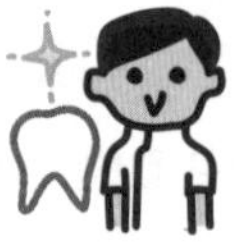

ク

ケ

2 次のローマ字の言葉《ことば》を，（　）の指示《しじ》にしたがって，正しく書き直しましょう。

(1) miyazakiken（言葉をつなぐ印《しるし》をつけて，「宮崎県《みやざきけん》」にする。）

(2) tani（読みまちがえないように音を切る印をつけて，「単位《たんい》」にする。）

(3) Ikebukuro（すべて大文字で「池袋《いけぶくろ》」を表《あらわ》す。）

3 次の絵に合うローマ字を書きましょう。

(1)

(2)

(3)

(4)

(5)

(6)

(7)

(8)

(9)

(10)

(11)

(12)

4 次の言葉をローマ字で書きましょう。

(1) 金曜日

(2) 急行列車《きゅうこうれっしゃ》

(3) 道路工事《どうろこうじ》

(4) パン屋《や》

(5) ふんい気

(6) 料理人《りょうりにん》

(7) 新聞社《しんぶんしゃ》

(8) 市役所《しやくしょ》

力をつける問題

答え▶361ページ

1 次《つぎ》の絵に合うローマ字を書きましょう。

(1)

(2)

(3)

(4)

(5)

(6)

(7)

(8)

(9)

2 次の言葉《ことば》をコンピュータでローマ字入力するとき，どのように打《う》ちますか。□に1字ずつローマ字を書きましょう。（二通りの入力方法《ほうほう》がある場合，1マス余《あま》ることがあります。）

(1) みかん　□□□□□□

(2) ちぢむ　□□□□□□□

(3) これを　□□□□□□

(4) 続《つづ》き　□□□□□□□

(5) ろう下　□□□□□

(6) ソース　□□□□□

3 次の言葉をローマ字で書きましょう。

(1) 秋田県《あきたけん》

(2) 神戸市《こうべし》

(3) 富士山《ふじさん》

(4) 利根川《とねがわ》

(5) 野口英世《のぐちひでよ》

(6) 九州《きゅうしゅう》

(7) 札幌《さっぽろ》

(8) 福岡《ふくおか》(すべて大文字で)

4 次の言葉をローマ字の二通りの書き方で書きましょう。

(1) シューマイ

(2) うちゅう

(3) 指文字《ゆびもじ》

(4) 台風

(5) じょうろ

(6) もち

力をのばす問題

答え▶361ページ

1 次《つぎ》のローマ字の言葉《ことば》を，（　）の指示《しじ》にしたがって，正しく書き直しましょう。

(1) Sinzyuku（二か所《しょ》を別《べつ》の書き表《あらわ》し方にして「新宿《しんじゅく》」を表す。）

(2) tyûzuri（二か所を別の書き表し方にして「ちゅうづり」を表す。）

(3) Huzisawasi（すべて大文字にして，つなぐ印《しるし》を使い，三か所を別の書き表し方にして「藤沢市《ふじさわし》」を表す。）

(4) tutihumazu（三か所を別の書き表し方にして「土ふまず」を表す。）

2 次の絵に合うローマ字を書きましょう。

(1)

(2)

(3)

(4)

(5)

(6)

3 次の二語を組み合わせた言葉を，ローマ字で書きましょう。

(1) 水・てっぽう

(2) 底《そこ》・力

(3) 船《ふね》・底

(4) 酒《さけ》・くら

(5) しんぼう・強い

(6) 風《かぜ》・車《くるま》

4 ローマ字で書かれた次の言葉をコンピュータでローマ字入力するには，どのように入力すればよいですか。□に1字ずつローマ字を書きましょう。（二通りの入力方法《ほうほう》がある場合，1マス余《あま》ることがあります。）

(1) sen'i □□□□□

(2) kon'ya □□□□□□

(3) zyûendama □□□□□□□□□□□

(4) onêsan □□□□□□□□

5 次の言葉をコンピュータでローマ字入力するとき，どのように打《う》って，へんかんしますか。□に1字ずつローマ字や記号《きごう》を書きましょう。（二通りの入力方法がある場合，1マス余ることがあります。）

(1) ジュース □□□□□□

(2) ボール □□□□□

ここからスタート！

第3章 いろいろな言葉

学習することがら

たとえば犬が登場することわざは…。
犬猿《けんえん》の仲《なか》
ギャー
ギャー
犬も歩けばぼうにあたる
ラッキー
ことわざの意味は116、121ページを見てね！
ことわざや慣用句、わたしも使《つか》えるようになりたいな。
この章《しょう》で、いろいろな言葉の使い方を学んでいきましょう。
つかれたわね。ちょっと休けいしましょうか。
わーい！
CAKE
あれ？先生、ダイエットするんじゃなかったの？
ギク
み、耳が痛《いた》いわ…。
だいじょうぶ？耳、どうしたの？
ケーキたべてあげようか？
けっこうです
「耳が痛い」も慣用句よ。
「弱点《じゃくてん》をつかれて聞くのがつらい」という意味だね！
ヤレヤレ

① 言葉《ことば》の意味《いみ》

例題

1 次《つぎ》の「ひく」の意味《いみ》を下から選《えら》んで、記号《きごう》で答えましょう。

(1) うすで麦をひく（　　）
(2) ピアノをひく（　　）
(3) 国語辞典《じてん》をひく（　　）
(4) くじをひく（　　）
(5) 直線をひく（　　）
(6) 友達《ともだち》の気をひく（　　）

ア 多くの中から選ぶ。
イ 参考《さんこう》にして調《しら》べる。
ウ 細かくすりくだく。
エ 演奏《えんそう》する。
オ 書く。
カ ひきつける。

2 次の慣用句《かんようく》の意味をあとから選んで、記号で答えましょう。

(1) 鼻《はな》にかける（　　）
(2) 足がぼうになる（　　）
(3) 目を丸くする（　　）
(4) 筆《ふで》が立つ（　　）
(5) さじを投《な》げる（　　）
(6) 歯《は》がたたない（　　）

考え方

1 多義語《たぎご》の問題《もんだい》です。多義語は、使《つか》われ方によって**多くの意味をもつ言葉**です。「ひく」は、漢字で書くと「引く」「弾く（中学で習《なら》う漢字）」などがあり、同じ漢字で書く場合でも複数《ふくすう》の意味をもちます。

114ページ

2 慣用句の意味を問《と》う問題です。慣用句の中には、**体の部分《ぶぶん》を使ったもの**が多くあります。(1)「鼻にかける」は、実際《じっさい》に鼻に何かをするわけではありません。慣用句は、もとの言葉《ことば》の意味とはちがっていますが、その様子を考えてみると、意味が覚《おぼ》えやすくなります。

115ページ

3 ことわざの意味を問う問題です。**教えやいましめを、何かで例《たと》えたり短《みじか》く表《あらわ》した言葉**なので、その言葉が表していることから、意味をつかむとよいで

第1編 言葉
第1章 漢字
第2章 ローマ字
第3章 いろいろな言葉
第4章 言葉のきまり

ア あきらめる。
イ 文章《ぶんしょう》を書くのがうまい。
ウ びっくりする。
エ 相手《あいて》が強すぎてかなわない。
オ 自まんする。
カ 立ちすぎや歩きすぎで、足がつかれる。

3 次のことわざの意味をあとから選んで、記号で答えましょう。

(1) さるも木から落《お》ちる（　　）　(2) ぶたに真《しん》じゅ（　　）
(3) 月とすっぽん（　　）　(4) 花よりだんご（　　）
(5) 転《ころ》ばぬ先のつえ（　　）　(6) おにに金《かな》ぼう（　　）

ア 二つのものには大きなちがいがあること。
イ 上手《じょうず》な人にも失敗《しっぱい》はあること。
ウ 失敗しないように、前もっての用心が大事《だいじ》である。
エ 見た目より役立《やくだ》つものがよいこと。
オ よいものも値打《ねう》ちを知らない者《もの》には役立たないこと。
カ 強い者がもっと強くなること。

4 次の故事成語《こじせいご》の意味をあとから選んで、記号で答えましょう。

(1) 漁夫《ぎょふ》の利《り》（　　）　(2) 蛇足《だそく》（　　）　(3) 五里霧中《ごりむちゅう》（　　）

ア 余計《よけい》なことをすること。
イ 二者《にしゃ》が争《あらそ》っている間に、第《だい》三者が得《とく》をすること。
ウ 周《まわ》りの様子《ようす》がつかめず、どうしていいのかわからないこと。

しょう。（116ページ）

4 故事成語の意味を問う問題です。故事成語は、昔《むかし》の出来事《できごと》にもとづいてできた言葉で、主《おも》に中国《ちゅうごく》の古典《こてん》に出てくるものです。文字を見ただけでは意味がわからないものもあるので、**由来《ゆらい》とともに覚えておくことが必要《ひつよう》です。**（125ページ）

答え

1 (1)ウ (2)エ (3)イ (4)ア (5)オ (6)カ
2 (1)オ (2)カ (3)ウ (4)イ (5)ア (6)エ
3 (1)イ (2)オ (3)ア (4)エ (5)ウ (6)カ
4 (1)イ (2)ア (3)ウ

くわしい学習

1 いろいろな意味《いみ》をもつ言葉《ことば》

同じ言葉でも、使《つか》い方によって意味の変《か》わる言葉があり、これを「多義語《たぎご》」といいます。

▼さめる
・コーヒーが冷める。（冷《つめ》たくなる）
・情熱《じょうねつ》が冷める。（高まっていた気持《きも》ちが静《しず》まる）
・目が覚める。（起《お》きる）
・服《ふく》の色がさめる。（うすくなる）

▼はずむ
・ボールがはずむ。（はね返《かえ》る）
・息《いき》がはずむ。（激《はげ》しくなる）
・話がはずむ。（調子《ちょうし》づく）
・小づかいをはずむ。（気前よく金品《きんぴん》を出す）

▼はれる
・午後には晴れる。（よい天気になる）
・心が晴れる。（さわやかになる）
・うたがいが晴れる。（なくなる）

▼たつ
・家が建つ。（建物《たてもの》ができる）
・大地に立つ。（まっすぐたてになる）
・市《いち》が立つ。（開《ひら》かれる）
・東京《とうきょう》をたつ。（出発《しゅっぱつ》する）
・うわさが立つ。（世《よ》の中に広まる）
・時がたつ。（過《す》ぎる）

▼かける
・こしをかける。（すわる）
・ハンガーにかける。（つるす）
・めがねをかける。（身《み》につける）
・苦労《くろう》をかける。（人に負《お》わせる）
・犬がかける。（走る）
・橋《はし》をかける。（かけわたす）

▼さす
・学校のほうを指す。（方向《ほうこう》を示《しめ》す）
・朝日が差す部屋《へや》。（光が当たる）
・目薬《めぐすり》を差す。（そそぎ入れる）
・かさを差す。（頭の上に広げる）
・かびんに花をさす。（花を生ける）

2 慣用句《かんようく》・ことわざとは

1 慣用句

「手を焼《や》く」とは、どうすることもできずに困《こま》り果《は》てる、という意味です。また、「顔が広い」とは、たくさんの人とつきあいがある、という意味です。これらは、二つ以上《いじょう》の言葉が結《むす》びつき、もとの言葉の意味とはちがう意味を表《あらわ》すようになった言葉で、「慣用句」といいます。

もとの意味とはちがっているので、慣用句としての意味を正しく理解《りかい》する必要《ひつよう》があります。

「慣用」とは、多くの人によく使われているという意味だよ。

慣用句には、**体の一部《いちぶ》**や、**動物《どうぶつ》(生《い》き物《もの》)・植物《しょくぶつ》、道具《どうぐ》**などを使ったものが多くあります。

①体の一部を使ったもの

顔	顔が売れる	顔にどろをぬる
口	口がうまい 口がすべる	口が重《おも》い 口車に乗《の》る
手	手にあまる 手を切る	手を打《う》つ 手を回す

②動物(生き物)や植物を使ったもの

動物	馬が合う 虫が知らせる	ねこのひたい さばを読む
植物	青菜《あおな》に塩《しお》 根《ね》も葉《は》もない	うり二つ 竹を割《わ》ったよう

③道具を使ったもの

くぎをさす	さじを投《な》げる
メスを入れる	筆《ふで》が立つ

※慣用句は、例文《れいぶん》といっしょに覚《おぼ》えるようにしましょう。

例 母の言うことはもっともで、耳が痛《いた》い。
君《きみ》は筆が立つから、小説家《しょうせつか》になるといいよ。

② ことわざ

昔《むかし》から言い習《なら》わされてきた、人の生き方や考え方の教えとなる短《みじか》い言葉《ことば》を「ことわざ」といいます。

ことわざには、①**人を教えさとすもの**、②**人間のもつ弱さや欠点《けってん》を指《し》てきするもの**、③**生活に必要《ひつよう》なちえを表《あらわ》すもの**、などがあります。

ことわざには、表現《ひょうげん》のしかたによって次《つぎ》のようなものがあります。

①「たとえ」の形を取《と》っているもの

例 **犬も歩けばぼうに当たる**……何かをしようとすれば、思いがけない幸運《こううん》、またはさいなんにあうものだということ。

花よりだんご……見た目がいいだけのものよりも、実際《じっさい》に役立《やくだ》つもののほうがいいということ。

馬の耳に念仏《ねんぶつ》……人の意見《いけん》やアドバイスを聞き流《なが》すだけで、少しも聞き入れようとしないこと。

②反対《はんたい》の意味《いみ》の言葉を組み合わせたもの

例 **急《いそ》がば回れ**……急ぐときは、危険《きけん》な近道よりも、遠回りでも安全《あんぜん》な道を行ったほうが、結局《けっきょく》は早く目的地《もくてきち》に着《つ》くということ。

負《ま》けるが勝《か》ち……無理《むり》をして勝つより、相手《あいて》に勝ちをゆずっておいたほうが、結局は自分の得《とく》になるということ。

③音を重《かさ》ねてリズムがよいもの

例 **短気《たんき》は損気《そんき》**……短気を起《お》こすと、結局は自分が損をするということ。

後は野となれ山となれ……今のことさえよければ、後のことはどうなってもかまわないということ。

④数字が入ったもの

例 **石の上にも三年**……何事《なにごと》もがまんして続《つづ》けていれば、いつかは成功《せいこう》するということ。

七転《ななころ》び八起《やお》き……何回失敗《しっぱい》しても、あきらめずに努力《どりょく》を続《つづ》けること。

覚《おぼ》えておきたい 慣用句《かんようく》・ことわざ

※ 慣 は慣用句、こ はことわざです。例 は用例《ようれい》、類 は類義語《るいぎご》、対 は対義語《たいぎご》を示《しめ》しています。重要《じゅうよう》な言葉《ことば》には★印《しるし》をつけています。

頭・顔・面

★**頭が上がらない** 慣 相手《あいて》に負《お》い目を感《かん》じて、対等《たいとう》にふるまえない。

★**頭かくしてしりかくさず** こ 欠点《けってん》や悪事《あくじ》の一部《いちぶ》をかくして、全部《ぜんぶ》をかくしたつもりでいること。

★**頭が下がる** 慣 感心させられる。
例 弟のがんばりには**頭が下がる**。

頭をかかえる 慣 よい考えがうかばず、ひどく困《こま》る。
例 難《むずか》しい問《もん》題《だい》に、**頭をかかえる**。

★**顔が売れる** 慣 世《よ》の中に知られる。

★**顔にどろをぬる** 慣 はじをかかせる。

面《つら》の皮《かわ》があつい 慣 ずうずうしい。

★**泣《な》きっ面にはち** こ 悪《わる》いことに、さらに悪いことが重《かさ》なること。
類 弱《よわ》り目にたたり目・ふんだりけったり

目

★**目が回る** 慣 とてもいそがしい。

目から鼻《はな》へぬける 慣 非常《ひじょう》にかしこい。また、ぬけ目がない。

★**目にあまる** 慣 あまりにひどくて、だまって見ていられない。

★**目の上のこぶ** こ 目ざわりでじゃまな存在《そんざい》のたとえ。

目をぬすむ 慣 人に見つからないように、こっそりとする。

★**目を丸くする** 慣 おどろいて目を見開《みひら》く。
例 君《きみ》の変身《へんしん》ぶりには、みんな**目を丸くした**よ。

口

口がうまい 慣 相手が望《のぞ》むことを上手に話す。

★**口が重《おも》い** 慣 口数が少ない。言いたくない様子《ようす》。
例 **口が重い**兄は、家でほとんど話さない。

口がすべる 慣 言ってはいけないことを、うっかり言ってしまう。
例 **口がすべって**秘密《ひみつ》をもらす。

口がへらない 慣 次《つぎ》から次へと、好《す》き勝手《かって》なことを言う。
例 あいつは**口がへらない**やつだ。

★**口車に乗《の》る** 慣 うまい話にだまされる。

★**口はわざわいの元** こ 何気なく言った言葉《ことば》がわざわいをまねくことがあるから、言葉をつつしむようにといういましめ。

口も八丁《はっちょう》手も八丁 こ 言うこともすることもたくみであること。

★**口を割《わ》る** 慣 白状《はくじょう》する。

目は口ほどにものを言う こ 思いのこもった目つきは、言葉と同じぐらい気持《きも》ちを伝《つた》える。

耳・鼻《はな》

★**かべに耳あり障子《しょうじ》に目あり** こ どこでだれが聞いているかわからず、話はもれやすいということ。

小耳にはさむ 慣 ちらりと聞く。
例 みょうなうわさを小耳にはさむ。

★**寝耳《ねみみ》に水** 慣 不意《ふい》の出来事《できごと》に、おどろく様子《ようす》。例 先生の転任《てんにん》は、寝耳に水のニュースだった。

★**鼻が高い** 慣 得意《とくい》げである。

鼻であしらう 慣 相手《あいて》を軽《かる》く見て、冷《つめ》たくあつかう。例 意見を言ったが、鼻であしらわれた。

鼻にかける 慣 得意になって自まんする。例 走るのが速いことを、鼻にかける。

鼻につく 慣 あきて、いやになる。人の言動《げんどう》などをうっとうしく感《かん》じる。

鼻を明かす 慣 得意そうな相手を出しぬいて、あっと言わせる。

鼻を折《お》る 慣 得意になっている人の気持ちを、くじけさせる。

★**耳が痛《いた》い** 慣 弱点《じゃくてん》をつかれているので、聞くのがつらい。

耳が早い 慣 うわさなどの情報《じょうほう》を聞きつけるのが早い。

★**耳にたこができる** 慣 同じことをくり返《かえ》し聞かされて、うんざりすることのたとえ。

★**耳をうたがう** 慣 思いがけないことを聞いて、聞きまちがいではないかと思う。

耳を貸《か》す 慣 人の話や意見を聞く。相談《そうだん》に乗《の》る。

耳をそろえる 慣 まとまった金額《きんがく》をきちんと用意《ようい》する。

手

手が出ない 慣 自分がもつ力やお金では、たち打《う》ちできないこと。

手塩《てしお》にかける 慣 自《みずか》ら世話《せわ》をして、大事《だいじ》に育《そだ》てる。

★**手にあせをにぎる** 慣 成《な》り行きがどうなるかと、はらはらする。例 今日の試合《しあい》は、**手にあせをにぎる**好《こう》ゲームだった。

★**手にあまる** 慣 自分の力ではどうすることもできない。例 これはわたしの**手にあまる**仕事《しごと》だ。

★**手を回す** 慣 物事《ものごと》がうまくいくように、前もって準備《じゅんび》をしておく。

★**手を焼《や》く** 慣 あつかいに困《こま》る。

ぬれ手であわ こ 苦労《くろう》しないで大きな利益《りえき》をえること。

★**のどから手が出る** 慣 どうしてもほしくてたまらない。例 あの洋《よう》服《ふく》が**のどから手が出る**ほどほしかった。

足

★**あげ足を取《と》る** 慣 相手の言いそこないや言葉じりをとらえて、なじったり、皮肉《ひにく》を言ったりする。

足元(下)に火がつく 慣 自分の身《み》に危険《きけん》がせまることのたとえ。例 宿題《しゅくだい》の提出期限《ていしゅつきげん》が近づいて、いよいよ**足元に火がついた**。

★**足が出る** 慣 予算《よさん》をこえて、お金が足りなくなる。

★**足がぼうになる** 慣 歩きすぎや立ちすぎで、つかれて足がこわばる。例 遠足で五キロも歩いたので、**足がぼうになった**。

★**足元(下)を見る** 慣 人の弱味《よわみ》につけこむ。

★**足を洗《あら》う** 慣 悪《わる》いことをやめて、まじめになる。例 悪い習慣《しゅうかん》から**足を洗う**。

★**足を引《ひ》っ張《ぱ》る** 慣 人のすることや進行《しんこう》のじゃまをする。

二の足をふむ 慣 気が進《すす》まず、しりごみする。例 ねだんを聞いて、**二の足をふんだ**。

二足のわらじをはく 慣 二つの職《しょく》業《ぎょう》をかねる。

足下《あしもと》から鳥が立つ こ 急《きゅう》に思い立ったように、物事を始《はじ》める。

足がつく 慣 犯人《はんにん》の手がかりが見つかる。

足のふみ場もない 慣 物が散《ち》らかっていて、立つ場所《ばしょ》もない。

足をのばす 慣 予定《よてい》していたところよりも遠くへ行く。

その他《ほか》の体の部分《ぶぶん》

あごを出す 慣 ひどくつかれる。

後ろ指《ゆび》を指《さ》される 慣 人から、かげで悪く言われる。

かた身《み》がせまい 慣 世間《せけん》に対《たい》して、はずかしい思いがある。例 兄が非常識《ひじょうしき》なので、**かた身《み》がせまい**。

★**かたをもつ** 慣 味方《みかた》をする。

★**きもをつぶす** 慣 非常《ひじょう》におどろく。

★**きもを冷《ひ》やす** 慣 あぶない目にあって、思わずぞっとする。 例 車にひかれそうになって、**きもを冷やした。**

首が回らない 慣 お金がなくて、どうにもならない。

★**首を長くする** 慣 今か今かと待《ま》ちわびる。

舌《した》が回《まわ》る 慣 上手にしゃべる。

舌つづみを打《う》つ 慣 おいしいものを味《あじ》わって食べる。

★**舌を巻《ま》く** 慣 非常におどろいたり、感心《かんしん》したりする。 例 すばらしい演技《えんぎ》に**舌を巻く。**

★**のどもとすぎれば熱《あつ》さを忘《わす》れる** こ つらかったことも、過《す》ぎてしまうとすっかり忘れる。

★**のれんにうでおし** こ 言って聞かせても手ごたえがなく、きき目がないこと。 類 とうふにかすがい・ぬかにくぎ

★**歯《は》が立たない** 慣 相手《あいて》が強すぎてかなわない。

腹《はら》がへってはいくさができぬ こ 空腹《くうふく》では、何をしてもよい結果《けっか》は得《え》られないということ。

★**腹《はら》を割《わ》る** 慣 かくさずに、本当《ほんとう》の気持《きも》ちを打ち明ける。

ひたいを集《あつ》める 慣 大勢《おおぜい》が集まって相談《そうだん》する。

骨《ほね》が折《お》れる 慣 苦労《くろう》する。 例 これは**骨の折れる**仕事《しごと》だった。

★**胸《むね》を打つ** 慣 強く感動《かんどう》する。

胸をなでおろす 慣 ほっとする。 例 父の無事《ぶじ》を知って、**胸をなでおろした。**

動物《どうぶつ》・生《い》き物《もの》

★**あぶはちとらず** こ あれもこれも手に入れようとして、すべて得られないこと。 類 二兎《にと》を追《お》う者《もの》は一兎《いっと》をも得ず

生き馬《うま》の目をぬく 慣 すばしこくて、ぬけ目がなく、油断《ゆだん》ならない様子《ようす》。 例 **生き馬の目をぬく**厳《きび》しい世《よ》の中。

★**井《い》の中のかわず大海《たいかい》を知らず** こ 他《ほか》に広い世界《せかい》があることを知らず、世間《せけん》知らずで考えがせまいことのたとえ。

★**馬が合う** 慣 たがいに気が合い、しっくりいく。

★**えびでたいをつる** こ 少しのもので大きな利益《りえき》を得ること。

★**飼《か》い犬に手をかまれる** こ 世話《せわ》をしてきた者に裏《うら》切られること。

借《か》りてきたねこ 慣 いつもとちがって、とてもおとなしい様子。例 かれは、先生の前では**借りてきたねこ**のようになる。

きじも鳴《な》かずばうたれまい こ 余《よ》計《けい》なことを言ったりしなければ、わざわいをまねくこともない。

★**犬猿《けんえん》の仲《なか》** 慣 非常に仲が悪《わる》いことのたとえ。

さばを読む 慣 自分にとって都合《つごう》がよいように数をごまかす。

★**さるも木から落《お》ちる** こ どんなにうまい人でも、ときには失敗《しっぱい》するということ。類 かっぱの川流れ・弘法《こうぼう》にも筆《ふで》のあやまり

すずめのなみだ 慣 ごくわずかなこと。

すずめ百までおどり忘《わす》れず こ 小さいときに身《み》につけたことは、年を取《と》っても忘《わす》れないということ。類 三つ子のたましい百まで

★**立つ鳥あとをにごさず** こ 立ち去《さ》る者は、あと始末《しまつ》をきちんとするべきだということ。

★**月とすっぽん** こ 形はにているが、二つのものはまるでちがっていること。類 ちょうちんにつりがね

★**つるの一声** 慣 話がまとまらないとき、力のある人の一言で、物《もの》事《ごと》が決《き》まること。

★**とびがたかを生む** こ 平ぼんな親からすぐれた子が生まれることのたとえ。

飛《と》ぶ鳥を落とす勢《いきお》い 慣 勢いが非常にさかんな様子。

★**とらぬたぬきの皮算用《かわざんよう》** こ 不確《ふたし》かなことを期待《きたい》してあれこれ計画《けいかく》すること。

★**とらのいを借るきつね** こ 自分は無力《むりょく》なのに、強い者の力を借りていばる者のたとえ。

★**ねこの手も借りたい** 慣 非常にいそがしく、人手がほしい。

★**ねこのひたい** 慣 非常にせまいことのたとえ。例 **ねこのひたい**ほどの土地に家を建《た》てる。

ねこをかぶる 慣 本性《ほんしょう》をかくして、おとなしそうにする。例 妹は先生の前では**ねこをかぶる**。

★**能《のう》あるたかはつめをかくす** こ 実《じつ》力《りょく》のある人は、やたらと見せびらかさないということ。

★**ぶたに真《しん》じゅ** こ 値打《ねう》ちのあるものでも、持《も》つ人によっては役立《やくだ》たないこと。類 ねこに小判《こばん》

虫が知らせる 慣 何か起《お》こりそうだと、なんとなく感《かん》じられる。

やぶをつついてへびを出す こ よけいなことをして、かえってめんどうを起こす。「やぶへび」ともいう。

植物《しょくぶつ》

★**青菜《あおな》に塩《しお》** 慣 元気がなくなって、しょんぼりする様子《ようす》。例 元気な弟が、父にしかられたとたん、青菜に塩になってしまった。

あわを食う 慣 びっくりしてあわてる。

うりのつるになすびはならぬ こ 平《へい》ぼんな親からすぐれた子は生まれない。類 かえるの子はかえる 対 とびがたかを生む

★**うり二つ** 慣 顔かたちがそっくりであること。

竹を割《わ》ったよう 慣 こだわりのない、さっぱりした性質《せいしつ》。例 母親は竹を割ったような性格《せいかく》だ。

★**どんぐりのせいくらべ** こ どれも同じぐらいで、特《とく》にすぐれたものがない様子。

★**根《ね》も葉《は》もない** 慣 よりどころとなるものが全《まった》くない。でたらめ。例 根も葉もないうわさ。

ひょうたんからこま こ 思いもかけないことが、真実《しんじつ》となってあらわれること。例 ひょうたんからこまで、ついでに買った宝《たから》くじが当たった。

★**まかぬ種《たね》は生えぬ** こ 何もしないで、よい結果《けっか》は生まれない。

道草を食う 慣 何かをしているとちゅうで、他《ほか》のことをして時間を取《と》る。

衣《い》・食《しょく》・住《じゅう》

★**あぶらがのる** 慣 調子《ちょうし》が出て、仕《し》事《ごと》などがうまくいく。

★**油《あぶら》を売る** 慣 仕事のとちゅうで、おしゃべりなどをしてなまける。例 油を売っていないで早く会社《かいしゃ》にもどりなさい。

★**板《いた》につく** 慣 経験《けいけん》を積《つ》んで、することや服装《ふくそう》がいかにも似合《にあ》ったものになる。例 委員長として司会ぶりが板についてきた。

★**えんの下の力持《ちからも》ち** こ 目立たないところで、人に知られない努《ど》力《りょく》や苦労《くろう》をすること。

★**お茶をにごす** 慣 その場を、いいかげんにごまかす。例 適当《てきとう》な返《へん》事《じ》をしてお茶をにごす。

★**帯《おび》に短《みじか》したすきに長し** こ ちゅうとはんぱで役《やく》に立たないこと。

★**かぶとをぬぐ** 慣 相手《あいて》の力をみとめて、素直《すなお》に降参《こうさん》する。

★**転《ころ》ばぬ先のつえ** こ 失敗《しっぱい》しないように、前もって用心《ようじん》することが大切《たいせつ》である。

★**さじを投《な》げる** 慣 見こみがないとあきらめ、とちゅうでやめる。例 難題《なんだい》が解《と》けず、**さじを投げる**。

くぎをさす 慣 まちがいがないように、前もって念《ねん》をおす。

しきいが高い 慣 相手に失礼《しつれい》なことをして、その家に行きにくい。

たなに上げる 慣 都合《つごう》の悪《わる》いことにはふれないでおく。

★**二階《にかい》から目薬《めぐすり》** こ 思いどおりにならず、もどかしい様子。

羽目《はめ》を外す 慣 調子に乗《の》って、度《ど》をこす。例 **羽目を外して**、大さわぎをする。

★**筆《ふで》が立つ** 慣 文章《ぶんしょう》を書くのがうまい。

メスを入れる 慣 解決《かいけつ》のために、思い切った手段《しゅだん》を取る。

★**もちはもち屋《や》** こ 物事《ものごと》には、それぞれ専門家《せんもんか》がいるということ。

門前《もんぜん》ばらい 慣 訪《たず》ねてきた人を、会わずに追《お》い返《かえ》す。

矢《や》もたてもたまらず 慣 気持《きも》ちがおさえきれず、じっとしていることができない様子。

その他《た》

味《あじ》をしめる 慣 一度うまくいったことが忘《わす》れられず、期待《きたい》する。

★**後《あと》の祭《まつ》り** 慣 手おくれになること。取り返しがつかないこと。

例 今さらくやんでも**後の祭り**だ。

★**案《あん》ずるより産《う》むがやすし** こ 心配《しんぱい》していても、実際《じっさい》にやってみると意外《いがい》にやさしくできるものだ。

★**息《いき》をのむ** 慣 はっとおどろいて息を止《と》める。

★**おにに金《かな》ぼう** こ 強い者《もの》がいっそう強くなること。例 かれがチームに加われば、**おにに金ぼう**だ。

かたずをのむ 慣 成《な》り行きがどうなるかと、じっと見守《みまも》る。

★**聞くは一時《いっとき》のはじ、聞かぬは一生のはじ** こ 知らないことを人に聞くのはその時はずかしいが、聞かずに知らないままだと、もっとはずかしい思いをする。

★**けがの功名《こうみょう》** 慣 失敗《しっぱい》が、思いがけないよい結果《けっか》を生むこと。

図《ず》に乗《の》る 慣 調子《ちょうし》に乗ってつけあがる。

★**住《す》めば都《みやこ》** こ どんな所《ところ》でも、住みなれればよく思えてくること。

たいこばんをおす 慣 たしかだと、自信《じしん》を持《も》ってほしょうする。例 かれの人がらについて、**たいこばんをおす。**

高みの見物《けんぶつ》 慣 成《な》り行きを見るだけで、関《かか》わらないこと。

高をくくる 慣 たいしたことがないと、軽《かる》く見る。

血《ち》もなみだもない 慣 人間《にんげん》らしい思いやりがまったくない。

★**ちりも積《つ》もれば山となる** こ わずかなものでも、積もれば大きなものになるということ。

取《と》り付《つ》く島もない 慣 たよりにしても、まったく相手《あいて》にしてもらえない。

★**情《なさ》けは人のためならず** こ 人に親切にすれば、やがて自分にもよいことがめぐってくること。

なみだをのむ 慣 つらいことをがまんする。例 決勝戦《けっしょうせん》では一点差《さ》で敗《やぶ》れ、**なみだをのんだ。**

音《ね》を上げる 慣 たえきれずに弱気なことを言う。

★**羽《はね》をのばす** 慣 自由《じゆう》になって、のびのびとふるまう。

非《ひ》の打《う》ちどころがない 慣 欠点《けってん》がなく、完全《かんぜん》である。

★**火の車** 慣 経済的《けいざいてき》に非常《ひじょう》に苦《くる》しいこと。例 家計《かけい》は**火の車だ。**

★**火のない所にけむりは立たぬ** こ うわさが立つのは、原因《げんいん》があるからだということ。

ぼうにふる 慣 今までの努力《どりょく》や苦労《くろう》をむだにする。

★**水のあわになる** 慣 努力したことがむだになる。

★**焼《や》け石に水** こ わずかな助《たす》けでは、役《やく》に立たないということ。

★**論《ろん》よりしょうこ** こ 議論《ぎろん》するより、しょうこを示《しめ》したほうが、相手を説得《せっとく》できるということ。

わたる世間《せけん》におにはない こ 世間には、そんなに不人情《ふにんじょう》な人ばかりいるわけではないということ。

我《われ》を忘《わす》れる 慣 何かに心をうばわれ、夢中《むちゅう》になる。

3 故事成語《こじせいご》とは

故事とは、主《おも》に中国《ちゅうごく》の古典《こてん》をもとにして、昔《むかし》から言い伝《つた》えられてきた話で、多くは**教訓的**《きょうくんてき》**な話や物事**《ものごと》**のいわれ**です。その故事からできた言葉《ことば》を**「故事成語」**といいます。

難《むずか》しい言葉も多くありますが、その由来《ゆらい》を知ることで、意味《いみ》を理解《りかい》しやすくなります。

▼**五十歩百歩**《ごじっぽひゃっぽ》……大差《たいさ》がないこと。
由来 戦場《せんじょう》で、五十歩にげた者《もの》が百歩にげた者をおくびょう者と笑《わら》ったが、どちらもにげたことにはちがいがないことから。

▼**漁夫**《ぎょふ》**の利**《り》……両者《りょうしゃ》が争《あらそ》っているすきに、他《ほか》の者が利益《りえき》を手に入れてしまうこと。
由来 シギとハマグリが争っていた。両者はたがいにゆずろうとせず、身動《みうご》きができなくなった。そこに漁師《りょうし》が通りかかり、苦労《くろう》することもなく両方《りょうほう》ともつかまえてしまった。

▼**矛盾**《むじゅん》……つじつまが合わないこと。
由来 どんな盾《たて》でもつき通すという矛《ほこ》と、どんな矛も通さないという盾を売る者がいた。その人は、その矛でその盾をついたらどうなるかと聞かれ、返事《へんじ》ができなかった。

▼**温故知新**《おんこちしん》……昔のことをよく研究《けんきゅう》して、そこから改《あらた》めて新しい知識《ちしき》や考え方を見つけ出すこと。
由来 （中国の昔の思想家《しそうか》）孔子《こうし》が弟子《でし》たちに話した「古くからの伝えを大切《たいせつ》にしながら新しい知識を得《え》ていけば、人を教える師《し》となることができるでしょう」という言葉から。

▼**百聞**《ひゃくぶん》**は一見**《いっけん》**にしかず**……人から何度《なんど》も聞くより、一度自分の目で見るほうがよくわかるということ。
「しかず」は、およばないの意味。
由来 反乱《はんらん》を収《おさ》めようとしたが、聞いただけでは様《よう》子《す》がわからず、作戦《さくせん》を立てることができなかった。実際《じっさい》に現地調査《げんちちょうさ》をしてみることで、様子がくわしくわかった。

覚《おぼ》えておきたい　故事成語《こじせいご》

※ 由 は由来《ゆらい》や参考《さんこう》になる事《こと》がら、例 は用例《ようれい》を示《しめ》しています。重要《じゅうよう》な言葉《ことば》には★印《しるし》をつけています。

悪事千里《あくじせんり》を走る　悪《わる》いことは、すぐに世間《せけん》に知《し》れわたる。

圧巻《あっかん》　最《もっと》もすぐれた詩《し》や文章《ぶんしょう》。他《ほか》のものより飛《と》びぬけてすばらしい作品《さくひん》や芸《げい》。由 「圧」は上からおさえること。「巻」は昔《むかし》の中国《ちゅうごく》の役人登用《やくにんとうよう》試験《しけん》の解答用紙《かいとうようし》のこと。最もすぐれた解答用紙を一番上にのせたことから。例 今日の演奏《えんそう》は**圧巻**だった。

★**疑心暗鬼《ぎしんあんき》**　疑《うたが》いだすと、何もかも信《しん》じられなくなること。由 疑う心でみると、暗《くら》やみの中でありもしない鬼《おに》やゆうれいの姿《すがた》を見たりする、ということから。「疑心暗鬼を生《しょう》ず」が元の形。例 だいじょうぶだと言われても、**疑心暗鬼**で、つい不安《ふあん》になる。

蛍雪《けいせつ》の功《こう》　苦労《くろう》して学び、成果《せいか》を得《え》ること。由 ある人は明かりをともす油《あぶら》が買えなくて蛍《ほたる》の光で、また、ある人は雪の明かりで本を読んだという。例 あの人が今の地位《ちい》にあるのは、まさしく**蛍雪の功**によるものだ。

紅一点《こういってん》　多《おお》くの男性《だんせい》の中で、ただ一人の女性《じょせい》がいること。由 多くの緑《みどり》の葉《は》の中に、ただ一輪《いちりん》、紅色《べにいろ》の花があざやかにさいていることから。例 姉は、男ばかりのサッカーチームで**紅一点**だ。

★**虎穴《こけつ》に入らずんば虎子《こじ》を得ず**　危《き》険《けん》をおかさなければ、大きな成《せい》果《か》は得られないということ。

★**五里霧中《ごりむちゅう》**　周《まわ》りの様子《ようす》がつかめず、どうすればよいかわからないこと。由 五里四方《ごりしほう》に霧《きり》をおこす術《じゅつ》をもった人がいて、この術を使《つか》って姿をかくした。例 事件《じけん》のゆくえは**五里霧中**だ。

★**四面楚歌《しめんそか》**　助《たす》けがおらず、自分の周《まわ》りがすべて敵《てき》ばかりであること。由 敵の軍《ぐん》に取《と》り囲《かこ》まれたとき、ふるさとの歌《うた》が聞こえてきて、みんな降参《こうさん》してしまったと思って落《らく》たんした。例 周りは反対意見《はんたいいけん》ばかりで、**四面楚歌**だ。

守株《しゅしゅ》　古いやり方や慣習《かんしゅう》を守《まも》るだけでは新しい対応《たいおう》ができない。由 男が、ウサギが畑《はたけ》の切り株《かぶ》にぶつかって死《し》んだのを見て、ウサギがとれることを期待《きたい》して待《ま》ち続《つづ》けたが、その後はまったくとれなかった。

助長《じょちょう》 いらない手助《てだす》けをしてかえって状《じょう》きょうを悪くすること。由 なえの生長《せいちょう》を助けようとして、無理《むり》に引《ひ》っぱってからしてしまった。例 あまやかして、わがままを**助長**させてしまった。

推敲《すいこう》 文章《ぶんしょう》や詩《し》の言葉《ことば》を何度《なんど》も練《ね》り直《なお》すこと。由 詩人が、「僧《そう》は推《お》す月下《げっか》の門《もん》」の「推す」を「敲《たた》く」にしようか迷《まよ》って、「敲く」とした。例 コンクールに出す作文を、何度《なんど》も**推敲**して仕上げた。

★**備《そな》えあればうれいなし** 日ごろからしっかりと準備《じゅんび》をしておけば、何が起《お》こってもあわてないですむ。例 非常用袋《ひじょうようぶくろ》を用意《ようい》しておいて助かった。やはり**備えあればうれいなし**だ。

★**大器晩成《たいきばんせい》** 大人物《だいじんぶつ》は、幼《おさな》いころは目立たなくても、年を取ってから才能《さいのう》を表《あらわ》すということ。

★**蛇足《だそく》** むだな付《つ》け足し。由 数人で酒《さけ》をかけて蛇《へび》をかく競争《きょうそう》をした。最初《さいしょ》にかき上げた人が、よゆうを見せて足をかき足したところ、かけに負《ま》けてしまった。

竹馬《ちくば》の友 幼友達《ともだち》。由 竹馬《たけうま》に乗《の》って遊《あそ》んだ友達ということ。

朝三暮四《ちょうさんぼし》 目先《めさき》のちがいにだまされて、同じであることに気がつかないこと。また、うまい話で人をだますこと。由 サルを飼《か》っていた人が、サルたちにエサを「朝《あさ》三つ、夜《よる》四つでどうか。」と言うと、おこり出したため、「朝四つ、夜三つでどうか。」と言うと今度《こんど》は喜《よろこ》んだ。

登竜門《とうりゅうもん》 そこを通りぬければ出世《しゅっせ》できるという、厳《きび》しい関門《かんもん》。出 「竜門」は黄河《こうが》（中国の大きな川）にある急流《きゅうりゅう》で、ここを登《のぼ》ったコイは竜になるといわれたという。例 音楽家《おんがくか》の**登竜門**。

★**背水の陣《はいすいのじん》** あとがない状きょうで、必死《ひっし》に事《こと》に当たること。由 山を背《せ》にした陣形《じんけい》から、川を背にしたあとに引けない陣形にし、決死《けっし》の覚《かく》ごをさせ大勝《たいしょう》した。例 兄は、**背水の陣**で、受験《じゅけん》勉強《べんきょう》に取り組んでいる。

★**馬耳東風《ばじとうふう》** 他人《たにん》の意見《いけん》や忠告《ちゅうこく》を聞き流《なが》すこと。

4 短歌《たんか》・俳句《はいく》

1 短歌

「五・七・五・七・七」の五句《く》・三十一音《おん》で表《あらわ》される短《みじか》い詩《し》で、昔《むかし》からよまれています。先の「五・七・五」を上《かみ》の句、後《あと》の「七・七」を下《しも》の句とよびます。

金色《こんじき》の（五音）　小さき鳥《とり》の（七音）　かたちして（五音）　…上の句
銀杏《いちょう》散《ち》るなり（七音）　夕日《ゆうひ》の岡《おか》に（七音）　…下の句
与謝野《よさの》晶子《あきこ》

※三十一音より音数が多いものを**「字あまり」**、三十一音より少ないものを**「字たらず」**といいます。

天《あま》の原《はら》　ふりさけ見れば　春日《かすが》なる
三笠《みかさ》の山に　出《い》でし月かも
阿倍《あべの》仲麻呂《なかまろ》

意味　空をあおいで見ると、東の空に月がのぼっている。あの月はかつてふるさとの春日にある三笠山にのぼった月と同じなのだなあ。

秋来《き》ぬと　目にはさやかに　見えねども
風の音にぞ　おどろかれぬる
藤原《ふじわらの》敏行《としゆき》

意味　秋が来たと、目にははっきり見えないけれど、ふく風の音に秋のおとずれを気づかせられたよ。

久方《ひさかた》の　光のどけき　春の日に
しづ《(ず)》心なく　花の散《ち》るらむ《(ん)》
紀《きの》友則《とものり》

意味　日の光がのどかにさしているこの春の日に、どうしてあわただしくさくらの花は散るのだろう。

白鳥《しらとり》は　かなしからずや　空の青
海のあを《(お)》にも　そまずただよふ《(う)》
若山《わかやま》牧水《ぼくすい》

意味　白鳥は悲《かな》しくはないのだろうか。周《まわ》りの空や海は青いのに、それにそまることもなく、白いままでただよっているとは。

❷ 俳句

「五・七・五」の三句・十七音で表される世界《せかい》で最《もっと》も短い詩で、昔からよまれているものです。**季語《きご》（季節《きせつ》を表す言葉《ことば》）**を入れるきまりがあることが、大きな特《とく》ちょうです。また、切れ字といって、**作者の感動《かんどう》の中心を示《しめ》し、句の切れ目に入る言葉**もよく使《つか》われます。切れ字には、**「や」「けり」「なり」「かな」**などがあります。

古池《ふるいけ》や（五音） 蛙《かわず》飛《と》びこむ（七音） 水の音（五音）　松尾芭蕉《まつおばしょう》

※「古池や」の「や」が切れ字に当たり、ここが俳句の意《い》味《み》の切れ目であることがわかります。

荒海《あらうみ》や　佐渡《さど》に横《よこ》たふ（う）　天の川　　松尾芭蕉

意味　目の前に暗《くら》い荒海が広がっている。その先にあるはずの佐渡島《さどがしま》へかけて、夜空に天の川が横たわっている。

季語…天の川（秋）

春の海　ひねもすのたり　のたりかな　　与謝蕪村《よさぶそん》

意味　春の海は、一日中のたりのたりと、ゆったりとよせては返《かえ》しているよ。

季語…春の海（春）

すずめの子　そこのけそこのけ　お馬が通る　　小林一茶《こばやしいっさ》

意味　道で遊《あそ》んでいるすずめの子よ、さあ、どいたどいた。お馬が通るから、あぶないよ。

季語…すずめの子（春）

柿《かき》くへ（え）ば　鐘《かね》が鳴るなり　法隆寺《ほうりゅうじ》　　正岡子規《まさおかしき》

意味　法隆寺の茶店《ちゃみせ》で休み、柿を食べていると、鐘の音が静《しず》かにひびいてきた。

季語…柿（秋）

練習問題

答え▼361ページ

1 次《つぎ》の言葉《ことば》の——線の意味《いみ》をあとから選《えら》んで、記号《きごう》で答えましょう。

(1) あう

① シャツにあうネクタイを選ぶ。（　　）

② 友達《ともだち》と意見《いけん》があう。（　　）

③ 交通事故《こうつうじこ》にあう。（　　）

④ 昔《むかし》の友人にあう。（　　）

ア 人と顔を合わせる。　イ ちょうどよい。

ウ さいなんに出くわす。　エ 同じである。

(2) みる

① ひどい目をみる。（　　）

② 景気《けいき》はよくなるとみる。（　　）

③ かん者をみる。（　　）

④ 遠くのビルをみる。（　　）

ア 考える。　イ 体の調子《ちょうし》を調《しら》べる。

ウ ながめる。　エ 経験《けいけん》する。

2 次の慣用句《かんようく》の（　）に、共通《きょうつう》して入る体の部分《ぶぶん》を表す漢字《かんじ》を書きましょう。

(1)
（　）を回す
（　）にあまる
（　）を焼《や》く
□

(2)
（　）が早い
（　）にたこができる
（　）をそろえる
□

(3)
（　）をかしげる
（　）を長くする
（　）が回らない
□

(4)
（　）が高い
（　）にかける
（　）を明かす
□

(5)
（　）を引《ひ》っ張《ぱ》る
（　）をあらう
二の（　）をふむ
□

3 次のことわざの意味をあとから選んで、記号で答えましょう。

(1) 泣《な》きっ面《つら》にはち　（　　）
ア いいことも悪《わる》いこともあることのたとえ。
イ 不運《ふうん》や悪いことが重《かさ》なることのたとえ。
ウ 悪いことの後《あと》にはいいこともあるということ。

(2) 立つ鳥あとをにごさず　（　　）
ア 去《さ》る前には、あとをきちんとしていくべきだ。
イ あとをみだしたまま、去っていくこと。
ウ 後からもどって、後かたづけをすること。

(3) 石の上にも三年　（　　）
ア まちがったやり方で続《つづ》けても意味がない。
イ 何事もやる場所《ばしょ》を選ぶことが大切だ。
ウ がまんしてやり続ければ、いい結果《けっか》が出る。

(4) 馬の耳に念仏《ねんぶつ》　（　　）
ア 忠告《ちゅうこく》などをしてもまったく効《き》き目がないこと。
イ 念仏は馬も感動《かんどう》させるほどありがたいものだ。
ウ 耳の遠い者《もの》には念仏も役立《やくだ》たないということ。

(5) 住《す》めば都《みやこ》　（　　）
ア やはり住むのは都会《とかい》がいいということ。
イ どんな所《ところ》でも、なれれば住みよく思えてくる。
ウ えらい人が住んでいる所が都だということ。

(6) どんぐりのせいくらべ　（　　）
ア 人に負《ま》けまいとしてがんばる様子《ようす》。
イ 力のない者は何をしてもだめだということ。
ウ どれも大きな差《さ》がないことのたとえ。

4 次の意味に合う故事成語《こじせいご》をあとから選んで、記号で答えましょう。

(1) 日ごろからしっかりと準備《じゅんび》をしておけば、何が起《お》こってもあわてないですむ。（　　）
(2) 苦学《くがく》して、成果《せいか》を得《え》ること。（　　）
(3) 物事《ものごと》のつじつまが合わないこと。（　　）
(4) ちがいはあっても、大差ではないということ。（　　）
(5) いらない手助《てだす》けをして、かえって状《じょう》きょうを悪くしてしまうこと。（　　）

ア 矛盾《むじゅん》　イ 五十歩百歩《ごじっぽひゃっぽ》　ウ 助長《じょちょう》
エ 蛍雪《けいせつ》の功《こう》　オ 備《そな》えあればうれいなし

力をつける問題

答え▼361ページ

1 次《つぎ》の(1)～(3)の□には、それぞれ同じ言葉《ことば》が入ります。その言葉をひらがなで書きましょう。

(1)
ふろから□。
観客《かんきゃく》からかん声が□。
二級《にきゅう》から一級に□。
たくさんの人の前で□。
来月から水道料金《すいどうりょうきん》が□。
（　　　）

(2)
たこの糸がぴんと□。
池に氷《こおり》が□。
食い意地《いじ》が□。
予防線《よぼうせん》を□。
かべにポスターを□。
（　　　）

(3)
右手でかばんを□。
いなかに別《べっ》そうを□。
友達《ともだち》に好意《こうい》を□。
話し合いの場を□。
冷蔵庫《れいぞうこ》なら一週間《いっしゅうかん》□。
（　　　）

2 次の――線は慣用句《かんようく》です。（　）に入る言葉をあとから選《えら》んで、記号《きごう》で答えましょう。

(1) 兄の（　）車に乗《の》せられて、とんだ失敗《しっぱい》をしてしまった。
(2) 全員《ぜんいん》けががないという連絡《れんらく》に、ほっと（　）をなでおろした。
(3) お客《きゃく》さんが多くて、（　）の手も借《か》りたいほどのいそがしさだ。
(4) 新しく発売《はつばい》されたゲームが、（　）から手が出るほどほしい。
(5) 妹はねこを見かけるとついて行くので、（　）を食わないで帰るようにと、よく言われている。
(6) お年寄《としよ》りをだますなんて、（　）もなみだもないやつだ。
(7) 宿題《しゅくだい》が難《むずか》しすぎてどうしようもないと、（　）を投《な》げる。
(8) 今さらくやんでも後の（　）だ。

ア 血《ち》　イ さじ　ウ はば　エ 道草
オ 身《み》　カ 胸《むね》　キ 祭《まつ》り　ク のど
ケ 口　コ たい　サ ねこ　シ あげく

3 次のことわざの（　）には、生《い》き物《もの》の名前が入ります。あとから選んで、記号で答えましょう。

(1)（　）でたいをつる
(2)（　）も歩けばぼうに当たる
(3)（　）百までおどりわすれず
(4)（　）も鳴《な》かずばうたれまい
(5) 能《のう》ある（　）はつめをかくす
(6) 井《い》の中の（　）大海を知らず

ア たか　イ かわず　ウ 犬
エ きじ　オ すずめ　カ えび

4 次のことわざが完成《かんせい》するように、（　）に入る言葉をあとから選んで、記号《きごう》で答えましょう。

(1) とうふに（　）
(2) 石の上にも（　）
(3) 七転《ころ》び（　）
(4) 急《いそ》がば（　）
(5) 負《ま》けるが（　）
(6) とびが（　）

ア しそんじる　イ 三年
ウ 山となる　エ 八起《お》き
オ かすがい　カ 回れ
キ ぼたもち　ク 勝《か》ち
ケ たかを生む　コ 三度《さんど》ある

5 次の二字の語と組み合わせると、下の意味《いみ》の故事成語《こじせいご》ができる語をあとから選んで、記号で答えましょう。

(1) 温故《おんこ》（　）…昔《むかし》のことをよく学んで、そこから新しい考え方などを見つけること。
(2) 朝三（　）…目先のちがいにだまされて、結局《けっきょく》は同じであることに気付《きづ》かないこと。
(3)（　）霧中《むちゅう》…周《まわ》りの状《じょう》きょうがつかめず、先がまったく見えないこと。
(4)（　）楚歌《そか》…助《たす》けがいなくて、周りが敵《てき》ばかりであること。
(5) 疑心《ぎしん》（　）…疑《うたが》いだすと、何もかも信《しん》じられなくなること。
(6) 大器《たいき》（　）…大人物《だいじんぶつ》は、幼《おさな》いころは目立たなくても、年を取《と》ってから立派《りっぱ》になる。
(7) 馬耳《ばじ》（　）…他人《たにん》の意見《いけん》や忠告《ちゅうこく》を気にかけず、聞き流《なが》すこと。

ア 五里《ごり》　イ 暮四《ぼし》　ウ 引水《いんすい》
エ 暗鬼《あんき》　オ 知新《ちしん》　カ 東風
キ 玉石《ぎょくせき》　ク 四面　ケ 天下
コ 晩成《ばんせい》　サ 同舟《どうしゅう》　シ 画竜《がりょう》

力をのばす問題

答え▼362ページ

1 次《つぎ》の——線の言葉《ことば》の意味《いみ》をあとから選《えら》んで、記号《きごう》で答えましょう。

(1)
① わたり鳥が北へとぶ。（　）
② 犯人《はんにん》が海外にとぶ。（　）
③ 記者《きしゃ》が現場《げんば》にとぶ。（　）
④ 加熱《かねつ》すると、アルコール分がとぶ。（　）

ア 遠くへにげる。
イ 急《いそ》いである場所《ばしょ》に行く。
ウ 空中を移動《いどう》する。
エ 消《き》えてなくなる。

(2)
① スケートで氷《こおり》の上をすべる。（　）
② 大学の試験《しけん》にすべる。（　）
③ うっかり口がすべる。（　）
④ 雨の坂道《さかみち》ですべる。（　）

ア 不合格《ふごうかく》になる。
イ なめらかに進《すす》む。
ウ 転《ころ》びそうになる。
エ ついつい余計《よけい》なことを言う。

(3)
① 子どもを背《せ》におう。（　）
② 火事でやけどをおう。（　）
③ すべての責任《せきにん》をおう。（　）
④ 事業《じぎょう》の成功《せいこう》はかれの力におう。（　）

ア 傷《きず》などを身《み》に受《う》ける。　イ おかげを受ける。
ウ 引き受けて自分のものとする。
エ 背中にのせてささえる。

2 次の（　）に合う慣用句《かんようく》をあとから選んで、記号で答えましょう。

(1) 旅行《りょこう》の相談《そうだん》で、京都《きょうと》に行くのであれば、奈良《なら》まで（　　）ことになった。
(2) さっきまで元気に走り回っていた弟が、母がいなくなったとたん（　　）になってしまった。
(3) 兄はいつもわたしの失敗《しっぱい》ばかりを注意《ちゅうい》して、自分のことは（　　）。
(4) 友達《ともだち》が、（　　）うわさを流《なが》されて傷ついたと話していた。
(5) 夏休みの宿題《しゅくだい》がたくさん出て、どうしたらいいのかと（　　）。

(6)（　　）ほどの土地にしゃれた家が建《た》った。

ア 青菜《あおな》に塩《しお》　イ 頭をかかえる
ウ 足をのばす　エ ねこのひたい
オ たなに上げる　カ 根《ね》も葉《は》もない

3 **次の――線が〔　〕内の意味の慣用句になるように、（　）に合う言葉を書きましょう。**

(1) 遊《あそ》び暮《く》らしていた兄が、悪《わる》い習慣《しゅうかん》から足を（　　　）という。〔悪いことをやめる。〕

(2) お前のようなすばらしい子をもって、わたしは鼻《はな》が（　　　）よ。〔自まんに思う。〕

(3) いくら練習《れんしゅう》しても、あのチームには歯《は》が（　　　）よ。〔相手《あいて》が強すぎて、かなわない。〕

(4) 年ははなれているが、なぜかおじさんとは馬が（　　　）。〔たがいの気持《きも》ちがしっくりいく。〕

(5) 姉にはいつも宿題を見てもらっているので頭が（　　　）。〔引《ひ》け目を感《かん》じる。〕

(6) 急《きゅう》に引《ひ》っ越《こ》しが決《き》まって、その準備《じゅんび》で目が（　　　）ようだ。〔とてもいそがしい。〕

4 **次の――線のことわざが正しく使《つか》われていれば○、まちがっていれば×をつけましょう。**

(1) ふだんはこわい先生が、卒業式《そつぎょうしき》ではなみだを見せた。おにに金ぼうだねとみんなで言い合った。（　）

(2) 海水浴《かいすいよく》で遊んだ後、ごみをかたづけずに帰ろうとしたら、青木君《あおきくん》が「立つ鳥あとをにごさずと言うよ。きれいにしていこう。」と言った。（　）

(3) 今度《こんど》のテストはやさしいといううわさだったが、やってみたらすごく難《むずか》しかった。正《まさ》にひょうたんからこまだった。（　）

(4) 弟は食べすぎておなかをこわしたばかりなのに、のどもとすぎれば熱《あつ》さを忘《わす》れるで、またごはんを何ばいもおかわりしている。（　）

(5) ぼくと中村君《なかむらくん》は、同じ野球《やきゅう》チームで練習《れんしゅう》して大会で活《かつ》やくした。それで、あの二人はどんぐりのせいくらべだねと、みんなから言われた。（　）

(6) 毎日十円ずつ貯金《ちょきん》していたのが、いつの間にか一万円になった。ちりも積《つ》もれば山となるだね。（　）

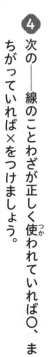

5 次《つぎ》のことわざと意味《いみ》がにていることわざをあとから選《えら》んで、記号《きごう》で答えましょう。

(1) あぶはちとらず（　　）
(2) かっぱの川流れ（　　）
(3) 月とすっぽん（　　）
(4) ぶたに真《しん》じゅ（　　）
(5) 泣《な》きっ面《つら》にはち（　　）
(6) ぬかにくぎ（　　）

ア ねこに小判《こばん》　**イ** ちょうちんにつりがね
ウ のれんにうでおし　**エ** 弱《よわ》り目にたたり目
オ さるも木から落《お》ちる
カ 二兎《にと》を追《お》う者《もの》は一兎をもえず

6 次の（　）に合うことわざをあとから選んで、記号で答えましょう。

(1) 医者《いしゃ》と小説《しょうせつ》家《か》の両方《りょうほう》になろうと努力《どりょく》したが、結局《けっきょく》どちらにもなれず（　　）に終《お》わった。
(2) ふだんはうまい竹中《たけなか》さんがサーブを続《つづ》けて失敗《しっぱい》するなんて、（　　）というしかない。
(3) よけいなことを言って、お母さんにしかられた。（　　）とは、このことだ。
(4) 地区《ちく》大会まであと一歩だが、あのチームが（　　）だ。

ア 目の上のこぶ　**イ** 口はわざわいのもと
ウ 馬の耳に念仏《ねんぶつ》　**エ** あぶはちとらず
オ おにに金《かな》ぼう　**カ** 弘法《こうぼう》にも筆《ふで》のあやまり

7 次の故事《こじ》から生まれた故事成語《せいご》をあとから選んで、記号で答えましょう。

(1) ウサギが切り株《かぶ》にぶつかって死《し》んだのを見た人が、またウサギが切り株にぶつかるのをじっと待《ま》った。（　　）
(2) 詩人《しじん》がロバに乗《の》って、詩の言葉《ことば》をどうしようかとなやんでいたら、役人《やくにん》の列《れつ》にぶつかってしまった。その役人は有名な詩人で、助言《じょげん》をしてくれた。（　　）
(3) 昔《むかし》の将軍《しょうぐん》がにげ場のない所《ところ》に陣《じん》をしいた。兵士《へいし》たちは決死《けっし》の覚《かく》ごで戦《たたか》い、勝《か》った。（　　）

ア 推敲《すいこう》　**イ** 守株《しゅしゅ》　**ウ** 登竜門《とうりゅうもん》　**エ** 背水《はいすい》の陣

ひろがる国語

日本の主《おも》な古典《こてん》

1 歴史《れきし》の本

◆**古事記《こじき》**……今から千三百年ほど前(奈良時代《ならじだい》)、稗田阿礼《ひえだのあれ》が語《かた》り聞かせた神話《しんわ》や伝説《でんせつ》を、太安万侶《おおのやすまろ》が書き記《しる》したもの。日本に残《のこ》る最《もっと》も古い歴史書で、日本の成《な》り立ちを示《しめ》す言い伝《つた》えなどを知ることができます。「やまたのおろち」や「いなばの白うさぎ」などの神話もこの中に書かれています。

2 歌集《かしゅう》

◆**万葉集《まんようしゅう》**……今から千二百年ほど前(奈良時代)に作られた、わが国で最も古い歌集。大伴家持《おおとものやかもち》が編集《へんしゅう》したといわれ、二十巻《かん》、約《やく》四千五百首《しゅ》の歌がのせられています。

◆**古今和歌集《こきんわかしゅう》**……今から千百年ほど前(平安時代《へいあんじだい》)に作られた和歌集。天皇《てんのう》の命令《めいれい》で作られた最初《さいしょ》のもの。紀貫之《きのつらゆき》らがまとめ、千百首あまりの歌が収《おさ》められています。

3 物語《ものがたり》

◆**竹取物語《たけとりものがたり》**……今から千百年ほど前に書かれた、日本で最も古い物語。作者《さくしゃ》は不明《ふめい》。竹から生まれた「かぐや姫《ひめ》」のお話です。

◆**源氏物語《げんじものがたり》**……平安時代に紫式部《むらさきしきぶ》が書いた小説《しょうせつ》。世界最古《せかいさいこ》の長《ちょう》編《へん》小説といわれ、日本文学の代表作《だいひょうさく》として世界中《せかいじゅう》の人々に読まれています。

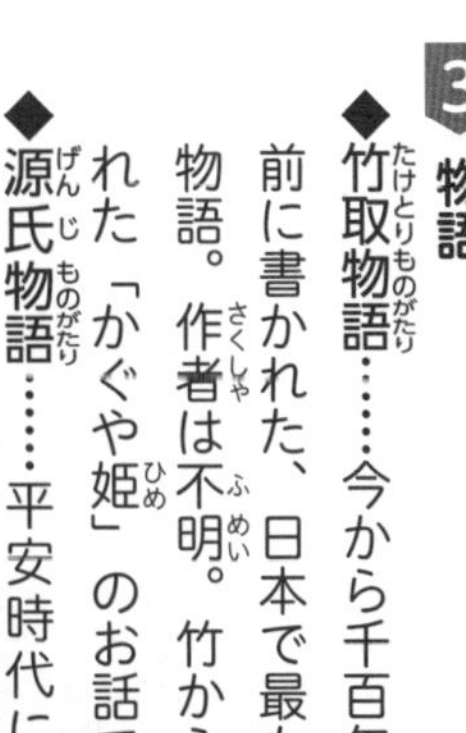

4 ずい筆《ひつ》

◆**枕草子《まくらのそうし》**……平安時代に清少納言《せいしょうなごん》が書いたずい筆。宮《きゅう》中《ちゅう》での生活《せいかつ》や自然《しぜん》の美《うつく》しさなどについて筆者《ひっしゃ》が感《かん》じたことを、自由《じゆう》な感性《かんせい》で書き表《あらわ》しています。

◆**徒然草《つれづれぐさ》**……鎌倉時代《かまくらじだい》の末《すえ》に兼好法師《けんこうほうし》が書いたずい筆。自然や人生についての筆者の考えが、深《ふか》みのある文章《ぶんしょう》で書きつづられています。

5 紀行文《きこうぶん》

◆**おくのほそ道**……江戸時代《えどじだい》に、松尾芭蕉《まつおばしょう》によって書かれた紀行文。東北《とうほく》・北陸《ほくりく》地方の旅《たび》の記録《きろく》で、有名《ゆうめい》な俳《はい》句《く》がたくさん収められています。

② 熟語《じゅくご》

例題

1 次《つぎ》の漢字《かんじ》を使《つか》って、二字の熟語《じゅくご》を一つずつ作りましょう。

(1) 店 …… □□
(2) 天 …… □□
(3) 場 …… □□
(4) 外 …… □□

2 次の(　)の訓読《くんよ》みにあたる漢字を□に入れて、二字の熟語を作りましょう。

(例《れい》) 海 岸 (うみ)

(1) □室 (おしえる)
(2) 実□ (おこなう)
(3) 学□ (ならう)
(4) 運□ (おくる)
(5) □路 (みち)
(6) □行 (かよう)
(7) 追□ (くわえる)
(8) □式 (かたち)

考え方

1 熟語を作る問題《もんだい》です。**漢字は意味を表《あらわ》す文字**なので、他《ほか》の漢字と組み合わせることで、いろいろな意味を表す熟語を作ることができます。**音読みどうしの組み合わせが多い**ので、まずは音読みをする言葉《ことば》を考えましょう。

(↓140ページ)

2 訓読みの漢字をあてはめて、正しい熟語になっているかをたしかめましょう。

(↓140ページ)

3 熟語の成り立ちの問題です。(2)は「生を写《うつ》す」と読めます。(3)は、「家」も「屋」も同じ「建物《たてもの》」の意味。(5)は「和(＝日本)の様式《ようしき》」となります。

(↓140ページ)

4 四字熟語の問題です。四字熟語には、**漢数字が入っているものが多くありま**

第1編 言葉
第1章 漢字
第2章 ローマ字
第3章 いろいろな言葉
第4章 言葉のきまり

(9) □庫（かね）　(10) 平□（ひとしい）

(11) 対□（きめる）　(12) 開□（はじめる）

❸ 次の熟語の成《な》り立ちの説明《せつめい》に合うものをあとから選《えら》んで、記号《きごう》で答えましょう。

(1) 数々（　　）　(2) 写生（　　）

(3) 家屋（　　）　(4) 明暗（　　）

(5) 和式（　　）

ア 上の漢字が下の漢字を修飾《しゅうしょく》しているもの

イ 「～を」「～に」あたる意味《いみ》の漢字が下にくるもの

ウ 似《に》た意味をもつ漢字を組み合わせたもの

エ 反対《はんたい》の意味をもつ漢字を組み合わせたもの

オ 同じ漢字を重《かさ》ねたもの

❹ 次の□に漢字を入れて、四字熟語を完成《かんせい》させましょう。

(1) 一石□鳥　(2) □人十色

(3) 千差《せんさ》□別《べつ》　(4) 四《し》苦《く》八《はっ》□

(5) □発《ぱっ》百中　(6) 日進《にっしん》□歩

す。また、(1)・(2)・(3)・(4)・(5)はその例です。また、(4)のように同じ漢字をくり返《かえ》したり、(6)のように対《つい》になる二語が組み合わさったりしているものもあります。

（↓142ページ）

答え

❶ (例) (1)売店・開店・書店・店員 (2)天気・天然・雨天・天文 (3)広場・工場・会場・場面 (4)外国・外交・屋外・内外

❷ (1)教(室) (2)(実)行 (3)(学)習 (4)(運)送 (5)道(路) (6)通(行) (7)(追)加 (8)形(式) (9)金(庫) (10)(平)等 (11)(対)決 (12)(開)始

❸ (1)オ (2)イ (3)ウ (4)エ (5)ア

❹ (1)二 (2)十 (3)万 (4)苦 (5)百 (6)月

くわしい学習

1 熟語《じゅくご》とは

熟語は、**二つ以上《いじょう》の漢字《かんじ》が結《むす》びついて一つの言葉《ことば》になったもの**です。一つの漢字を他《ほか》の漢字と組み合わせることで、多くの熟語を作ることができます。

次の「名」と「長」の例《れい》で、熟語を作ってみましょう。

名人《めいじん》　人名《じんめい》　名医《めいい》
名産《めいさん》　有名《ゆうめい》　名所《めいしょ》
地名《ちめい》　名案《めいあん》　氏名《しめい》

船長《せんちょう》　長所《ちょうしょ》　隊長《たいちょう》
長男《ちょうなん》　長期《ちょうき》　社長《しゃちょう》
市長《しちょう》　身長《しんちょう》　長身《ちょうしん》

2 熟語の意味《いみ》

漢字は一字一字意味をもっています。熟語の意味がわからないときには、その漢字の**訓読《くんよ》みを手がかりにする**方法《ほうほう》があります。

例 清流《せいりゅう》（清…訓 きよい、流…訓 ながれる）
意味 清い流れ。

例 改正《かいせい》（改…訓 あらためる、正…訓 ただしい）
意味 改めて正しくする。

例 分配《ぶんぱい》（分…訓 わける、配…訓 くばる）
意味 分けて配る。

また、次の**熟語の成《な》り立ちを手がかりにする**方法もあります。

3 熟語の成り立ち

熟語の成り立ち（組み立て）には、いろいろな種類《しゅるい》があります。これを知っていると、熟語の意味をとらえるときに役立《やくだ》ちます。

❶ 二字の熟語の成り立ち

二字の熟語の組み立ては、それぞれの漢字の意味を考えると判断《はんだん》できます。

① 上の漢字が下の漢字を修飾《しゅうしょく》しているもの

例 小川《おがわ》（小さい川）　絵本《えほん》（絵の本）
大群《たいぐん》（大きな群《む》れ）　静止《せいし》（静《しず》かに止《と》まる）
必勝《ひっしょう》（必《かなら》ず勝《か》つ）　急流《きゅうりゅう》（急な流《なが》れ）

② 「～を」「～に」にあたる意味の漢字が下にくるもの

例 決心《けっしん》（心を決《き》める）　作文《さくぶん》（文を作る）
上陸《じょうりく》（陸《りく》に上がる）　帰国《きこく》（国に帰る）
借金《しゃっきん》（金を借《か》りる）　加熱《かねつ》（熱《ねつ》を加《くわ》える）

③ 似《に》た意味をもつ漢字を組み合わせたもの

例 行進《こうしん》（行く＝進《すす》む）　開始《かいし》（開《ひら》く＝始《はじ》める）
寒冷《かんれい》（寒《さむ》い＝冷《つめ》たい）　通行《つうこう》（通る＝行く）
戦争《せんそう》（戦《たたか》う＝争《あらそ》う）　願望《がんぼう》（願《ねが》う＝望《のぞ》む）

④ 反対《はんたい》や対《つい》の意味をもつ漢字を組み合わせたもの

例 左右《さゆう》（左《ひだり》↔右《みぎ》）　遠近《えんきん》（遠い↔近い）
強弱《きょうじゃく》（強い↔弱い）　明暗《めいあん》（明るい↔暗《くら》い）
兄弟《きょうだい》（兄↔弟）　問答《もんどう》（問《と》う↔答《こた》える）

⑤ 上の漢字が主語《しゅご》、下の漢字が述語《じゅつご》になっているもの

例 国立《こくりつ》（国が立てる）　日照《にっしょう》（日が照《て》る）
年少（年が少ない）　人造《じんぞう》（人が造《つく》る）
市営《しえい》（市が営《いとな》む）　頭痛《ずつう》（頭が痛《いた》い）

⑥ 同じ漢字を重《かさ》ねたもの

例 国々《くにぐに》（国《くに》＋国）　山々《やまやま》（山《やま》＋山）
人々《ひとびと》（人《ひと》＋人）　続々《ぞくぞく》（続《ぞく》＋続）

⑦ 上に「不《ふ》・無《む》・非《ひ》・未《み》」などがついて、下の言葉の意味を打《う》ち消《け》すもの

例 不便《ふべん》（不《ふ》＋便利《べんり》）　無害《むがい》（無《む》＋害《がい》）
非運《ひうん》（非《ひ》＋運《うん》）　未完《みかん》（未《み》＋完成《かんせい》）

※「不・無・非・未」は、「～ない」という意味です。

⑧ 下に「性《せい》・的《てき》・化《か》・然《ぜん》」などの意味を強めたりそえたりする漢字がつくもの

例 悪性《あくせい》（悪《わる》い＋性）　知的《ちてき》（知性《ちせい》＋的）
美化《びか》（美《うつく》しい＋化）　必然《ひつぜん》（必《かなら》ず＋然）

⑨ 長い熟語を略《りゃく》したもの

例 入試《にゅうし》（入学試験《にゅうがくしけん》）　高校《こうこう》（高等学校《こうとうがっこう》）
特急《とっきゅう》（特別急行《とくべつきゅうこう》）　国連《こくれん》（国際連合《こくさいれんごう》）

② 三字の熟語《じゅくご》の成《な》り立ち

三字の熟語は次の三種類《しゅるい》の組み合わせによって成り立っていますが、多くは、**二字の熟語と一つの漢《かん》字《じ》が結《むす》びついて**できています。二つに分けて考えると、意味《いみ》がよくわかります。

① 二字熟語の下に一字の漢字がつくもの

例　発電所《はつでんしょ》（発電＋所）…発電するところ
通行人《つうこうにん》（通行＋人）　共通語《きょうつうご》（共通＋語）
消火器《しょうかき》（消火＋器）　図工室《ずこうしつ》（図工＋室）
成人式《せいじんしき》（成人＋式）　積極的《せっきょくてき》（積極＋的）

② 一字の漢字の下に二字熟語がつくもの

例　大失敗《だいしっぱい》（大＋失敗）…大きな失敗
銀世界《ぎんせかい》（銀＋世界）　長時間《ちょうじかん》（長＋時間）
生野菜《なまやさい》（生＋野菜）　不公平《ふこうへい》（不＋公平）
無関心《むかんしん》（無＋関心）　未成年《みせいねん》（未＋成年）

③ 一字の漢字を三つ組み合わせたもの

例　市町村《しちょうそん》（市＋町＋村）…市と町と村
大中小《だいちゅうしょう》（大＋中＋小）　松竹梅《しょうちくばい》（松＋竹＋梅）
衣食住《いしょくじゅう》（衣＋食＋住）　心技体《しんぎたい》（心＋技＋体）

③ 四字の熟語の成り立ち

四字の熟語は次の二種類の組み合わせによって成り立っていますが、多くは、**二字の熟語が二つ結びついて**できています。

① 二字熟語を二つ組み合わせたもの

例　登場人物《とうじょうじんぶつ》（登場＋人物）
課外活動《かがいかつどう》（課外＋活動）
読書週間《どくしょしゅうかん》（読書＋週間）
自由行動《じゆうこうどう》（自由＋行動）
消化器官《しょうかきかん》（消化＋器官）

② 一字の漢字を四つ組み合わせたもの

例　春夏秋冬《しゅんかしゅうとう》（春＋夏＋秋＋冬）…春と夏と秋と冬
東西南北《とうざいなんぼく》（東＋西＋南＋北）
花鳥風月《かちょうふうげつ》（花＋鳥＋風＋月）

三字の熟語・四字の熟語とも、二字の熟語の成り立ちがもとになっているんだね。

4 四字熟語《よじじゅくご》とは

「一石二鳥《いっせきにちょう》」とは、一つのことをして二つの利益《りえき》を得《え》ること、という意味です。このように、四つの漢字でできた熟語で、**熟語全体《ぜんたい》で特別《とくべつ》な意味をもつ言《こと》葉《ば》**を「四字熟語」といいます。

四字熟語の中には、「大器晩成《たいきばんせい》」（127ページ）や「馬《ば》耳東風《じとうふう》」（127ページ）のように、四字熟語の形の故事《こじ》成語《せいご》もあります。

また、多くの四字熟語は、**二字の熟語の組み合わせ**でできています（142ページ）。次《つぎ》にあげた熟語の組み合わせに注目《ちゅうもく》して、四字熟語の意味を正確《せいかく》にとらえるようにしましょう。

1 主《おも》な四字熟語の組み合わせ

① 似《に》た意味をもつ二字の熟語を組み合わせたもの

例 公明正大《こうめいせいだい》（公明 ＝ 正大）
四方八方《しほうはっぽう》（四方 ＝ 八方）

※対応《たいおう》する漢字の「四」「八」、同じ漢字の「方」に注目しましょう。

② 反対《はんたい》の意味をもつ二字の熟語を組み合わせたもの

例 右往左往《うおうさおう》（右往 ↔ 左往）
一長一短《いっちょういったん》（一長 ↔ 一短）

※同じ漢字の「往」と「一」、反対の意味の漢字の「右」「左」と「長」「短」に注目しましょう。

③ 反対の意味をもつ漢字からできた二字の熟語を組み合わせたもの

例 古今東西《ここんとうざい》（古 ↔ 今＋東 ↔ 西）

④ 上の二字の熟語が下の二字の熟語を修飾《しゅうしょく》しているもの

例 意気投合《いきとうごう》（意気が投合する）
百発百中《ひゃっぱつひゃくちゅう》（百発が百中する）

2 まちがえやすい四字熟語

① 読みをまちがえやすいもの

例 十人十色《じゅうにんといろ》（×じゅうにんじゅういろ）
言語道断《ごんごどうだん》（×げんごどうだん）

② 漢字をまちがえやすいもの

例 一心同体《いっしんどうたい》（×一身同体）
絶体絶命《ぜったいぜつめい》（×絶対絶命）
単刀直入《たんとうちょくにゅう》（×短刀直入）

覚《おぼ》えておきたい 四字熟語《よじじゅくご》

※例は用例《ようれい》を示《しめ》しています。重要《じゅうよう》な言葉《ことば》には★印《しるし》をつけています。

★**意気投合**《いきとうごう》 たがいに気持《きも》ちがぴったり合うこと。例 かれとは初対《しょたい》面《めん》で**意気投合**した。

異口同音《いくどうおん》 多くの人がそろって同じことを言うこと。例 委員《いいん》たちは**異口同音**に反対《はんたい》を唱《とな》えた。

★**以心伝心**《いしんでんしん》 言葉を使《つか》わなくても、たがいに気持《きも》ちが通じ合うこと。例 森田《もりた》さんとは**以心伝心**の仲《なか》だ。

★**一日千秋**《いちじつせんしゅう》 一日が千年に思えるほど待《ま》ち遠しいこと。例 **一日千秋**の思いで待っています。

★**一部始終**《いちぶしじゅう》 物事《ものごと》の初《はじ》めから終《お》わりまで。例 事件《じけん》の**一部始終**を話す。

一心同体《いっしんどうたい》 何人かの人が、心を一つにして結束《けっそく》すること。例 運動《うんどう》会《かい》では、クラス全員《ぜんいん》が**一心同体**になり優勝《ゆうしょう》した。

★**一長一短**《いっちょういったん》 長所《ちょうしょ》もあるが、短所《たんしょ》もあること。例 どの器具《きぐ》にも**一長一短**がある。

意味深長《いみしんちょう》 言葉や動作の裏《うら》に深《ふか》い意味がかくされていること。

★**右往左往**《うおうさおう》 うろたえて、あっちこっちへ動《うご》き回ること。例 出口をさがして**右往左往**する。

我田引水《がでんいんすい》 自分の都合《つごう》のいいように説明《せつめい》したり事を運《はこ》んだりすること。

完全無欠《かんぜんむけつ》 完全で少しも欠点《けってん》がないこと。例 兄は優《ゆう》しゅうだが、**完全無欠**ではない。

★**危機一髪**《ききいっぱつ》 すぐそばまで危険《きけん》がせまっている状態《じょうたい》。

空前絶後《くうぜんぜつご》 以前《いぜん》にもなく、将来《しょうらい》もないと思われるような、ごくまれなこと。例 あれはまさに、**空前絶後**の大事件だった。

公明正大《こうめいせいだい》 公平でかくし事がなく、正しくて堂々《どうどう》としていること。

古今東西《ここんとうざい》 いつでもどこでも。

★**言語道断**《ごんごどうだん》 言葉《ことば》では言い表《あらわ》せないほどひどいこと。例 理由《りゆう》もなく学校をさぼるなど、**言語道断**だ。

自画自賛《じがじさん》 自分で自分のことをほめること。例「今日の夕飯《ゆうはん》は最《さい》高《こう》においしい。」と、母は**自画自賛**した。

四苦八苦《しくはっく》 非常《ひじょう》に苦労《くろう》すること。例 クラスをまとめるのに**四苦八苦**した。

自業自得《じごうじとく》 自分がした悪《わる》い行いの報《むく》いを、自分自身《じしん》が受《う》けること。

四方八方《しほうはっぽう》 あちらこちら。

★**十人十色《じゅうにんといろ》** 考え方や性格《せいかく》などは、人それぞれちがうこと。例 本の好《この》みは**十人十色**だ。

★**心機一転《しんきいってん》** あることをきっかけに、気持ちがすっかり切りかわること。例 学年も上がって、**心機一転**、勉強《べんきょう》をがんばるぞ。

★**晴耕雨読《せいこううどく》** 晴れた日は外で畑《はたけ》を耕《たがや》し、雨の日は家で読書をすること。よゆうのある生活のこと。例 定年後《ていねんご》の父は、**晴耕雨読**の暮《く》らしをしている。

★**絶体絶命《ぜったいぜつめい》** 追《お》いつめられて、どうにものがれられない状態にあること。例 **絶体絶命**の危機《きき》をくぐりぬける。

★**千差万別《せんさばんべつ》** いろいろな種類《しゅるい》があり、ちがいもさまざまであること。例 人はみな、顔も好《この》みも**千差万別**だ。

前代未聞《ぜんだいみもん》 これまでにまったく聞いたことがないこと。

★**千変万化《せんぺんばんか》** 物事《ものごと》がさまざまに変化《へんか》すること。

大同小異《だいどうしょうい》 小さなちがいがあるだけで、大体は同じであること。例 どの提案《ていあん》も**大同小異**だ。

★**単刀直入《たんとうちょくにゅう》** 前置《まえお》きなしに、いきなり問題《もんだい》の中心に入ること。例 **単刀直入**におたずねします。

★**二束三文《にそくさんもん》** 値段《ねだん》がとても安《やす》いこと。例 三十巻《かん》もあるマンガが、古本《ふるほん》屋《や》で**二束三文**の値段しかつかなかった。

★**日進月歩《にっしんげっぽ》** 日ごと月ごとに絶《た》え間なく進歩《しんぽ》を続《つづ》けること。例 医《い》りょう技術《ぎじゅつ》は**日進月歩**だ。

百発百中《ひゃっぱつひゃくちゅう》 予想《よそう》や計画などが、すべて成功《せいこう》すること。

無我夢中《むがむちゅう》 我《われ》を忘《わす》れるくらいに、物事に熱中《ねっちゅう》すること。例 **無我夢中**で研究《けんきゅう》に打《う》ちこむ。

練習問題

答え▼362ページ

1 次《つぎ》の漢字《かんじ》を使《つか》って、二字の熟語《じゅくご》を三つずつ作りましょう。

(1) 年…
(2) 市…
(3) 地…
(4) 番…

2 (例《れい》)にならって、二つの熟語ができるように、□に入る漢字をあとの□から選《えら》んで書きましょう。(同じ漢字は二度《にど》使わない。)

(例) 決→定→員 (決定・定員)

(1) □→方→□
(2) □→間→□
(3) □→道→□
(4) □→病→□
(5) □→流→□
(6) □→手→□

夜・徳《とく》・行・室・投《とう》・接《せつ》
県《けん》・角・気・前・急《きゅう》・記

3 次の漢字を上と下に使って、二字の熟語を二つずつ作りましょう。

(1) 部…部□・□部
(2) 勝…勝□・□勝
(3) 具…具□・□具
(4) 始…始□・□始
(5) 筆…筆□・□筆
(6) 習…習□・□習
(7) 平…平□・□平
(8) 陽…陽□・□陽

4 次の上と下の□の漢字を組み合わせて、二字の熟語を作りましょう。(上の漢字を一字目、下の漢字を二字目に使うこと。同じ漢字は二度使わない。)

体・都
重・船
白・関
発・意
使・交
読・全

大・代
員・出
係・用
重・会
書・味
紙・表

5 次の（　）の訓読《くんよ》みにあたる漢字を□に入れて、二字の熟語を作りましょう。

(1) 以□（うえ）
(2) 個□（からだ）
(3) 案□（うち）
(4) 栄□（やしなう）
(5) 試□（あう）
(6) □器（たべる）
(7) □旗（くに）
(8) □臣（おおきい）
(9) □害（ない）
(10) 照□（あかるい）

6 次の□に合う漢字を□から選んで、三字の熟語を作りましょう。

(1) 深□魚
(2) 十□路
(3) 不□由
(4) 共□語
(5) 図□館
(6) 日□品
(7) □大事
(8) □細工
(9) 大黒□
(10) 七福□
(11) 地□鉄
(12) 終□式

書・自・竹・業・用・海
字・通・一・神・下・柱

7 次の□に合う漢字を□から選んで、四字の熟語を作りましょう。

(1) 一長一□
(2) 人□衛星《えいせい》
(3) 読書□間
(4) 南□大陸《たいりく》
(5) 日□大工
(6) □道府県《どうふけん》

極・短・工・曜・都・週

8 次の意味《いみ》に合う四字熟語をあとから選んで、記号《きごう》で答えましょう。

(1) たがいに気持《きも》ちがぴったり合うこと。（　）
(2) 物事《ものごと》の始《はじ》めから終《お》わりまで。（　）
(3) 非常《ひじょう》に苦労《くろう》すること。（　）
(4) 値段《ねだん》がとても安《やす》いこと。（　）
(5) うろたえて、あっちこっち動《うご》き回ること。（　）
(6) 小さなちがいはあるが、大体は同じであること。（　）

ア 右往左往《うおうさおう》　イ 一部始終《いちぶしじゅう》　ウ 意気投合《いきとうごう》
エ 四苦八苦《しくはっく》　オ 大同小異《だいどうしょうい》　カ 二束三文《にそくさんもん》

力をつける問題

答え▼362ページ

1 次《つぎ》の漢字《かんじ》を使《つか》った熟語《じゅくご》のうち、――線の読み方が他《ほか》の二つとちがうものを選《えら》んで、記号《きごう》に○をつけましょう。

(1) 万（ア 万物　イ 万国　ウ 万一）
(2) 下（ア 地下　イ 下水　ウ 上下）
(3) 代（ア 代用　イ 交代　ウ 代表）
(4) 作（ア 自作　イ 発作　ウ 作法）
(5) 元（ア 元日　イ 元気　ウ 元年）

2 次の熟語の成《な》り立ちの説明《せつめい》に合うものをあとから選んで、記号で答えましょう。

(1) 通行（　）　(2) 明暗《めいあん》（　）　(3) 絵本（　）
(4) 続々《ぞくぞく》（　）　(5) 加熱《かねつ》（　）

ア 上の漢字が下の漢字を修飾《しゅうしょく》しているもの
イ 「〜を」「〜に」にあたる意味《いみ》の漢字が下にくるもの
ウ 似《に》た意味をもつ漢字を組み合わせたもの
エ 反対《はんたい》の意味をもつ漢字を組み合わせたもの
オ 同じ漢字を重《かさ》ねたもの

3 次の□に「不《ふ》・無《む》・非《ひ》」のどれかを入れて、三字の熟語を作りましょう。

(1) □注意《ちゅうい》　(2) □公式《こうしき》
(3) □愛想《あいそう》　(4) □公平《こうへい》
(5) □関心《かんしん》　(6) □自由《じゆう》
(7) □売品《ばいひん》　(8) □計画
(9) □常識《じょうしき》　(10) □自然《しぜん》

4 あとの三字の熟語を、組み立てによって次の三種類《しゅるい》に分けて、記号で答えましょう。

(1) 二字＋一字（　）
(2) 一字＋二字（　）
(3) 一字＋一字＋一字（　）

ア 無人島《むじんとう》　イ 松竹梅《しょうちくばい》　ウ 大事業《だいじぎょう》
エ 外国人　オ 商店街《しょうてんがい》　カ 不自由《ふじゆう》
キ 上中下　ク 少人数《しょうにんずう》　ケ 衣食住《いしょくじゅう》
コ 本調子《ほんちょうし》　サ 売上金《うりあげきん》　シ 夜汽車《よぎしゃ》

5 次の□に漢字を入れて、三字の熟語を作りましょう。

(1) 地□鉄
(2) 終□式
(3) 決□戦
(4) 運□手
(5) 三□車
(6) 労□力
(7) 運□会
(8) 不□末
(9) 半□前
(10) 生□気

6 次の上と下の二字の熟語を——線で結び、四字の熟語にしましょう。

(1) 交通・　　・ア 人物
(2) 国立・　　・イ 工業
(3) 登場・　　・ウ 文庫
(4) 学級・　　・エ 整理
(5) 医学・　　・オ 気候
(6) 熱帯・　　・カ 自治
(7) 地方・　　・キ 博士
(8) 近代・　　・ク 公園

7 次の二字の語と組み合わせると四字の熟語ができる二字の語をあとから選んで、記号で答えましょう。

(1) 一日（　　）
(2) （　　）正大
(3) 自画（　　）
(4) 言語（　　）
(5) （　　）始終《しじゅう》
(6) 十人（　　）
(7) （　　）投合《とうごう》
(8) （　　）三文
(9) 単刀《たんとう》（　　）
(10) （　　）同体

ア 二束《にそく》　イ 公明　ウ 自賛《じさん》　エ 一転《いってん》
オ 一部《いちぶ》　カ 十色　キ 道断《どうだん》　ク 直入
ケ 千秋　コ 意気《いき》　サ 一心　シ 多様《たよう》

8 次の意味に合う四字熟語をあとから選んで、記号で答えましょう。

(1) これまでにまったく聞いたことがないこと。（　　）
(2) 予想《よそう》や計画などが、すべて成功《せいこう》すること。（　　）
(3) 多くの人がそろって同じことを言うこと。（　　）
(4) 考え方や好《この》みなどは、人それぞれちがうこと。（　　）
(5) 言葉《ことば》を使《つか》わなくても、気持《きも》ちが通じ合うこと。（　　）

ア 異口同音《いくどうおん》　イ 以心伝心《いしんでんしん》　ウ 前代未聞《ぜんだいみもん》
エ 百発百中《ひゃっぱつひゃくちゅう》　オ 十人十色

力をのばす問題

答え▼363ページ

1 次《つぎ》の二字の熟語《じゅくご》の成《な》り立ちに合うものをあとから二つずつ選《えら》んで、記号《きごう》で答えましょう。

(1) 上の漢字《かんじ》が下の漢字を修飾《しゅうしょく》しているもの（　・　）

(2) 「〜を」「〜に」にあたる部分《ぶぶん》が下にくるもの（　・　）

(3) 似《に》た意味《いみ》をもつ漢字を組み合わせたもの（　・　）

(4) 反対《はんたい》の意味をもつ漢字を組み合わせたもの（　・　）

(5) 上の漢字が主語《しゅご》、下の漢字が述語《じゅつご》になっているもの（　・　）

ア 国立《こくりつ》　イ 急流《きゅうりゅう》　ウ 帰国《きこく》　エ 問答《もんどう》
オ 決心《けっしん》　カ 大群《たいぐん》　キ 願望《がんぼう》　ク 兄弟《きょうだい》
ケ 日照《にっしょう》　コ 寒冷《かんれい》

2 矢印《やじるし》の向《む》きに読むと正しい熟語になるように、□に漢字を入れましょう。

(1) 通→□、進《しん》→□、□→力、□→園

(2) 来→□、乗《じょう》→□、□→室、□→船

(3) 反→□、□→面、□→立、□→角

(4) 調《ちょう》→□、種《しゅ》→□、□→葉《よう》、□→孫《そん》

3 次の意味の熟語になるように、(例《れい》)のように□に漢字を入れましょう。

(例) とちゅうでやめること。……［中］止

(1) そのとおりだと感《かん》じる。……□感

(2) 雨のときに使うもの。……雨□

(3) 記事《きじ》をかく人。……記□

(4) 電気《でんき》を起《お》こすこと。……□電

(5) 売る物《もの》につけるおまけ。……景《けい》□

(6) 物の進《すす》む速《はや》さ。……速《そく》□

4 次の□の漢字を二つずつ組み合わせて、それぞれ二字の熟語を六つずつ作りましょう。（同じ漢字は二度《にど》使《つか》わない。）

(1)

参・式・伝・光・印・記
考・形・象《しょう》・脈《みゃく》・景・文

□□・□□・□□
□□・□□・□□

(2)

徒・文・通・辺・返・落
川・葉・答・流・歩・英

□□・□□・□□
□□・□□・□□

5 次の上と下の□の漢字を一つずつ組み合わせて、二字の熟語を作りましょう。（上の漢字を一字目、下の漢字を二字目に使うこと。同じ漢字は二度使わない。）

公・問・反・道
放・岩・有・品
氷・行・薬・番

対・号・園・指
水・列・物・題
山・具・送・名

□□・□□・□□
□□・□□・□□
□□・□□・□□
□□・□□・□□

6 あとのア～クの四字の熟語を、組み立てによって次の四種類《しゅるい》に分けて、記号で答えましょう。

(1) 似た意味をもつ二字熟語を組み合わせたもの（　　）

(2) 反対の意味をもつ二字の熟語を組み合わせたもの（　　）

(3) 上の二字の熟語が下の二字の熟語を修飾しているもの（　　）

(4) 反対の意味をもつ漢字からできた二字の熟語を組み合わせたもの（　　）

ア 意気投合《いきとうごう》　イ 右往左往《うおうさおう》　ウ 公明正大《こうめいせいだい》

エ 十人十色《じゅうにんといろ》　オ 古今東西《ここんとうざい》　カ 天地左右《てんちさゆう》

キ 一長一短《いっちょういったん》　ク 四苦八苦《しくはっく》

3 対義語《たいぎご》と類義語《るいぎご》

例題

1 次《つぎ》の□に、上の漢字《かんじ》と反対《はんたい》の意味《いみ》をもつ漢字を入れて、二字の熟語《じゅくご》を作りましょう。また、その読みも書きましょう。

(例《れい》) 大 小 （だいしょう）

(1) 売□（　　）

(2) 前□（　　）

(3) 遠□（　　）

(4) 勝□（　　）

(5) 苦□（　　）

(6) 昼□（　　）

2 次の言葉《ことば》の対義語《たいぎご》(反対の意味をもつ言葉)を書きましょう。

(例) 有名 ↕ 無名

(1) 登校《とうこう》 ↕ □□

(2) 最高《さいこう》 ↕ □□

(3) 成功《せいこう》 ↕ □□

(4) 戦争《せんそう》 ↕ □□

考え方

1 上の漢字の訓読《くんよ》みから考えます。(1)「売」の訓読みは「**うる**」なので、その反対の意味は「**買う**」。この「売」と「買」で二字の熟語を作ります。

(↓154ページ)

2 対義語には、(例)のように**一字が同じ**で、**他《ほか》の一字が反対の意味をもつもの**が多くあります。(1)・(2)は、この組み合わせでできている対義語です。

(↓155ページ)

3 類義語を見つける問題《もんだい》です。熟語の意味をよく考えて選びましょう。

(↓156ページ)

4 上の漢字の訓読みをヒントに考えます。(3)「起」の訓読みは「**お(きる)**」で、似た意味は「**立つ**」。この「起」と「立」で二字の熟語を作ります。

(↓154ページ)

3 次の言葉の類義語《るいぎご》（似《に》た意味をもつ言葉）をあとから選《えら》んで、記号《きごう》で答えましょう。

(1) 最後《さいご》＝（　　） (2) 発達《はったつ》＝（　　）
(3) 希望《きぼう》＝（　　） (4) 安全《あんぜん》＝（　　）

ア 最大《さいだい》　イ 進歩《しんぽ》　ウ 願望《がんぼう》　エ 最終《さいしゅう》　オ 無事《ぶじ》

4 次の□に、上の漢字と似た意味をもつ漢字を入れて、二字の熟語を作りましょう。また、その読みも書きましょう。

（例）幸福（こうふく）

(1) 身□（　　） (2) 道□（　　）
(3) 起□（　　） (4) 行□（　　）
(5) 学□（　　） (6) 寒□（　　）

5 次の言葉の類義語を選んで、記号に○をつけましょう。

(1) 休息《きゅうそく》（ア 休日　イ 休養《きゅうよう》　ウ 休場）
(2) 不平《ふへい》（ア 不満《ふまん》　イ 不安《ふあん》　ウ 不信《ふしん》）
(3) 時代《じだい》（ア 年度《ねんど》　イ 時間　ウ 年代《ねんだい》）
(4) 欠点《けってん》（ア 長所《ちょうしょ》　イ 短所《たんしょ》　ウ 美点《びてん》）
(5) 祖国《そこく》（ア 母国　イ 祖先《そせん》　ウ 帰国《きこく》）

5 類義語を見つける問題です。同じ漢字を使《つか》っていても、組み合わせる漢字によって、熟語の意味は変《か》わります。それぞれの熟語の意味をよく考えて答えましょう。(4)のア「長所」とウ「美点」は、類義語になります。（156ページ）

答え

1 (1)買・ばいばい　(2)後・ぜんご
(3)近・えんきん
(4)敗(負)・しょうはい(しょうぶ)
(5)楽・くらく　(6)夜・ちゅうや

2 (1)下校　(2)最低《さいてい》　(3)失敗《しっぱい》
(4)平和

3 (1)エ　(2)イ　(3)ウ　(4)オ

4 (1)体・しんたい　(2)路・どうろ
(3)立・きりつ　(4)進・こうしん
(5)習・がくしゅう
(6)冷・かんれい

5 (1)イ　(2)ア　(3)ウ　(4)イ　(5)ア

くわしい学習

1 反対《はんたい》の意味《いみ》を表《あらわ》す漢字《かんじ》

漢字の中には、「明」（明るい）と「暗《あん》」（暗《くら》い）のように、反対の意味を表す漢字や、「父」と「母」のように、対《つい》になる漢字があります。これらの漢字を組み合わせることで、二字の熟語《じゅくご》ができます。

例　明暗《めいあん》　父母《ふぼ》

熟語の意味は、それぞれの漢字の**訓読《くんよ》み**からとらえることができます。

反対の意味や対の漢字	熟語	反対の意味や対の漢字	熟語
有↔無	有無《うむ》	高↔低	高低《こうてい》
遠↔近	遠近《えんきん》	左↔右	左右《さゆう》
強↔弱	強弱《きょうじゃく》	始↔終	始終《しじゅう》
兄↔弟	兄弟《きょうだい》	姉↔妹	姉妹《しまい》
苦↔楽	苦楽《くらく》	多↔少	多少《たしょう》
軽↔重	軽重《けいちょう》	問↔答	問答《もんどう》

2 似《に》た意味を表す漢字

漢字の中には、「寒《かん》」（寒《さむ》い）と「冷《れい》」（冷《つめ》たい）や「進《しん》」（進《すす》む）と「行」（行く）のように、似た意味を表す漢字があります。これらの漢字を組み合わせることで、二字の熟語ができます。

例　寒冷《かんれい》　行進《こうしん》

似た意味の漢字	熟語	似た意味の漢字	熟語
絵＝画	絵画《かいが》	生＝産	生産《せいさん》
開＝始	開始《かいし》	思＝考	思考《しこう》
岩＝石	岩石《がんせき》	森＝林	森林《しんりん》
希＝望	希望《きぼう》	道＝路	道路《どうろ》
幸＝福	幸福《こうふく》	満＝足	満足《まんぞく》

3 対義語《たいぎご》

「明るい」と「暗い」は意味が反対になる言葉で、「父」と「母」は、対になる言葉です。これらを「対義語」といいます。ここでは、二字の熟語の対義語について学びます。

例 多量《たりょう》↔少量《しょうりょう》　原因《げんいん》↔結果《けっか》

対義語には、漢字の組み合わせによって次《つぎ》の三種《しゅ》類《るい》の形があります。この形を知ることで、意味をとらえやすくなります。

① 一字が共通《きょうつう》のもの（他《ほか》の一字が、反対または対の意味になっている）

以上《いじょう》↔以下《いか》（同じ／反対の意味）

長期《ちょうき》↔短期《たんき》（同じ／反対の意味）

例 赤字《あかじ》↔黒字《くろじ》　登校《とうこう》↔下校《げこう》　洋風《ようふう》↔和風《わふう》

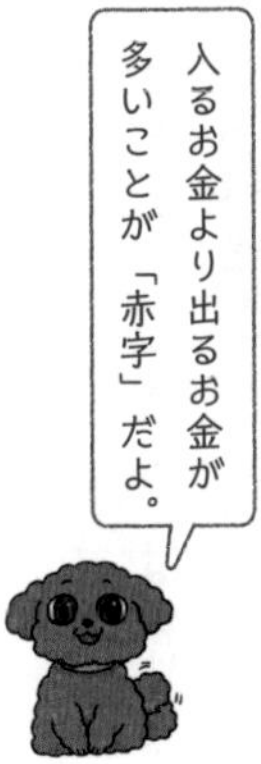
入るお金より出るお金が多いことが「赤字」だよ。

② 上に「不《ふ》・無《む》・非《ひ》・未《み》」などの「〜ない」の意味の漢字がつくもの

幸福《こうふく》↔不幸《ふこう》（幸福ではない）

有料《ゆうりょう》↔無料《むりょう》（有料ではない）

例 安心《あんしん》↔不安《ふあん》　有名《ゆうめい》↔無名《むめい》
幸運《こううん》↔不運《ふうん》　決定《けってい》↔未定《みてい》

※「不・無・非・未」がついて、対義語が三字の熟語になるものもあります。

例 自然《しぜん》↔不自然《ふしぜん》　常識《じょうしき》↔非常識《ひじょうしき》
関心《かんしん》↔無関心《むかんしん》　成年《せいねん》↔未成年《みせいねん》

③ 全体《ぜんたい》として反対や対の意味になっているもの

自然《しぜん》↔人工《じんこう》（反対の意味）

平和《へいわ》↔戦争《せんそう》（反対の意味）

例 過去《かこ》↔未来《みらい》　形式《けいしき》↔内容《ないよう》
失敗《しっぱい》↔成功《せいこう》　全体《ぜんたい》↔部分《ぶぶん》
生産《せいさん》↔消費《しょうひ》

4 類義語《るいぎご》

「寒《さむ》い」と「冷《つめ》たい」、「進《すす》む」と「行く」は**意味《いみ》が似《に》ている言葉《ことば》**で、これらを「類義語」といいます。ここでは、二字の熟語《じゅくご》の類義語について学びます。

例 安全《あんぜん》＝無事《ぶじ》　返事《へんじ》＝返答《へんとう》

　類義語は意味が似ている言葉ですが、文の中で同じように使《つか》えるとはかぎりません。前後のつながりから考え、適切《てきせつ》に使う必要《ひつよう》があります。

例 自然《しぜん》＝天然《てんねん》

- ○この街《まち》には自然があふれている。
- ×この街には天然があふれている。

- ○この国は、天然資源《しげん》にめぐまれている。
- ×この国は、自然資源にめぐまれている。

※「自然」の意味は「山・川・植物《しょくぶつ》など、人が作ったものではないもの」、「天然」の意味は、「人の手が加《くわ》わっていないもの」となり、右のように使い分けます。

　また類義語には、漢字《かんじ》の組み合わせによって次《つぎ》の二種類《しゅるい》の形があります。この形を知ることで、意味をとらえやすくなります。

① 一字が共通《きょうつう》のもの

決心《けっしん》＝決意《けつい》（同じ／似た意味）　勝負《しょうぶ》＝勝敗《しょうはい》（同じ／似た意味）

例 案外《あんがい》＝意外《いがい》　去年《きょねん》＝昨年《さくねん》
原料《げんりょう》＝材料《ざいりょう》　天気《てんき》＝天候《てんこう》
風景《ふうけい》＝景色《けしき》　未来《みらい》＝将来《しょうらい》

② 全体《ぜんたい》として似た意味になっているもの

原因《げんいん》＝理由《りゆう》（似た意味）　手段《しゅだん》＝方法《ほうほう》（似た意味）

例 音信《おんしん》＝消息《しょうそく》　賛成《さんせい》＝同意《どうい》
心配《しんぱい》＝不安《ふあん》　短所《たんしょ》＝欠点《けってん》
留守《るす》＝不在《ふざい》　発達《はったつ》＝進歩《しんぽ》＝向上《こうじょう》

「音信」とは、手紙やメールなどの便《たよ》りのことだよ。

覚《おぼ》えておきたい 対義語《たいぎご》・類義語《るいぎご》

対義語

●一字が共通《きょうつう》のもの

- 悪意《あくい》⇔善意《ぜんい》
- 以前《いぜん》⇔以後《いご》
- 開会《かいかい》⇔閉会《へいかい》
- 風上《かざかみ》⇔風下《かざしも》
- 公的《こうてき》⇔私的《してき》 ▶おおやけである様子。
- 最初《さいしょ》⇔最後《さいご》
- 始業《しぎょう》⇔終業《しゅうぎょう》
- 自動《じどう》⇔手動《しゅどう》
- 乗車《じょうしゃ》⇔降車《こうしゃ》
- 進化《しんか》⇔退化《たいか》
- 積極《せっきょく》⇔消極《しょうきょく》
- 多量《たりょう》⇔少量《しょうりょう》
- 直線《ちょくせん》⇔曲線《きょくせん》
- 当選《とうせん》⇔落選《らくせん》
- 発車《はっしゃ》⇔停車《ていしゃ》
- 安価《あんか》⇔高価《こうか》
- 以内《いない》⇔以外《いがい》
- 害虫《がいちゅう》⇔益虫《えきちゅう》
- 下等《かとう》⇔上等《じょうとう》
- 最高《さいこう》⇔最低《さいてい》
- 最長《さいちょう》⇔最短《さいたん》
- 主観《しゅかん》⇔客観《きゃっかん》 ▶自分だけの考え方。
- 出港《しゅっこう》⇔入《にゅう》(帰《き》)港《こう》
- 上品《じょうひん》⇔下品《げひん》
- 新式《しんしき》⇔旧式《きゅうしき》
- 全部《ぜんぶ》⇔一部《いちぶ》
- 長所《ちょうしょ》⇔短所《たんしょ》
- 登山《とざん》⇔下山《げざん》
- 入場《にゅうじょう》⇔退場《たいじょう》
- 発信《はっしん》⇔受信《じゅしん》
- 否決《ひけつ》⇔可決《かけつ》
- 予習《よしゅう》⇔復習《ふくしゅう》
- 洋式《ようしき》⇔和式《わしき》
- 楽観《らっかん》⇔悲観《ひかん》 ▶よいほうに考えること。

●打《う》ち消《け》しの字がつくもの

- 円満《えんまん》⇔不和《ふわ》
- 完成《かんせい》⇔未完成《みかんせい》
- 自然《しぜん》⇔不自然《ふしぜん》
- 有名《ゆうめい》⇔無名《むめい》
- 関係《かんけい》⇔無関係《むかんけい》
- 器用《きよう》⇔不《ぶ》(無《ぶ》)器用《きよう》
- 順調《じゅんちょう》⇔不調《ふちょう》
- 有利《ゆうり》⇔不利《ふり》

●全体《ぜんたい》で対義のもの

- 安心《あんしん》⇔心配《しんぱい》
- 安全《あんぜん》⇔危険《きけん》
- 健康《けんこう》⇔病気《びょうき》
- 賛成《さんせい》⇔反対《はんたい》
- 勝利《しょうり》⇔敗北《はいぼく》
- 成功《せいこう》⇔失敗《しっぱい》
- 生産《せいさん》⇔消費《しょうひ》
- 平和《へいわ》⇔戦争《せんそう》
- 延長《えんちょう》⇔短縮《たんしゅく》
- 結果《けっか》⇔原因《げんいん》
- 公平《こうへい》⇔差別《さべつ》
- 地味《じみ》⇔派手《はで》 ▶目立たない様子。
- 水平《すいへい》⇔垂直《すいちょく》
- 精神《せいしん》⇔肉体《にくたい》
- 入学《にゅうがく》⇔卒業《そつぎょう》
- 理想《りそう》⇔現実《げんじつ》

類義語

●一字が共通のもの

- 外見《がいけん》＝外観《がいかん》
- 格別《かくべつ》＝特別《とくべつ》 ▶ふつうとちがう様子。
- 苦心《くしん》＝苦労《くろう》
- 決心《けっしん》＝決意《けつい》
- 終生《しゅうせい》＝一生《いっしょう》 ▶死ぬまでの間ずっと。
- 地域《ちいき》＝地区《ちく》
- 方角《ほうがく》＝方位《ほうい》
- 有名《ゆうめい》＝著名《ちょめい》
- 改良《かいりょう》＝改善《かいぜん》
- 休息《きゅうそく》＝休養《きゅうよう》
- 結果《けっか》＝結末《けつまつ》
- 最後《さいご》＝最終《さいしゅう》
- 食料《しょくりょう》＝食物《しょくもつ》
- 熱意《ねつい》＝情熱《じょうねつ》
- 目標《もくひょう》＝目的《もくてき》
- 利用《りよう》＝活用《かつよう》

●全体で類義のもの

- 学習《がくしゅう》＝勉強《べんきょう》
- 賛成《さんせい》＝同意《どうい》
- 美点《びてん》＝長所《ちょうしょ》 ▶すぐれたところ。
- 欠点《けってん》＝短所《たんしょ》
- 原因《げんいん》＝理由《りゆう》
- 重宝《ちょうほう》＝便利《べんり》 ▶役に立つこと。
- 真心《まごころ》＝誠意《せいい》
- 消息《しょうそく》＝音信《おんしん》

練習問題

答え▼363ページ

1 次《つぎ》の□の中から、反対《はんたい》または対《つい》になる意味《いみ》をもつ漢《かん》字《じ》を組み合わせて、二字の熟語《じゅくご》を八つ作りましょう。

短・大・往・昼
西・水・兄・父
夜・弟・長・母
湯・小・東・来

2 上の言葉《ことば》と反対の意味をもつ言葉を漢字と送《おく》りがなで( )に書き、また、二つの言葉を組み合わせてできる二字の熟語を□に書きましょう。

(例《れい》) 近い(遠い) 遠近

(1) 多い( )

(2) 生まれる( )

(3) 強い( )

(4) 問《と》う( )

(5) 苦《くる》しい( )

(6) 長い( )

(7) 買う( )

(8) 明るい( )

3 上の言葉の対義語《たいぎご》を下から選《えら》んで、——線で結《むす》びましょう。

(1) 勝利《しょうり》・　・ア 予習《よしゅう》

(2) 進行《しんこう》・　・イ 理想《りそう》

(3) 大漁《たいりょう》・　・ウ 輸入《ゆにゅう》

(4) 輸出《ゆしゅつ》・　・エ 以後《いご》

(5) 現実《げんじつ》・　・オ 敗北《はいぼく》

(6) 復習《ふくしゅう》・　・カ 公開《こうかい》

(7) 以前《いぜん》・　・キ 不漁《ふりょう》

(8) 秘密《ひみつ》・　・ク 停止《ていし》

4 上の漢字と反対の意味をもつ漢字を□から選んで□に入れ、二字の熟語を作りましょう。

(1) 天□　(2) 大□　(3) 朝□
(4) 自□　(5) 始□　(6) 内□
(7) 集□　(8) 勝□　(9) 利□
(10) 有□　(11) 前□　(12) 軽□

小・害・重・無・終・後
夕・他・敗・外・散・地

5 次の漢字と似《に》た意味の漢字を□から選んで、二字の熟語を作りましょう。

(1) 衣□　(2) 中□　(3) 開□
(4) 付□　(5) 生□　(6) 寒□
(7) 幸□　(8) 運□　(9) 消□
(10) 身□　(11) 真□　(12) 平□
(13) 良□　(14) 児□　(15) 養□
(16) 分□　(17) 思□　(18) 意□
(19) 増□　(20) 道□

好・体・思・央・去・着・路
配・想・冷・福・送・実・化
等・童・産・始・服・育・加

6 次の言葉と反対の意味の二字熟語をあとの漢字を組み合わせて作り、記号《きごう》で答えましょう。（同じ漢字は二度《にど》使《つか》わない。）

(例) 晴天（サ・イ）
(1) 発信《はっしん》（　・　）
(2) 有名《ゆうめい》（　・　）
(3) 人工《じんこう》（　・　）
(4) 生産《せいさん》（　・　）
(5) 落選《らくせん》（　・　）
(6) 全体《ぜんたい》（　・　）

ア 選　イ 天　ウ 信　エ 名　オ 理
カ 消　キ 然　ク 分　ケ 当　コ 受
サ 雨　シ 無　ス 部　セ 費

力をつける問題

答え▼363ページ

1 次《つぎ》の言葉《ことば》の対義語《たいぎご》を書きましょう。

(1) 便利《べんり》 ↔ □□
(2) 昼間《ひるま》 ↔ □□
(3) 登校《とうこう》 ↔ □□
(4) 帰港《きこう》 ↔ □□
(5) 起点《きてん》 ↔ □□
(6) 一部《いちぶ》 ↔ □□
(7) 安心《あんしん》 ↔ □□
(8) 積極《せっきょく》 ↔ □□
(9) 無害《むがい》 ↔ □□
(10) 始業《しぎょう》 ↔ □□

2 次の言葉の類義語《るいぎご》になるように、□に合う漢字を書きましょう。

(1) 進歩《しんぽ》＝向《こう》□
(2) 学習《がくしゅう》＝□強
(3) 目標《もくひょう》＝目□
(4) 役割《やくわり》＝役□
(5) 決心《けっしん》＝決□
(6) 一部＝部□
(7) 勝負《しょうぶ》＝勝□
(8) 案外《あんがい》＝□外
(9) 不安《ふあん》＝□配《ぱい》
(10) 欠点《けってん》＝□所《しょ》

3 次の言葉の対義語をあとから選《えら》んで、〔 〕に記号《きごう》で答えましょう。また、その熟語《じゅくご》の読みを（ ）に書きましょう。

(1) 入学 ↔ 〔 〕（ ）
(2) 自動《じどう》 ↔ 〔 〕（ ）
(3) 人工 ↔ 〔 〕（ ）
(4) 降車《こうしゃ》 ↔ 〔 〕（ ）
(5) 始業《しぎょう》 ↔ 〔 〕（ ）
(6) 必要《ひつよう》 ↔ 〔 〕（ ）
(7) 私立《しりつ》 ↔ 〔 〕（ ）
(8) 危険《きけん》 ↔ 〔 〕（ ）
(9) 停車《ていしゃ》 ↔ 〔 〕（ ）
(10) 円満《えんまん》 ↔ 〔 〕（ ）
(11) 勝利《しょうり》 ↔ 〔 〕（ ）
(12) 受信《じゅしん》 ↔ 〔 〕（ ）

ア 安全　イ 乗車　ウ 公立　エ 不要
オ 卒業　カ 発車　キ 手動　ク 天然
ケ 終業　コ 不和　サ 送信　シ 敗北

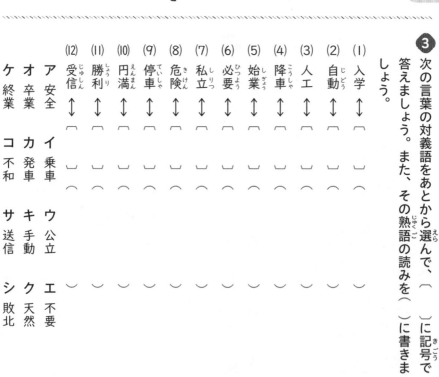

4 次の□に「不《ふ》・無《む》・非《ひ》・未《み》」のどれかを入れて、上の熟語の対義語を作りましょう。

(1) 関係《かんけい》 ↔ □関係
(2) 完成《かんせい》 ↔ □完成
(3) 器用《きよう》 ↔ □器用
(4) 公式《こうしき》 ↔ □公式
(5) 可能《かのう》 ↔ □可能
(6) 責任《せきにん》 ↔ □責任
(7) 親切 ↔ □親切
(8) 常識《じょうしき》 ↔ □常識
(9) 造作《ぞうさ》 ↔ □造作
(10) 成年《せいねん》 ↔ □成年
(11) 解決《かいけつ》 ↔ □解決
(12) 安定《あんてい》 ↔ □安定
(13) 表情《ひょうじょう》 ↔ □表情
(14) 協力《きょうりょく》 ↔ □協力

5 次の言葉の対義語を□から選んで、漢字に直して書きましょう。

(1) 有利《ゆうり》 ↔ □
(2) 平和《へいわ》 ↔ □
(3) 過去《かこ》 ↔ □
(4) 内容《ないよう》 ↔ □
(5) 登山《とざん》 ↔ □
(6) 失敗《しっぱい》 ↔ □
(7) 有料《ゆうりょう》 ↔ □
(8) 消費《しょうひ》 ↔ □
(9) 幸運《こううん》 ↔ □
(10) 原因《げんいん》 ↔ □

ふうん・せんそう・せいこう・ふり みらい・せいさん・けっか げざん・むりょう・けいしき

6 上の言葉の類義語を下から選んで、——線で結びましょう。

(1) 準備《じゅんび》・　　・ア 景色《けしき》
(2) 賛成《さんせい》・　　・イ 不在《ふざい》
(3) 音信《おんしん》・　　・ウ 用意《ようい》
(4) 風景《ふうけい》・　　・エ 消息《しょうそく》
(5) 留守《るす》・　　・オ 方法《ほうほう》
(6) 手段《しゅだん》・　　・カ 意見《いけん》
(7) 見解《けんかい》・　　・キ 無事《ぶじ》
(8) 安全《あんぜん》・　　・ク 同意《どうい》
(9) 美点《びてん》・　　・ケ 長所《ちょうしょ》

力をのばす問題

答え▼364ページ

1 次《つぎ》の□に、上の漢字《かんじ》と反対《はんたい》または対《つい》になる意味《いみ》をもつ漢字を入れて、二字の熟語《じゅくご》を作りましょう。また、その熟語の読みも（　）に書きましょう。

(1) 高□（　　）
(2) 軽□（　　）
(3) 父□（　　）
(4) 東□（　　）
(5) 内□（　　）
(6) 生□（　　）
(7) 昼□（　　）
(8) 男□（　　）
(9) 南□（　　）
(10) 姉□（　　）
(11) 問□（　　）
(12) 有□（　　）

2 次の漢字に共通《きょうつう》する漢字をつけて、対義語《たいぎご》になる二字の熟語を作りましょう。

(例《れい》) 善・悪……善人 ↔ 悪人
(1) 前・後……□□ ↔ □□
(2) 直・曲……□□ ↔ □□
(3) 高・低……□□ ↔ □□
(4) 有・無……□□ ↔ □□
(5) 悲・楽……□□ ↔ □□
(6) 内・外……□□ ↔ □□
(7) 始・終……□□ ↔ □□
(8) 当・落……□□ ↔ □□
(9) 上・下……□□ ↔ □□

3 次の言葉の対義語を書きましょう。

(1) 発信《はっしん》 ↔ □□
(2) 消費《しょうひ》 ↔ □□
(3) 結果《けっか》 ↔ □□
(4) 支店《してん》 ↔ □□
(5) 賛成《さんせい》 ↔ □□
(6) 退院《たいいん》 ↔ □□
(7) 善意《ぜんい》 ↔ □□
(8) 垂直《すいちょく》 ↔ □□
(9) 他人《たにん》 ↔ □□
(10) 成功《せいこう》 ↔ □□

4 次の言葉の対義語になるように、□に漢字を書きましょう。

(1) 来年 ↔ □年
(2) 長所《ちょうしょ》 ↔ □所
(3) 午前 ↔ 午□
(4) 下校 ↔ □校
(5) 上等《じょうとう》 ↔ □等
(6) 閉会《へいかい》 ↔ □会
(7) 以内《いない》 ↔ 以□
(8) 一部 ↔ □部
(9) 洋式《ようしき》 ↔ □式
(10) 赤字 ↔ □字
(11) 積極《せっきょく》 ↔ □極
(12) 楽観《らっかん》 ↔ □観

5 次の（　）内の言葉は類義語《るいぎご》です。文に合うほうの言葉を選んで、記号《きごう》に○をつけましょう。

(1) 帰りがおそくなって、母に（ア 不安《ふあん》　イ 心配《しんぱい》）をかけてしまった。
(2) 公園で、テニスの練習《れんしゅう》（ア 風景《ふうけい》　イ 景色《けしき》）を見る。
(3) 今日のテストは、（ア 意外《いがい》　イ 案外《あんがい》）にやさしかった。
(4) （ア 無事《ぶじ》　イ 安全《あんぜん》）な場所《ばしょ》にひなんする。
(5) ラジオで（ア 天候《てんこう》　イ 天気）予報《よほう》を聞く。

6 次の漢字と反対の意味をもつ漢字を□に入れて、二字の熟語を作りましょう。

（例《れい》）多 少

(1) 天□
(2) 兄□
(3) 高□
(4) 晴□
(5) 明□
(6) □子
(7) □外
(8) □小
(9) 終□

7 次の言葉の①対義語と②類義語となるように、□に漢字を書きましょう。

(1) 欠点《けってん》
① 対義語…□点
② 類義語…□所

(2) 不安《ふあん》
① 対義語…安□
② 類義語…心□

(3) 最後《さいご》
① 対義語…最□
② 類義語…最□

(4) 部分《ぶぶん》
① 対義語…□体
② 類義語…□部

力をためす問題1

答え▼364ページ

1 次《つぎ》の「足」を使《つか》った慣用句《かんようく》の意味《いみ》をあとから選《えら》んで、記号《きごう》で答えましょう。

(1) 足元に火がつく（　　）
(2) 足を引っ張《ぱ》る（　　）
(3) 足元を見る（　　）
(4) 足が出る（　　）
(5) 足がつく（　　）
(6) 足を洗《あら》う（　　）
(7) 二の足をふむ（　　）
(8) 足がぼうになる（　　）
(9) 足を運《はこ》ぶ（　　）

ア 予定《よてい》よりお金を使う。　イ まじめになる。
ウ 手がかりが見つかる。　エ じゃまをする。
オ 人の弱みにつけこむ。　カ しりごみする。
キ 足がとてもつかれる。　ク 危険《きけん》がせまる。
ケ たずねていく。

2 次の文中の「手」の意味をあとから選んで、記号で答えましょう。

(1) 手が足りなくて、仕事《しごと》ができない。（　　）
(2) 習字《しゅうじ》の手が上がったとほめられた。（　　）
(3) 裏山《うら》に、火の手が上がった。（　　）
(4) かばんの手が取《と》れてしまった。（　　）
(5) 大きな岩に行く手をはばまれる。（　　）
(6) 助《たす》けようと手をつくした。（　　）
(7) この手の品物《しなもの》は買わない。（　　）

ア うで　イ 働《はたら》く人　ウ 方法《ほうほう》
エ 細工《さいく》　オ うで前　カ いきおい
キ 方向《ほうこう》　ク 種類《しゅるい》　ケ にぎりの部分《ぶぶん》

3 次のことわざや慣用句の（　）に入る生《い》き物《もの》の名前をあとから選んで、記号で答えましょう。

(1)（　　）のなみだほどの貯金《ちょきん》しかない。
(2) 借《か》りてきた（　　）のようにおとなしい。
(3) とらぬ（　　）の皮算用《かわざんよう》で、お年玉をあてにする。

ア 犬　イ ねこ　ウ たぬき
エ 馬　オ さる　カ すずめ

4 次の文の意味に合うことわざをあとから選んで、記号で答えましょう。

(1) 友達《ともだち》とこれまでにない大げんかをしたが、その後、前より仲良《なかよ》くなった。（　　）
(2) 水泳《すいえい》で山田君《やまだくん》にどうしても勝《か》てず、いつも二位《い》に終《お》わる。（　　）
(3) 返《かえ》されたテストを見せたら、努力《どりょく》をみとめてくれた。（　　）
(4) 遠足に、虫よけスプレーを持《も》って行った。（　　）
(5) 「その問題《もんだい》は、簡単《かんたん》だよ。」と言ったので先生に指名《しめい》されてしまった。（　　）
(6) 高価《こうか》な望遠鏡《ぼうえんきょう》を買ってもらったが、使い方がわからず置《お》いたままだ。（　　）
(7) 勝利《しょうり》まであと一歩のところで逆転《ぎゃくてん》ホームランを打《う》たれた。（　　）

ア ねこに小判《こばん》　イ 転《ころ》ばぬ先のつえ
ウ 目の上のこぶ　エ 雨ふって地固《かた》まる
オ 論《ろん》よりしょうこ　カ 口はわざわいの元
キ なみだをのむ

5 次の二字の言葉《ことば》につけて四字熟語《じゅくご》ができる二字の言葉をあとから選んで、記号で答えましょう。

(1) 意気《いき》（　　）　(2) 一進《いっしん》（　　）
(3) 公明《こうめい》（　　）　(4) 古今《ここん》（　　）
(5) 一部《いちぶ》（　　）　(6) 有名《ゆうめい》（　　）
(7) 八方（　　）　(8) 千差《せんさ》（　　）

ア 始終《しじゅう》　イ 正大　ウ 一退《いったい》
エ 東西　オ 投合《とうごう》　カ 無実《むじつ》
キ 万別《ばんべつ》　ク 美人《びじん》

6 次の言葉の対義語《たいぎご》をあとから選んで、記号で答えましょう。

(1) 有名 ↕（　　）　(2) 質問《しつもん》 ↕（　　）
(3) 原因《げんいん》 ↕（　　）　(4) 平和《へいわ》 ↕（　　）
(5) 賛成《さんせい》 ↕（　　）　(6) 義務《ぎむ》 ↕（　　）
(7) 失敗《しっぱい》 ↕（　　）　(8) 人工《じんこう》 ↕（　　）
(9) 全部《ぜんぶ》 ↕（　　）　(10) 発信《はっしん》 ↕（　　）

ア 戦争《せんそう》　イ 成功《せいこう》　ウ 一部　エ 反対《はんたい》
オ 応答《おうとう》　カ 受信《じゅしん》　キ 無名　ク 権利《けんり》
ケ 結果《けっか》　コ 自然《しぜん》

力をためす問題 2

答え▼365ページ

1 次《つぎ》の――線《せん》は体の一部《いちぶ》を使《つか》った慣用句《かんようく》です。□に体の一部を表《あらわ》す漢字《かんじ》を書きましょう。

(1) 弟たちは、よく忘《わす》れ物をするので、母は□をかかえている。

(2) お正月はお客《きゃく》さんが多くて、お店《みせ》は□が回るようないそがしさだった。

(3) おじさんの話はいつも同じで、□にたこができるほど聞かされた。

(4) 昨日《きのう》の試合《しあい》で得点《とくてん》を入れることができたので、とても□が高い。

(5) 親の□にどろをぬるようなことは決《けっ》してしないようにと言われた。

(6) 負《ま》けていたチームが最後《さいご》に逆転《ぎゃくてん》し、□にあせをにぎる試合《しあい》だった。

(7) 祖父《そふ》は、東京《とうきょう》に来たついでに□をのばして日光《にっこう》に行った。

2 次の□に漢数字《かんすうじ》を入れて、四字熟語《じゅくご》を完成《かんせい》させましょう。

(1) 百発《ひゃっぱつ》□中

(2) 一石□鳥

(3) 四苦《しく》□苦

(4) □転《てん》八起《はっき》

3 次の慣用句の意味《いみ》に合うものを選《えら》んで、記号《きごう》に○をつけましょう。

(1) 馬が合う
ア 馬が好《す》きである。　イ 走るのがはやい。
ウ 気が合う。

(2) 筆《ふで》が立つ
ア 字がうまい。　イ 文章《ぶんしょう》が上手である。
ウ 筆が大きい。

(3) 高をくくる
ア 軽《かる》く見る。　イ 程度《ていど》の差《さ》がある。
ウ 相手《あいて》をおさえつける。

(4) ぼうにふる
ア 苦労《くろう》がむだになる。　イ 指揮者《しきしゃ》になる。
ウ あぶなっかしい。

4 次の（　）に言葉《ことば》を入れて、ことわざを完成させましょう。また、その意味をあとから選んで、〔　〕に記号で答えましょう。

(1) 転《ころ》ばぬ先の（　　）　〔　〕
(2) 花より（　　）　〔　〕
(3) ぬれ手で（　　）　〔　〕
(4) 論《ろん》より（　　）　〔　〕
(5) 二階《にかい》から（　　）　〔　〕
(6) （　　）は人のためならず　〔　〕
(7) （　　）のない所《ところ》にけむりはたたず　〔　〕
(8) （　　）にうでおし　〔　〕

ア うわさが立つからには、必《かなら》ず原因《げんいん》がある。
イ 見た目より実際《じっさい》に役《やく》に立つものがいい。
ウ しょうこを示《しめ》せば、すぐに解決《かいけつ》する。
エ 思うようにならず、もどかしいこと。
オ 前もって十分注意《ちゅうい》することが大事《だいじ》であること。
カ 苦労しないで多くの利益《りえき》を得《え》ること。
キ 少しも手ごたえがないこと。
ク 人に親切にすれば、自分によいことがある。

5 次の意味に合う四字熟語をあとから選んで、記号で答えましょう。

(1) 実際とはちがうこと。　（　）
(2) 自分で自分のことをほめること。　（　）
(3) 欠《か》けた所や足りない所がない。　（　）
(4) 気持《きも》ちがすっかり変《か》わること。　（　）

ア 事実無根《じじつむこん》　イ 自業自得《じごうじとく》
ウ 自画自賛《じがじさん》　エ 完全無欠《かんぜんむけつ》
オ 心機一転《しんきいってん》　カ 一長一短《いっちょういったん》

6 次の熟語のうち、似《に》た意味の漢字の組み合わせにはア、反対《はんたい》の意味の漢字の組み合わせにはイ、どちらでもないものにはウを書きましょう。

(1) 店員《てんいん》（　）　(2) 生産《せいさん》（　）
(3) 大小（　）　(4) 晴雨《せいう》（　）
(5) 花園《はなぞの》（　）　(6) 寒冷《かんれい》（　）
(7) 鉄橋《てっきょう》（　）　(8) 道路《どうろ》（　）
(9) 明暗《めいあん》（　）　(10) 左右（　）
(11) 乗客《じょうきゃく》（　）　(12) 上下（　）

力をためす問題 3

答え▼365ページ

1 次《つぎ》の――線の言葉《ことば》の意味《いみ》をあとから選《えら》んで、記号《きごう》で答えましょう。

(1) とる
① せきにんをとる。（　　）
② しかくをとる。（　　）
③ 庭《にわ》の雑草《ざっそう》をとる。（　　）
④ 学校に連《れん》らくをとる。（　　）
ア 手に入れる。　イ とりのぞく。
ウ 自分で引き受《う》ける。　エ 行う。

(2) はかる
① 交流《こうりゅう》をはかる。（　　）
② 人の気持《きも》ちをはかる。（　　）
③ ころ合いをはかる。（　　）
④ 悪事《あくじ》をはかる。（　　）
ア 見定《みさだ》める。　イ 考《かんが》え、努力《どりょく》する。
ウ たくらむ。　エ 見当をつける。

2 次の慣用句《かんようく》の意味をあとから選んで、記号で答えましょう。

(1) 耳をうたがう（　　）
(2) 虫が知らせる（　　）
(3) たなに上げる（　　）
(4) 目から鼻《はな》へぬける（　　）
(5) 息《いき》をのむ（　　）
(6) 足のふみ場もない（　　）
ア 都合《つごう》の悪《わる》いことにはふれないで、そのままにしておく。
イ 思いがけなくて、聞きまちがえたのかと思う。
ウ 何か悪いことが起《お》きそうな予感《よかん》がする。
エ すばしこくて、ぬけ目のない様子《ようす》。
オ 物《もの》が散《ち》らかっていて、立つ所《ところ》もない。
カ はっとおどろいて息を止める。

3 次の熟語《じゅくご》と同じ成《な》り立ちのものをあとから二つずつ選んで、記号で答えましょう。

(1) 黒板《こくばん》（　・　）　(2) 入院《にゅういん》（　・　）
(3) 公私《こうし》（　・　）　(4) 運送《うんそう》（　・　）

(5) 民主《みんしゅ》（　・　）
(6) 不便《ふべん》（　・　）
(7) 公的《こうてき》（　・　）
(8) 山々（　・　）

ア 転校《てんこう》　イ 決心《けっしん》　ウ 年長　エ 自他《じた》
オ 絵画《かいが》　カ 人々　キ 満足《まんぞく》　ク 私立《しりつ》
ケ 無言《むごん》　コ 利害《りがい》　サ 未明《みめい》　シ 直線
ス 数々　セ 進化《しんか》　ソ 当然《とうぜん》　タ 小川

4 次の（　）に合う故事成語《こじせいご》をあとから選んで、記号で答えましょう。

(1) 二つの会社が競争《きょうそう》しあっている間《あいだ》に、別《べつ》の会社が（　　）を得《え》た。
(2) ミスが三つでも四つでも（　　）だ。
(3) かれの失敗《しっぱい》を（　　）として、一生けん命勉強《めいべんきょう》しよう。
(4) 君《きみ》は言うこととすることが（　　）している。
(5) この文学賞《ぶんがくしょう》は、作家《さっか》になるための（　　）といわれている。
(6) 忘《わす》れ物をしないように、母が口うるさく注意《ちゅうい》しても、弟は（　　）だ。

ア 蛍雪《けいせつ》の功《こう》
イ 矛盾《むじゅん》
ウ 五十歩百歩《ごじっぽひゃっぽ》
エ 漁夫《ぎょふ》の利《り》
オ 登竜門《とうりゅうもん》
カ 他山《たざん》の石《いし》
キ 馬耳東風《ばじとうふう》
ク 四面楚歌《しめんそか》

5 次の言葉の類義語《るいぎご》になるように、□に漢字《かんじ》を書きましょう。

(1) 昨年《さくねん》＝□年
(2) 不安《ふあん》＝心□
(3) 欠点《けってん》＝□所
(4) 方角＝方□
(5) 天然《てんねん》＝□然
(6) 正式《せいしき》＝□式

6 次の言葉の対義語《たいぎご》を書きましょう。

(1) 積極《せっきょく》↔□□
(2) 得手《えて》↔□□
(3) 過去《かこ》↔□□
(4) 勝利《しょうり》↔□□
(5) 天然↔□□
(6) 原因《げんいん》↔□□

資料《しりょう》❶ 国語辞典《こくごじてん》の使《つか》い方

国語辞典《こくごじてん》は、言葉《ことば》を決《き》まった順序《じゅんじょ》にならべ、言葉の意味《いみ》や使《つか》い方、漢字《かんじ》での書き方などを示《しめ》したものです。

1 見出し語（言葉）のならび方

① 見出しの言葉は、ふつう、ひらがなで示してあります。ただし、外国から入ってきた言葉などはかたかなで示されています。

② 見出し語は、**五十音順《じゅん》**（あいうえお順）にならんでいます。

＊第《だい》一音が同じものは第二音の五十音順、第二音も同じものは第三音の五十音順にならべてあります。

例 ねあげ ← ねいろ ← ねうち ← ねえさん ← ネーム

ねうち【値打ち】（名）①値段《ねだん》。あたい。例百《ひゃく》万円《まんえん》の値打ちがある。②価値《かち》。役《やく》に立《た》つ程《てい》度《ど》。例この本《ほん》は、読《よ》む値打ちがある。

ねえさん【〈姉さん〉】（名）①姉《あね》を敬《うやま》ったり、親《した》しみをこめたりして言《い》うことば。②若《わか》い女《おんな》の人《ひと》。対①・②兄《にい》さん。参考「姉《ねえ》さん」は、特別《とくべつ》に認《みと》められた読《よ》み方《かた》。

ネーム〈英語 name〉（名）名前《なまえ》。例ネームプレート〈＝名札《なふだ》〉。

---

③「が・ざ・だ・ば」などの**だく音**は、「か・さ・た・は」などの**清音《せいおん》**のあとにならんでいます。また、**半だく音**の「ぱ・ぴ・ぷ・ぺ・ぽ」は、だく音の「ば・び・ぶ・べ・ぼ」のあとにならんでいます。

例 きん ← ぎん　かき ← かぎ
バス ← パス

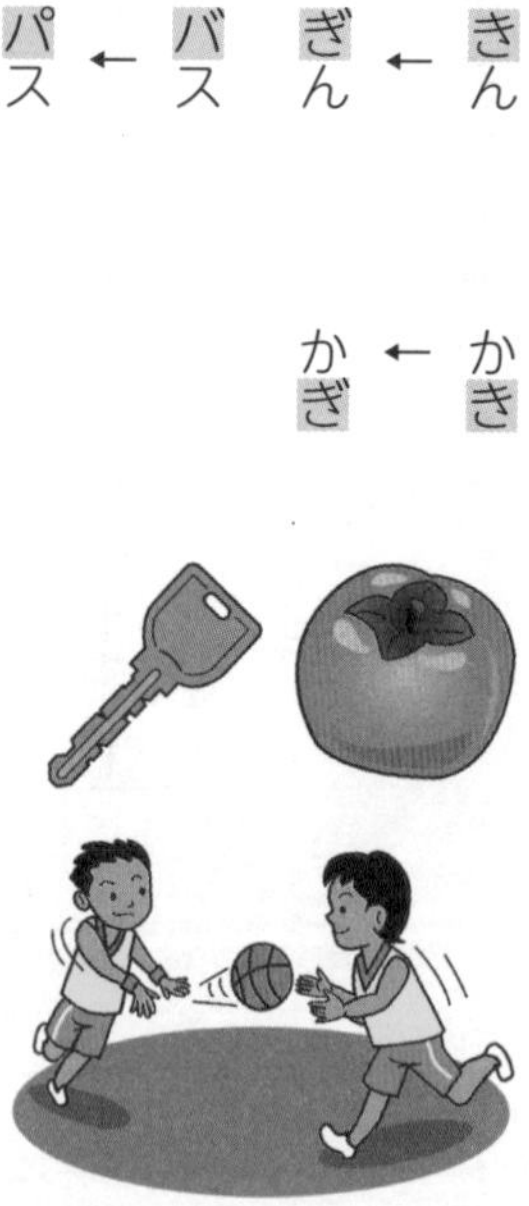

④ **小さく書く「っ・ゃ・ゅ・ょ」**などは、ふつうの大きさの「つ・や・ゆ・よ」などのあとにならんでいます。

例 いしや ← いしゃ　びよういん ← びょういん

⑤「チーズ」「オーケストラ」などのように**長くのばす音**は、それぞれ「ちいず」「おおけすとら」のように、「ー」の部分《ぶぶん》を前の音の母音《ぼいん》（あ・い・う・え・おの音）に置《お》きかえてならんでいます。

例　ちいさな ← チーズ ← ちえ
おおげさ ← オーケストラ ← おか

2 見出し語の形

見出し語は、「ドラマが始《はじ》まった。」の「始まった」のような形ではのっていません。このような形の変《か》わる言葉は、**言い切りの形**で引きます。「始まった」の言い切りの形は「始まる」です。

例《たと》えば、「きれいな」「きれいだった」の言い切りの形は「きれいだ」ですが、見出し語は「きれい」です。

始まらない
始まります
始まった
始まる（言い切り）
始まれ

きれいだろう
きれいだった
きれいだ → きれい
きれいな
きれいなら

＊慣用句《かんようく》などは、もとになる言葉が見出し語になっています。例えば、「足がつく」「足が出る」「足をあらう」などは、「足」のところにまとめてのっています。

3 言葉の意味の選《えら》び方

「かかえる」という言葉を国語辞典で調《しら》べると、だいたい次《つぎ》のように出ています。

かかえる【＊抱える】①両《りょう》うででかこむようにして、むねの前で持《も》つ。例 大きなかばんを抱える。②責任《せきにん》をもってあつかう。例 三人の子どもを抱えて働《はたら》く。③人をやとう。例 運転手《うんてんしゅ》を抱える。

例えば、「わたしは、荷物《にもつ》をかかえて歩き回った。」という文なら、文全体《ぜんたい》の意味から①〜③のどれになるかを考え、①の意味だと判断《はんだん》します。用例《ようれい》がのっているときは、それも参考《さんこう》になります。

また、「ひく」のように、同じ音でも意味がちがう別《べつ》の言葉があるものもあり、別の漢字を使う場合《ばあい》もあります。

ひく【引く】①書く。例 線を引く。②辞書《じしょ》やさく引などを参考にする。例 国語辞典を引く。③へらす。例 十から三を引く。……
ひく【＊弾く】①楽器《がっき》を手などでかなでる。例 ピアノを弾く。……

＊印《しるし》の漢字は、中学校以上で習《なら》う漢字です。

資料《しりょう》② 漢字《かんじ》辞典《じてん》の使《つか》い方

漢字辞典《かんじじてん》は、ある漢字の読み方や意味《いみ》、熟語《じゅくご》などを示《しめ》した辞典です。漢和辞典《かんわじてん》も同じものです。

1 漢字辞典の引き方

① 総画《そうかく》さく引でさがす

漢字の画数《かくすう》を数えて引く方法《ほうほう》です。調《しら》べたい漢字の読み方も部首《ぶしゅ》もわからないときに使います。

総画さく引では、その辞典にのっている漢字を、画数の少ない順《じゅん》にならべてあります。

例「辞」という漢字を調べたいときは、まず「辞」の総画数を数えます(十三画)。次《つぎ》に総画さく引の十三画のところを開《ひら》いて、「辞」がのっているページを見つけて引きます。

画数	部首	漢字	ページ
1画	一	一	1
	乙	乙	40
2画	一	七	10
	一	丁	10
	ノ	乃	38
	乙	九	44
	亅	了	47
	二	二	50
	人	人	57
	入	入	118
	八	八	120
	刀	刀	142
	力	力	162
	十	十	177

<総画さく引>

② 音訓《おんくん》さく引でさがす

調べたい漢字のわかっている音または訓をもとに引く方法です。

音訓さく引での漢字のならび方は、国語辞典の見出し語のならび方と同じで、**五十音順**(あいうえお順)になっています。

見出しは、音はかたかな、訓はひらがなで表記《ひょうき》されています。

例「引」という漢字を調べたいとき、「ひく」という訓読みがわかっていれば、音訓さく引で「ひ」のこうから「ひく」をさがし、「引」ののっているページを見つけます。

見出し	漢字	ページ
あ・ア		
ア	亜	55
	阿	460
あ	吾	220
アイ	哀	226
	挨	528
	愛	491
あいだ	間	1017
あう	会	70
	合	212
	逢	438
	遇	445
	遭	450
あえて	敢	550
あえる	和	224
あおい	青	1034
	蒼	420
あおぎり	梧	622
あおぐ	仰	73
あか	朱	604
	赤	969
	緋	851
あかい	赤	969

<音訓さく引>

漢字の読みがわかっていればこの方法《ほうほう》だよ。

③ 部首さく引でさがす

調べたい漢字のわかっている、へん・つくり・かんむりなどの**部首**から引く方法です。

部首さく引は、ふつう辞典の表紙《ひょうし》の裏側《うらがわ》にあります。まず、調べたい漢字の部首をさがします。部首が見つかったら、そのページを開きます。同じ部首の漢字は、画数の少ない順にならんでいます。部首をのぞいた部分の画数を数え、その画数に当たるところをさがします。

例「部」という漢字を調べるとき、部首がわかっていれば（阝＝おおざと）、部首さく引でそのページを調べ、開きます。「部」の「阝」以外《いがい》の部分の画数は八画なので、そこを調べれば見つかります。

1画		
一	いち	1
丨	ぼう たてぼう	30
丶	てん	34
ノ	の はらいぼう	38
乙	おつ	39
亅	はねぼう	43
2画		
二	に	56
亠	なべぶた けいさんかんむり	60
人	ひと	63
イ	にんべん	63
𠆢	ひとやね	63
儿	ひとあし にんにょう	117
八	はち	124
入	いる	126
冂	どうがまえ けいがまえ まきがまえ	132
冖	わかんむり	137
冫	にすい	138
几	つくえ	142
凵	うけばこ	143
刀	かたな	147
刂	りっとう	147
力	ちから	167
勹	つつみがまえ	178
匕	ひ	180
匚	はこがまえ	181
十	じゅう	183

<部首さく引>

2 漢字辞典のこう目の例《れい》

【首】

〈音読み〉シュ　〈訓読み〉くび

〈部首〉首　〈画数〉９画

〈意味〉

① くび。例 きりんは首が長い。熟語 機首《きしゅ》・船首・首輪《くびわ》・手首

② いちばん上。かしら。熟語 首相《しゅしょう》・首都《しゅと》

③ 初《はじ》め。熟語 首位《しゅい》

④ 白状《はくじょう》する。熟語 自首《じしゅ》

⑤ 短歌《たんか》や漢詩《かんし》を数える言葉《ことば》。熟語 百人一首《ひゃくにんいっしゅ》

〈成《な》り立ち〉

人の「くび」より上をえがいた絵からできた字。人の体のいちばん上にあるかみの毛の生えた頭部《とうぶ》を表《あらわ》している。また、いちばん上にあることから「初め」の意味になった。

＊小学生用の辞典には、**学習《がくしゅう》する学年**がのっているものもあります。

ここからスタート!

第4章 言葉のきまり

学習することがら

人に何かをたずねるときはていねいな言葉づかいをすることが大切よ。
わたしもやってみる！
すみません、トイレはどこにありますか？
ニコッ
あちらでございます。
ていねいにたずねると、相手《あいて》も気分良《よ》く、教えてあげようという気《き》持《も》ちになるわね。
じゃあ…。
店員さま、おトイレはどこにあるのでございますか？
キリッ
？
敬語《けいご》は使《つか》い過《す》ぎてもよくないよ！
え〜？
敬語だけでなく、言葉はきまりを守《まも》って使うことが大事《だいじ》なの。
いろいろな言葉のきまりを学んでいくわよ！
はーい！
あ、そうだ、トイレトイレ！

1 文の組み立て

例題

1 次《つぎ》の〰〰線の部分《ぶぶん》は述語《じゅつご》です。主語《しゅご》をさがして、――線を引きましょう。

(1) 上野《うえの》の　パンダが　ささの葉《は》を　食べている。
(2) 小さな　妹が　はじめて　言葉《ことば》を　話した。
(3) この　本は　旅行《りょこう》に　持《も》って　いくのに　便利《べんり》だ。

2 次の文の主語に――線、述語に〰〰線を引きましょう。

(1) かわいい　子犬が　キャンキャン　ほえる。
(2) ぼくは　自分の　部屋《へや》で、静《しず》かに　本を　読む。
(3) 生まれたばかりの　子ねこが、植木《うえき》の　かげで　弱々しく　鳴いていました。

考え方

1 述語に対応《たいおう》する主語を見つける問題《もんだい》です。(1)は、「食べている」のは何か、(2)は、「話した」のはだれか、(3)は、「便利」なのは何かを考えましょう。
(↓180ページ)

2 主語と述語を見つける問題です。(1)は、「何が」「どうする」、(2)は、「だれが」「どうする」、(3)は、「何が」「どうした」に当たる言葉を見つけましょう。
(↓180ページ)

3 文はまとまった考えや物事《ものごと》を一続《ひとつづ》きの言葉で言い表《あらわ》したもので、どんな文でも、ア～エの形がもとになっています。
(↓179ページ)

4 〰〰線の言葉がどの言葉に係るか、どの言葉の様子《ようす》をくわしく表しているかを考える問題です。(1)・(2)は主語に係

3 次の文の形をあとから選《えら》んで、それぞれ記号《きごう》で答えましょう。

(1) 花がさく。（　　）
(2) 花が美《うつく》しい。（　　）
(3) 犬は動物《どうぶつ》だ。（　　）
(4) 犬が鳴く。（　　）
(5) 本がある。（　　）
(6) 本が重《おも》い。（　　）

ア 何が(は) 何だ。
イ 何が(は) どうする。
ウ 何が(は) どんなだ。
エ 何が(は) ある(いる)。

4 次の〰〰線の言葉《ことば》が係《かか》っている言葉に、――線を引きましょう。

(1) 春の あたたかい 風が、さっと ふきこむ。
(2) 細《こま》かい 手の こんだ ししゅうが、みごとです。
(3) ねこが ゆうゆうと 目の前を 横《よこ》切《ぎ》った。
(4) 強い 風が、いきなり ぼくの ぼうしを さらった。

5 次の〰〰線の言葉を修飾《しゅうしょく》している言葉に、――線を引きましょう。

(1) みどりの 木《き》の芽《め》が、すくすく のびた。
(2) みんなは、けわしい 山道を あえぎあえぎ のぼった。
(3) 花が ちらほらと さきはじめました。
(4) 昨日《きのう》、はげしい 雨が 長時間 ふりました。

る言葉、(3)・(4)は述語に係る言葉です。文のもとになる形を考えましょう。

(➡183ページ)

5 「どんな」「どのように」と、〰〰線の言葉をくわしくする言葉を考えます。

(➡183ページ)

答え

1 (1)パンダが　(2)妹が　(3)本は
2 (1)子犬が　ほえる　(2)ぼくは　読む　(3)子ねこが　鳴いていました
3 (1)イ　(2)ウ　(3)ア　(4)イ　(5)エ　(6)ウ
4 (1)風が　(2)ししゅうが　(3)横切った　(4)さらった
5 (1)すくすく　(2)けわしい　(3)ちらほらと　(4)はげしい

くわしい学習

1 文の種類《しゅるい》

「文」は、ある事《こと》がらや考えなどを一つのまとまりとして表《あらわ》したもので、ふつうは句点《くてん》(。)で区切《くぎ》られます。文にはいろいろな種類があります。

1 意味《いみ》からみた文の種類

①ふつうの文…ふつうの言い切りの形で終《お》わる文。

例 兄は高校生だ。(断定《だんてい》)
明日《あす》も晴れだろう。(おしはかる)
ぼくは教師《きょうし》になりたい。(希望《きぼう》)
最後《さいご》までやりぬくぞ。(決意《けつい》)

②たずねる文…わからないこ

練習問題

答え▼365ページ

1 次《つぎ》の〰〰線の部分《ぶぶん》は述語《じゅつご》です。主語《しゅご》をさがして、——を引きましょう。

(1) 二人は、さっそく、サンドイッチを いただきました。
(2) 国語辞典《じてん》は、言葉《ことば》の 意味《いみ》を 調《しら》べるのに とても 役立《やくだ》ちます。
(3) ひょっこり 草の中から 子ねこが 顔を 出しました。
(4) 晴《は》れた 青い 空を、大きな わしが ゆうゆうと 飛《と》んでいる。
(5) 今日《きょう》は 家に 帰るので、わたしは、どんな おみやげを 買おうかなと 思いました。

2 次の文の主語と述語に当たる部分はどれですか。主語は上に、述語は下に、それぞれ記号《きごう》で答えましょう。

(1) ア真《ま》っ赤《か》な イばらの ウ花が エ庭《にわ》に オいっぱい カさきました。
(2) アいなかの イ祖父《そふ》は ウたいへん エ変《か》わり者《もの》だ。
(3) アぼくの イ姉は ウきれいな エ英語《えいご》を オぺらぺらと カ話す。
(4) アこれは イ今朝《けさ》 ウとどいた エ新聞《しんぶん》です。

とを人に聞く文。ふつうは終《お》わりに「か」がつく。

例 これは、だれの本ですか。

③命令《めいれい》を表す文…命令したり禁止《きんし》したりするときに使う文。禁止のときは、**終わりに「な」がつく**ことが多い。

例 前へ進《すす》め。
ここでは話をするな。

④感動《かんどう》を表す文…心に強く感じたことを表す文。ふつう**文の初《はじ》めに、「ああ」「まあ」などがつく**。

例 ああ、うれしい。
おお、寒《さむ》い。

② 形からみた文の種類

①基本《きほん》の形の文

・何が(は) どうする。

例 みゆきさんが 笑《わら》った。

(5) ア わたしは イ 九州《きゅうしゅう》から ウ 飛行機《ひこうき》で エ やってくる オ 祖母《そぼ》を カ 空港《くうこう》まで キ むかえに ク 行った。

(1)（　・　）　(2)（　・　）　(3)（　・　）
(4)（　・　）　(5)（　・　）

3 次の文の形をあとから選《えら》んで、記号で答えましょう。

(1) わたしたちは 四年生です。（　）
(2) ここに かわいい ねこが いる。（　）
(3) 子犬が ほえる。（　）
(4) パンジーの 花が 美《うつく》しい。（　）
(5) ぼくが ピッチャーだ。（　）
(6) 富士山《ふじさん》は 日本一 高い。（　）
(7) 兄は 沖縄《おきなわ》に 旅行《りょこう》する。（　）
(8) わたしの 家には 車が ない。（　）

ア 何が(は) どうする。
イ 何が(は) どんなだ。
ウ 何が(は) 何だ。
エ 何が(は) ある(いる・ない)。

・何が(は) どんなだ。

例 みゆきさんは やさしい。

・何が(は) 何だ。

例 みゆきさんは 四年生だ。

・何が(は) ある(いる・ない)。

例 みゆきさんが いる。

右の「何が(は)」に当たる部分《ぶぶん》を主語《しゅご》といい、「どうする・どんなだ・何だ・ある(いる・ない)」に当たる部分を述語《じゅつご》といいます。主語の「〜が(は)」の部分は、「〜も・〜だけ・〜こそ」などの場合もあります。

例 ぼくも カレーが好《す》きだ。
ゆう子さんだけ 欠席《けっせき》だ。

②主語や述語などを省《はぶ》いた文

例 「(きみは)何年生ですか。」（主語）
「(わたしは)三年生です。」（主語）

力をつける問題

答え▼366ページ

1 次《つぎ》の文の中から主語と述語をさがして、主語には——、述語には〰〰を引きましょう。

(1) 弟は、ゆっくりと おもちゃを かたづけた。

(2) こわそうな 犬が、何びきも います。

(3) 子どもが、ガラッと 戸を 開《あ》けました。

(4) 体の 小さな 女の子が 先頭を 走っている。

(5) きみの 係《かかり》の 仕事《しごと》は、とても 大事《だいじ》だよ。

2 次の文の(　)に、省かれている主語を書きましょう。

(1) 「あなたは、どこへ行く予定《よてい》ですか。」
「(　　)、北海道《ほっかいどう》へ行きます。」

(2) 「山田《やまだ》先生は何組の先生ですか。」
「(　　)、四年三組の先生です。」

(3) 「わたしの席《せき》はどこですか。」
「(　　)、まどぎわの前から二番目です。」

「(まさし君《くん》は)［主語］いくつ(ですか)。」
「(ぼくは)［主語］九才です。」
※この会話では、(　)内の言葉《ことば》を省いても意味《いみ》はわかります。

③主語と述語が入れかわっている文

とう置《ち》の文といい、ふつう意味を強《つよ》めるときに使《つか》います。

例「大きいねえ、［述語］ゆうた君は。［主語］」
※「大きい」ことが強調《きょうちょう》されます。

3 組み立てからみた文の種類《しゅるい》 発てん

①簡単《かんたん》な文(単文《たんぶん》)…主語と述語の関係《かんけい》が一回だけある。

3 次の〰〰の言葉《ことば》が係《かか》っている言葉を選《えら》んで、記号《きごう》に○をつけましょう。

(1) 白い　ア大きな　イ建物《たてもの》が　ウ見える。
(2) 新しい　ア便利《べんり》な　イ道路《どうろ》を　ウ通って　エ学校に　オ通う。
(3) ア兄が　そう眼鏡《がんきょう》で　イめずらしい　ウ鳥の　エ様子《ようす》を　オ観察《かんさつ》している。
(4) 昨日《きのう》、アわたしと　イ姉は　ウ町の　エ祭《まつ》り見物《けんぶつ》に　オ行きました。
(5) さわやかな　アある日、イぼくは　ウ裏《うら》山の　エ散歩《さんぽ》に　オ出かけた。
(6) ア一人の　イ若《わか》い　ウ男が　エ町はずれの　道を　オとぼとぼと　カ歩いていた。

4 次の〰〰の言葉が係っている言葉に、——を引きましょう。

(1) すずむしが　リーンリーンと　すずしげに　鳴いている。
(2) 祖父《そふ》の　手は　ごつごつした　人きな　手だ。
(3) 庭《にわ》の　きんもくせいが　よく　におう。
(4) あの　白い　屋根《やね》が　ぼくの　家です。
(5) 来月の　十日は　妹の　五才の　たん生日だ。
(6) 母と　二人で　町の　デパートの　セールに　出かけた。

例 鳥が（主語《しゅご》） 鳴く。（述語《じゅつご》）
花が（主語） きれいに さいた。（述語）

②文と文が重《かさ》なった文（重文《じゅうぶん》）
…主語と述語の関係《かんけい》が二回以上《いじょう》ならんである。

例 山は（主語） 高く、（述語） 海は（主語） 深《ふか》い。（述語）
花が（主語） さき、（述語） 鳥が（主語） 歌う。（述語）

③文と文が入りくんだ文（複文《ふくぶん》）
…主語と述語の関係の中に、もう一つの主語と述語の関係がある。

わたしは、（主語） 母が（主語） 来るのを（述語） 待《ま》っている。（述語）

力をのばす問題①

答え▼366ページ

1 次《つぎ》の――の言葉がくわしくしている言葉を書きましょう。

(1) 少女は、やさしく ほほえんで 言葉を 続《つづ》けました。（　　）
(2) 多くの 見物人《けんぶつにん》が、あちこちから 来るように なりました。（　　）
(3) 昨日《きのう》、ダリアの 花が はじめて さいた。（　　）
(4) ヒョウは、夜 木の 上で ねむる。（　　）
(5) 姉は とても 早く 学校から 帰ってきた。（　　）

2 次の〰〰の言葉が係っている言葉を選《えら》んで、記号《きごう》に○をつけましょう。

(1) 細い（ア） 糸のような 雨が（イ） しとしとと（ウ） ふっています。（エ）
(2) 遠くから たいこの（ア） 音が（イ） 聞こえてきます。（ウ）
(3) お母さんに（ア） だかれた（イ） 赤ちゃんが（ウ） にこにこと わらっています。（エ）
(4) 父は（ア） とても かわいい（イ） ねこを（ウ） 二ひき（エ） もらってきた。（オ）

2 係《かか》り受《う》けの関係《かんけい》

1 修飾語《しゅうしょくご》とは

どんな　　どのように
梅《うめ》の　花が　静《しず》かに　ゆれる。

「梅の」は、主語《しゅご》の「花が」がどんな花かをくわしく説明《せつめい》しています。また、「静かに」は、述語《じゅつご》の「ゆれる」がどのようにゆれるかを説明しています。このような**「どんな」「どのように」**などに当たる言葉《ことば》を修飾語といいます。

2 「係る」と「受ける」

前の文を、次のような図表《ずひょう》（文図《ぶんず》）に書いてみると、文の組み立てがはっきりします。

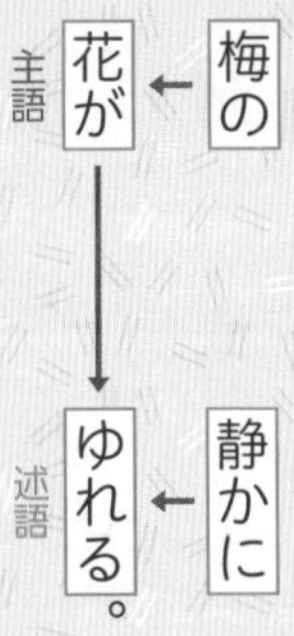

梅の → 花が（主語）
↓
静かに → ゆれる。（述語）

3 次の(例《れい》)にならって、□に言葉を入れて文図を完成《かんせい》させましょう。

□→□は、主語と述語の関係になります。

(例) 細かい　雨が　しとしとと　ふっています。

細かい → 雨が
↓
しとしと → ふっています。

(1) ぼくたちの　教室《きょうしつ》は　とても　明るい。

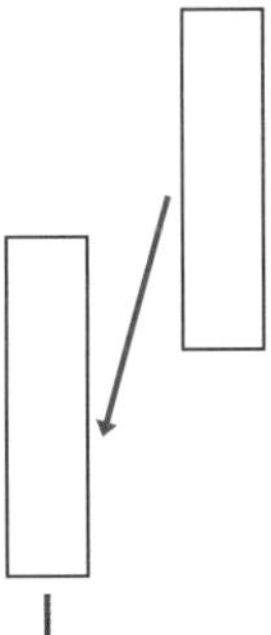

(2) 赤い　大きな　こいが、庭《にわ》の　池を　ゆったりと　泳《およ》いでいます。

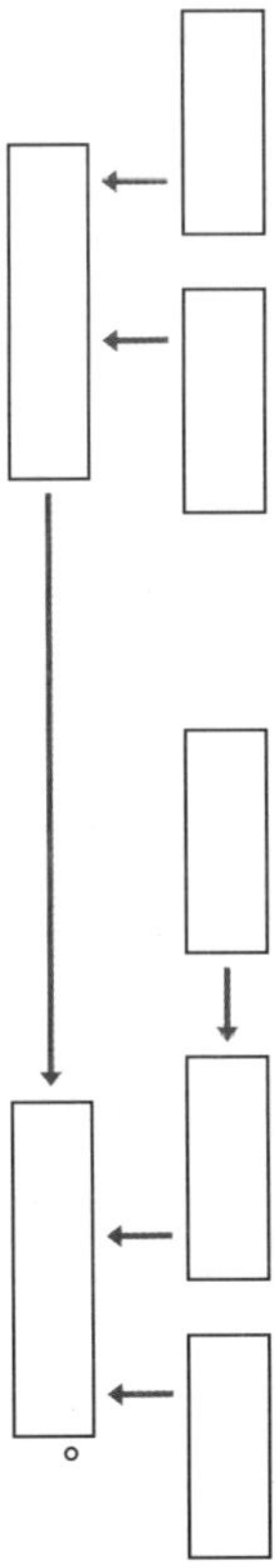

(3) 姉が　わたしに　花からの　ハンカチを　くれました。

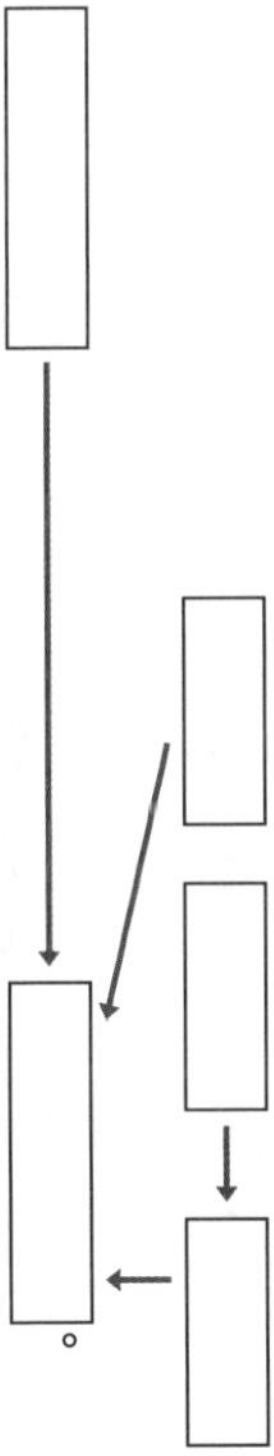

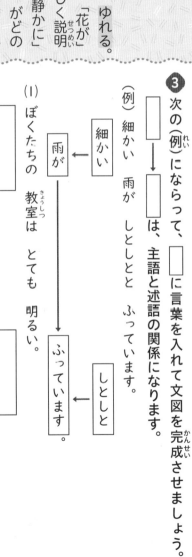

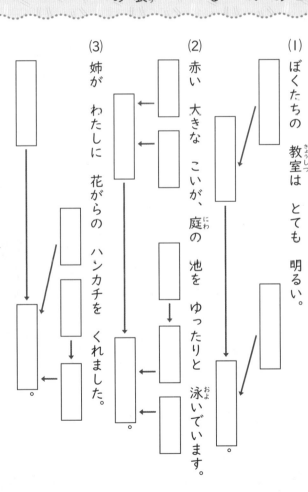

このとき、「梅《うめ》の」は「花が」に係《かか》るといい、「花が」は「梅の」を受《う》けるといいます。

・雨がしみる。

主語 雨が → 述語 しみる。

主語《しゅご》と述語《じゅつご》だけでは、様子《ようす》がはっきりしません。

・冷《つめ》たい雨が土にしみる。

冷たい → 主語 雨が → 述語 しみる。 ← 土に

雨の様子がよくわかります。

・選手《せんしゅ》たちは、いっせいに、勢《いきお》いよく走り出す。

主語 選手たちは → 述語 走り出す。 ← いっせいに ← 勢いよく

力をのばす問題 2

答え▼366ページ

1 次《つぎ》の――の言葉《ことば》が係っている言葉を書きましょう。

(1) 父は　かすかに　ほほえみました。（　　　）
(2) なかなか　思いどおりには　いかない。（　　　）
(3) 先生は、たぶん　あした　来られるでしょう。（　　　）
(4) その時の　お母さんの　顔は　真《ま》っ青《さお》でした。（　　　）
(5) わらいながら、はるおさんは　うなずいた。（　　　）
(6) あの　人は　どなたですか。（　　　）
(7) 下の　妹も　よろこんで　いっしょに　遊《あそ》びました。（　　　）
(8) 今から　二百年ほど前、京都《きょうと》に、円山応挙《まるやまおうきょ》という　すぐれた　絵かきが　住《す》んでいました。（　　　）
(9) つまらないことで　山内君《やまうちくん》と　取《と》っ組《く》み合いの　けんかを　したことを、父は　母から　聞いて　知っていた。（　　　）
(10) 夕方に　なると、北西の　空に　もくもくと　入道雲が　わき上がりました。（　　　）

2 次の□に言葉を入れて、文図《ぶんず》を作りましょう。□→□は、主語と述語の関係《かんけい》になります。

一つの述語に、二つの修飾《しゅうしょく》語《ご》がついて、述語をさらにくわしくしています。

・赤い大きな花が、庭《にわ》の花だんにさいた。

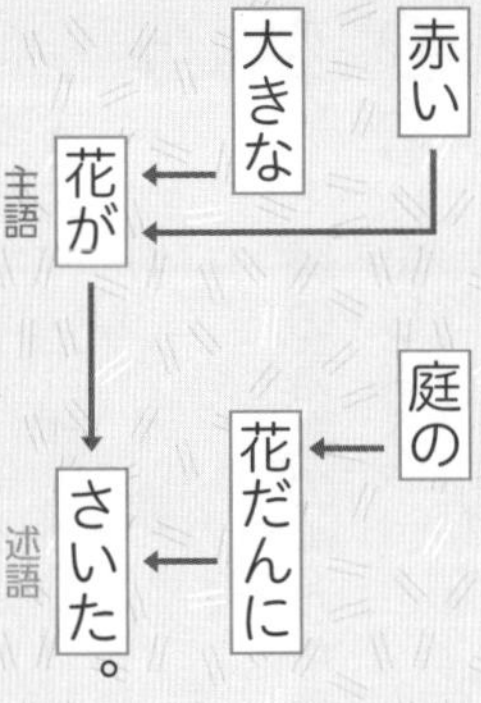

「赤い」も「大きな」も「花が」に係っています。また、「庭の」は「花だんに」に係り、「庭の花だんに」は「さいた」に係っています。

(1) わたしたちのチームは、全勝《ぜんしょう》で優勝《ゆうしょう》した。

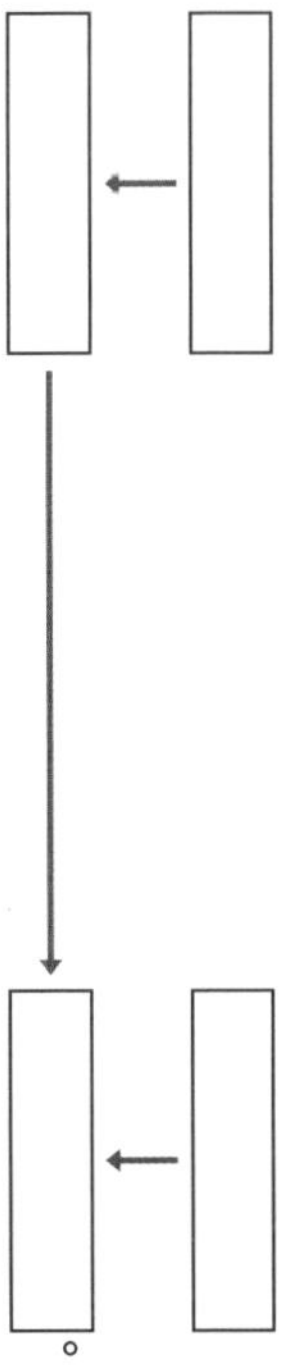

(2) 青い静《しず》かな海が、どこまでも美《うつく》しく広がっていた。

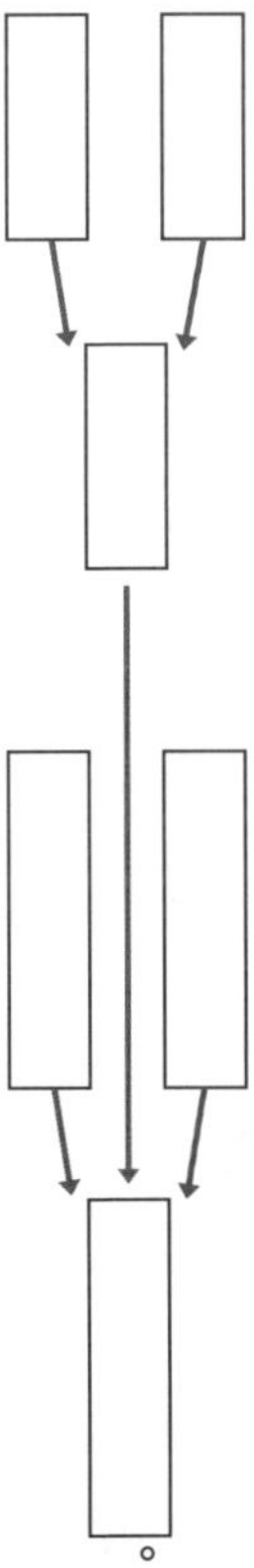

(3) 父の買ってくれた本はとてもおもしろい。

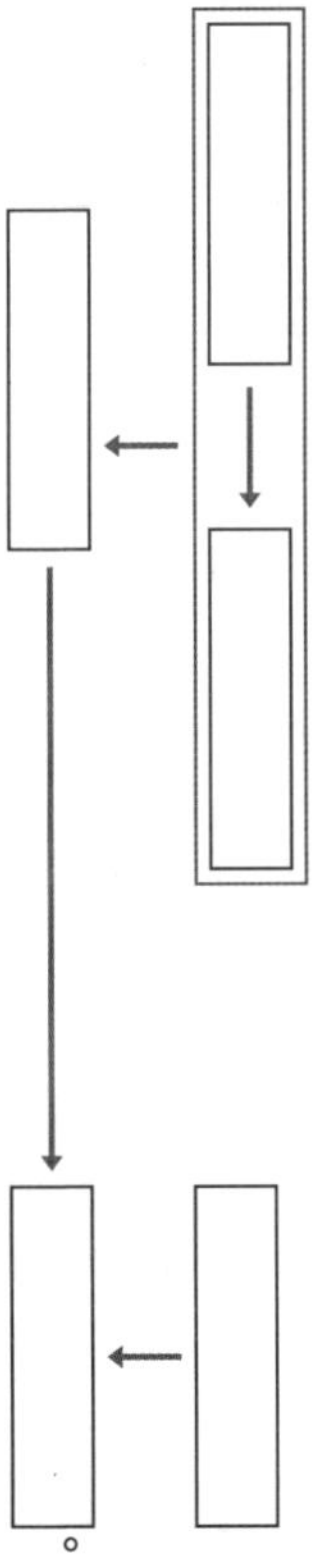

(4) 春が来ると、弟が入学する。

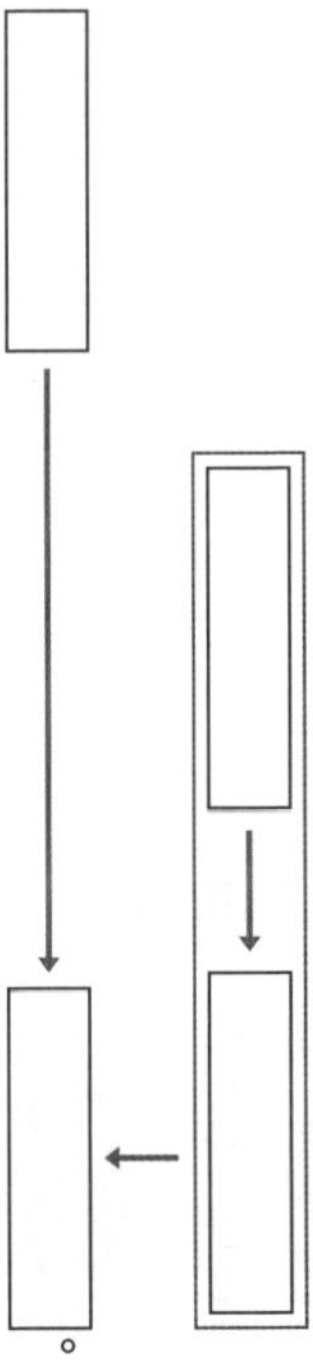

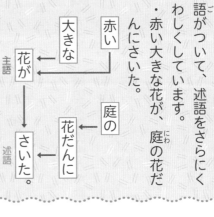

② 言葉《ことば》の種類《しゅるい》とはたらき

例題

1 次《つぎ》の中から名前を表《あらわ》す言葉《ことば》(名詞《めいし》)を選《えら》んで、記号《きごう》に○をつけましょう。

(1) ア 歩く　イ 美《うつく》しい　ウ 道　エ ゆっくり

(2) ア やあ　イ しかし　ウ 大きい　エ 北海道《ほっかいどう》

(3) ア きみ　イ 食べる　ウ まったく　エ そして

(4) ア とても　イ 寒《さむ》い　ウ えっ　エ 百円

2 次の——線の言葉の中から動《うご》きを表す言葉(動詞《どうし》)を選んで、記号に○をつけましょう。

(1) ア小学生の男の子が、イ高い　ウ声で歌を　エ歌う。

(2) アむこうで　イ泳《およ》いでいるのは　ウわたしの弟　エです。

(3) ア箱《はこ》の中には、イきれいな石が　ウ三つ　エある。

(4) 水を　アあまり　イたくさん　ウ流《なが》しては　エだめだよ。

考え方

1 名前を表す言葉(名詞)を見つける問題《もんだい》です。名詞には、**人名や地名**などを表すものや、**数や量《りょう》**を表すもの、**人や物《もの》**事《ごと》を指《さ》し示《しめ》して表すものなどがあります。形が変《か》わる言葉やくわしく説明《せつめい》する言葉と区別《くべつ》しましょう。

(188ページ)

2 動きを表す言葉(動詞)を見つける問題です。性質《せいしつ》や様子《ようす》を表す言葉(形容《けいよう》詞《し》・形容動詞《けいようどうし》)としっかり区別しましょう。

(189ページ)

3 つなぎ言葉(接続詞《せつぞくし》)の問題です。前後の事がらの内容《ないよう》をおさえて選びましょう。

(192ページ)

3 次の（　）に入る言葉をあとから選んで、記号で答えましょう。

(1) 青木《あおき》さんはマラソンが得意《とくい》なので、ほかの選手《せんしゅ》たちをぐんぐんひきはなしました。（　　）、急《きゅう》に青木さんの足が止まりました。

(2) 母は主婦《しゅふ》であり、（　　）、看護師《かんごし》でもある。

(3) コーヒーにしますか。（　　）、紅茶《こうちゃ》にしますか。

(4) 今日《きょう》も暑《あつ》い。（　　）、プールに行くことにした。

ア また　イ それとも　ウ ところが　エ だから

4 次の□にひらがなを一字ずつ入れて、正しい文にしましょう。

(1) たとえ雨がふっ□□、明日《あす》は必《かなら》ず行きましょう。

(2) 決《けっ》して行か□□と、約束《やくそく》できますか。

(3) 先生は、たぶん明日から来られるで□□□。

(4) もし雨がふっ□□、明日の遠足は延期《えんき》にします。

5 次の□にひらがなを一字ずつ入れて、正しい文にしましょう。

(1) 来週の花火大会には、みんないっしょに行こ□よ。

(2) 父がすすめてくれた本を読み□□です。

(3) 昨日《きのう》、さいふをなくして、母にしか□□た。

4 くわしく説明する言葉（副詞《ふくし》）の中で、**特別《とくべつ》な約束《やくそく》のある副詞**の問題です。上にある**「たとえ」「決して」「たぶん」「もし」**に注目《ちゅうもく》して答えましょう。（192ページ）

5 **意味をそえる言葉（助動詞《じょどうし》）**の問題です。上と下の言葉とのつながりと文字数に注意《ちゅうい》して答えましょう。（194ページ）

答え

1 (1)ウ (2)エ (3)ア (4)エ

2 (1)エ (2)イ (3)エ (4)ウ

3 (1)ウ (2)ア (3)イ (4)エ

4 (1)ても (2)ない (3)しょう (4)たら

5 (1)う (2)たい (3)られ

くわしい学習

1 言葉《ことば》の種類《しゅるい》とはたらき

言葉は、意味《いみ》やはたらきによって次《つぎ》のように分けられます。

❶ 名前を表《あらわ》す言葉（名詞《めいし》）

物事《ものごと》の名前を表す言葉を名詞といいます。

①普通《ふつう》名詞…一ぱん的《てき》なものの名前を表す。

例 花・山・つくえ・動物《どうぶつ》・歌

②固有《こゆう》名詞…人名・地名・書名など、一つしかないものの名前を表す。

例 日本・富士山《ふじさん》・ピカソ

③数詞《すうし》…数や量《りょう》、順序《じゅんじょ》などを表す。

例 千円・二番・第三章《しょう》

練習問題

1 次の――線の言葉の種類をあとから選《えら》んで、記号《きごう》で答えましょう。

答え▼367ページ

(1) あたたかな日が続いている。 （　）

(2) おいしい水を飲《の》む。 （　）

(3) 今日《きょう》は八月の第《だい》三水曜日だ。 （　）

(4) 山下君《やましたくん》はやさしい人だ。 （　）

(5) カレンダーで予定《よてい》をたしかめる。 （　）

ア 物事の名前を表す言葉

イ 「どうする」という動《うご》きを表す言葉

ウ 性質《せいしつ》や様子《ようす》を表し、言い切りの形が「い」の言葉

エ 性質や様子を表し、言い切りの形が「だ」の言葉

2 次の――線の言葉の中から、性質や様子を表す言葉（形容詞）を選んで、記号に○をつけましょう。

(1) ア楽しい　夏休みが　イ終《お》わると、二学期《がっき》が　ウ始《はじ》まる。

(2) ア花だんには、イ美《うつく》しい　花が　ウたくさん　さいています。

(3) アみごとな　作品《さくひん》を　イ見て、ウ強く　心を　エ打《う》たれました。

④代名詞《だいめいし》…人や物事を指《さ》ししめして表す。

例 ぼく・きみ・かれ・これ

② 形を変《か》える言葉（動詞《どうし》・形容《けいよう》詞《し》・形容動詞）

①動詞…「どうする」に当たる、**動《うご》きを表す言葉**。言い切りの形が、書く（ku）など、**ウ段《だん》音**で終《お》わります。

例 書く・見る・走る・考える

動詞は、次《つぎ》に続《つづ》く言葉によって形が変わります。

例 書かない・書きます・書く（言い切り）・書けば・書け・書こう

漢字《かんじ》と送《おく》りがなで表す場合は、**形が変わる□のところから送りがなをつけます。**

3 次の文の（　）に入る言葉をあとから選んで、記号で答えましょう。

(1) 明日《あす》はピクニックです。（　）、おやつを買いに行きました。

(2) 雨がふってきました。（　）、かさをささないで歩きました。

(3) 雨が上がりました。（　）、遊《あそ》びに行きましょう。

ア および　イ それで　ウ けれど　エ では

4 次の（　）に入るおどろきを表す言葉（感動詞《かんどうし》）をあとから選んで、記号で答えましょう。

(1) 「（　）、おどろいた。びっくりさせないで。」

(2) 「（　）、ここにあったわたしのかばん知らない。」

(3) 「これはあなたの本ですか。」「（　）、そうです。」

(4) 「あなたは山中《やまなか》さんですか。」「（　）、ちがいます。」

ア はい　イ ああ　ウ ねえ　エ いいえ

5 次の□にひらがなを一字ずつ入れて、正しい文にしましょう。

(1) 寒《さむ》くなってきた□□、まどをしめましょう。

(2) 毎日使《つか》っている□、いたみもはげしいのだろう。

(3) はるみさんに聞け□、そのことを知っているかもしれない。

(4) 雨はあがった□、日は出ていない。

・**自動詞《じどうし》と他《た》動詞** 発てん

…「～が」などに続《つづ》いて、主《しゅ》語《ご》の動作《どうさ》や作用を表《あらわ》すものが自動詞。「～を」などに続いて、主語以外《いがい》のものにおよぼす動作や作用を表すものが他動詞。

例 水が流《なが》れる（自動詞）
水を流す（他動詞）

② **形容詞《けいようし》**…「どんなだ」に当たる、**性質《せいしつ》や様子《ようす》を表す言葉《ことば》**。言い切りの形が、「**い**」で終《お》わります。

例 高い・美《うつく》しい・かしこい

形容詞は、次《つぎ》に続く言葉によって形が変《か》わります。

例 高かろう・高かった・高くて・高い（言い切り）・高いとき・高ければ

力をつける問題 1

答え▼367ページ

1 次の中から種類や性質のちがう言葉を一つ選《えら》んで、記号《きごう》に○をつけましょう。

(1) ア あぶない　イ きれいだ　ウ 小さい　エ よい
(2) ア わたし　イ あなた　ウ ひと　エ かれ
(3) ア 東京《とうきょう》　イ 都市《とし》　ウ 自然《しぜん》　エ 住所《じゅうしょ》
(4) ア 集《あつ》まる　イ 起《お》こる　ウ とどく　エ 進《すす》める
(5) ア 一男《かずお》　イ 二台　ウ 三人　エ 四番

2 次の□にひらがなを一字ずつ入れて、正しい文にしましょう。

(1) きれい□花がさいています。
(2) そうじをしたら、部屋《へや》はすっかりきれい□なった。
(3) りえさんの書く字がいちばんきれい□。
(4) さくらの季節《きせつ》には、ここはきれい□□うね。
(5) あのビルも建《た》ったばかりのときはきれい□□たよ。

③形容動詞…「どんなだ」に当たる、**性質や様子を表す言葉**。言い切りの形が**「だ」**で終わります。

例 静《しず》かだろう・静かだった・静かでない・静かになる・静かだ（言い切り）・静かなとき・静かならば

3 くわしく説明《せつめい》する言葉（副《ふく》詞《し》） 発てん

続く言葉に係《かか》り、意味《いみ》をくわしくする言葉で、次の種類《しゅるい》に分けられます。

①様子を表す副詞

例 妹がすやすやねている。
いきなり席《せき》を立ち上がる。

②程度《ていど》を表す副詞

例 今朝《けさ》はたいへんすずしい。
ここは、ずいぶん静かだ。

3 次の（　）に入る言葉をあとから選んで、記号で答えましょう。

(1)（　）ゆっくり休んでください。
(2)（　）そんなことをするのですか。
(3)（　）矢野《やの》さんは来ないだろう。
(4)（　）りんごのようなほっぺだ。
(5)（　）合格《ごうかく》したら、遊園地《ゆうえんち》に行く約束《やくそく》だ。

ア まるで　イ どうか　ウ もし　エ たぶん　オ なぜ

4 次の——線の言葉の中から意味をそえる言葉（助詞《じょし》）を選んで、記号に○をつけましょう。

(1) 海アが イ見える家に ウ住《す》んで エいる。
(2) アこれが妹 イの ウかいた エ絵です。
(3) ぼくは弟 アと イいっしょに ウ図書館《としょかん》に エ行った。
(4) 雨は アふってい イない ウが、風が エ強い。
(5) ア遊《あそ》んでばかり イいないで ウ勉強《べんきょう》 エも しよう。
(6) 台風の アときは イ川に ウ近づく エな。

③ **特別《とくべつ》な約束《やくそく》のある副詞《ふくし》**

例 川には決《けっ》して行かない。
まるでゆめのようだ。
どうかゆるしてください。
もし雨がふったら中止だ。

④ **おどろきを表《あらわ》す言葉《ことば》(感動《かんどう》詞《し》)** 発てん

心に強く感じたり、よびかけたりするときの言葉で、ふつう文の最初《さいしょ》にきます。

例 ああ、たいへんだ。
まあ、かわいい。
さあ、出発《しゅっぱつ》しよう。
はい、わたしが山本《やまもと》です。

⑤ **つなぎ言葉(接続詞《せつぞくし》)** 発てん

文や言葉をつなぐはたらきをする言葉で、次の六種類《しゅるい》に分けられます。

力をつける問題 2

答え▼367ページ

1 (例《れい》)にならって、次《つぎ》の(　)に入る言葉を書きましょう。

(例) 火が消《き》える。―― 火を(消す)。
(1) 荷物《にもつ》がとどく。―― 荷物を(　　)。
(2) 服装《ふくそう》で気分が(　　)。―― 服装で気分を変《か》える。
(3) 八時に店がしまる。―― 八時に店を(　　)。
(4) 子犬が育《そだ》つ。―― 子犬を(　　)。
(5) うわさが(　　)。―― うわさを広める。
(6) テレビが(　　)。―― テレビを直す。

2 次の――線と～～線の言葉に注意《ちゅうい》して、上下の言葉を線でつなぎましょう。

(1) 父は決して ・　　・ア おこるだろう。
(2) 母はおそらく ・　　・イ わかってくれないのか。
(3) ぼくはまったく ・　　・ウ 知らなかった。
(4) 弟はまるで ・　　・エ ゆるしてくれない。
(5) きみはどうして ・　　・オ 王子様《さま》のようだ。

①前の事《こと》がらが、後の事がらの原因《げんいん》になる。
例 だから・すると・したがって
・朝から雨だ。だから、運動《うんどう》会《かい》は延期《えんき》だ。

②前の事がらとは逆《ぎゃく》の事がらが後にくる。
例 しかし・ところが・でも
・簡単《かんたん》だと思っていた。しかし、意外《いがい》と難《むずか》しかった。

③前の事がらにつけ加《くわ》える。
例 また・そして・しかも
・夏休みに海に行った。そして、波乗《なみの》りをして遊《あそ》んだ。

④前の事がらとくらべたり、どちらかを選《えら》んだりする。
例 または・あるいは・それとも
・右へ行こうか。それとも、左へ行こうか。

3 次のようなとき、話のはじめにどんな言葉を使《つか》いますか。あとから選んで、記号《きごう》で答えましょう。

(1) 前のことと逆のことを言うとき。（　　）
(2) 話題《わだい》を変えるとき。（　　）
(3) まとめて言うとき。（　　）
(4) 理由《りゆう》を説明《せつめい》するとき。（　　）

ア つまり　イ ところで　ウ あるいは
エ なぜなら　オ そして　カ でも

4 次の——線の言葉の中からくわしく説明する言葉（副詞）を選んで、記号に○をつけましょう。

(1) アきれいな　花に、イそっと　ウさわってみた。
(2) アそよそよと　イあたたかい　風が　ふいて、ウ気持《きも》ちが　よかった。
(3) ア広い　牧場《ぼくじょう》では、大きな　牛たちが　イゆっくり　ウ歩いていた。
(4) ア変《へん》な　声を　出して　イふざけていたら、お母さんに　ウじろりと　にらまれた。

⑤前の事《こと》がらをまとめたり、補《おぎな》ったりする。

例　つまり・なぜなら・ただし

・ゆみさんは、おばのむすめです。つまり、いとこです。

⑥前の事がらから話題《わだい》を変《か》える。

例　ところで・さて・では

・いい天気ですね。ところでお父さんはお元気ですか。

6 意味《いみ》をそえる言葉《ことば》（助詞《じょし》・助動詞《じょどうし》）

①助詞…ほかの言葉について、言葉と言葉の関係《かんけい》を示《しめ》したり、意味をつけ加《くわ》えたりします。

例　ぼくは行く　→人がどうしようと、ぼくは行く。

ぼくが行く　→人が行かないなら、ぼくが行く。

力をのばす問題 1

答え▼367ページ

1 次《つぎ》の――線の名詞の種類《しゅるい》をあとから選《えら》んで、記号《きごう》で答えましょう。

①わたしは、②十時に発車《はっしゃ》する③名古屋《なごや》行きの新幹線《しんかんせん》に乗《の》った。④一人の⑤旅《りょ》行《こう》は初《はじ》めてだったので、⑥母はとても心配《しんぱい》していた。

①（　　）②（　　）③（　　）④（　　）

⑤（　　）⑥（　　）

ア　普通《ふつう》名詞　イ　固有《こゆう》名詞　ウ　数詞《すうし》　エ　代《だい》名詞

2 「あぶない」という形容詞《けいようし》を、次の（　）に合う形に変《か》えて書きましょう。

(1)　こちらの道を行けば（　　　　）ないよ。

(2)（　　　　）たが、なんとか助《たす》かった。

(3)（　　　　）遊《あそ》びはやめなさい。

(4)　あの道が（　　　　）ば、もどっておいで。

(5)　台風が近づいているから、海は（　　　　）。

3 次の（　）に入る言葉をあとから選んで、記号で答えましょう。

(1)　春が来た。（　　　　）、あたたかい。

(2)　春が来た。（　　　　）、まだ寒い。

ぼくも行く　↓人が行くなら、ぼくも行く。

①複数《ふくすう》の意味をもつ助詞があります。

例	例文《れいぶん》	意味
の	・雨のふる夜。	主語《しゅご》
	・月の光。	修飾語《しゅうしょくご》
	・この本はだれのかな。	名詞（本）に代《か》わる
に	・京都《きょうと》に住《す》む。	場所《ばしょ》
	・九時にねる。	時間
	・見学に行く。	目的《もくてき》
	・父にもらう。	相手《あいて》
	・失敗《しっぱい》に終《お》わる。	結果《けっか》

②言葉と言葉をつなぐはたらきをする助詞があり、ふつう、後に「、」がつきます。

例 春になると、梅《うめ》がさく。
春になったが、はだ寒《ざむ》い。

(3) 雨がふってきた。（　　）、風もふいてきた。

(4) 手紙（　　）メールでご返事《へんじ》します。

(5) 母の兄、（　　）ぼくのおじさんが来ている。

ア すなわち　イ だから　ウ けれども　エ または　オ それに

4 次の――線の言葉と意味が同じものを選んで、記号に○をつけましょう。

(1) 成績《せいせき》が悪《わる》いと、父にしかられる。
ア 先生が黒板《こくばん》に問題《もんだい》を書かれる。
イ 弟に先をこされる。

(2) 明日《あす》は雪がふるそうだ。
ア 父は昔《むかし》、外国に住んでいたそうだ。
イ この空では、かみなりが鳴りそうだ。

(3) まだ雨はふるまい。
ア あぶないところには二度《ど》と行くまい。
イ 明日の雪は大したことはあるまい。

(4) 雨はやんだようだ。
ア この絵はまるで写真《しゃしん》のようだ。
イ もう家に帰ったようだ。

③文の終《お》わりにつく助詞《じょし》は、話す人の気持《きも》ちを表《あらわ》します。

例 悪口《わるぐち》を言うな。（禁止《きんし》）
がんばろうよ。（よびかけ）
なぜ来たの。（疑問《ぎもん》）
だれのですか。（疑問）

②助動詞《じょどうし》…ほかの言葉《ことば》について、意味《いみ》をつけ加《くわ》えるはたらきをします。

例 本を読ませる。（何かをさせる）
旅行《りょこう》がしたい。（希望《きぼう》）
がんばります。（ていねい）
転入生《てんにゅうせい》が来るらしい。（おしはかる）
山田君《やまだくん》は天才だ。（断定《だんてい》）

①助動詞は、動詞などのように、次に続《つづ》く言葉によって形が変《か》わる言葉です。

力をのばす問題 2

答え▼368ページ

1 次《つぎ》の〔　〕の言葉を、（　）に合う形に直して書きましょう。

(1)〔読む〕本を（　　）でいます。
(2)〔行く〕みんな、急《いそ》いで（　　）う。
(3)〔見る〕兄といっしょに、げきを（　　）ました。
(4)〔書く〕もっと上手《じょうず》な字を（　　）たい。
(5)〔泳《およ》ぐ〕あぶないところでは（　　）ないように。

2 次の――線の言葉が形容詞《けいようし》ならア、形容動詞ならイ、その他《ほか》の言葉ならウを書きましょう。

(1) 二人は不運《ふうん》な出会いをした。（　）
(2) 少し考えればわかるはずだ。（　）
(3) わたしたちは少ない食物《しょくもつ》を分け合った。（　）
(4) これが青木《あおき》さんから来た手紙だ。（　）
(5) 山口《やまぐち》さんが悪いとは少しも思わない。（　）

3 次の□にひらがなを一字ずつ入れて、正しい文にしましょう。

(1) どうか、こちらにおかけ□□□□。

例 動詞「知る」に助動詞「せる」がついた形は、次のように変化《へんか》します。知らせない。知らせます・知らせる・知らせるとき・知らせれば・知らせろ（せよ）形の変わり方は、それぞれの助動詞でちがいます。

②複数《ふくすう》の意味をもつ助動詞があります。

例「られる」
場所《ばしょ》をたずねられる。（ほかから動作を受《う》ける）
一人で起《お》きられる。（〜できる）
将来《しょうらい》が案《あん》じられる。（動作が自然《しぜん》に起こる）
校長先生が来られる。（尊敬《そんけい》）

(2) 明日《あす》はきっといい天気□□□。
(3) 空は、まるで夕方の□□□暗《くら》くなってきた。
(4) なぜ京都《きょうと》へ行くのです□。
(5) いくらくやしがっ□□、結果《けっか》は変わらないよ。

4 次の□にひらがなを一字ずつ入れて、正しい文にしましょう。

(1) これは祖父《そふ》□万年筆《まんねんひつ》です。
(2) 今日《きょう》は当番だった□□、忘《わす》れていた。
(3) きみ□□しっかりしていればだいじょうぶだ。
(4) これ以上《いじょう》むだなことをする□。

5 次の□にひらがなを一字ずつ入れて、正しい文にしましょう。

(1) 母は、弟にピアノを習《なら》わ□□つもりで準備《じゅんび》を整《ととの》えている。
(2) 新しい本が読み□□ので、図書館《としょかん》に行った。
(3) この様子《ようす》では、明日は雨がふり□□□。

3 敬《けい》語《ご》

例題

1 次《つぎ》の――線の言葉《ことば》の中に、正しくない言い方が一つあります。正しく直して、（　）に書きましょう。

わたしのいちばん大切なものは、今持《も》っている赤いリュックです。（　　）
ふつうのリュックですが、（　　）これほど大切なものはない。（　　）

2 次の文を正しい敬語《けいご》を使《つか》って言うとき、（　）にはあとのどの言葉を入れるとよいですか。記号《きごう》に○をつけましょう。

(1) お客様《きゃくさま》、会場はあちら（　　）。
ア だ　**イ** でございます　**ウ** である

(2) 明日《あす》、先生が来（　　）。
ア る　**イ** ます　**ウ** られます

考え方

1 常体《じょうたい》と敬体《けいたい》の問題《もんだい》です。ほかの二つが敬体なので、「ない」も敬体に合わせます。（➡200ページ）

2 (1)は、ていねい語の問題です。お客様が相手《あいて》なので、「ございます」というていねい語を使います。(2)・(3)は、尊敬《そんけい》語の問題です。(2)は先生の行動《こうどう》について言っているので、**「られ」**（**言い切りは「られる」**）をつけて、尊敬の意味《いみ》を表します。(3)は校長先生の行動について言っているので、**「いらっしゃる」**という尊敬語を使います。(4)・(5)は、けんじょう語の問題です。(4)は父親のことを人に言っているので、尊敬語の「いらっしゃる」ではなく、**けんじょう語の「参る」**を使います。(5)は、自分の行動について言っているので、尊敬語の「ごらんになる」ではなく、

第1編 言葉
第1章 漢字
第2章 ローマ字
第3章 いろいろな言葉
第4章 言葉のきまり

(3) 校長先生が本を読んで（　）ます。

ア い　イ おり　ウ いらっしゃい

(4) 父は、今朝《けさ》早く会社へ（　）ました。

ア いらっしゃい　イ 行かれ　ウ 参《まい》り

(5) 先生の作品《さくひん》を（　）たいです。

ア 拝見《はいけん》し　イ 見　ウ ごらんになり

3 次の話し方のうち、敬《うやま》う気持《きも》ちが強く表《あらわ》れているほうを選《えら》んで、記号に○をつけましょう。

(1) ア「この本を貸《か》してくれませんか。」
イ「この本を貸してくださいませんか。」

(2) ア「ハイキングにいらっしゃいませんか。」
イ「ハイキングに行きませんか。」

(3) ア「先生は、このことを知っていますか。」
イ「先生は、このことをご存《ぞん》じですか。」

(4) ア「明日、お宅《たく》に行きます。」
イ「明日、お宅にうかがいます。」

(5) ア「どうぞ、めし上がってください。」
イ「どうぞ、食べてください。」

けんじょう語の「拝見する」を使います。（↓200ページ）

3 (1)・(2)・(3)・(5)はそれぞれ、尊敬語の「くださる」「いらっしゃる」「ご存じ」「めし上がる」を使うほうが敬う気持ちを強く表すことができます。(4)は、けんじょう語の「うかがう」を使うほうが敬う気持ちを強く表すことができます。（↓200ページ）

答え

1 ない→ありません

2 (1)イ　(2)ウ　(3)ウ　(4)ウ　(5)ア

3 (1)イ　(2)ア　(3)イ　(4)イ　(5)ア

くわしい学習

1 常体《じょうたい》と敬体《けいたい》

「〜だ」「〜である」はふつうの言い方で常体といい、「〜です」「〜ます」はていねいな言い方で敬体といいます。

例 公園に行く。（常体）
公園に行きます。（敬体）

2 敬語《けいご》とは 発てん

話をしている相手《あいて》や話の中に出てくる人を敬《うやま》っていう言葉《ことば》を、敬語といいます。敬語には、ていねい語、尊敬《そんけい》語、けんじょう語の三種類《しゅるい》があります。

1 ていねい語

相手に対してていねいに言う言葉です。

練習問題

答え▼368ページ

1 次《つぎ》の□にひらがなを一字入れて、ていねいな言い方に直しましょう。

(1) □手本
(2) □意見
(3) □便《たよ》り
(4) □気持ち
(5) □活やく
(6) □上手

2 次のふつうの言い方（常体）の文を、ていねいな言い方（敬体）の文に直しましょう。

(1) もう一年になる。（　　　）
(2) 明日《あす》も雨がふるだろう。（　　　）
(3) 七時に夕食を食べる。（　　　）
(4) 今日は月曜日だ。（　　　）

3 次の文をふつうの言い方（常体）の文に直しましょう。

(1) 日曜日に祖父《そふ》の家をたずねようと思いました。
（　　　）

①「です」「ます」「ございます」などを使《つか》う言い方

例 図書室《としょしつ》はこちらです。
こちらでございます。
図書室は朝九時に開《ひら》きます。

②「お」「ご」をつける言い方

例 ご飯《はん》とお茶を用意《ようい》する。

2 尊敬語

相手に対して敬う（高める）気持《きも》ちを表《あらわ》す言葉です。

①「お（ご）……になる」の言い方

例 話す→お話しになる
出席《しゅっせき》する→ご出席になる

②「れる」「られる」をそえる言い方

例 来る→来られる
歌う→歌われる
説明《せつめい》する→説明される

(2) ガラスの花びんに、バラの花をさします。（　　）

(3) 委員《いいん》に選《えら》ばれ、身《み》のひきしまるような思いです。（　　）

(4) 話を聞いて、とてもうれしい気持ちでした。（　　）

4 次の――線の言い方は、ア尊敬語、イけんじょう語、ウていねい語のうちどれですか。記号《きごう》で答えましょう。

(1) わたしが参《まい》りましょう。（　　）

(2) おっしゃるとおりにいたします。（　　）

(3) ここが、わたしの通う学校です。（　　）

(4) 校長先生が、朝の会で話された。（　　）

5 次の――線に合う敬語をあとから選《えら》んで、記号で答えましょう。

(1) 先生が食べる。（　　）　(2) 先生が行く。（　　）

(3) わたしが食べる。（　　）　(4) わたしが行く。（　　）

ア いただく　イ めし上がる　ウ うかがう　エ いらっしゃる

③特別《とくべつ》な言葉《ことば》を使《つか》う言い方

例　言う→おっしゃる
いる・行く・来る
→いらっしゃる
見る→ごらんになる
食べる・飲《の》む→めし上がる

④相手《あいて》の人に関《かか》わるものに「お」や「ご」、「さん」や「様《さま》」をつける言い方

例　ご両親《りょうしん》はお元気ですか。
山田《やまだ》さん・まさし君《くん》・お母様《かあさま》

③ けんじょう語

自分や身内《みうち》のことをけんそん(低《ひく》める)して相手を敬《うやま》う気《き》持《も》ちを表《あらわ》す言葉です。

①「お(ご)……する」の言い方

例　聞く→お聞きする
案内《あんない》する→ご案内する

②特別な言葉を使う言い方

力をつける問題

答え▼368ページ

1 次《つぎ》の──線の言い方は、ア尊敬語、イけんじょう語、ウていねい語のうちのどれですか。記号《きごう》で答えましょう。

(1) お母さんは、いらっしゃいますか。（　　）
(2) 会議室《かいぎしつ》はこちらでございます。（　　）
(3) この本を差《さ》し上げます。（　　）
(4) 明日、お目にかかります。（　　）
(5) たくさんめし上がってください。（　　）
(6) 先生のお話をうかがう。（　　）

2 次の──線の言葉を、〔　〕の言い方を使って敬語に直しましょう。

(1) わたしが伝《つた》える。〔お……する〕（　　）
(2) わたしが連《れん》らくする。〔ご……する〕（　　）
(3) 先生が話す。〔お……になる〕（　　）
(4) 先生が説明《せつめい》する。〔ご……になる〕（　　）
(5) 先生が持《も》つ。〔れる〕（　　）
(6) 先生が来る。〔られる〕（　　）

例 言う→申《もう》す・申し上げる
行く・来る→うかがう・参《まい》る
見る→拝見《はいけん》する
食べる・飲む→いただく

4 敬語《けいご》の正しい使い方

敬語は、その場面《ばめん》や話す相手によって、使い分ける必要《ひつよう》があります。

①身内のことを言うときは尊《そん》敬《けい》語を使わない。
×お父さんは三時にいらっしゃいます。
○父は三時に参ります。

②「お」・「ご」を使いすぎない。
×お花にお水をやります。
○花に水をやります。

③敬語を重《かさ》ねて使わない。
×先生がお帰りになられる。
○先生がお帰りになる。

3 次の文中の（　）に合う言葉をあとから選《えら》んで、記号で答えましょう。

(1) 先生が家へ（　）そうだよ。
(2) 大島君《おおしまくん》が家へ（　）そうだよ。
(3) 母が学校へ（　）そうです。

ア 参る　イ 来る　ウ いらっしゃる

4 次の文のうち、敬語の使い方の正しいものには○を、まちがっているものは、(例《れい》)にならって正しく直しましょう。

(例) 先生が言った。（言った→おっしゃった）
(1) お父さんは、今、出かけております。（　）
(2) 先生が、わたしの欠席《けっせき》の理由《りゆう》を聞いた。（　）
(3) その作業《さぎょう》は、わたしがなさいました。（　）
(4) 先生は、午後六時に、お帰りになりました。（　）
(5) 校長先生がお話しになられた。（　）

力をためす問題1

答え▼369ページ

1 次《つぎ》の文の主語《しゅご》に——線、述語《じゅつご》に〰〰線を引きましょう。

(1) いきなり、大きな　くじらが　しおを　ふいた。
(2) 昔《むかし》、この　川で、大こう水が　ありました。
(3) わたしも　いっしょに　旅行《りょこう》に　行きたい。
(4) 小さな　白い　ねこが、えん側《がわ》で　ねていました。
(5) 草原に　さく　コスモスが　とても　きれいだ。
(6) 三種類《しゅるい》の　クッキーを　作ったのは　わたしです。

2 次の文と同じ組み立ての文をあとから選《えら》んで、記号《きごう》で答えましょう。

(1) 空は青く、雲は白い。（　　）
(2) わたしがまいた、種《たね》の芽《め》が出た。（　　）
(3) 弟が、新しい自転車《じてんしゃ》に乗《の》る。（　　）

ア　チューリップの花がさいた。
イ　ぼくは国語が好《す》きで、妹は理科が好きです。
ウ　姉がかいた絵が、コンクールで入賞《にゅうしょう》した。

3 次の——線の言葉《ことば》の使《つか》い方がちがうものを一つずつ選んで、記号に○をつけましょう。

(1)
ア　明日《あす》は、大雨になるそうだ。
イ　そうだ、ぼくもいっしょに行こう。
ウ　もうじき車でむかえに来るそうだ。

(2)
ア　明日は、朝から雨になるらしい。
イ　父はペットがきらいらしい。
ウ　妹は、とてもかわいらしい。

(3)
ア　あっけない結末《けつまつ》だった。
イ　かれだけをせめるべきではない。
ウ　わたしは行くつもりはない。

4 次の言葉を使って、短《みじか》い文を作りましょう。

(1) おそらく……でしょう
（　　）
(2) もし……たら
（　　）
(3) 決《けっ》して……ない
（　　）

5 次の——線の言葉に係《かか》っている修飾語《しゅうしょくご》をすべてぬき出して書きましょう。

(1) 赤い　大きな　バラの　花が　さいた。（　　　）

(2) すっかり　色づいた　並木道《なみきみち》を　母と　歩いた。（　　　）

(3) 沖縄《おきなわ》から　来ている　いとこと、プールに　行った。（　　　）

(4) わたしは、北海道《ほっかいどう》の　寒《さむ》い　冬が　好きだ。（　　　）

(5) ぼくは　ゆうべ　おもしろい　映画《えいが》を　見た。（　　　）

6 次の文中の（　）に、「せる・させる」（何かをさせる意《い》味《み》をもつ言葉）を文に合う形に直して書きましょう。

(1) 弟に、散《ち》らかした本をかたづけ（　　　）る。

(2) 帰りがおそくなると、もっと早く知ら（　　　）ばよかった。

(3) 妹が、かごの小鳥に水を飲《の》ま（　　　）た。

(4) 寒いので、弟に戸を閉《し》め（　　　）た。

7 次の物事《ものごと》の名前を表《あらわ》す言葉（名詞《めいし》）と同じ種類《しゅるい》の言葉をあとから二つずつ選んで、記号で答えましょう。

(1) 海（　・　）

(2) 瀬戸内海《せとないかい》（　・　）

(3) 百メートル（　・　）

(4) あそこ（　・　）

ア 六時　イ きみ　ウ 大阪《おおさか》

エ 教科書《きょうかしょ》　オ ぼく　カ 第《だい》三

キ 徳川家康《とくがわいえやす》　ク 気持《きも》ち

8 次の文を、（例《れい》）にならって二通りの尊敬《そんけい》の意味を表す文に書きかえましょう。

（例）先生が話す。
①（先生がお話しになる。）
②（先生が話される。）

(1) お客様《きゃくさま》が帰る。
①（　　　）
②（　　　）

(2) だれがここにすわるのですか。
①（　　　）
②（　　　）

力をためす問題 2

答え▼370ページ

1 次《つぎ》の〰〰線の言葉《ことば》が係《かか》っている言葉に、――線を引きましょう。

(1) 楽しい 運動会《うんどうかい》は、今度《こんど》の 日曜日だ。

(2) 小さな 弟たちは、とても よろこびました。

(3) かれは、目をむいて、男たちを にらみつけた。

(4) 急《きゅう》に 昼休みの ベルが 鳴り、みんなは おどろいて 立ち上がりました。

(5) パンダは、なかなか すがたを 見せません。

(6) 六年生の 兄と友人たちは、小学校を 卒業《そつぎょう》します。

2 次の――線の言葉と同じ意味《いみ》で使《つか》われているものを選《えら》んで、記号《きごう》に○をつけましょう。

(1) 川で泳《およ》ぐな。

ア 早く行きたいな。　イ このつらさをわすれるな。

ウ もっと食べたいな。　エ 君《きみ》の話はおもしろいな。

(2) その人はだれなの。

ア 食べたいのはパンだ。　イ 海へはいつ行くの。

ウ 行くのはだれ。　エ やっぱりそうだったのか。

(3) 母に教えてもらう。

ア 兄と公園に行く。　イ 年に一度《いちど》のお祭《まつ》り。

ウ 本を買いに行く。　エ 先生に注意《ちゅうい》された。

(4) 京都《きょうと》に住《す》むおじさん。

ア 白地に青の線。　イ 父にしかられる。

ウ 十時にねました。　エ 学校に集合《しゅうごう》する。

3 次の話し言葉に続《つづ》く言葉としてよいものを選んで、記号に○をつけましょう。

(1) (生徒《せいと》がほかの生徒に)「先生は何をされていますか。」

ア 「給食《きゅうしょく》を食べています。」

イ 「給食をめし上がっています。」

ウ 「給食をいただいています。」

(2) 「わたしは田中《たなか》という者《もの》ですが、先生は

ア いますか。」　イ いらっしゃられますか。」

ウ いらっしゃいますか。」

(3) (先生が生徒に)「だれが取《と》りに来てくれますか。」

ア 「わたしがうかがいます。」

イ 「わたしがいらっしゃいます。」

ウ 「わたしが行きます。」

4 次の文を、□に言葉を入れて、文図《ぶんず》を完成《かんせい》させましょう。□→□は、主語《しゅご》と述語《じゅつご》の関係《かんけい》になります。

(1) 先生が、わたしに　手紙を　くださいました。

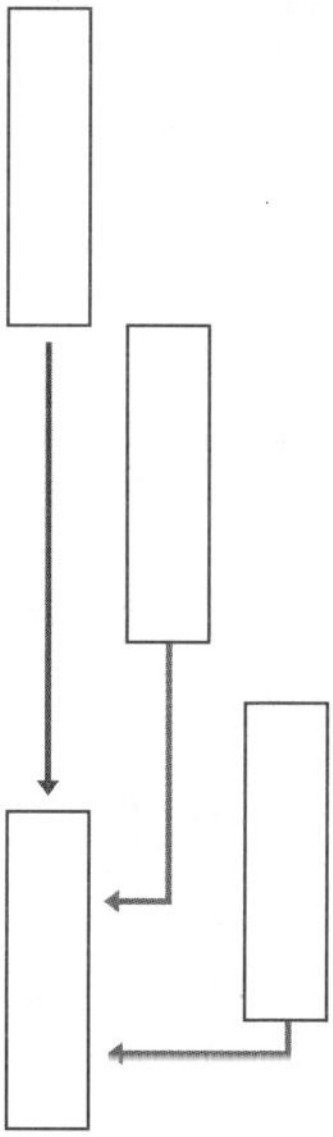

(2) 弟が　連《つ》れてきた　子どもたちも、いっしょに　楽しく　遊《あそ》んでいる。

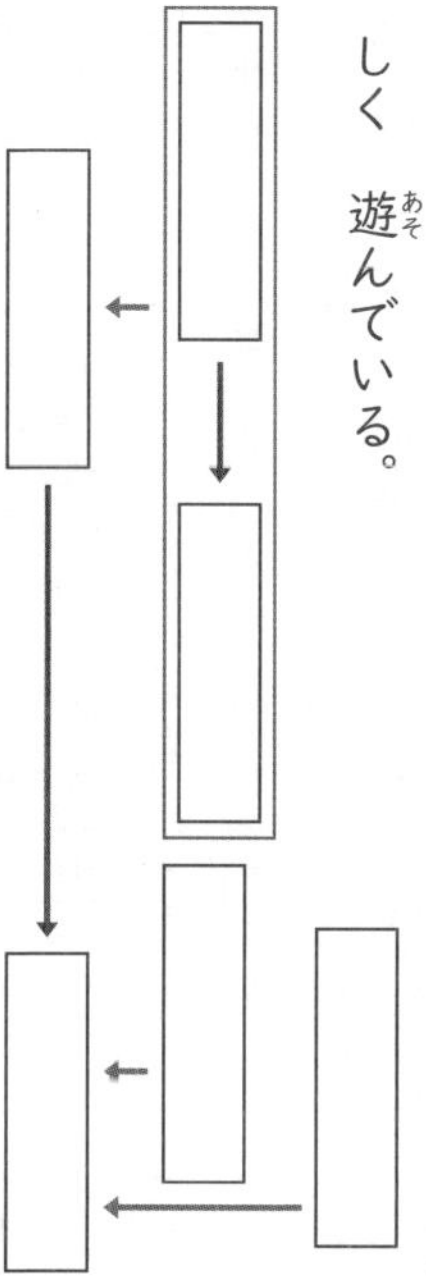

(3) 急に　大つぶの　雨が　はげしく　ふり出した。

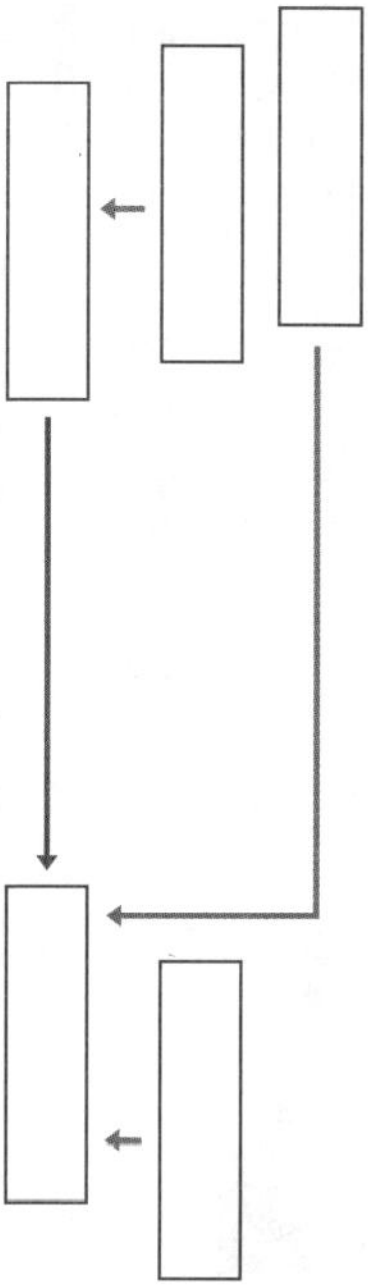

5 次の（　）に入る言葉をあとから選んで、記号で答えましょう。

(1) まだ四月だ。（　　）、今日《きょう》はとても暑《あつ》い。

(2) 海へ行こうか。（　　）、プールへ行こうか。

(3) そっとドアを開《あ》けた。（　　）、ねこが飛《と》び出してきた。

(4) 暗《くら》くなってきた。（　　）、雨までふってきた。

ア すると　**イ** それとも　**ウ** しかし　**エ** そのうえ

6 次の文を、正しい敬語《けいご》を使った文に書き直しましょう。

(1) わたしが先生を案内《あんない》します。
（　　　　）

(2) 母は、学校へいらっしゃいました。
（　　　　）

(3) 外国からお客《きゃく》さんが来る。
（　　　　）

(4) 先生のお宅《たく》で昼食を食べた。
（　　　　）

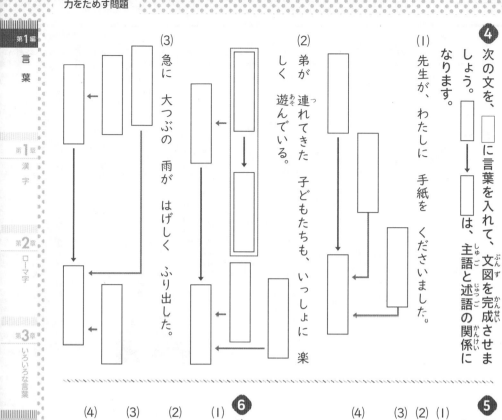

ひろがる
国語

二大文豪《ぶんごう》―森鷗外《もりおうがい》と夏目漱石《なつめそうせき》

森鷗外《もりおうがい》―十二才で医学部《いがくぶ》に入学

森鷗外は、一八六二年、今の島根県《しまねけん》津和野《つわの》の医者《いしゃ》の家に生まれました。十二才で、年れいを十四才だといつわって東京《とうきょう》医学校（現在《げんざい》の東京大学医学部）に入学しました。卒業後《そつぎょうご》、陸軍《りくぐん》の軍医《ぐんい》となり、一八八四年、ドイツに留学《りゅうがく》します。医学のかたわら、てつ学や文学を学び、帰国すると文学活動《かつどう》を開始《かいし》し、アンデルセンの『即興詩人《そっきょうしじん》』をはじめ外国文学のほん訳《やく》や、ドイツ三部作《さんぶさく》といわれる初期《しょき》の名作『舞姫《まいひめ》』『うたかたの記《き》』『文《ふみ》づかひ《(い)》』などを発表《はっぴょう》します。

一九一二年の乃木希典大将《のぎまれすけたいしょう》の死にえいきょうを受《う》けた鷗外は、その後、歴史小説《れきししょうせつ》のしっ筆《ぴつ》にぼっ頭するようになります。『山椒大夫《さんしょうだゆう》』『高瀬舟《たかせぶね》』などの歴史小説は、現在《げんざい》でも高く評価《ひょうか》されています。

夏目漱石《なつめそうせき》―元祖職業作家《がんそしょくぎょうさっか》

夏目漱石は、一八六七年、江戸《えど》の牛込《うしごめ》（今の東京都《とうきょうと》新宿区《しんじゅくく》）に生まれました。

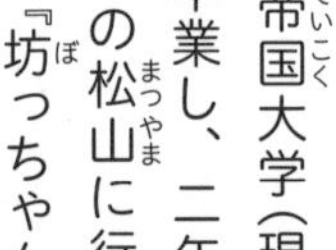

一八九三年、帝国《ていこく》大学（現在の東京大学）英文科《えいぶんか》を卒業し、二年後、中学教師《きょうし》として四国《しこく》の松山《まつやま》に行きます。のちに書かれた『坊《ぼ》っちゃん』は、この地をぶ台にしています。

一九〇〇年、二年間のイギリス留学を終《お》えて帰国すると、大学講師《こうし》をするかたわら小説を書き始《はじ》め、一九〇五年発表の『吾輩《わがはい》は猫《ねこ》である』は大評判《だいひょうばん》になりました。一九〇七年には教職《きょうしょく》をはなれ、朝日新聞社《あさひしんぶんしゃ》に入社し、本格《ほんかく》的《てき》に作家活動を開始します。年に一度《いちど》、百回ほどの連《れん》さい小説を書くのが仕事《しごと》でした。一時、胃《い》かいようで生死《せいし》が危《あや》うくなりますが、回復《かいふく》してからは再《ふたた》び連さいを始めます。『こゝ《(こ)》ろ』『明暗《めいあん》』などには、人間の生き方についての深《ふか》い考えがえがかれています。

鷗外と漱石が、どちらも暮《く》らしたことがあるという家が、愛知県犬山市《あいちけんいぬやまし》の明治村《めいじむら》に残《のこ》されています。元《もと》東京都文京区千駄木町《ぶんきょうくせんだぎちょう》にあった家で、鷗外は一八九〇年から一年あまり、漱石は一九〇三年から三年ほど住《す》んでいました。

第2編 読む

ここからスタート!

第1章 文章の読み方の基本

学習することがら

5分後
モリのぼうけん
！
いねむりしてちゃだめじゃない！
ねてないよ！「もく読」してたんだよ！
じゃあ内容《ないよう》を教えて。
えーと、
そうだ、茶色い犬が逆立《さかだ》ちをして世界一周《せかいいっしゅう》する話だよ！
それって目の前で起《お》きていることじゃない！
世界一周はしないよ…
長い文章《ぶんしょう》を読むとねむくなっちゃうんだ。
たとえ長い文章でも、一文ずつの主語《しゅご》と述語《じゅつご》をとらえて読むといいわよ。
エジソン
詩
わたしは、伝記《でんき》や詩《し》も読んでみたいな。
どんな文章《ぶんしょう》でも、書いた人の伝《つた》えたいことを読《よ》み取《と》っていくことが大切《たいせつ》よ！
これから文章の読み方を学んでいくわよ。
この本は泣《な》けるな〜。
ある犬の一生

① 文章《ぶんしょう》の読み方

例題

1 次《つぎ》の文章《ぶんしょう》を読んで、あとの問《と》いに答えましょう。

一週間後の日曜日。朝から雨がふっていた。昨日《きのう》も、一昨日《おととい》も雨。毎日のように川で遊《あそ》びたいと思っているぼくには、雨がつづくのは結構《けっこう》つらいことだった。とはいうものの、かくれ家《が》はトンネルなので、屋根《やね》だけはちゃんとついている。ぼくと大介《だいすけ》は、今日も魚釣《さかなつ》りをしていた。

（阿部夏丸《あべなつまる》「うそつき大ちゃん」）

(1) この文章は、いくつの文でできていますか。漢数字《かんすうじ》で答えましょう。（　　）つ

(2) この文章は、次のどれにあたりますか。一つ選《えら》んで、記号《きごう》で答えましょう。（　　）

ア 脚本《きゃくほん》　**イ** 紀行文《きこうぶん》　**ウ** ずい筆《ひつ》　**エ** 物語《ものがたり》

(3) ――線の主語《しゅご》を書きましょう。（　　）

考え方

1 (1)文の終《お》わりには句点《くてん》がきます。「。」で終わっているところがいくつあるか数えましょう。（214ページ）

(2)この文章には、ある出来事《できごと》が書かれています。旅先《たびさき》での体験《たいけん》を書いた**イ**の紀行文や、自分の感じたことを書いた**ウ**のずい筆とはちがいます。**ア**の脚本は形式《けいしき》がちがうので、すぐに見分けがつきます。（215ページ）

(3)は、主語と述語の問題《もんだい》です。**主語は述語より先にある**のがふつうなので、――線の前から**「〜が(は)」**にあたる部分《ぶぶん》をさがします。（219ページ）

2 次の文章を読んで、あとの問いに答えましょう。

スズメはどこにでも①いる。それこそ、ありふれた鳥である。家の出《で》入口《いりぐち》ののき先《さき》に巣《す》をつくるツバメのほうが、日本では昔《むかし》からずっとかわいがられてきた。

けれど、ツバメが家の出入口に巣をかけるのは、じつはスズメのおかげなのである。街《まち》の鳥の研究《けんきゅう》をしている人たちの論文《ろんぶん》によると、②ツバメはスズメをきらっている。ひながいじめられたりするからだ。そこでスズメがやってこないところに③巣をかけようとする。

（日高敏隆《ひだかとしたか》「ネコはどうしてわがままか」）

(1) この文章は、物語と説明文《せつめいぶん》のどちらですか。（　　）

(2) この文章は、いくつの文でできていますか。漢数字で答えましょう。（　　）

(3) ——線①の主語《しゅご》を書きましょう。（　　）

(4) ——線②の述語《じゅつご》を書きましょう。（　　）

(5) ——線③の主語は省略《しょうりゃく》されています。意味《いみ》を考えて、主語を書きましょう。（　　）

2
(1) スズメとツバメについての事実《じじつ》を説明していることから考えます。
(2) 句点(。)の数を数えましょう。（218ページ）
(3) 主語なので、——線①より前の部分からさがしましょう。
(4) ——線②より後の部分からさがしましょう。
(5) 主語は省略されることがあります。(巣を)かけようとしているのは何かを、同じ段落《だんらく》内からさがします。（219ページ）

答え
1 (1)六 (2)エ (3)雨が
2 (1)説明文 (2)七 (3)スズメは (4)きらっている (5)ツバメは

くわしい学習

1 文と文章《ぶんしょう》のちがい

文と文章はどうちがうのでしょう。次《つぎ》の二つをくらべてみましょう。

①よく晴れた、気持《きも》ちのいい朝でした。

②わたしは、となり町までバスで出かけました。きれいな家がならんでいます。木は、青々とした葉《は》をつけています。

①のほうは、句点《くてん》（。）が一つですが、②のほうは、（。）が三つあります。

①を一つの「文」といい、②は、三つの文からできている「文章」といいます。

練習問題 1

答え▼370ページ

1 次の文章を読んで、あとの問《と》いに答えましょう。

ゆっくり回りはじめたメリーゴーラウンドは、だんだんスピードをあげてきた。ぼくの左側《ひだりがわ》を、まわりの田んぼが、もやの中でどんどんうしろに飛《と》んでいく。ぼくは、シマウマの背《せ》なかからつきでている棒《ぼう》をしっかりとにぎりしめた。

回るメリーゴーラウンドの遠心力と、シマウマが上下に動《うご》くせいで、おしりが左のほうにずれる。

レコードを早回ししているみたいに、オルガンの曲《きょく》がどんどん早くなり、音が高くなっていく。

（斉藤《さいとう》 洋《ひろし》「空中メリーゴーラウンド」）

(1) この文章は、説明文ですか、物語ですか。（　　）

(2) まわりの風景《ふうけい》をえがいている一文をさがして、初《はじ》めの五字をぬき出しましょう。

□□□□□

(3) 耳に聞こえていることをえがいている一文をさがして、初めの五字をぬき出しましょう。

□□□□□

2 文章の種類《しゅるい》

文章は、書かれている内《ない》容《よう》・目的《もくてき》によって、大きく文《ぶん》学的《がくてき》文章と説明的《せつめいてき》文章の二つに分けることができます。

❶ 文学的文章

文学的文章とは、読んで味《あじ》わうことが目的の文章で、次のようなものがあります。

物語《ものがたり》(小説《しょうせつ》)・ずい筆《ひつ》・脚本《きゃくほん》・紀行文《きこうぶん》・詩《し》・短歌《たんか》・俳句《はいく》

① 物　語

作者《さくしゃ》の想像《そうぞう》をもとに書く文章のことで、ほかに次のようなものがあります。

①昔話《むかしばなし》・おとぎ話…人から人に語りつがれてきた、作り話。
例 桃太郎《ももたろう》、かぐやひめ

---

2 次の文章を読んで、あとの問いに答えましょう。

シオマネキのオスは、近くにメスがやってくると、それこそ、こっちへ来い、こっちへ来いという感《かん》じに一生けんめいはさみをふります。メスがちょっとでも注意《ちゅうい》をむけると、はさみをふりながら後《あと》ずさりして、自分の巣《す》あなのほうにメスをさそいます。巣あなから五センチくらいまで近づくと、さっと巣あなに入ってメスを待《ま》つのですが、メスは、ちょっとからかっただけとでもいうように、そのままいってしまうことが多いのです。でも、実際《じっさい》に、はさみふりにつられてオスの巣あなに入り、*交尾《こうび》するメスもいますから、オスのはさみふりは、メスにたいする結婚《けっこん》の申《もう》しこみにちがいないと考えられるようになりました。

（武田正倫《たけだまさつね》「砂《すな》はまのカニたち」）

*交尾＝動物《どうぶつ》のオスとメスが子どもをつくるためにする行動《こうどう》。

(1) この文章は、いくつの文でできていますか。漢数字《かんすうじ》で書きましょう。
（　　）つ

(2) この文章は、何という生物《せいぶつ》について説明していますか。
（　　）

(3) 筆者《ひっしゃ》は、——線について、どのように考えていますか。
（　　）

(4) 数字を使《つか》って説明している一文をさがして、初めの四字をぬき出しましょう。
□□□□

②**神話《しんわ》**…神様《かみさま》のことを書いた話。

例 海さちひこと山さちひこ、ギリシャ神話

③**伝説《でんせつ》**…その土地に伝《つた》わるいろいろな言い伝えを書いた話。

例 羽衣伝説《はごろもでんせつ》

④**ぐう話**…いろいろな教えがふくまれた、たとえ話。

例 イソップ物語《ものがたり》（ありときりぎりす　など）

⑤**歴史《れきし》物語**…昔《むかし》の出来事《できごと》を話にしたもの。

例 平家《へいけ》物語

⑥**伝記《でんき》**…ある人物《じんぶつ》の一生を書いた物語。

例 野口英世《のぐちひでよ》、エジソン、キュリー夫人《ふじん》

練習問題 2

答え▼370ページ

1 **次《つぎ》の文章を読んで、あとの問《と》いに答えましょう。**

植物《しょくぶつ》の葉《は》の役目《やくめ》は、大きく育《そだ》つために必要《ひつよう》な栄養分《えいようぶん》をつくりだすことですが、根《ね》から新しい水をすいあげるために、気孔《きこう》から、あまった水分を蒸発《じょうはつ》させたり、とけこんでいる養分《ようぶん》をとったあとの水をすてる役目もします。

しかし、雨の少ないさばくで、ふつうの植物のように水分を外にだしつづけていたのでは、たちまちひからびてしまいます。なにしろ、土はかわいていて、すいあげる水のない日が長いあいだつづくのですから……。

サボテンは、葉をとげにかえて、くきの中の水分ができるだけ外ににげださないようにしているのです。

（埴《はに》　沙萠《しゃぼう》「サボテンのふしぎ」）

(1) 植物の葉の役目を、いくつ説明《せつめい》していますか。漢数字で書きましょう。

（　　）つ

(2) サボテンがはえているのはどんなところですか。文章中からさがして八字で書きましょう。

□□□□□□□□

(3) くきの中の水分ができるだけ外ににげださないように、どうしているのですか。

（　　　　）

②ずい筆《ひっ》

思ったことや、感《かん》じたこと、見聞きしたことを思うままに書いた文章《ぶんしょう》のことです。

③紀行文《きこうぶん》

旅先《たびさき》で見たり聞いたりしたことや、感じたことなどを書いた文章のことです。

④脚本《きゃくほん》

劇《げき》をするために書かれた文章。台本《だいほん》ともいいます。

①脚本の特色《とくしょく》

・時、所《ところ》、登場人物《とうじょうじんぶつ》などを、初《はじ》めに書きます。

・せりふ（劇の人物の言う言葉《ことば》）とト書き（人物の動《うご》き、場面《ばめん》の様子《ようす》、装置《そうち》や効果音《こうかおん》などを書いた部《ぶ》分《ぶん》）からできています。

2 **次の文章を読んで、あとの問いに答えましょう。**

げんごろうは、なえをはたけにうえると、まいにち、水をやったり、こやしをやったりして、だいじにそだてました。

なえは、ずんずんのびて、そのうちみあげるような大木になりました。

それでも、なすの木は、まだぐんぐんのびつづけて、しまいにはくもをつきぬけるほどの木になりました。

やがて、なすの花がいっせいにさきだしました。

そのうつくしいこと、まるでむらさきのくものようです。

「なんと、みごとな花じゃろう。」

「こんななすの木をみるのは、はじめてじゃ。」

（大石《おおいし》　真《まこと》「天にのぼったげんごろう」）

(1) ——線の主語《しゅご》を書きましょう。（　　　）

(2) なえが大きくなっていく様子を表す四字の言葉を、二つ書きましょう。

□□□□・□□□□

(3) げんごろうがうえたのは、何のなえですか。（　　　）

(4) なすの花のうつくしさを、どのようにえがいていますか。文章中から一文をぬき出しましょう。

（　　　）

②脚本《きゃくほん》で使《つか》われる言葉《ことば》
・上手《かみて》・下手《しもて》…ぶ台に向《む》かって右側《みぎがわ》が上手、左側が下手です。
・幕《まく》と場《ば》…劇《げき》の一区切《ひとくぎ》り。
・間《ま》…せりふとせりふの間《あいだ》の、言葉がとぎれる時間のこと。

2 説明的文章《せつめいてきぶんしょう》

説明的文章とは、読んで知る、理解《りかい》することが目的《もくてき》の文章で、次《つぎ》のようなものがあります。また、書いた人を筆者《ひっしゃ》といいます。

①説明文…ある事《こと》がらについて説明するために書いた文章です。

②論説文《ろんせつ》…調《しら》べたことや自分の考えを書いた文章です。

力をつける問題1

答え▶371ページ

1 次の文章を読んで、あとの問《と》いに答えましょう。

ぼくが個人的《こじんてき》に＊天然記念物《てんねんきねんぶつ》にでも指定《してい》したいと思っている①蛾《が》が、コバネガです。この蛾はコケが生えてじめじめしたような山道で見つかることが多く、あまり②飛《と》びません。しかも五ミリほどと小さく、ほとんど目立つことのない昼行性《ちゅうこうせい》の蛾です。

ところが、地球《ちきゅう》にあらわれた時代《じだい》が古いことではほかの蛾に負《ま》けません。いってみれば、「長老《ちょうろう》の蛾」です。見かけがトビケラに似《に》ているだけでなく、からだのしくみが原始的《げんしてき》な昆虫《こんちゅう》だという点でもトビケラに近い虫だからです。

（谷本雄治《たにもとゆうじ》「蛾ってゆかいな昆虫だ！」）

＊天然記念物＝動植物《どうしょくぶつ》など、法律《ほうりつ》で保護《ほご》するように決《き》められているめずらしいもの。

(1) ――線①の述語、――線②の主語を書きましょう。
①（　　　）②（　　　）

(2) この文章は、何について説明していますか。次から一つ選《えら》んで、記号《きごう》で答えましょう。
ア 天然記念物　イ コバネガ　ウ トビケラ　（　　　）

(3) この文章の種類《しゅるい》を書きましょう。
（　　　）

③**記録《きろく》文**…理科、社会科などの観察《かんさつ》や実験《じっけん》の記録、見学や体験《たいけん》したことの記録などを記《しる》したものです。

④**報告《ほうこく》文**…調べたり、研究《けんきゅう》したりしたことを、相手《あいて》に伝《つた》える文章です。

3 その他《た》の文章

主《おも》に日常生活《にちじょうせいかつ》に使う文章を実用文《じつようぶん》といいます。手紙(258ページ)や日記(261ページ)があります。

3 主語《しゅご》・述語《じゅつご》をおさえて読む

文には、「雨。」「はい。」「飛《と》べ。」のように一つの言葉のものもありますが、ふつうは、「雨がふりました。」「花がさ

2 次の文章を読んで、あとの問いに答えましょう。

サクラ小学校は、東京《とうきょう》のはずれにある小学校です。

夏休みがおわったつぎの日、しぎょうしきのときに校長先生がいいました。

㋐「夏休みのあいだに、いたずらをした子がいます。川口《かわぐち》さんのはたけのカボチャぜんぶに、マジックインキで『へへののもへじ』を書いた子がいるのです。」

㋑子どもたちは、どっとわらいました。

でも、二年二組のなおゆきと、かずおと、あきらと、ひろ子は顔が赤くなりました。

カボチャに『へへののもへじ』を書いたのは、この四人でした。


（古田足日《ふるたたるひ》「モグラ原っぱのなかまたち」）

(1) いつ、どこであったお話ですか。
① いつ（　　）
② どこで（　　）

(2) ――線㋐は、だれが言った言葉ですか。
（　　）

(3) ――線㋑の主語と述語を書きましょう。
主語（　　）
述語（　　）

きました。」のように、主語《しゅご》と述語《じゅつご》があります。文の内容《ないよう》を正確《せいかく》にとらえるには、**主語と述語をおさえる**ことが大切です。

例　学校から帰った弟は、とてもうれしそうでした。
（主語：弟は／述語：うれしそうでした）

主語や述語が省略《しょうりゃく》されている文では、言葉《ことば》を補《おぎな》って読みます。

例
A　（あなたは）何を注文《ちゅうもん》しますか。（主語の省略）
B　わたしはハンバーグ。（を注文します。）（述語の省略）

4　文章《ぶんしょう》の読み方

文章の読み方には、いろい

力をつける問題 2

答え▼371ページ

1　次《つぎ》の文章を読んで、あとの問《と》いに答えましょう。

春がきて、ヤマザクラがさくころになると、クヌギの冬芽《ふゆめ》は、きゅうにふくらみはじめます。

冬のあいだは、花の芽《め》も葉《は》の芽も同じ形をしていましたが、このころになると、はっきり区別《くべつ》がつくようになります。

クヌギの花には、おばなとめばながあります。まるい大きな芽は、おばなになります。小さなとがった芽は、葉や枝《えだ》になり、めばなのつぼみは、この芽の中にあります。

（埴《はに》　沙萠《しゃぼう》「ドングリ」）

(1)　クヌギの冬芽がきゅうにふくらみはじめるのは、いつですか。
（　　　　）

(2)　クヌギの花には、何と何がありますか。
（　　　　）と（　　　　）

(3)　次のものは、何になるのですか。
①　まるい大きな芽　（　　　　）
②　小さなとがった芽　（　　　　）

ろな方法《ほうほう》があります。どのような読み方をすればよいかは、そのときの目的《もくてき》や、文章の種《しゅ》類《るい》によって決《き》まります。

❶ 声の出し方による分け方

①**音読《おんどく》**…声に出して読むことです。人に聞かせるときは、読み方を工夫《くふう》したり、感情《かんじょう》をこめたりして読みます。

②**もく読**…**声を出さずに読む読み方**です。内容を深《ふか》く読み取《と》るには、音読よりももく読のほうがよいでしょう。

❷ 読みの深まりによる分け方

①**通読**…ひととおりざっと読む読み方です。

②**精読《せいどく》**…くわしくていねいに読む読み方です。

2 次の①・②の——線の述語、③・④の——線の主語を書きましょう。主語や述語が省略されているときは、×を書きましょう。

① わたしはまどから外を見ました。（　　）

② ぼくたちは父が作ったカレーを食べた。（　　）

③ ひばりは、よく鳴《な》く鳥です。（　　）

④ 急《いそ》がないと学校におくれるよ。（　　）

3 次の文章を読んで、あとの問いに答えましょう。

ある春の日のことです。遠くの山々には、まだ、白い雪が光っていますが、野原では、もう、青い草があちこちに顔を出していました。

＊オキクルミが、一人で広い野原を歩いていると、

「おい、だれだ、きさまは。」

高いにれの木の上からどなる者《もの》があります。

（萱野《かやの》　茂《しげる》「風の神とオキクルミ」）

＊オキクルミ＝アイヌ神話《しんわ》に登場《とうじょう》する知恵や力のすぐれた立派《りっぱ》な人。

(1) この物語《ものがたり》のぶ台《たい》は、どこですか。（　　）

(2) 辺《あた》りの風景《ふうけい》をえがいている一文をさがして、初《はじ》めの五字をぬき出しましょう。

□□□□□

(3) ——線の言葉《ことば》を言った者は、どこにいますか。（　　）

ここからスタート！

第2章 いろいろな文章を読む

学習することがら

物語を読むときは、主人公《しゅじんこう》の気持《きも》ちの変化《へんか》をとらえるのが大切よ。
場面《ばめん》の様子《ようす》なども想像《そうぞう》すると楽《たの》しいわよ。
シンデレラ
女と野獣
そうそう、文章の種類《しゅるい》には、ほかに説明文《せつめいぶん》や日記《にっき》もあるわ。
説明文ってなんか難《むずか》しそう。
そんなことないわ。
接続語《せつぞくご》や指示語《しじご》などに注目《ちゅうもく》していねいに読めば、だいじょうぶ。
実験《じっけん》が失敗《しっぱい》した。しかし、それが成功《せいこう》のきっかけだった。
なんだか読めそうな気がしてきた！
文章の種類ごとに、読《よ》み取《と》り方のポイントを学んでいきましょう。
いろんな文章を読むのが楽しくなるわよ！
ぼくは詩《し》を読もうっと。
わたしは脚本《きゃくほん》を読んで劇《げき》をしてみたいな。

① 物《もの》語《がたり》

例題

1 次《つぎ》の文章《ぶんしょう》を読んで、いつ、どこで、だれが、どうしたのかを書きましょう。

このはなしは、ぼくらが学校からかえるのがすこしおくれた、というところからはじまる。一月の、よくはれた日のことだった。

その日の放課後《ほうかご》、ぼくら、四年三組の男子は、運動場《うんどうじょう》でサッカーをしていた。

下校のチャイムは四時になる。

チャイムがなるのと、達《たっ》ちゃんのけったボールがゴールのはしにあたってはねあがり、木の枝《えだ》にひっかかるのが、どうじだった。


（岡田《おかだ》　淳《じゅん》「学校ウサギをつかまえろ」）

(1) いつ（　　　　）
(2) どこで（　　　　）　(3) だれが（　　　　）
(4) どうした（　　　　）

考え方

1 物語《ものがたり》を読むときは、まず、「いつ」「どこで」「だれが」「どうした」ということを書いた話かを読み取《と》ります。「いつ」「どこで」「だれが」は、多くは話の初めのほうに書かれています。(1)は、初めの段落《だんらく》から読み取ります。月日と、時間までとらえられるとよいでしょう。さらに季節《きせつ》が書かれている場合《ばあい》もあります。(2)・(3)も、初めのほうに書かれています。(4)は、文章全体《ぜんたい》に書かれていることを、登場人物《とうじょうじんぶつ》がしたことを中心にしてまとめます。（227ページ）

2 (1)物語を読み取るときは、季節や場所《ばしょ》をとらえる必要《ひつよう》があります。
(2)おやじの言ったことは、この物語の重要《じゅうよう》なポイントになります。「一日に一わ」という点をしっかりおさえましょう。

2 次の文章を読んで、あとの問《と》いに答えましょう。

むかしむかし、あるところにごんべえという男がいました。

冬になると、ちかくのぬまでかもをとり、それをうって、くらしていました。

あるとき、ごんべえはかんがえました。

「うちは、むかしからずっと、かもとりをしょうばいにしている。おやじはいつも、おれにいってたっけ。『かもは一日に一わしかとってはいかんぞ』って。

それでおれも、おやじのいうとおり、一日に一わしかとらないようにしてきた。でも、かんがえてみると、こんなばかなことはない。

一日に十ぱとれれば、九日かんはさむいおもいをしないで、あそんでいられる。一日に百ぱとれれば、冬じゅうあそんでいられる。」

（大石《おおいし》　真《まこと》「かもとりごんべえ」）

(1) ごんべえは、いつ、どこでかもをとっていたのですか。

① いつ（　　　　）　② どこで（　　　　）

(2) ごんべえのおやじが言ったことをさがし、初《はじ》めと終《お》わりの四字をぬき出しましょう。

□□□□～□□□□

(3) ごんべえが――線のように思ったのは、なぜですか。

（　　　　　　　　）

(3)物語では、登場人物の気持《きも》ちをとらえることが大切です。気持ちは、直《ちょく》接《せつ》書かれていることも、言ったことや様子《ようす》から読み取る必要があることもあります。ここでは、ごんべえが思ったことが「　」の中に書かれています。

（229ページ）

答え

❶ (1)一月の、よくはれた日(の放課後)
(2)(学校の)運動場
(3)四年三組の男子
(4)(例《れい》)サッカーをしていて、ボールが木の枝にひっかかった。

❷ (1)①冬　②ちかくのぬま
(2)かもは一～いかんぞ
(3)(例)一日になんばもかもをとれば、あそんでいられるから。

くわしい学習

1 物語《ものがたり》の読み方

文章《ぶんしょう》は、いくつかの文がまとまってできています。文章を読むときには、まず一文一文を、**主語《しゅご》と述語《じゅつご》をおさえながら**正確《せいかく》に読む力を身《み》につけることが大切です。

1 読解《どっかい》の進《すす》め方

文章の読解は、ふつう次《つぎ》のような順序《じゅんじょ》で進めます。

①全文《ぜんぶん》を読んで、あらすじをとらえる。

②内容《ないよう》をくわしく読み取《と》る。

・話題《わだい》を正確につかむ。

・段落《だんらく》の要点《ようてん》や、場面《ばめん》の展《てん》開《かい》をつかむ。

・細かい点について調《しら》べる。

練習問題 1

答え▼371ページ

1 次の文章を読んで、あとの問《と》いに答えましょう。

池は、ドーナツがたの池でした。まん中に島《しま》があって、島にもふとい木がなん本もはえていて、その木の下に小さいお宮《みや》がありました。

こっちのきしから島までは、学校のきょうしつふたつぶんぐらいはなれていました。水面《すいめん》には、まわりの森の木のかげがうつっていました。

三人ともうれしくて、むねがどきどきしました。かずおがいいました。

「夏になったら、およげるよ。」

なおゆきが、こたえました。

「うん、きれいな水だなあ。」

水はわき水らしく、すんでいて、そこの石が見えました。メダカがおよいでいるのも見えました。あきらがいいました。

「メダカ、とりたいなあ。」

でも、池は深《ふか》そうなので、はいることはできません。

（古田足日《ふるたたるひ》「モグラ原っぱのなかまたち」）

(1) 池の形と、池にある島の様子《ようす》を書きましょう。

① 池の形（　　　　　）

③文章を味《あじ》わったり、感想《かんそう》をまとめたりする。

物語の読み取りでは、**場面の情景《じょうけい》や、人物《じんぶつ》の気持《きも》ちの移《うつ》り変《か》わり**をとらえることが必要《ひつよう》です。表現《ひょうげん》に注意《ちゅうい》し、想像力《そうぞうりょく》を働《はたら》かせながら読みましょう。

2 場面・登場人物《とうじょうじんぶつ》・出来事《できごと》をとらえる

物語(小説《しょうせつ》)を読むには、まずあらすじをとらえることが大切です。物語には、ふつう次の四つが書かれています。

・時……いつ
・場所《ばしょ》……どこで
・人物……だれが
・出来事……どうした

② 島の様子（　　）

(2) 池を見た三人の気持ちがわかる一文をぬき出しましょう。
（　　）

(3) 水の中を見たあきらは、どう思いましたか。
（　　）

2 次の文章を読んで、あとの問いに答えましょう。

それはめずらしい形のランプであった。八十センチぐらいの太い竹のつつが台になっていて、その上にちょっぴり火のともる部分《ぶぶん》がくっついている。そしてほや*は、細いガラスのつつであった。はじめて見るものにはランプとは思えないほどだった。

そこでみんなは、昔《むかし》の鉄《てっ》ぽうとまちがえてしまった。

「何だア、鉄ぽうかア」とおにの宗八君《そうはちくん》はいった。

（新美南吉《にいみなんきち》「おじいさんのランプ」）

＊ほや＝ランプの火などにかぶせるガラスのつつ。

(1) ランプの様子を具体的《ぐたいてき》に表《あらわ》している二文をさがして、それぞれ初《はじ》めの三字をぬき出しましょう。
□□□・□□□

(2) みんながランプを昔の鉄ぽうとまちがえたのは、なぜですか。
（　　）

次《つぎ》の例文《れいぶん》の――線部分《ぶぶん》に注目《ちゅうもく》しましょう。

例

日本の国が江戸《えど》から明治《めいじ》にかわろうとしているころ（時）のお話です。伊豆《いず》の山の中（場所《ばしょ》）に、年取《としと》ったたぬき（人物）が住《す》んでいました。名前はぽん吉《きち》といいます。わかいころはきれいな人間の女の人に化《ば》けるのがおとくいでしたが、近ごろはとんとうまくいきません（出来事《できごと》）。……

あらすじをまとめるときは、時・場所・人物・出来事の四つを落《お》とさないように、大切なところに線を引いていくとよいでしょう。

練習問題 2

答え▼372ページ

1 次の文章《ぶんしょう》を読んで、あとの問《と》いに答えましょう。

「おりろよ」

ぼくがシマウマの耳につかまると、すぐにシマウマが言った。

「おりろって、どうして。さっさと乗《の》れって、今言ったばかりじゃないか」

「いいから、早くおりてくれよ。くたびれてるんだから」

こいつ、ぼくを乗せたばかりで、なにを言っているんだと思ったが、①くたびれているというのは本当らしい。息《いき》をハーハーいわせている。

「それなら、乗る前に言えばいいじゃないか。つかれてるって。飛《と》ぶなんて言うから、すぐ行くのかと思った」

ぼくは②ぶつぶつ言いながら、シマウマからおりた。

③「おまえ、なに言ってんだ。飛んだから、くたびれたんじゃないか。飛ぶっていうのは、めちゃくちゃくたびれるんだぞ」

（斉藤《さいとう》 洋《ひろし》「空中メリーゴーラウンド」）

(1) ――線①のように「ぼく」が思ったのは、どんなことからですか。それがわかる一文をぬき出しましょう。

（　　　　　）

3 気持《きも》ちをとらえる

物語の登場人物《とうじょうじんぶつ》の気持ちや考えを読み取《と》ることは、その作品《さくひん》をとらえるうえでとても大切です。気持ちを読み取るときには、次のようなところがポイントになります。

① 気持ちを直接表現《ちょくせつひょうげん》しているところ

例 たぬきのぽん吉は暗《くら》い気持ちで思いました。このままうまく化けられなかったら、わしはもう生きていくかいがない。わしを人間の女の人だと思いこんだ人間どもが、必死《ひっし》でわしのごきげんをとろうとするのを見ることほど、おもしろいことはないからのう。

(2) ――線②から、「ぼく」がどんな気持ちでいることがわかりますか。次から一つ選《えら》んで、記号《きごう》で答えましょう。

ア いかり　イ よろこび　ウ 不満《ふまん》　エ 満足《まんぞく》

（　　）

(3) ――線③とは、だれのことですか。

（　　）

2 次の文章を読んで、あとの問いに答えましょう。

まるまるとふとっているので、みんながマル公、*マル公とよんでいたのが、いつの間にか、ほんとうの名まえになってしまったのです。

マルは、一郎《いちろう》が学校にゆくときは、いつもついてゆきました。

一郎の学校は、土手《どて》の道を五百メートルほどいった右手の高台にありました。一郎の学校の門のそばには、①サクラのなみきがあって、花のトンネルをつくっていました。

②マルは、ここへきて遊《あそ》ぶのが大すきでした。もう、学校の子どもたちは、みんなマルのことを知っていて、かわいがってくれたからです。

（戸川幸夫《とがわゆきお》「のら犬物語《ものがたり》」）

*マル＝子犬の名前。

(1) ――線①の様子《ようす》を表《あらわ》している言葉《ことば》をぬき出しましょう。

（　　）

(2) ――線②とありますが、なぜ大すきなのですか。

（　　）

② 態度《たいど》・動作《どうさ》・表情《ひょうじょう》などから気持《きも》ちが読《よ》み取《と》れるところ

例

ぽん吉《きち》はかたを落《お》とし、うつむきながら、とぼとぼと森の小道を歩いて行きました。いつもはまん丸の目もまくが下りたように半分閉《と》じられています。ギュッと結《むす》ばれた口はへの字のようです。すぐ前のやぶのなかからやまばとがパタパタッと飛《と》び立ちましたが、ぽん吉はふり向《む》きもしません。

→ひどく落ちこみ、悲《かな》しい気持ちでいる。思いつめているので、周《まわ》りの様子《ようす》にも無《む》関心《かんしん》になっている。

③ 会話《かいわ》から、気持ちが読み取れるところ

力をつける問題 1

答え▼372ページ

1 次《つぎ》の文章《ぶんしょう》を読んで、あとの問《と》いに答えましょう。

「①すごいね、夏葉《なつは》。ミミズ、持てるんだ」

驚《おどろ》き顔《がお》で、大介《だいすけ》がいった。

「へへっ、すごいでしょ。びっくりだ。よし、そのまま、針《はり》をつけちゃおう」

「うん」

「さして、思い切ってさして」

「②きゃっ、やだ。へんな汁《しる》が出た」

「平気《へいき》、平気。ミミズは汁でできているんだ」

「なに③それ？　あはははっ」

夏葉と大介が、笑《わら》っていた。ぼくは、黙《だま》ってそれを見ていた。

夏葉は笑ってはいたが、その表情《ひょうじょう》はかたく、④ずいぶん無理《むり》をしていることが、ぼくにはわかった。

しかし、⑤大介は、本当にうれしそうだった。それも、はんぱなよろこび方ではない。あの顔は、そう、ぼくと大ゴイを釣《つ》りあげたときと同じ顔なのだ。

ぼくには、大介がよろこぶ理由《りゆう》が、少しだけわかるような気がした。よろこびを共有《きょうゆう》できること。それは、どんなに長い時間をかけて語りあうことよりも手《て》っ取《と》り早《ばや》い、信頼《しんらい》の確認《かくにん》なのだ。

例

村の子どもたちは、おじぞうさんからしっぽが出ているのを見て、笑《わら》い転《ころ》げています。ぽん吉は失敗《しっぱい》に気づき、はずかしさのあまり消《き》えてしまいたいと思いました。

　ところが、子どもたちの一人が、笑いの合間《あいま》に言った言葉《ことば》が耳に入ってきました。

「おじぞうさんにしっぽが生えてるなんて、こんなにおもしろいもの見たことないよ。」

「はてな。」ぽん吉は首をかしげました。「この子たちは喜《よろこ》んでわらっているぞ。」

　ぽん吉は、ぱっとたぬきのすがたにもどりました。

「あれっ、たぬきのおじいさんだ。なんだ、おじいさんが化《ば》けていたのか。おもしろかった。」

（夏葉がドバミミズ*を持てたことを、心のすみで、ほっとしている……）

ぼくは、そんな自分に気がついていた。

（阿部《あべ》夏丸《なつまる》「うそつき大ちゃん」）

*ドバミミズ＝うなぎつりに適《てき》した太《ふと》いミミズ。

(1) ――線①とありますが、何がすごいのですか。

（　　　）

(2) ――線②は、だれが言った言葉ですか。次から選《えら》んで、記号《きごう》で答えましょう。

（　　　）

ア 夏葉　イ 大介　ウ ぼく

(3) ――線③とありますが、「それ」の指《さ》していることを書きましょう。

（　　　）

(4) ――線④とありますが、「ぼく」はなぜ夏葉が「無理をしている」と思ったのですか。

（　　　）

(5) ――線⑤とありますが、大介が「うれしそう」な理由を、「ぼく」はどう考えていますか。それがわかる連続《れんぞく》した二つの文をさがして、初《はじ》めと終《お》わりの三字をぬき出しましょう。

□□□～□□□

おじいさん、どうもありがとう。」

ぽん吉《きち》は子どもたちに、にっこりと笑《わら》いかけました。

「わしはまちがっていた。お前たちの笑顔《えがお》を見て、やっと気づいたんじゃ。これからは子どもたちが喜《よろこ》ぶものに化《ば》けよう。」

ぽん吉はおなかをたたきながらおどり始めました。満面《まんめん》のえみをうかべて。

↓絶望《ぜつぼう》していたが、子どもたちの言葉《ことば》によって生きる希《き》望《ぼう》を見つけ、喜びにあふれている。

態度《たいど》や会話《かいわ》から、ぽん吉の気持《きも》ちがわかるね！

力をつける問題 ❷

答え▶372ページ

1 次《つぎ》の文章《ぶんしょう》を読んで、あとの問《と》いに答えましょう。

真由子《まゆこ》は、おべんとうの中から、食べかけのウィンナーを①ネコの前に、ほうってみた。

「まゆ、やめてよ。あんなきたないネコに、えさなんかやらないで」

②ママが、ちょっとおこった声を出す。

でも、ネコは、食べなかった。においをかいで、前足でつっついただけだった。顔をあげて、ちらっと真由子を見た。首の下に、白いすじが見えた。三日月《みかづき》が横《よこ》になった形だ。ツキノワグマみたいだった。

（かっこいいなぁ）

真由子が、また思った時、黒いふさふさしたしっぽがぶわっと動《うご》いて、食べかけのウィンナーをはじきとばした。

「まっ、なまいきなネコ。ウィンナーなんか食べないってさ」

ママは、そう言って自分のウィンナーをひと口で食べた。

ネコは、あくびをすると立ちあがり、庭《にわ》の外に出ていった。一メートルぐらいのブロックのへいがあるけど、かんたんにとびこえてしまった。

「あっ、まって」

真由子は、からあげをつかむと、ネコの後をおっかけた。

4 気持ちの変化《へんか》をとらえる

登場人物《とうじょうじんぶつ》の気持ちは、場面《ばめん》が変《か》わるにしたがって変化していきます。この変化をとらえることが、物語《ものがたり》の深《ふか》い理解《りかい》につながります。

1 それぞれの場面での人物の気持ちを読み取《と》る

例

①ぽん吉は大人《おとな》の男の人をおどろかせようとするが、うまく化けられない。
↓暗《くら》い気持ちになっている。⬅

②正体《しょうたい》がばれて、ひどい目にあわされる。
↓もう化けるのはやめようと思うほど落《お》ちこむ。⬅

（あさのあつこ「タンポポ空地《あきち》のツキノワ」）

(1) ――線①とありますが、どんなネコですか。色やもようを書きましょう。
（　　　　）

(2) ――線②とありますが、ママが「おこった声」を出したのは、なぜですか。
（　　　　）

(3) 真由子がほうったウィンナーを食べないで、ネコはどうしましたか。ネコのしたことを二つぬき出しましょう。
（　　　　）
（　　　　）

(4) このネコについて、真由子とママは、どのように感《かん》じていますか。あとから選《えら》んで、記号《きごう》で答えましょう。また、そう感じたのは、ネコのどんなところからですか。それぞれ書きましょう。

① 真由子
（　）・（　　　　）

② ママ
（　）・（　　　　）

ア なまいき　イ いたずら　ウ かっこいい　エ あまえんぼう

③人間の子どもたちをおどろかせようとして、うまく化《ば》けられずあわてるが、子どもたちは大喜《よろこ》びする。
↓これからは子どもたちを喜ばせるために化けようと決意《けつい》する。

② 初《はじ》めの気持《きも》ちからどう変《か》わったかを読み取《と》る

例 ぽん吉《きち》はうまく化けて人間をおどろかせることばかり考えていたが、子どもを喜ばせることができれば満足《まんぞく》だと思うようになった。

5 表現《ひょうげん》をとらえる

風景《ふうけい》や様子《ようす》のことを情景《じょうけい》といいます。**人物《じんぶつ》の気持ちと**

力をのばす問題1

答え▼372ページ

1 次《つぎ》の文章《ぶんしょう》を読んで、あとの問《と》いに答えましょう。

「みんな、きて」

とつぜん、のんこの、おしころした声がきこえた。

のんこのすがたが、だんボール箱《ばこ》をいれてあるほうのプレハブのよこにみえた。プレハブと、公民館《こうみんかん》のたてもののかべとのあいだ、はば二メートルほどの通路《つうろ》をのぞきこんで、のんこは、ぴくりともうごかず立っていた。
①かけつけたぼくらは、きゅうにしのび足になって、のんこのうしろからのぞきこんだ。
いた。ウサギがいた。

たしかに学校のウサギだった。茶色っぽい灰色《はいいろ》のウサギが、胸《むね》の白い毛をみせて、きょとんとした顔で、まえ足をそろえ、鼻《はな》をひくひくさせながら、こちらをみていた。

右にプレハブ、左に公民館のかべ、つきあたりはブロックのへい。にげみちはない。②ふくろのネズミ、いや、ふくろのウサギだった。

「いたじゃないか。」

うれしさをおさえきれない声で、達《たっ》ちゃんがいった。

「ぼくのいったこと、ほんとだったろ。」

関《かか》わりが深《ふか》い部分《ぶぶん》なので、表現に注目《ちゅうもく》することが大切です。

また、作者《さくしゃ》がだれの立場で書いているか、語り手の視点《してん》を表現から読み取《と》ることが大切です。

1 情景《じょうけい》の表現をとらえる

① 作品《さくひん》の背景《はいけい》としてえがかれている場合《ばあい》

例 日が暮《く》れようとしています。海は、はしのほうからオレンジ色にかわり始《はじ》めました。
↓美《うつく》しい風景《ふうけい》を味《あじ》わう。

② 人物の気持ちの表現としてえがかれている場合

例 ぽん吉が見上げると、雨が上

伸次《しんじ》がみんなをみまわしたが、③だれもあいづちをうたなかった。みんなの目は、ウサギにあつまっていた。

そっとみんなのまえにまわりこんだ美佐子《みさこ》が、ゆっくりしゃがむと、両手《りょうて》をさしだし、④かるく舌《した》をならした。


（岡田《おかだ》 淳《じゅん》「学校ウサギをつかまえろ」）

(1) ～～線「ウサギ」とありますが、どんなウサギですか。外見を書きましょう。
（　　　　）

(2) ――線①で、ぼくらが「きゅうにしのび足になっ」たのは、何《なん》のためですか。
（　　　　）

(3) ――線②とは、どういう意味《いみ》ですか。それがわかる一文をぬき出しましょう。
（　　　　）

(4) ――線③とありますが、それは、なぜですか。
（　　　　）

(5) ――線④で、美佐子が「かるく舌をならした」のは、何のためですか。
（　　　　）

がった空には美《うつく》しいにじがかかっていました。ぽん吉《きち》は、こんなに青い空を見るのは何日ぶりだろうと思いました。

↓ぽん吉の晴れ晴れとした気《き》持《も》ちが、雨上がりの青い空に表《あらわ》されている。

❷ 語りの視点《してん》をとらえる　発てん

物語《ものがたり》は、だれによって語られるかで、出来事《できごと》の見え方が変《か》わってきます。

① 一人称《いちにんしょう》の視点

語り手が、「わたし」や「ぼく」として登場《とうじょう》し、その人物《じんぶつ》の視点で語ります。

例　子ねこをもらったのは、ぼくが小学校の低学年《ていがくねん》のころだ。

力をのばす問題❷

答え▼373ページ

❶ 次《つぎ》の文章《ぶんしょう》を読んで、あとの問《と》いに答えましょう。

こんどはかさやさんが、ごんべえをやとってくれることになりました。

ごんべえは、いえのそうじをしたり、かさをとんやさんにとどけたり、いっしょうけんめいはたらきました。

ある日、ごんべえができあがったかさをみちにほしていると、とつぜん、ごおっと音がして、たつまきがおこりました。

ひろげたかさをもったごんべえは、みるみる空たかくまいあがりました。

かぜにとばされて、西へ西へととんでいきました。

①「トホホ……。いったいどこまでとんでいくんだろう。」

かさのえをしっかりにぎりしめていると、そのうちかぜがやんで、ごんべえはゆっくりゆっくりおちていきました。

やがて、ごんべえの足がかわらにさわりました。

②「どこかのいえのやねのうえについたんだな。」

ほっとして、あたりをみまわしたごんべえは、びっくりしてこしをぬかしそうになりました。

やねはやねでも、なんと五じゅうのとうのてっぺんだったのです。

「あれっ、五じゅうのとうにおちてきたのは、てんぐさまじゃないかな。」

そのころ、ぼくの一家は東京《とうきょう》の外《はず》れの小さな町に住《す》んでいた。一人っ子だったぼくは、弟ができたようでうれしかった。

↓語り手は「ぼく」の気持ちをえがいています。

②三人称《さんにんしょう》の視点

語り手が、登場しない語り方です。どの人物の視点にもなれます。

例 はなは、その日みかに言われた言葉《ことば》をつらい気持ちで思い返《かえ》していた。一方のみかも、はなに言った言葉を苦《にが》い思いとともに思い出していた。

↓語り手は「はな」の気持ちも「みか」の気持ちも、自由《じゆう》にえがいています。

「それにしてもはははながひくいし、かおもあかくないぞ。」

みんな、わいわいいっていましたが、ごんべえはそれどころではありません。

「③たすけてくれえ!」

かなきり声でさけびました。

（大石《おおいし》　真《まこと》「かもとりごんべえ」）

(1) ごんべえはどんなふうに働《はたら》きましたか。文章中の言葉を使って書きましょう。

（　　　）

(2) かぜにとばされたごんべえが落《お》ちたのは、どこでしたか。文章中からぬき出しましょう。

（　　　）

(3) ――線①～③の言葉を言ったときのごんべえの気持ちを想像《そうぞう》して書きましょう。

①（　　　）

②（　　　）

③（　　　）

6 物語《ものがたり》の主題《しゅだい》をとらえる

主題は、作品《さくひん》で作者《さくしゃ》が表《あらわ》そうとした考えの中心となるもので、作者が読者に最《もっと》も読み取《と》ってほしいと思っていることです。

1 主題の表れ方

主題はあらすじ(いつ、どこで、だれが、何をした)とはちがいます。言葉《ことば》でその事《こと》がらがはっきりと書かれているのではなく、文章全体《ぶんしょうぜんたい》の中にかくれています。

2 主題の読み取り方

主題は、次《つぎ》のような手順《てじゅん》で読み取ります。

①あらすじをつかむ。
②場面《ばめん》ごとの主人公《しゅじんこう》の気持《きも》ちをとらえる。

力をのばす問題3

答え▼373ページ

1 次の文章を読んで、あとの問《と》いに答えましょう。

「ツキノワ、ひどい」

真由子《まゆこ》は、土をつかんでツキノワになげた。小原《おはら》さんのひくい声がした。

「なにが?」

「え?」

「なにが、ひどいわけ?」

「ひどいじゃない。あんな小さなスズメを食べちゃうんだよ。かわいそうじゃない」

「だって、お昼ごはんだもの。香取《かとり》さんは、お昼ごはん食べないの」

「食べるよ。だけど……」

「ツキノワは、自分のえさを自分でつかまえてるんだからね。スズメがかわいそうなんて思ったら、ノラネコなんかやってられないんだから、それに……」

小原さんの目がすっとほそくなって、口のはしでうふっと笑《わら》った。なんだか、ツキノワににている。

「なによ」

「香取さん、ツキノワがかっこいいって、思ったでしょ」

③山場（最ももり上がる部分《ぶぶん》）となる場面をとらえ、主人公の気持ちがどのように変《へん》化《か》したのかをおさえる。

例　ぽん吉《きち》は、うまく化《ば》けられなくて自信《じしん》をなくし、落《お》ちこんでいた。しかし、子どもたちと出会《であ》って、人を化かすだけではなく、楽しませることもできるという希望《きぼう》が持《も》てるようになった。

④主題をまとめる。

例　出会いや経験《けいけん》によって、今までとはちがう考えを持てるということ。

思った。ツキノワが、スズメにとびかかったしゅんかん、空にむかってとんだ時、かっこいいと思った。くっとつばをのみこんで、だまる。ツキノワは、真由子が今までにあったネコとは、ぜんぜんちがう。ニャオゥとか、かわいい声を出さないし、あまえてこない。からあげやウィンナーも食べない。町の中にすんでいるけど、野生の動物《どうぶつ》だ。黒ヒョウみたいだ。なんか、かっこいい。からだをバネにして、えものにおそいかかるツキノワは、かっこいい。

（あさのあつこ「タンポポ空地《あきち》のツキノワ」）

(1) ツキノワがスズメを食べたことについて、真由子と小原さんはどう思いましたか。それぞれ書きましょう。

① 真由子（　　）

② 小原さん（　　）

(2) ——線とありますが、真由子は、ツキノワのどんなところが「今までにあったネコ」とはちがうと思ったのですか。三つ書きましょう。

（　　）

（　　）

（　　）

② 説明文《せつめいぶん》

例題

1 **次《つぎ》の文章《ぶんしょう》を読んで、あとの問《と》いに答えましょう。**

アデリーペンギンは、南極大陸《なんきょくたいりく》のまわりにだけ、すんでいるペンギンです。

このペンギンは、ふだん、氷山《ひょうざん》の氷《こおり》のうかぶ南極の海で、生活している海の鳥です。□、夏になると、氷のとけたわずかな陸地《りくち》に、ペンギンの親鳥たちが、つぎつぎに集《あつ》まってきます。短《みじか》い夏のあいだに、巣《す》をつくり、ヒナをかえしてそだてるのです。このような場所《ばしょ》を、「集《しゅう》団《だん》はんしょく地」＊とよんでいます。

＊はんしょく＝動物《どうぶつ》や植物《しょくぶつ》がふえていくこと。

（青柳昌宏《あおやぎまさひろ》「ペンギンの国」）

(1) □に合うつなぎ言葉《ことば》を次から選《えら》んで、記号《きごう》で答えましょう。

ア だから　イ ところが　ウ また　（　　）

(2) ——線とありますが、どのような場所ですか。

（　　）

考え方

1 (1)「つなぎ言葉」には、いろいろな種《しゅ》類《るい》があります。ここでは□の前後で「海の鳥」→「陸地に…集まってきます。」と逆《ぎゃく》のことが書かれているので、**前の事《こと》がらと逆の事がらをあとに続《つづ》けるはたらき**のつなぎ言葉を選びます。 247ページ

(2) 指示語《しじご》の問題《もんだい》です。指示語が指し示《しめ》すものは、**指示語より前に書かれてい**るのがふつうです。 245ページ

2 (1)ある事がらの理由《りゆう》を読み取る問題です。すぐあとの一文に理由が書かれているので、そこから読み取ります。また、文末《ぶんまつ》を「〜から。」とすることに注《ちゅう》意《い》します。

2 次の文章を読んで、あとの問いに答えましょう。

よく見かける大きなミノムシは、オオミノガという種類《しゅるい》です。たくさん目につく虫だったので、冬という季節《きせつ》を代表《だいひょう》する「冬の風物詩《ふうぶつし》」として親しまれてきました。

①それが一九九五年ごろから急《きゅう》に、見かけなくなりました。中国《ちゅうごく》からわたってきた、オオミノガヤドリバエという寄生《きせい》*バエにおそわれたからです。②このハエが卵《たまご》を産《う》んだ葉《は》っぱをオオミノガの幼虫《ようちゅう》が食べると、からだの中でハエの幼虫がかえり、生きながらえさにされてしまいます。

（谷本雄治《たにもとゆうじ》「蛾《が》ってゆかいな昆虫《こんちゅう》だ」）

＊寄生＝ある生物《せいぶつ》に取りついて、そこから栄養《えいよう》を取ること。

(1) ——線①とありますが、「ミノムシ（オオミノガ）」を見かけなくなったのはなぜですか。
（　　　）

(2) ——線②は、何を指《さ》していますか。（　　　）

(3) この文章の内容《ないよう》に合うものを次から一つ選んで、記号で答えましょう。（　　　）

ア 寄生バエは、ミノムシの幼虫のえさにされてしまう。
イ 寄生バエにおそわれ、ミノムシがいなくなった。
ウ 寄生バエにおそわれたミノムシは、あちこちににげる。

---

(2) 指示語の問題です。「このハエ」とあるので、どんなハエを指しているか考えます。（↓245ページ）

(3) 要点《ようてん》を問う問題です。あとの段落に書かれている内容を適切《てきせつ》にまとめている一文を選びましょう。

答え

1 (1) イ
(2) (例《れい》) ペンギンが夏のあいだに巣をつくり、ヒナをかえしてそだてる場所。

2 (1) (例) 中国からわたってきた寄生バエにおそわれたから。
(2) オオミノガヤドリバエ（という寄生バエ）
(3) イ

くわしい学習

1 説明文《せつめいぶん》の読み方

説明文とは、ある事《こと》がらや物事《ものごと》について、すじ道を立てて説明した文章《ぶんしょう》のことです。筆者《ひっしゃ》が何について、どのように考えているかを正しく読み取《と》ることが大切です。次《つぎ》のような方法《ほうほう》で読んでみましょう。

① 文題《ぶんだい》に注目《ちゅうもく》する

説明文の文題には、文章のなかみを短《みじか》く表《あらわ》したようなつけ方が多いものです。まず、文題に目をつけてみれば、何について説明しているかはすぐに見当《けんとう》がつきます。

② 段落《だんらく》の要点《ようてん》をまとめる

説明文では段落がわりあい

練習問題 1

答え▼373ページ

1 次の文章を読んで、あとの問《と》いに答えましょう。

恐竜《きょうりゅう》がタマゴを産《う》む動物《どうぶつ》だとわかったのは、二十世紀《せいき》になってからのことだ。（中略《ちゅうりゃく》）アメリカ自然史《しぜんし》博物館《はくぶつかん》の中央《ちゅうおう》アジア探検隊《たんけんたい》が、中国《ちゅうごく》とモンゴルにまたがるゴビ砂漠《さばく》を調査《ちょうさ》していて、たくさんの恐竜化石《かせき》といっしょにタマゴの化石も発見《はっけん》した。しかもタマゴは、砂《すな》に掘《ほ》ったすりばち状《じょう》の巣《す》の中に、きちんとならべられていたのである。

恐竜のタマゴと巣を発見！　というので当時も大ニュースになったという。タマゴは、巣の近くからたくさん発見された小形の＊角竜《つのりゅう》、プロトケラトプスのものと考えられた。

（ヒサクニヒコ「恐竜のタマゴ」）

＊角竜＝角を持《も》ったサイのような恐竜。

(1) 何について書いた文章ですか。

恐竜の（　　　）

(2) ――線の「タマゴの化石」について答えましょう。

① 「どこ」で、「どんな様子《ようす》」で発見されましたか。文章中からぬき出しましょう。

どこ……（　　　）

どんな様子……（　　　）

はっきりしています。段落ごとに要点をまとめて、初《はじ》めに――次に――それから――最《さい》後《ご》にというように、説明の内《ない》容《よう》を整《せい》理《り》して読み取っていきます。

2 話題《わだい》をつかむ

何について書かれた文章かを考えたとき、その「何」に当たるのが話題です。説明文を読むときには、まずこの話題を正しくとらえることが大切です。

話題をとらえるには、全文《ぜんぶん》を通《とお》して読み、**文章の中でくり返《かえ》し使《つか》われている言葉《ことば》や、文章の中心になっている言葉（キーワード）**に注目します。

② 何《なん》のタマゴと考えられましたか。（　　　　）

2 **次の文章を読んで、あとの問いに答えましょう。**

日本で、ぼくたちがふつうに食べているお米と、インドや東南アジアの、もっとあたたかい国で食べているお米とでは、形がちがう。そこで、①実験《じっけん》をしてみることにした。

おはしでつまんでみると、日本のごはんはつまみやすいけど、インドのごはんはつまみにくい。手でつまんでみると、日本のごはんはくっつくけど、インドのごはんはさらさらして、手につかない。おにぎりをにぎってみたら、日本のごはんではきれいにできたけど、インドのごはんではくずれてしまう。

②いろいろと実験してみて、わかった。インドの細長いお米で炊《た》いたごはんは、おはしではつまみにくいし、指《ゆび》にもつかないから、手で食べたりするんだ。

（森枝卓士《もりえだたかし》「手で食べる？」）

(1) ――線①とありますが、何と何とをくらべる実験ですか。□に入る言葉をそれぞれ三字以内《いない》で書きましょう。

□□□のお米と□□□のお米。

(2) ――線②とありますが、わかったことを書きましょう。

（　　　　）

例

おすもうさんは、体を大きくするために、食《た》べ物《もの》をあまりかまずに飲《の》みこむようにして食べるそうです。なぜそんなことをするかというと、ヒトは、かむことによって、満腹《まんぷく》を感《かん》じるようにできているからです。つまり、かまずに飲みこんだほうが、かんだときよりたくさん食べられるのです。

　でも、それはおすもうさんの話です。わたしたちは、もちろん、しっかりとかんで食事《しょくじ》を味《あじ》わって食べることが大切です。

↓キーワードは「かむ」

練習問題 2

答え▼373ページ

1 次の文章を読んで、あとの問《と》いに答えましょう。

「くじをひく」という言い方を知っていますね。いまでは「くじをひく」といっても、いろいろなやり方がありますが、もともとは、こより（紙を細くよじったもの）や小さい棒《ぼう》などに、当たりはずれを記《しる》したものを細い木箱《きばこ》などに入れておいて、そこから一本引き抜《ぬ》かせたものです。そういうやり方はもうあまりされなくなっても「くじびき」とか「くじをひく」という言い方は、あいかわらずそのまま残《のこ》っています。

（池上嘉彦《いけがみよしひこ》「ふしぎなことば　ことばのふしぎ」）

(1) 何について書かれた文章ですか。（　　　）

(2) ――線「そこ」が指すものを、文中から六字でぬき出して書きましょう。

(3) この文章の内容に合うものを次から選《えら》んで、記号《きごう》で答えましょう。

ア「くじびき」のやり方は昔《むかし》のとおりではないが、言葉は残っている。
イ 昔は、今よりもたくさんの「くじびき」のやり方があった。
ウ「くじびき」のやり方は昔と同じだが、言葉の意味《いみ》が変《か》わった。

（　　　）

3 指示語《しじ》をとらえる

文章《ぶんしょう》を正確《せいかく》に読み取《と》るためには、指示語（こそあど言葉《ことば》）が指《さ》し示《しめ》す内容《ないよう》を正しくとらえることが大切です。
指示語は、指し示す場所《ばしょ》によって、次《つぎ》のように分けられます。

自分に近い	この・これ ここ・こう こちら
相手《あいて》に近い	その・それ そこ・そう そちら
どちらにも遠い	あの・あれ あそこ・ああ あちら
はっきりしない	どの・どれ どこ・どう どちら

2 次の文章を読んで、あとの問いに答えましょう。

[1] 流《なが》れ星《ぼし》のなかには、とくに大きく明るいものがあります。こんな大流星《だいりゅうせい》は、ふつうの流れ星と区別《くべつ》して〝火球《かきゅう》〟とよばれています。

[2] 大火球のなかには、とちゅうでもえつきないで、地上までおちてくるものがあります。地上におちてきた流れ星が、いん石です。

[3] ひとかかえもある大ものから、あめ玉のような小つぶのものまで、また、たくさんの破片《はへん》*となってふりそそぐものなど、地上におちてくるいん石は、大きさも、形も、種類《しゅるい》も、じつにさまざまです。

[4] いん石には、石でできているものと、鉄《てつ》ばかりのもの、石と鉄のまざりあったものとの、三種類があります。

（藤井《ふじい》 旭《あきら》「流れ星・隕石《いんせき》」）

*破片＝こわれた物《もの》のかけら。

(1) 「大流星」のことを別《べつ》の言葉で何といいますか。

（　　　　）

(2) [3]段落《だんらく》でいちばん重要《じゅうよう》な部分《ぶぶん》を、三十四字でぬき出しましょう。

(3) ――線「三種類」とありますが、いん石には、どんなものがありますか。三つ書きましょう。

（　　　　）
（　　　　）
（　　　　）

ふつう指示語《しじご》が指《さ》し示《しめ》す内容《ないよう》は、**その指示語より前に**あります。指し示す部分《ぶぶん》がわかったら、指示語を、指示する内容に置《お》きかえて、確《たし》かめることができます。

例　横浜港《よこはまこう》は、江戸時代《えどじだい》の終《お》わりごろに、日本で最初《さいしょ》に外国に向《む》けて開《ひら》かれた港《みなと》です。そこにある開港資料館《かいこうしりょうかん》には、開港に関《かん》する資料がたくさん残《のこ》されています。

↓「そこ」が指し示す内容は「横浜港」です。「そこ」を「横浜港」に置きかえて意味が通じることを確かめます。

力をつける問題1

答え▼374ページ

1 次の文章を読んで、あとの問《と》いに答えましょう。

水をたっぷりたくわえているサボテンは、水やえさにうえているさばくの動物《どうぶつ》たちのごちそうです。□がなかったら、たちまち食べられてしまいます。

なかには、まっかなとげで、動物をおどしているサボテンもあります。

サボテンのとげは、動物から身《み》をまもることのほかに、くきをおおって砂《すな》あらしから身をまもったり、強い太陽《たいよう》の光をさえぎるすだれ*の役目《やくめ》もしています。

（埴《はに》　沙萠《しゃぼう》「サボテンのふしぎ」）

*すだれ＝細くさいた竹などを糸で編《あ》んだもの。

(1) ――線とありますが、サボテンがごちそうになるのは、なぜですか。（　）に合う言葉を文章中からぬき出しましょう。

サボテンは、（　　　　）から。

(2) □にあてはまる言葉を文章中から二字でぬき出しましょう。

(3) サボテンのとげの役目を、三つ書きましょう。

（　　　　）
（　　　　）
（　　　　）

4 つなぎ言葉《ことば》に注目《ちゅうもく》する

文章《ぶんしょう》を正しく読み取《と》るためには、文と文、段落《だんらく》と段落とのつながりをきちんと読み取ることが大切です。つなぎ言葉（接続語《せつぞくご》）によって、前後の文や段落のつながり方がわかります。次《つぎ》の例を見ながら、文と文のつながりを確かめましょう。

例
みそ作りは秋から冬にかけて行います。みそは、材料《ざいりょう》によって米みそ、麦みそ、豆《まめ》みそなどがあります。また、色によって、赤みそ、白みそなどの名前で呼《よ》ばれることもあります。

→「また」は、前の事《こと》がらにつけ加《くわ》えるはたらきをします。

2 次の文章を読んで、あとの問いに答えましょう。

コメツキガニは潮《しお》が引くと、しばらくのあいだ、ひがたに残されたプランクトン*をさかんに食べますが、まもなく巣《す》あなに入って、まるめた砂《すな》でふたをしてしまいます。

□チゴガニは、つぎの潮が満《み》ちてくるまで、ずっとひがたに出ていて、えさを食べたり、はさみをふったり、なわばりに入ってくるカニを追《お》いはらったりしています。

このような行動《こうどう》からも、コメツキガニよりもチゴガニのほうが、陸上生活《りくじょうせいかつ》にふさわしい習性《しゅうせい》になっているということができます。

（武田正倫《たけだまさつね》「砂はまのカニたち」）

*プランクトン＝海や池にすむ小さな生き物《もの》。

(1) □に入るつなぎ言葉を次から選《えら》んで、記号《きごう》で答えましょう。

ア だから　イ そのうえ　ウ ところが　エ または　（　　）

(2) ――線とありますが、

① 「このような行動」とは何を指しますか。（　）に合う言葉を書きましょう。

チゴガニが（　　　　　　）こと。

② 「このような行動」から、どんなことがいえるのですか。

（　　　　　　　　）

例

ハチドリは、なぜ空中で止《と》まることができるのでしょうか。体が軽《かる》いからでしょうか。それとも、羽《は》ばたきの回数が多いからでしょうか。

→「それとも」は、前の事《こと》がらとくらべたり、どちらかを選《えら》んだりするはたらきをします。

例

冬は山に食《た》べ物《もの》がほとんどなくなります。だから、クマは冬の間、あなの中でじっとしてすごします。

→「だから」は、前の事がらがあとの事がらの原因《げんいん》になることを示《しめ》すはたらきをします。

力をつける問題 2

答え▼374ページ

1 次《つぎ》の文章《ぶんしょう》を読んで、あとの問《と》いに答えましょう。

がけの上から＊ペンギンの国が見おろせます。①おやっ、ちょっとへんです。ペンギンの国には、親鳥がほとんど見あたりません。黒っぽい毛をしたヒナが、かたまっているだけです。ああ、②これが「クレイシ」なのか。はじめて見る光景《こうけい》に、わたしは、目を見はりました。

「クレイシ」というのは、フランス語で「保育園《ほいくえん》」のことです。ペンギンは、保育園をつくるおもしろいとくちょうのある鳥として、よく知られています。

ヒナがかえってからしばらくのあいだ、親鳥は、交代《こうたい》で食べものをとりに出かけます。ところが、ヒナが大きくなるにつれて、たくさんの食べものが必要《ひつよう》になるのでしょう。親鳥は、二羽《にわ》とも海へ出かけてしまいます。とりのこされたヒナたちは、二羽、三羽と、だんだん集《あつ》まりはじめるのです。

（青柳昌宏《あおやぎまさひろ》「ペンギンの国」）

＊ペンギンの国＝南極《なんきょく》にある日本の観測基地《かんそくきち》（昭和《しょうわ》基地）近くのペンギンの集団《しゅうだん》はんしょく地《ち》。

例 日本には、ニホンリス、エゾリスなどがすんでいます。ところが、近年は、外来種《がいらいしゅ》のタイワンリスが全国的《ぜんこくてき》にふえているそうです。

→「ところが」は、前の事がらとは逆《ぎゃく》の事がらがあとにくることを示すはたらきをします。

例 今年《ことし》の紅葉《こうよう》は、例年《れいねん》よりもさらに美《うつく》しいと予想《よそう》される。なぜなら、今月に入って急《きゅう》に寒《さむ》くなったからだ。

→「なぜなら」は、前の事がらについて、あとで理由《りゆう》などを補《おぎな》うはたらきをします。

(1) ――線①とありますが、何がへんなのですか。（　）に合う言葉《ことば》を書きましょう。

ペンギンの国に（　　　　）こと。

(2) ――線②とありますが、「これ」が指《さ》しているのは、どんな光景ですか。また、「クレイシ」とは何《なん》のことですか。それぞれ書きましょう。

「これ」…（　　　　）

「クレイシ」…（　　　　）

(3) ヒナがかえってしばらくのあいだ、親鳥は、どのようにして食べものをとりに出かけますか。

（　　　　）

(4) ヒナが大きくなるにつれて、親鳥が二羽とも海へ出かけてしまう理由を、筆者《ひっしゃ》はどのように考えていますか。

（　　　　）

(5) 「クレイシ」に集まったヒナたちは、どんなヒナだと考えられますか。次から一つ選んで、記号《きごう》で答えましょう。

ア タマゴからかえったばかりの動《うご》けないヒナ。

イ 親鳥が二羽とも海へ出かけ、残《のこ》されたヒナ。

ウ まいごになってつれてこられたヒナ。

（　　　　）

例

ブナは落葉《らくよう》する広葉樹《こうようじゅ》です。

ところで、クヌギはどうでしょうか。

↓「ところで」は、前から話題《わだい》を変《か》えることを示《しめ》すはたらきをします。

5 段落《だんらく》の構成《こうせい》をつかむ

文章《ぶんしょう》には、説明《せつめい》する事《こと》がらや話の場面《ばめん》が移《うつ》り変わる切れ目がいくつかあります。この切れ目から切れ目までのひとまとまりを段落といいます。

1 段落の見分け方

①形式《けいしき》段落

行が変わり、一字下げて書かれているところが、段落の区切《くぎ》りです。これによって区

力をのばす問題 1

答え▼374ページ

1 次の文章を読んで、あとの問《と》いに答えましょう。

[1] 恐竜《きょうりゅう》の化石《かせき》の発見《はっけん》がだんだんふえてくると、恐竜のことがいろいろわかるようになってきた。そうすると、①今のトカゲのような*は虫類《ちゅうるい》という考え方で*復元《ふくげん》するとどうもおかしい、ということに気がついてきたのだ。

[2] 体の骨《ほね》をみても、今のは虫類よりうんとガッシリしている。大きくて重《おも》い体をがっちりささえられそうだ。四足《しそく》で歩く恐竜の前足や後ろ足はすごく太くて長い骨でできている。二足《にそく》で立ちあがった姿勢《しせい》の恐竜もいる。こんな姿勢でいつもくらしているは虫類なんて今の常識《じょうしき》では考えられない。

[3] 今のは虫類は足を体の両側《りょうがわ》にひろげておなかを地面《じめん》につけている。でも恐竜の足跡《あしあと》の化石をみると、足は体のま下についていた。足跡はほぼ一直線上にならんでいて、②これは今の牛やゾウの足跡と同じだ。

[4] 群《む》れで歩いている足跡化石や、小形の恐竜が集団《しゅうだん》で大きな恐竜をおそったと思われる化石もみつかった。これは今のほ乳類《にゅうるい》の生活のしかたに似《に》ている。アメリカでは集団で巣《す》をつくって、しかもタマゴからかえった赤ちゃん恐竜に、親が鳥のようにえさを運《はこ》んできたことまでわかる化石がみつかった。

[5] つまり、恐竜は今のは虫類のような不活発《ふかっぱつ》な動物《どうぶつ》ではなくて、つねに活発

切られるひとまとまりが形式段落です。
②意味《いみ》段落
文章の内容《ないよう》から見て、形式段落よりもう少し大きなまとまりに分けたものが意味段落です。

② 段落どうしの関係《かんけい》をとらえる

文章全体《ぜんたい》を読み取《と》るためには、段落を中心とした**文章全体の組み立て**をとらえる必要《ひつよう》があります。そのためには、段落どうしがどのような関係になっているかを調《しら》べます。

段落どうしの関係には、その段落が前の段落の内容をさらにくわしく説明している場《ば》合《あい》や、逆《ぎゃく》の事がらを示してい

に動《うご》きまわることのできた動物だった、と考えられるようになったのだ。
（ヒサクニヒコ「恐竜のタマゴ」）

＊は虫類＝体がうろこやこうらで包《つつ》まれていて、卵《たまご》を産《う》み、肺《はい》で息《いき》をするせきつい動物。ヘビ・ワニ・トカゲなど。
＊復元＝元の形や状態《じょうたい》にもどすこと。

(1) ——線①とありますが、恐竜と今のは虫類のちがいを②段落から読み取って、次の（　）に合う言葉を書きましょう。
恐竜は今のは虫類より（　　　　）していて、（　　　　）姿勢のものもいた。

(2) ——線②の「これ」は、どんなことを指《さ》していますか。
（　　　　）

(3) この文章のまとめとして、合うものを次から一つ選《えら》んで、記号《きごう》で答えましょう。
ア 恐竜は、活発に動きまわることのできた動物だった。
イ 恐竜は、今のトカゲのようなは虫類の仲間《なかま》だった。
ウ 恐竜は、牛やゾウのようなほ乳類の仲間だった。
（　　）

る場合《ばあい》などがあります。その関係をとらえるには、つなぎ言葉《ことば》（接続語《せつぞくご》）や指示語《しじご》に注目《ちゅうもく》します。

例

……以上《いじょう》のことから、野生《やせい》のクマは人間をおそれていることがわかりました。①ところが、近年、人が住《す》む場所《ばしょ》にすがたをあらわすものがふえてきました。②また、同じ調査《ちょうさ》から、イノシシも人間をおそれていることがわかりました。③そのことは、次《つぎ》の事実《じじつ》からもわかります。……

①つなぎ言葉。逆《ぎゃく》の内容《ないよう》を表す。

②つなぎ言葉。さらに同じような内容をつけ足す。

力をのばす問題 2

答え▼374ページ

1 次《つぎ》の文章を読んで、あとの問《と》いに答えましょう。

1 ジャガイモもタマネギもふつうに食べるようになり、だんだんとカレーもかわっていきました。イギリス人がインドのものを自分たちのかたちにしていったように、日本人も自分たちにあうようなかたちにかえていき、①いまのようなカレーができあがったのです。

2 カレー粉《こ》も最初《さいしょ》はイギリス製《せい》を輸入《ゆにゅう》していたのですが、日本でもつくられるようになり、やがてカレールーが登場《とうじょう》することによって、もっとてがるに、カレーが食べられるようになりました。

3 それにしても、日本人はなぜカレーがそんなに好《す》きなんでしょう。

4 ②いろいろな料理《りょうり》が新《あたら》しくはいってきたのに、カレーがとくに好《この》まれたのはなぜでしょう？

5 たくさん理由《りゆう》が考えられます。たとえば、江戸時代《えどじだい》の日本では牛とか豚《ぶた》とかのような動物《どうぶつ》の肉はほとんど食べていなかったので、ステーキのような料理はちょっと気持《きも》ちわるがられ、きらわれたようですが、カレーの肉は小さくきってあるし、カレーのにおいが強いから、肉を食べるということが気にならなかったようです。

6 また、カレーは新しいものにはちがいなくとも、日本人の食べなれていた

③指示語。野生のイノシシは人間をおそれていることを指《さ》す。

6 結論《けつろん》をとらえる

説明文《せつめいぶん》を読む場合は、筆者《ひっしゃ》が最《もっと》も強く伝《つた》えたいと考えている事《こと》がらである結論の部分《ぶぶん》を正しくとらえる必要《ひつよう》があります。

1 文章全体《ぶんしょうぜんたい》の中心となる段落《だんらく》を見つける

中心となる段落とは、結論が書かれている段落のことです。結論は**全体のまとめの段落**に書かれていますから、ふつうは最後《さいご》のほうにあります。ただし、最初《さいしょ》に結論を述《の》べて、それからその結論《けつろん》にいたった

ごはんがいっしょだったから、受《う》け入れやすかったということもあるでしょう。

（森枝卓士《もりえだたかし》「カレーライスがやってきた」）

(1) ――線①とありますが、どんな順《じゅん》でできあがったか、次の（　）に合う言葉を書きましょう。

（　　　）↓イギリス人にあうカレー↓（　　　）↓いまのようなカレー

(2) てがるにカレーが食べられるようになったのは、何が登場したからですか。五字で書きましょう。

□□□□□

(3) 話題《わだい》が変《か》わっているのはどの段落ですか。段落番号《ばんごう》で答えましょう。

（　　　）

(4) ――線②とありますが、新しく入ってきた料理の中で、日本人がカレーをとくに好んだ理由を、二つ書きましょう。

（　　　）
（　　　）

理由《りゆう》を書いていく場合《ばあい》や、最《さい》初《しょ》と最後《さいご》の両方《りょうほう》に結論《けつろん》が書かれている場合もあります。

② 中心となる段落《だんらく》の見つけ方

段落の初《はじ》めのつなぎ言葉《ことば》や、文頭《ぶんとう》の言葉などに注目《ちゅうもく》する。

例　**つまり・すなわち・要《よう》するに**
→それまでの内容《ないよう》をまとめたり、言いかえたりする。

7 要約《ようやく》のしかたを理解《りかい》する

文章《ぶんしょう》の大切なところを読み取《と》って短《みじか》くまとめることを要約といいます。

説明文《せつめいぶん》などの**文章の内容を短くまとめたもの**は、あらましともいい、物語文《ものがたりぶん》のあらす

力をのばす問題 3

答え▼375ページ

1 次《つぎ》の文章を読んで、あとの問《と》いに答えましょう。

[1] 大きな*シルバーバックが、おいしそうに*ハゲニアの木の皮《かわ》を食べているところへ、6歳《さい》ぐらいの子どものゴリラがやってきました。そしてからだをすり寄《よ》せシルバーバックの顔に自分の顔を近づけて、①シルバーバックの顔と、手にある皮を交互《こうご》にのぞきこみました。まるでその木の皮をほしがっているようです。②私《わたし》はドキッとしました。サルの社会では、強いサルが自分の持《も》っている食物《しょくもつ》や食べている場所《ばしょ》を弱いサルにゆずることはありません。弱いサルが食べものをのぞきこんだりしたら、たちまち強いサルに攻撃《こうげき》されます。

[2] [　]、のぞきこまれてもシルバーバックは、「グフーム」と低《ひく》くうなっただけで、少し移動《いどう》し子どもゴリラが食べられるように、場所をあけてやったのです。子どもゴリラはさっそく木に歯《は》を立てて、おいしそうな皮をはぎとってポクポクと音を立てて食べはじめました。ニホンザルの社会では、弱いサルが強いサルの前では決《けっ》して食物に手を出さないというルールが徹底《てってい》しています。母親ですら、子どもに食物をゆずることはありません。

[3] でも、ゴリラには食べものを独占《どくせん》せずに仲間《なかま》といっしょに食べよう、という気持《きも》ちがどこかにあるのかもしれません。ゴリラには食物をめぐってあらそう気持ちがあまりないこと、そして、決してどちらが強いか、勝《か》ち負《ま》けで

じにあたる言葉です。

❶ 要約の手順《てじゅん》

①話題《わだい》をおさえる。
②意味《いみ》段落ごとに分ける。
③キーワードをおさえ、意味段落の要点をまとめる。
④意味段落の要点どうしの関《かん》係《けい》を調《しら》べる。
⑤④の関係をおさえて、結論の内容につながるようにまとめる。

❷ 要約するうえでの注意点《ちゅういてん》

・具体例《ぐたいれい》などは省《はぶ》く。
・字数指定《してい》がある場合は、字数内でまとめる。

は問題《もんだい》を解決《かいけつ》しようとはしない、ということもよくわかりました。

（山極寿一《やまぎわじゅいち》「ゴリラが胸《むね》をたたくわけ」）

＊シルバーバック＝大人《おとな》のオスのゴリラ。背《せ》から腰《こし》にかけての毛が白くなっている。
＊ハゲニア＝バラ科《か》の植物《しょくぶつ》。アフリカ原産《げんさん》。

(1) □に合うつなぎ言葉を次から選《えら》んで、記号《きごう》で答えましょう。（　　）

ア　つまり　イ　ところが　ウ　ところで　エ　なぜなら

(2) ――線①とありますが、6歳ぐらいの子どものゴリラの様子《ようす》は、筆者《ひっしゃ》にはどのように見えましたか。それがわかる一文をぬき出しましょう。

（　　）

(3) ――線②とありますが、筆者が「ドキッとした」のはどうしてですか。その理由《りゆう》がわかる連続《れんぞく》した二つの文の初《はじ》めの言葉を五字でぬき出しましょう。

□□□□□

(4) 1・2段落のゴリラの様子から、どんなことがわかりましたか。二つ書きましょう。

（　　）
（　　）

③ 手紙・生活文・伝記《でんき》など

例題

1 次《つぎ》の文章《ぶんしょう》を読んで、あとの問《と》いに答えましょう。

杉原千畝《すぎはらちうね》は、一九〇〇(明治《めいじ》三十三)年の一月一日、岐阜県《ぎふけん》の小さな町に生まれました。父の好水《よしみ》はぜいむしょにつとめる役人《やくにん》で、一家はお寺の中の一室を借《か》りて住《す》んでいました。とりたててゆたかでもない、ごくふつうの家庭《かてい》といえます。一家がくらすお寺はおかの上にあり、眼下《がんか》には広大な畑《はたけ》が見下ろせました。千畝の「畝」は種《たね》をまいたりするために、畑の土を細長くもり上げた所《ところ》のことです。ですから、千畝という名前はその「畝」が千もある広い畑という意味《いみ》になります。

(1) だれのことを書いた文章ですか。（　　）

(2) いつ、どこで生まれましたか。

① いつ（　　）　② どこで（　　）

(3) 名前には、どんな意味がありましたか。

（　　）

考え方

1 (1)は、だれの伝記かを答える問題《もんだい》です。**伝記はある人物《じんぶつ》の生い立ちや、残《のこ》した仕事《しごと》などを書いた文章**なので、どんな人物について書いているのかを、まず読み取《と》りましょう。（↓271ページ）

(2)は、伝記にえがかれた**人物が生まれた時代《じだい》、場所《ばしょ》**を読み取る問題です。人物のしたことは生きた時代と深《ふか》く関《かか》わっているので、しっかり読み取りましょう。（↓271ページ）

(3)は、名前の由来《ゆらい》を読み取る問題です。

2 (1)は、文章の種類をとらえる問題です。上に、**言葉《ことば》を話す人物の名前**が書かれていることから考えましょう。（↓268ページ）

2 次の文章を読んで、あとの問いに答えましょう。

少　女　たいへんなことになってしまったわ。ひどいやつ。さ、早く追《お》い出して。
はりねずみ　そうかんたんにはいかないよ。
少　女　だましてやるのよ。（耳うちする。）
はりねずみ　ホ、ホ、ホー。そいつはいい。よし、行ってみる。
（戸をたたく。）
きつね　だれだい。わしはるすだよ。
はりねずみ　わしだよ、おばさん。
きつね　入れてやらないよ、お帰り、お帰り。

(1) この文章の種類《しゅるい》を次から選《えら》んで、記号《きごう》で答えましょう。（　　）
ア 生活文　イ 脚本《きゃくほん》　ウ 物語《ものがたり》
(2) この劇《げき》に出ているのは、何人《なんにん》ですか。（　　）
(3) きつねは、この劇ではどこにいますか。次の中から選んで、記号で答えましょう。（　　）
ア 森の中　イ 家の外　ウ 家の中
(4) ト書きの部分《ぶぶん》を、二つぬき出しましょう。
（　　）（　　）

(2)は、登場《とうじょう》人物を、とらえる問題です。せりふの上に書かれた人物の数を数えます。
(3)は、「戸をたたく」というト書きから読み取りましょう。
(4)ト書きは、**人物の動作《どうさ》や気持《きも》ちを書いた文**で、せりふより小さく書かれています。

(→268ページ)

答え

1
(1)杉原千畝
(2)①一九〇〇（明治三十三）年の一月一日
②岐阜県の小さな町
(3)「畝」が千もある広い畑

2
(1)イ
(2)三人
(3)ウ
(4)耳うちする。・戸をたたく。（順《じゅん》不同《ふどう》）

くわしい学習

1 手紙を読む

手紙やはがきによって、はなれていても、おたがいに相《あい》手《て》の考えや用事《ようじ》を知り、伝《つた》えることができます。話すときとちがって、顔つきや身《み》ぶりで言葉《ことば》を補《おぎな》うことができないので、手紙には**大事《だいじ》なことをはっきりと書く**必要《ひつよう》がありま す。また、手紙を読むときには、要点《ようてん》(用事)をしっかりつかむことが大切です。

1 手紙の目的《もくてき》

次《つぎ》のような目的があります。

例 様子《ようす》を知らせる・返事《へんじ》・お礼《れい》・お祝《いわ》い・お見まい・お願《ねが》い

練習問題 1

答え▼375ページ

1 次の文章《ぶんしょう》を読んで、あとの問《と》いに答えましょう。

十月一日(月)　晴れ

帰りの会の後、テストを返《かえ》された。どきどきしながらテスト用紙をもらって見ると、九十点だった。百点の自信《じしん》があったので、がっかりした。かんたんなところで、つまらないミスをしていることに気付いて、反省《はんせい》した。

わたしは、テストを最後《さいご》までやってしまうと、紙をうら返しにしてしまう。見直しをしないで平気《へいき》でいるのだ。テストのときは、いつも今度《こんど》こそは百点をとるぞと思っても、いざそのときになると、何かミスをしている。この次のテストは、落《お》ち着《つ》いて、最後まで見直しをしよう。

(1) どのような出来事《できごと》について書いていますか。次の□に合う言葉を、①は三字、②は二字でぬき出しましょう。

[①]を返されて、つまらないミスをしていたので[②]した。

①[　　　]　②[　　]

(2) 作者《さくしゃ》は、最後にどんなことを決心《けっしん》しましたか。

(　　　　　　　　　)

② 手紙の形

手紙の書き方には、決《き》まった形があり、次の四つの部分《ぶぶん》に分けられます。

例〈はるみさんの手紙〉

①先生、お元気ですか。わたしは本を読み終《お》えたところです。

②読んだのは、カナダ人のモンゴメリという人が書いた「赤毛のアン」です。カナダの大自然《だいしぜん》がすばらしく、苦《くる》しみに負《ま》けないアンのすがたに感動《かんどう》しました。クラスのみんなにも、この本をすすめようと思います。

③まだまだ暑《あつ》い日が続《つづ》きます。先生、どうか体を大切にしてください。

では、さようなら

④八月八日

青木《あおき》はるみ

中村《なかむら》先生

2 次の手紙文を読んで、あとの問いに答えましょう。

昨日《きのう》の見学では、いろいろお世話《せわ》になりました。おいそがしい中を親切に案内《あんない》してくださったり、いろいろ説明《せつめい》していただいたりして、とても勉強《べんきょう》になりました。ありがとうございました。

二メートル以上《いじょう》もありそうな大きなまぐろが、いっぱいならべられていたのには、みんな目を見はりました。大きくなったら、こんなまぐろをとってみたいと言う者《もの》もいました。

今、みんなで「漁港《ぎょこう》を見て」という文集《ぶんしゅう》を作っています。でき上がったら一さつお送《おく》りしますので、ぜひ見てください。

みなさん、どうかお体を大切に。さようなら。

五月二十日　　四年一組　一同

焼津漁業協同組合《やいづぎょぎょうきょうどうくみあい》のみなさま

(1) だれからだれへ出した手紙ですか。

（　　　　）

(2) この手紙の目的に合うものを次から選《えら》んで、記号《きごう》で答えましょう。

ア 見学のお礼　イ 学校へのしょう待《たい》　ウ 見学のお願い　（　　）

(3) 見学に行って、いちばん強く心に残《のこ》ったものは何《なん》ですか。

（　　　　）

①前書き…あいさつ
②本　文…知らせること・用事《ようじ》
③後書《あとが》き…あいさつ
④後づけ…月日・名前
※月日の次《つぎ》に差出人《さしだしにん》(書き手)を下に書き、最後《さいご》に受取人《うけとりにん》(読み手)を上に書きます。

3 手紙の読み方

手紙を読むときには、次の順《じゅん》に読みます。

①手紙の**差出人(書き手)**、**受取人(読み手)**はだれかを考えます。
②書き手と読み手との関係《かんけい》をとらえます。
③書き手が**どんな目的《もくてき》で書いたのか**を考えます。
④**2**の手紙の形のうち、特《とく》に本文に注意《ちゅうい》して読みます。

練習問題 2

答え▼375ページ

1 次の文章を読んで、あとの問《と》いに答えましょう。

みんなで行った畑《はたけ》には、よもぎがたくさんありました。とろうとして見ると、道の上の畑のよもぎは、少しとってありました。だから、ぼくは、下の畑からとり始《はじ》めました。とりきれないほど、よもぎがあるので、一人でとるときも、ここへ来れば、すぐたまるぞと思っていると、先生が、

「くわが植《う》えてあるから、ふんづけたり、ひっかいたりしないように気をつけてとれよ。」

と言いました。そこで、ぼくは、そんなことがないように、気をつけてとりました。

(1) この作文の題《だい》に合うものを次から選《えら》んで、記号《きごう》で答えましょう。
ア 生活科の時間　イ 道の下の畑　ウ よもぎとり
（　　　）

(2) 「ぼく」が考えたことが書かれている部分をさがして、——線をつけましょう。

(3) ——線「そんなこと」は、何を指《さ》していますか。
（　　　　　　　　　）

⑤書き手の気持《きも》ちがよく表《あらわ》れている部分《ぶぶん》に着目《ちゃくもく》して読み取ります。

2 日記を読む

日記は、その日の暮《く》らしぶりをふり返《かえ》り、大事《だいじ》な出来事《できごと》や考えたことを書いた文章《ぶんしょう》です。

1 日記の種類《しゅるい》

・学級《がっきゅう》日記…学級の様子《ようす》がわかるように書かれています。
・観察《かんさつ》日記…理科・社会などの学習《がくしゅう》で観察したことを記録《きろく》したものです。
・読書日記…読んだ本の感想《かんそう》などを書いたものです。
・生活日記…自分の生活をふり返り、心に残《のこ》ったことなどを書いたものです。

2 次の文章を読んで、あとの問いに答えましょう。

進治《しんじ》　おい、君《きみ》たち、早くしないと、学校が始《はじ》まるぞ。
（進治、高司《たかし》、上手《かみて》へ行く。）
実《みのる》　じゃ、もうやめよう。
登《のぼる》　そうか。これだけさがしても見つからないんだから、しかたがないな。
（登と実、岸《きし》へ上がって足をふく。しず、まださがしている。）
登　しずちゃん、早く上がれよ。
しず　わたし……わたし、さがす。わたしのお金だもの。

(1) ぶ台《たい》には、何人《なんにん》いますか。（　　）
(2) お金をなくしたのは、だれですか。（　　）
(3) この劇《げき》は、一日のうちのいつごろの出来事ですか。次から選んで、記号で答えましょう。
ア 朝　イ 昼　ウ 放課後《ほうかご》　エ 夕方（　　）
(4) 次のうち、せりふには○、ト書きには△をつけましょう。
① 岸へ上がって足をふく。（　　）
② わたしのお金だもの。（　　）
③ じゃ、もうやめよう。（　　）
④ 進治、高司、上手へ行く。（　　）

・グループ日記…グループの活動《かつどう》の様子《ようす》や反省《はんせい》したことを、交代《こうたい》で書いたものです。

これらのほかに、飼育《しいく》日記、当番日記などがあります。日記は、**自分のために書かれたものと、みんなのために書かれたものと**、大きく二つの種類《しゅるい》に分けることができます。

例〈生活日記〉

六月六日(金)　晴れ

今日の放課後《ほうかご》、帰るしたくをしていると、りかさんが来て、

「借《か》りた本にジュースをこぼしちゃった。ごめんなさい。」

と言って、先週貸《か》してあげた本を返《かえ》してきた。大好《だいす》きな本だったのでショックだったが、きちんとあやまってくれたので、おこることもできなかった。

練習問題 3

答え▼375ページ

1 次《つぎ》の文章《ぶんしょう》を読んで、あとの問《と》いに答えましょう。

伊能忠敬《いのうただたか》は、日本で最初《さいしょ》に近代的《きんだいてき》な日本地図を作製《さくせい》したことで知られています。その忠敬が江戸《えど》に出て、高名な天文学者高橋至時《たかはしよしとき》の弟子《でし》になったのは、一七九四(寛政《かんせい》六)年、五十才のときでした。当時は「人生五十年」といわれた時代ですから、これは相当《そうとう》におそい出発《しゅっぱつ》だったといえます。ちなみに師《し》しょうの至時は、そのとき三十一才。忠敬は、実《じつ》に十九才年上の弟子だったことになります。

江戸に出る前、名主《なぬし》として町を守《まも》る責任《せきにん》を負《お》っていた忠敬は、ある程度《ていど》、測量《そくりょう》の知識《ちしき》を身《み》につけていました。けれども、高れいの忠敬をかり立てたものは、元名主としての義務感《ぎむかん》だけではありません。それは、学問《がくもん》に対する燃《も》えるような情熱《じょうねつ》だったといえるでしょう。

(1) 忠敬は、何をしたことで知られていますか。

（　　　　）

(2) ——線「そのとき」は、だれが何をしたときですか。

（　　　　）

(3) 忠敬を新しい学問にかり立てたものは何《なん》ですか。

（　　　　）

これからは、大事《だいじ》なものは人に貸さないようにしようと思った。

※この日記は、友達《ともだち》との間にあった出来事《できごと》について、思ったことや感《かん》じたことを正直に書いています。

❷ 日記の読み方

例文《れいぶん》をもとに説明《せつめい》します。

①**作者《さくしゃ》が特《とく》に強く感じたこと**は何かを考えます。

・貸した本がよごされて返ってきたこと。

②**どんな表現《ひょうげん》で書かれているか**を調《しら》べます。

・大好きな本だったのでショックだった

・おこることもできなかった

---

2 次の文章を読んで、あとの問いに答えましょう。

今朝《けさ》見たら、体がちぢみ、足に糸のようなものが見え、さなぎになりかけたのが五ひきいました。前に、さなぎになる場所《ばしょ》によって、その色がちがうということを聞いたことがありました。

そこで、一ぴきを青い木のえだにつけ、二ひきを白い紙につつみました。また、かれた木のえだに一ぴきつけ、のこり一ぴきは真《ま》っ赤《か》なセロファンのふくろに入れました。

夕方見たら、いちばん前の足としっぽに糸をかけて、前足の一本だけを木につけ、ほかの足はひっこませていました。せなかが白っぽくすきとおり、ときどき、頭だけはぴくぴく動《うご》かしていました。大きさは四センチ七ミリでした。

(1) この文章は、あげはちょうの観察記録《かんさつきろく》です。どんなことを観察していますか。次の□に合う言葉《ことば》を入れましょう。

・□になっていく様子《ようす》。

（　　　　）

(2) 一ぴきを真っ赤なセロファンのふくろに入れたのは、なぜですか。

（　　　　）

(3) 夕方、さなぎはどのぐらいの大きさになっていましたか。

（　　　　）

③**出来事《できごと》の様子《ようす》を思いうかべながら**読んでみます。

・「借《か》りた本にジュースをこぼしちゃった。ごめんなさい。」と言って……本を返《かえ》してきた。

④作者《さくしゃ》が感《かん》じたことや考えたことから、**性質《せいしつ》や人がら**を考えます。

・これからは、大事《だいじ》なものは人に貸《か》さないようにしようと思った。

※あやまってくれたのでおこれなかったことから、相手《あいて》の気持《きも》ちがわかるやさしい人だとわかります。また、これからは大事なものは貸さないと言っていることから、しっかりした考えをもっていることが想像《そうぞう》できます。

力をつける問題 1

答え▼376ページ

1 次《つぎ》の手紙文を読んで、あとの問《と》いに答えましょう。

① だいぶ秋らしくなりましたね。おじさんはお元気ですか。

② さて、きたる十月二十二日は、京都《きょうと》の時代祭《じだいまつ》りです。この日は祭りの行列《ぎょうれつ》を見るために、多くの人が京都につめかけます。行列は京都に都《みやこ》があった千年の間の時代時代の様子《ようす》を、わたしたちに見せてくれます。できましたら、あきお君《くん》もいっしょにぜひおいでください。父も母もそう言っております。

③ では、お体に気をつけてください。おこしをお待《ま》ちしています。みな様《さま》にもよろしくお伝《つた》えください。さようなら。

④ 十月十日　一郎《いちろう》
正男《まさお》おじ様

(1) ①～④の各部分《かくぶぶん》を何《なん》といいますか。

①（　　）②（　　）③（　　）④（　　）

(2) この手紙の目的《もくてき》に合うものを次から選《えら》んで、記号《きごう》で答えましょう。

ア お礼《れい》　イ しょう待《たい》　ウ お願《ねが》い　（　　）

(3) ——線は、何を指《さ》していますか。

（　　）

3 生活文を読む

暮《く》らしの中で起《お》こった出来事を中心として、感じたことや考えたことを書いた文章《ぶんしょう》を生活文といいます。

例

①「急性《きゅうせい》虫すいえんだね。すぐに手術《しゅじゅつ》しよう。」お医者《いしゃ》さんがそうおっしゃったので、ぼくはショックを受《う》けて泣《な》きだしてしまった。手術なんて痛《いた》いだろうな、どうしよう……。

②つきそってくれていたお父さんが、出勤《しゅっきん》しているお母さんに電話をかけに行っている間に、かんごしさんたちが代《か》わる代《が》わる「だいじょうぶよ。」となぐさめてくださった。それでも、ぼくは不安《ふあん》で、泣き続《つづ》けていた。

2 次の日記を読んで、あとの問いに答えましょう。

十二月十九日（水）　晴れ

今朝《けさ》は、とても寒《さむ》かった。わたしは、少しかぜ気味《ぎみ》なので、起《お》きるのがとてもつらかった。

学校に行くと、もう何人かがサッカーをしていた。森川《もりかわ》さんは、顔にいっぱいあせをかいてがんばっていた。わたしは教室にかばんを置《お》くとすぐに仲《なか》間《ま》に加《くわ》わった。わたしのパスを中村《なかむら》さんが決《き》めて、わたしたちのチームが勝《か》った。

一時間目は、新しい児童会《じどうかい》の会長選挙《せんきょ》があった。わたしはユーモアがあり、スポーツをさかんにしたいと言った吉田《よしだ》さんに入れた。投票《とうひょう》の結果《けっか》、吉田さんが当選《とうせん》した。わたしはよかったと思った。

(1) この日記は、出来事によって三つに分けることができます。それぞれの出来事を書きましょう。

① （　　　　）

② （　　　　）

③ （　　　　）

(2) 作者の気持ちが書かれた文を、二つぬき出しましょう。

（　　　　）

（　　　　）

③でも、ますいのお医者《いしゃ》さんが、「ますいでねむっている間に終《お》わるから、だいじょうぶ。いっしょにがんばろう。」とはげましてくださったので、だんだん勇気《ゆうき》がわいてきた。

1 生活文の読み方

①中心をつかむ

生活文には、主《おも》に出来事《できごと》が書かれています。その出来事を、**作者《さくしゃ》はどのように感《かん》じ、何を考えたかが**、生活文の中心になります。

例文《れいぶん》では、作者は手術という出来事を通して、気持《きも》ちの移《うつ》り変《か》わりを書いています。**「最初《さいしょ》はこわかったが、お医者さんの言葉《ことば》をきっかけにして勇気がわいてきた」**という

力をつける問題2

答え▼376ページ

1 次《つぎ》の文章を読んで、あとの問《と》いに答えましょう。

バスが止《と》まりました。車内アナウンスで「新町《しんまち》」と言ったようでした。わたしはあわてておりました。けれども、そこは知らない所《ところ》でした。わたしは、急《きゅう》にむねがどきどきしてきました。

でも、この道をもどれば、きっとうちへ帰れると思って、歩きました。ところが、行っても行っても新町へは出ません。一けんの家から、楽しそうに夕ご飯《はん》を食べる声が聞こえてきました。わたしは心細くなってきました。

そのうち、大きな市場の前に出ました。新町の市場ににています。わたしが市場のおばさんに「ここは、新町通りですか。」と聞くと、「ちがいますよ。」という返事《へんじ》が返《かえ》ってきました。わたしはがっかりしました。

(1) 次のとき、作者はどんな気持ちになりましたか。

① 知らない所におりたとき（　　　）

② 夕ご飯の声が聞こえたとき（　　　）

③ ちがうと言われたとき（　　　）

(2) 出来事に着目《ちゃくもく》して、この作文に題名《だいめい》をつけましょう。

（　　　）

ことが、この文章《ぶんしょう》の中心です。

②文章の組み立てを調《しら》べる

文章を読み取《と》るには、まず、何が、どんな順序《じゅんじょ》で書かれているかをとらえることが大切です。

例文では、

①お医者さんから手術をすると聞かされたときの気持ち。

②かんごしさんたちがなぐさめてくれたときの気持ち。

③ますいのお医者さんの言葉を聞いて勇気がわいたこと。

という組み立てになっています。気持ちに変化《へんか》があった最《さい》後《ご》の段落《だんらく》が中心と考えられるので、そこから作者の気持ちをとらえます。

❷ 次の文章を読んで、あとの問いに答えましょう。

若者《わかもの》1　（木の左かげから悪太郎《あくたろう》を見るや）や、ありゃお面《めん》じゃないか。

若者2　（木の右かげから）ははあ、こりゃ、にせのてんぐらしいぞ。

旅《たび》の男　（かけよって）あ、笛《ふえ》をにぎっている、この手は、子どものような手ですな。

村の男　（かけよって）そういえば、投《な》げ出しているこの足だって……

若者1　（そっと悪太郎の面を持《も》ち上げて）なあんだ。おい、こりゃ、お寺の悪太郎じゃないか。

若者2　そうだ、そうだ。悪太郎め、やっぱり、いたずらをやめないと見える。——（みんなをふり返って）おい、今日こそ、うんとこらしめてやろうじゃないか。

村の男　それがいい、それがいい。いたずらさえしなければ、いいところのある小ぞうだがなあ。

(1) この劇《げき》には、何人《なんにん》の人が出てきますか。（　　）

(2) 悪太郎は、どんな面をかぶっていますか。（　　）

(3) 悪太郎は、どこの子どもですか。次から選《えら》んで、記号《きごう》で答えましょう。（　　）

ア 寺の小ぞう　イ 村の子　ウ てんぐの子

(4) 悪太郎は、どんな子どもですか。

（　　）さえしなければ、いい子ども。

4 脚本《きゃくほん》を読む

脚本は、劇《げき》をするために書かれた文章のことで、台本《だいほん》ともよばれます。映画《えいが》やテレビドラマで使《つか》う脚本もあります。

1 脚本の形

①前書き

・時……時代《じだい》、季節《きせつ》、時刻《じこく》。
・場所《ばしょ》…ぶ台《たい》の様子《ようす》。
・装置《そうち》…ぶ台に置《お》くいろいろな道具《どうぐ》や、そのならべ方。
・登場人物《とうじょうじんぶつ》…出る人の名前、年れい、外見など。

②せりふ

劇の中の人物が言う言葉《ことば》。

③ト書き

人物のせりふの言い方や、動《うご》き方などを説明《せつめい》した部分《ぶぶん》。（　）内に書かれています。

力をつける問題3

答え▼377ページ

1 次《つぎ》の文章を読んで、あとの問《と》いに答えましょう。

幕末期《ばくまつき》（江戸《えど》時代《じだい》の末期《まっき》）に、江戸時代最大《さいだい》の大商人《だいしょうにん》・三井《みつい》家《け》のむすめとして生まれた広岡浅子《ひろおかあさこ》は、おじょう様《さま》としての生き方に満足《まんぞく》せず、自《みずか》ら実業界《じつぎょうかい》に打《う》って出た。そして、のちに「一代《いちだい》の女けつ（すぐれた女性《じょせい》）」とたたえられるほどの活やくをしたのである。

彼女《かのじょ》が生まれた幕末期は、次の新時代に生き残《のこ》れるかどうかという、大商人にとってとてもきびしい時代だった。江戸時代の商人から近代的《きんだいてき》な経営者《けいえいしゃ》として成功《せいこう》した者《もの》は少なく、大商人の多くは落《お》ちぶれていったのだ。

そんな中で、浅子はとつぎ先の商売《しょうばい》をささえ、ぼんぼん気質《きしつ》の夫《おっと》に代《か》わって資金集《しきんあつ》めにかけ回る。そして、九州《きゅうしゅう》の炭鉱《たんこう》を買い取《と》り、自ら現地《げんち》に乗《の》りこんで、あらくれ男ばかりの鉱夫《こうふ》たちと生活をともにすることまでしたのである。

(1) 何《なん》という人の伝記《でんき》ですか。（　　　）

(2) 幕末は、どんな時代でしたか。（　　　）

(3) 浅子は、何といってたたえられましたか。（　　　）

例「ぽん吉《きち》じいさん」

登場人物　ぽん吉
　　　　　こん平《ぺい》
　　　　　村人たち
　　　　　子どもたち

時　明治時代《めいじじだい》の初《はじ》めごろ

場所　伊豆《いず》の山の中

ぽん吉　（ひとり言で）ああ、しまった。また失敗《しっぱい》じゃ。

こん平　（とつ然《ぜん》けらけらと笑《わら》いだす）すごいや。おじぞうさんに、たぬきのしっぽがはえてるぞ。ぼく、こんなにおもしろいもの見たことないよ。

ぽん吉　はて、（首をひねる）この子は何を喜《よろこ》んでいるんじゃ。（たぬきのすがたにもどる）

2 次の文章を読んで、あとの問いに答えましょう。

コンクリートでつくられた池の中で、三十センチほどのマスが、すいすいと泳《およ》ぎ回っている。水の中に手を入れてみた。ひやりとした雪を思わせる。

「この水は十二、三度《ど》だよ。マスは冷《つめ》たい水の中に住《す》むんだよ。そのため、こうして水をしじゅう流《なが》して、同じ温度《おんど》をたもつように苦心《くしん》しているんだよ。」とおじさんは言う。

水は上から順《じゅん》に流れるようになっていて、高いほうに小さいマス、低《ひく》いほうに大きいマスが入っている。自家発電《じかはつでん》で水を送《おく》っているのだ。えさ小屋《ごや》に入った。台の上にえさらしい、みそのようなものがあった。部屋《へや》のすみずみからとてもいやなにおいがする。

(1) 見学した順序《じゅんじょ》に、番号《ばんごう》をつけましょう。

（　）えさ小屋　（　）池の水　（　）流れている水

(2) 筆者《ひっしゃ》を案内《あんない》してくれているのは、だれですか。

（　　　）

(3) ——線のようにするのはなぜですか。理由《りゆう》を書きましょう。

（　　　）

(4) 作者が思ったことや感《かん》じたことが書かれている文を二つぬき出しましょう。

（　　　）

（　　　）

こん平　ああ、たぬきのおじいさんだったのか。おじいさん、どうもありがとう。

❷ 脚本《きゃくほん》の特色《とくしょく》

①せりふと動作《どうさ》で、心の動《うご》きや、物語《ものがたり》のすじを表《あらわ》します。
②場面《ばめん》がぶ台《たい》の上にかぎられるので、一つの場面でいろいろな出来事《できごと》が起《お》きます。

❸ 脚本の読み方

①時、場所《ばしょ》、登場人物《とうじょうじんぶつ》をつかむ。
②すじをとらえる。
③山場《やまば》（いちばん人の心を引きつけるところ）と結末《けつまつ》をつかむ。
④人物の性格《せいかく》（人がら）をつかみ、人物どうしの関係《かんけい》を理解《りかい》する。

力をのばす問題 1

答え▼377ページ

1 次《つぎ》の手紙文を読んで、あとの問《と》いに答えましょう。

おばあちゃん、毎日寒《さむ》い日が続《つづ》きますね。かぜの具合《ぐあい》はいかがですか。もう熱《ねつ》は下がったのでしょうか。

わたしは、毎日、元気に学校に通っています。今日は学芸会《がくげいかい》がありました。わたしは、笛《ふえ》の合そうに出演《しゅつえん》しました。

去年《きょねん》、わたしの笛を聞いてもらったとき、「とっても上手だねえ。」とほめてくださったおばあちゃんの言葉《ことば》を思い出しながら、一生けん命《めい》ふきました。会場は大いにもり上がり、はく手がなかなかやみませんでした。でも、わたしは、おばあちゃんに聞いてもらえなかったので、残念《ざんねん》でたまりません。

先生が笛の合そうの写真《しゃしん》をとってくれたので、でき上がったらすぐに送《おく》ります。

早くかぜを治《なお》して、遊《あそ》びに来てください。そしてまた、わたしの笛を聞いてください。

では、さようなら。

一月十八日

⑤場面の様子《ようす》を想像《そうぞう》したり、人物の気持《きも》ちを考えたりして、主題《しゅだい》を考えてみる。

5 伝記《でんき》を読む

伝記とは、ある人物の一生や半生のことをもとに、その人の生い立ち、**人がら、なしとげた仕事《しごと》、人間としての生き方**などを書いたものです。

自分で自分の伝記を書いたものを**自叙伝《じじょでん》**といいます。

1 伝記の特色

伝記には**年代《ねんだい》**が書かれており、多くはその年代ごとに順《じゅん》序《じょ》よくまとめられています。

2 伝記の読み方

例 宮沢賢治《みやざわけんじ》は、明治《めいじ》二十九年

原田《はらだ》　けいこ

おばあちゃんへ

(1) この手紙を書いたのは、いつですか。

（　　　　）のあった日。

(2) この手紙を書いた目的《もくてき》は、何《なん》ですか。次から二つ選《えら》んで、記号《きごう》で答えましょう。

ア 学芸会へのしょう待《たい》のため。　イ お礼《れい》のため。

ウ 病気《びょうき》のお見まいのため。　エ 約束《やくそく》を果《は》たすため。

オ 学芸会の様子の報告《ほうこく》のため。

（　・　）

(3) この手紙で、原田さんが書きたかったのはどんなことですか。次から当てはまらないものを一つ選んで、記号で答えましょう。

ア 学芸会を見てもらいたかった気持ち。

イ 笛のふき方を教えてもらいたい気持ち。

ウ 早く元気になってもらいたい気持ち。

（　　）

(4) ――線は、敬語《けいご》の使《つか》い方が正しくありません。正しい言い方に直しましょう。

（　　　　）

（一八九六年）、岩手県《いわてけん》の花巻《はなまき》で、ゆう福《ふく》な質屋《しちや》の長男《ちょうなん》に生まれました。何不自由《なにふじゆう》なく育《そだ》った賢治でしたが、両親《りょうしん》が仏教《ぶっきょう》の熱心《ねっしん》な信者《しんじゃ》だったことから、人のために役立《やくだ》つことをしようという気持《きも》ちを人一倍《ひといちばい》もった人に成長《せいちょう》しました。

盛岡高等農林学校《もりおかこうとうのうりんがっこう》を卒業《そつぎょう》すると、しばらくは実家《じっか》の仕事《しごと》を手伝《てつだ》っていましたが、仏教を多くの人に広めるために家を飛《と》び出して東京へと向《む》かいました。大正《たいしょう》十年（一九二一年）のことです。

賢治は東京《とうきょう》で仏教の布教《ふきょう》に努《つと》めるとともに、詩《し》や童話《どうわ》を書くようになりました。

①年代《ねんだい》を参考《さんこう》にして、順序《じゅんじょ》よく読んでいきます。

力をのばす問題2

答え▼377ページ

1 次《つぎ》の文章《ぶんしょう》を読んで、あとの問《と》いに答えましょう。

兄のしげると弟のひろしが、土手《どて》にすわってつりをしている。
――遠くで、たいこの音。
今日は、村の氏神様《うじがみさま》のお祭《まつ》りである。

ひろし　兄さん。お祭りのたいこの音が聞こえるね。
（しげる、だまってつりをしている。）

ひろし　たいこの音が、早くお宮《みや》へおいで、早くお宮へおいでとよんでいるようだね。ぼく、行きたいなあ。

しげる　そら、引いている。
（ひろし、あわててさおを上げる。魚はかかっていない。）

しげる　だめだ。ひろしはぼんやりしているんだもの。

ひろし　今日は、つりなんかしたくないんだよ。つまらないなあ。
（上手《かみて》から、あや子・とし子・みよ子が歌いながら出てくる。お祭りに行くとちゅうである。）

あや子　しげるさん、何をしているの。（三人、土手に上る。）

とし子　つりをしているのね。（しげるのびんを見る。）

・誕生《たんじょう》…明治《めいじ》二十九年（一八九六年）
・上京…大正十年（一九二一年）

②その人の大事《だいじ》な仕事《しごと》の内容《ないよう》や、そのきっかけ、努力《どりょく》の様子《ようす》などを読み取《と》ります。

③その時代《じだい》の人々の考え方や行動《こうどう》のしかたなどを、今とくらべて読んでいきます。

④その人の**仕事や生き方のどこがりっぱなのか**、作者《さくしゃ》はどこを強くのべようとしているのかを読み取ります。

6 記録文《きろくぶん》を読む

あとで役《やく》に立てるために、筆者《ひっしゃ》が調《しら》べたり行ったりしたことを、その**いきさつや結果《けっか》**

みよ子　つれたのね、ふなでしょう。

（ひろしのびんをのぞきこもうとする。ひろし、あわててかくす。）

あや子　どうしてかくしたりするの。

ひろし　わかった、見せてあげるよ。ほら――。
（びんの中には、一ぴきも入っていない。みんなわらう。）

(1) このげきの場面《ばめん》は、どこですか。
（　　　　）

(2) ひろしは、どんな気持《きも》ちでつりをしていますか。次から一つ選《えら》んで、記号《きごう》で答えましょう。
ア たくさんつりたい。　イ お宮へ行きたい。　ウ 帰りたい。
（　　　　）

(3) ――線とありますが、ひろしはなぜかくしたのですか。
（　　　　）

2 **次の（　）に合う言葉《ことば》をあとから選んで、記号で答えましょう。**

脚本《きゃくほん》は、ぶ台《たい》で①（　　）をするために書かれたもので、②（　　）ともいいます。脚本では、③（　　）、④（　　）、⑤（　　）などを初《はじ》めに書きます。⑥（　　）は、説明《せつめい》の部分《ぶぶん》です。

ア 時　イ 劇《げき》　ウ せりふ　エ 登場人物《とうじょうじんぶつ》
オ 場所《ばしょ》　カ 台本《だいほん》　キ ト書き　ク すじ書き

がわかるように記録した文《ぶん》章《しょう》を記録文《きろくぶん》といい、観察記録《かんさつきろく》文《ぶん》や見学記録文など、いろいろな種類《しゅるい》があります。

❶ 記録文の読み方

①記録の目的《もくてき》をおさえます。

②書かれている事《こと》がらを、時《じ》間《かん》、場所《ばしょ》、内容《ないよう》に注目《ちゅうもく》しながら読み取《と》ります。

③書かれている事がらを、**事《じ》実《じつ》と、筆者《ひっしゃ》の意見《いけん》や感想《かんそう》と区別《くべつ》しながら読みます。**文《ぶん》末《まつ》の言葉《ことば》に注意《ちゅうい》すると、見分けることができます。

①事実をのべるとき
「…である。」「…ている。」

②意見や感想をのべるとき
「…だろう。」「…と思う。」

③人から聞いたり、ほかの文

力をのばす問題 ❸

答え▼377ページ

❶ 次《つぎ》の文章《ぶんしょう》を読んで、あとの問《と》いに答えましょう。

ハインリヒ・シュリーマンは、ドイツの考古学者《こうこがくしゃ》で、実業家《じつぎょうか》です。トロイアの木馬《もくば》のお話で名高い伝説的《でんせつてき》な都市《とし》・トロイアを発《はっ》くつしたことで知られています。

シュリーマンは、一八二二年、現在《げんざい》のドイツのシュヴェリーン近郊《きんこう》に、九人兄弟《きょうだい》の六番目の子どもとして生まれました。父親は牧師《ぼくし》で、一家の生活はまずしかったといわれています。おさないハインリヒ少年は、ホメロスの歴《れき》史物語《しものがたり》を読んで感動《かんどう》し、いつかトロイアの遺《い》せきを発くつしたいというゆめをいだきました。当時、トロイアの話はホメロスの創作《そうさく》と考えられていましたが、ハインリヒは実際《じっさい》にあったことだと信《しん》じたのです。□、まずしさから進学《しんがく》の希望《きぼう》はかなわず、さまざまな仕事《しごと》を転々《てんてん》として、たいへんな苦難《くなん》を味《あじ》わいました。そのあいだも、ハインリヒはゆめをすてず、仕事の合間《あいま》にせっせと勉学《べんがく》にはげみ、数か国語を身《み》につけたといわれています。

やがて事業《じぎょう》に成功《せいこう》し、ばく大な富《とみ》をえたハインリヒは、いよいよ少年時代《じだい》からいだき続《つづ》けたゆめを実現《じつげん》させます。ホメロスの物語に登場《とうじょう》するトロイアの地を小アジアのヒッサルリクと考え、発くつを開始《かいし》したのです。一八七〇年のことで、ハインリヒは四十八才になっていました。

章を参考《さんこう》にしたりしたとき「…だそうだ。」「…といわれている。」

④結論《けつろん》や感想は、どのような事実にもとづいて書かれたのかを考えます。

⑤図表《ずひょう》やグラフがあるときは、文章の内容と照《て》らし合わせながら、読み取ります。

⑥事実をくわしく説明《せつめい》しているところは、特《とく》に注意しながら何度《なんど》も読みます。

②観察記録文の特色《とくしょく》

例〈かいこの観察記録文〉

かいこを二ひきもらいました。長さは、もう六センチぐらいあります。くわの葉《は》をとってきてやったら、おいしそうに食べていました。

(1) ハインリヒ・シュリーマンは、①いつ、②どこで生まれ、③どんなことをしたことで知られていますか。

①（　　）

②（　　）

③（　　）

(2) ハインリヒ少年のゆめは、どんなことでしたか。

（　　）

(3) ハインリヒがおさないころ、トロイアの物語はどのように考えられていましたか。

（　　）

(4) 文章中の□に合うつなぎ言葉を次から選《えら》んで、記号《きごう》で答えましょう。

ア それで　イ しかし　ウ また　エ ところで

（　　）

(5) ハインリヒが少年時代のゆめを実現させたのはいつですか。

（　　）

(6) ハインリヒはどんな人物《じんぶつ》ですか。合うものを次から二つ選んで、記号で答えましょう。

ア 意志《いし》が固《かた》い。　イ ほらふき。

ウ がんばり屋《や》。　エ 考えが浅《あさ》い。

（　・　）

食べるときは、葉《は》っぱのふちを上から下へまるく食べます。見ていると、背中《せなか》が青くなったり、白くなったりするようで、不思議《ふしぎ》でした。

　長さは七センチになりました。くわのえだを入れてやったらのぼっていきました。足には短《みじか》いものがはえています。おしりの上にとんがりぼうしのようなつんとしたものがあります。あれは何《なん》でしょう。紙の上に置《お》くと、ひっついてしまいます。かいこの足は、どうしてすいつくのでしょうか。

①大きさなどの**数字**が出てきます。
②**観察《かんさつ》しているものの様子《ようす》**をくわしく表《あらわ》しています。
③観察していて、作者《さくしゃ》が**不思《ふし》**

力をのばす問題④

答え▼378ページ

1 次の文章《ぶんしょう》を読んで、あとの問《と》いに答えましょう。

ぼくは、きのうおじさんの案内《あんない》で横浜港《よこはまこう》を見学しました。

港《みなと》の近くに来ると、いろいろな建物《たてもの》が目につきます。

「この辺《へん》は、ぼうえき会社や船の会社、官《かん》ちょうの建物が多いんだ。」

と、おじさんが言いました。

さん橋《ばし》へ行くとちゅうに税関《ぜいかん》があります。税関は、外国へ行く人や日本に来《き》た人の荷物《にもつ》などをけんさする所《ところ》です。倉庫《そうこ》のような建物の中に、荷物がたくさん置《お》いてあり、係《かかり》の人が中身《なかみ》を調《しら》べていました。

すぐ近くに、けんえき所《じょ》があります。ここは、船の中の人や動物《どうぶつ》がきけんな病原《びょうげん》きんを持《も》っていないかどうかをけんさする所です。

そのほか、しんりょう所や船員《せんいん》の待合所《まちあいじょ》、海上保安部《かいじょうほあんぶ》の建物などが見えます。

建物の前を通りすぎると、急《きゅう》に目の前が開《ひら》けて、さん橋に横《よこ》づけになった大きな船が目に入りました。さん橋はビルディングになっていて、屋上《おくじょう》に上ることができます。すぐに上って屋上から見ると、貨物船《かもつせん》が四せきもとまっていました。

議《ぎ》に思ったり、考えたりしたことが書かれています。

❸ 見学記録文《きろくぶん》の特色《とくしょく》

例 〈県立博物館《けんりつはくぶつかん》の見学〉

県立博物館で、鎌倉時代《かまくらじだい》の歴《れき》史《し》資料《しりょう》を見学しました。初《はじ》めの部屋《へや》には昔《むかし》の武具《ぶぐ》や文具《ぶんぐ》などが、次《つぎ》の部屋には古い文書が展示《てんじ》されていました。どれもめずらしいもので、全部《ぜんぶ》で百点以上《いじょう》あります。わたしが特《とく》に気になったのは、「聖観音立像《しょうかんのんりゅうぞう》」という仏像《ぶつぞう》です。二十センチくらいの小さなお像で、木にほられています。……

①見学した場所《ばしょ》、事《こと》がらが、見た順《じゅん》に書かれています。

②見学したものの様子を、くわしく書き表しています。

(1) 港の機能《きのう》をささえている建物を、五つあげましょう。
(　　)(　　)(　　)(　　)(　　)

(2) 次の建物は、何をする所ですか。
① 税関 (　　)
② けんえき所 (　　)

(3) 作者が中心に取り上げているのは、何《なん》のことですか。次から一つ選《えら》んで、記号《きごう》で答えましょう。
ア 港のいろいろな建物　イ けんえき所　ウ さん橋の船 (　　)

❷ 次の文章を読んで、あとの問いに答えましょう。

セミのよう虫は、大きく曲《ま》がった前足をゆっくり動《うご》かしている。体全体《からだぜんたい》が茶色《ちゃいろ》で、やわらかい。目・しょっ覚《かく》、くだになっている口が、はっきりわかる。はらには、横にしまのもようがある。はねは小さくて、耳のような形をしている。

(1) 何について説明《せつめい》していますか。(　　)

(2) 次のものを、どのように観察し、表していますか。
① はら (　　)
② はね (　　)

4 詩《し》

例題

1 次《つぎ》の詩《し》を読んで、あとの問《と》いに答えましょう。

蝶《ちょう》　新谷彰久《しんたにあきひさ》

まいあがる
まいおりる

おいかける
おいかけられる

もつれあい
からみあい

おりるでもなく
おりないでもなく

(1) 何《なん》の、どんな様子《ようす》をえがいた詩ですか。（　）に合う言葉《ことば》を入れましょう。

・（　　　）がひらひらと（　　　）様子。

(2) この詩はいくつのまとまり（連《れん》）に分かれていますか。漢数字《かんすうじ》で答えましょう。（　　）

考え方

1

(1) 詩の題名《だいめい》が「蝶」であることに着目《ちゃくもく》しましょう。「おいかける　おいかけられる」「もつれあい　からみあい」という言葉から、二ひき（以上《いじょう》）の蝶がまい飛《と》ぶ様子をえがいていることがわかります。**リズムを感じ取《と》り**、読み味《あじ》わいましょう。（↓280ページ）

(2) **詩の中で、一行あきで区切《くぎ》られたまとまり**のことを「連」といいます。この詩は、二行で一連、全部《ぜんぶ》で四連の詩です。

2

(1) **五つの連**でできた詩です。詩の題《だい》にもなっていますが、最後《さいご》の連に、「そんなふうに眺められる…」とあることから読み取れます。

2 次の詩を読んで、あとの問いに答えましょう。

夕焼《ゆうや》け　工藤直子《くどうなおこ》

あしたは　かならず
晴れるに　ちがいないなあ
あしたも　わたしは
たしかに　生きてるだろうなあ
あしたこそ
なにかを　みるかなあ

きっと　そうであり
そうに　ちがいなく
そうと　思いたい
…………
そんなふうに眺《なが》められる
夕焼けが　あった

(1) 作者《さくしゃ》は、何を見てこの詩を書いたのですか。
（　　　）

(2) ――線とありますが、作者は、どんなことを感《かん》じたのですか。次から三つ選《えら》んで、記号《きごう》で答えましょう。
ア 明日《あす》もわたしは生きている。
イ 明日はきっと晴れる。
ウ 明日は晴れたらいいな。
エ 明日のことは知りたくない。
オ 明日は何かを見るかもしれない。
カ 明日は何もしない。
（　　）（　　）（　　）

(2)「あしたは……」「あしたも……」「あしたこそ……」とあるように、作者に、「きっとそうでありたい」「きっとそうだと思いたい」と思わせた、夕焼けのあたたかさが感じられる詩です。

答え
1 (1)蝶（ちょう）・(例《れい》)飛ぶ　(2)四
2 (1)夕焼け　(2)**ア・イ・オ**(順不同《じゅんふどう》)

くわしい学習

1 詩《し》とは

詩は、心に強く感《かん》じたことを、その感じにふさわしいひびきをもった言葉《ことば》を選《えら》んで、リズムよく表《あらわ》したものです。

詩は、事《こと》がらを説明《せつめい》するのではなくて、心の動《うご》きを表すために書かれています。深《ふか》く感じて心を動かされたものが、詩のもとになるのです。

詩の短《みじか》い言葉には、作者《さくしゃ》の感動《かんどう》や思いがこめられています。作者がどんな思いでその言葉を選び、感動を表現《ひょうげん》しようとしたか、情景《じょうけい》を思いうかべながら読み取《と》ることが大切です。

練習問題 1

答え▼378ページ

1 次《つぎ》の詩を読んで、あとの問《と》いに答えましょう。

シャボン玉

ジャン・コクトー（堀口大学《ほりぐちだいがく》　訳《やく》）

――備忘録断章《びぼうろくだんしょう》――

シャボン玉の中へは
庭《にわ》は這入《はい》れません
まわりをくるくる廻《まわ》っています

(1) この詩は次のどちらの形式《けいしき》ですか。合うほうの記号《きごう》を書きましょう。（　　）

ア 定型詩《ていけいし》　イ 自由詩《じゆうし》

(2) 作者は何を見てこの詩を書いていますか。（　）に合う言葉を書きましょう。

（　　　　）と、そこに映《うつ》る（　　　　）。

2 次の詩を読んで、あとの問いに答えましょう。

ひぐらしのうた*

室生犀星《むろうさいせい》

1 詩とふつうの文章《ぶんしょう》とのちがい

㋐
夜になり、しんしんと雪が屋《や》根《ね》にふりつもってきた。家のなかでは子どもたちが寝《ね》入《い》っているのだろう。

㋑
雪　　三好達治《みよしたつじ》

太郎《たろう》を眠《ねむ》らせ、
太郎の屋根《やね》に雪ふりつむ。
次郎《じろう》を眠らせ、
次郎の屋根に雪ふりつむ。

㋐は、ふつうの文章です。目にしたこと、思ったことをそのまま書いています。
㋑は、詩です。目にした情《じょう》景《けい》から想像《そうぞう》したこと、そして、

あんなにいい声がどこから出るのだらう《ろ》、
うすい＊セロファンの羽根《はね》から
世界一《せかいいち》の音楽がはじまる。
指揮《しき》もなければ
伴奏者《ばんそうしゃ》もないのに
朝と夕方には
すばらしい夏の歌がはじまる、
ひぐらしが鳴くと
小鳥たちも
しばらく鳴きやんでしまふ《う》、
あんまりいい声なので
小鳥たちははづ《ず》かしくなるのだらう《ろ》。

＊ひぐらし＝セミの一種《いっしゅ》。「カナカナ」と美《うつく》しい声で鳴く。
＊セロファン＝セロファンのこと。うすくすきとおった紙。

(1) ひぐらしの鳴き声を表している六字と八字の言葉を、ぬき出しましょう。

□□□□□□・□□□□□□□□

(2) ――線とありますが、作者は、小鳥たちが鳴きやむ理由を、何と表していますか。

（　　　　　　　　）

そこから生まれた感動《かんどう》を短《みじか》い
言葉《ことば》で表現《ひょうげん》しています。

2 詩《し》の形式《けいしき》

1 形の決《き》まった詩（定型詩《ていけいし》）

音数が七音と五音のくり返《かえ》し（七五調《ちょう》／五七調）など、一《いっ》**定《てい》の音数やリズムでできた詩**を定型詩といいます。読む人の心に音楽のようなここちよさを感じさせます。

せいくらべ　　海野《うんの》 厚《あつし》

（七音）　（五音）
柱《はしら》のきずは　おととしの
五月五日の　せいくらべ
ちまきたべたべ　兄《にい》さんが
はかってくれた　せいのたけ

練習問題 2

答え▼378ページ

1 次《つぎ》の詩を読んで、あとの問《と》いに答えましょう。

夕日がせなかをおしてくる　　阪田《さかた》寛夫《ひろお》

夕日がせなかをおしてくる
まっかなうでで　おしてくる
歩くぼくらの　うしろから
でっかい声で　よびかける
　さよなら　さよなら
　さよなら　きみたち
ばんごはんが　まってるぞ
あしたの朝ね　すごすな

夕日がせなかを　おしてくる
そんなにおすな　あわてるな
ぐるりふりむき　太陽《たいよう》に
ぼくらも負《ま》けず　どなるんだ

② 自由詩《じゆうし》　発てん

形や表現のしかたにきまりがなく、自由に書いた詩を自由詩といいます。

雨　八木重吉《やぎじゅうきち》

雨は土をうるおしてゆく
雨というもののそばに
しゃがんで
雨のすることをみていたい

＊　＊　＊

音の数にこだわらず、感じたことを自由に表現しています。作者《さくしゃ》の独特《どくとく》のものの見方（「雨のすることをみる」など）が感じられます。

③ 散文詩《さんぶんし》　発てん

ふつうの文章《ぶんしょう》（散文）の形式で書かれた詩です。詩のリズムがあまり表《おもて》にあらわれず、

さよなら　さよなら
さよなら　太陽
ばんごはんがまってるぞ
あしたの朝ねすごすな

(1) この詩はいくつの連《れん》でできていますか。漢数字《かんすうじ》で答えましょう。

（　　）連

(2) ——線とありますが、だれがだれに呼《よ》びかけているのですか。（　）に合う言葉を詩からぬき出して書きましょう。

（　　）が（　　）に呼びかけている。

(3) この詩の特《とく》ちょうに合うものを次から三つ選《えら》んで、記号《きごう》で答えましょう。

ア 同じ言葉や似《に》た言葉をくり返している。
イ 昔《むかし》の言葉で書いている。
ウ ふつうの文章のような形式で書いている。
エ 呼びかけるような表現で書いている。
オ 人でないものを人のように表《あらわ》している。
カ 「ような」などの言葉を使ってたとえている。

（　　）（　　）（　　）

静《しず》かな味《あじ》わいがあります。

例　兄弟　丸山《まるやま》　薫《かおる》

電車と機関車《きかんしゃ》と衝突《しょうとつ》した。
かみ合ったまま、つき山をこ
ろがってゆき、一人は池に
おっこちた。一人はつつじ
の根《ね》で止《と》まって、ちょっとの
まゼンマイのから音を立て
ていた。

3 詩《し》の味わい方

1 目や耳をはたらかせて読む

例　春のうた　草野心平《くさのしんぺい》

かえるは冬のあいだは土の中
にいて
春になると地上にでてきます。
そのはじめての日のうた。

ほっ　まぶしいな。
ほっ　うれしいな。

力をつける問題

答え▼378ページ

1 次《つぎ》の詩を読んで、あとの問《と》いに答えましょう。

地球《ちきゅう》は　工藤直子《くどうなおこ》

地球は
みどりを着《き》るのが好《す》き
とりわけ雨あがりは
洗《あら》いたてのシャツ
いきものを　ブローチのように
くっつけて
地球　いばっている

みどりは
お前の　晴れ着だね

(1) この詩の特《とく》ちょうとして合うものを次から一つ選《えら》んで、記号《きごう》で答えましょう。

ア 決《き》まった音数のくり返《かえ》しで、リズムを作っている。

みずは　つるつる。
かぜは　そよそよ。
ケルルン　クック。
ああいいにおいだ。
ケルルン　クック。
ほっ　いぬのふぐりがさいて
いる。
ほっ　おおきなくもがうごい
てくる。
ケルルン　クック。
ケルルン　クック。

＊＊＊

一つ一つの言葉《ことば》を読み取《と》りながら、詩にえがかれている様子《ようす》を目にうかべます。

「ほっ　まぶしいな。」は目で、「かぜはそよそよ。」は**目と耳でとらえた情景《じょうけい》です。**

イ　人でないものを人がするように表《あらわ》している。

ウ　同じ言葉や似《に》た言葉をくり返している。

（　　）

(2) 何をえがいた詩ですか。（　）に合う言葉を書き入れましょう。

・自然《しぜん》がゆたかな（　　）の様子。

2 次の詩を読んで、あとの問いに答えましょう。

しあわせ　高田敏子《たかだとしこ》

歩きはじめたばかりの坊《ぼう》やは
歩くことで　しあわせ
歌を覚《おぼ》えたての子どもは
うたうことで　しあわせ
ミシンを習いたての娘《むすめ》は
ミシンをまわすだけでしあわせ

そんな身近《みぢか》なしあわせを
忘《わす》れがちなおとなたち
でも　こころの傷《きず》を
なおしてくれるのは
これら　小さな
小さな　しあわせ

(1) この詩はいくつの連《れん》でできていますか。漢数字《かんすうじ》で答えましょう。（　　）連

(2) ――線とありますが、この「小さなしあわせ」をまとめて何《なん》と表していますか。（　）に合う言葉を詩からぬき出しましょう。

・（　　）なしあわせ

② 表現《ひょうげん》のおもしろさをとらえる

・たとえ…別《べつ》のもので表《あらわ》す。比喩《ひゆ》ともいう。

例 おにのような顔。

・擬人法《ぎじんほう》…人でないものをまるで人がするように表す。

例 風が歌う。

・くり返《かえ》し…同じ言葉《ことば》や似《に》た言葉をくり返す。

例 下の詩《し》では「私《わたし》は不思議《ふしぎ》でたまらない」をくり返している。

・対《つい》になる言葉(対句《ついく》)…調子《ちょうし》や内容《ないよう》が対になる言葉をならべる。

例 281ページ「雪」は、一・二行目と三・四行目が対になっている。

力をのばす問題

答え▼378ページ

1 次《つぎ》の詩を読んで、あとの問《と》いに答えましょう。

不思議

金子《かねこ》みすゞ(ず)

私は不思議でたまらない、
黒い雲からふる雨が、
銀《ぎん》にひかつ(っ)てゐ(い)ることが。

私は不思議でたまらない、
青い桑《くわ》の葉《は》たべてゐる、
蠶《かいこ》が白くなることが。

私は不思議でたまらない、
*たれもいぢ(じ)らぬ夕顔が、
ひとりでぱらりと開《ひら》くのが。

私は不思議でたまらない、

❸ 季節《きせつ》、場所《ばしょ》をとらえる

鳳仙花《ほうせんか》　荒井星花《あらいせいか》

夏の盛《さか》りに
鳳仙花がぱちり
はぢ《(じ)》けたら
向日葵《ひまわり》が
黙《だま》って笑《わら》ってゐ《(い)》た

＊＊＊

鳳仙花は、ひざの高さぐらいに咲《さ》く夏の花です。同じ夏の花の向日葵が、その向《む》こうに、高い位置《いち》で咲いています。

❹ 作者《さくしゃ》の心の動《うご》き(感動《かんどう》)をとらえる

❸の詩の作者は、元気にはじけるような鳳仙花の花と、明るく大きな向日葵のどちらもやさしく見守《みまも》っています。

誰《だれ》にきいても笑つ《(っ)》てて
あたりまへ《(え)》だ、といふ《(う)》ことが。

＊たれもいぢらぬ＝だれもさわって動《うご》かしたり、手入れをしたりしない。

(1) 何について書いた詩ですか。(　)に合う言葉を入れましょう。
作者が(　　　　)でたまらないこと。

(2) この詩は、いくつの連《れん》でできていますか。漢数字《かんすうじ》で答えましょう。
(　　)連

(3) この詩の特《とく》ちょうとして合うものを次から二つ選《えら》び、記号《きごう》で答えましょう。
(　　)(　　)

ア 文をふつうの順序《じゅんじょ》と入れかえて書いている。
イ ふつうの文章《ぶんしょう》のような形式《けいしき》で書いている。
ウ 呼《よ》びかけるように、親しみのある表現《ひょうげん》にしている。
エ 同じ言葉や同じリズムをくり返している。

(4) 作者がこの詩で伝《つた》えたかったのは何《なん》ですか。次から一つ選んで、記号で答えましょう。
(　　)

ア みんなといっしょに自然《しぜん》の不思議を感じるうれしさ。
イ 自然の不思議をときあかしたいという熱意《ねつい》。
ウ だれもがあたりまえだという自然の変化《へんか》への感動。
エ 自然への感動をわかってもらえない悲《かな》しさ。

力をためす問題 1

答え▼378ページ

1 次《つぎ》の文章《ぶんしょう》を読んで、あとの問《と》いに答えましょう。

さて狐《きつね》は、うまく人間の子どもにばけて、しりきれぞ*うりを、ひたひたとひきずりながら、村へゆきました。そして、しゅびよく油《あぶら》を一合《いちごう》買いました。

帰りに狐が、月夜のなたねばたけのなかを歩いていますと、たいへんよいにおいがします。気がついてみれば、それは買ってきた油のにおいでありました。

「すこしぐらいは、よいだろう。」

と言って、狐はぺろりと油をなめました。これはまたなんとおいしいものでしょう。

狐はしばらくすると、また①がまんができなくなりました。

「すこしぐらいはよいだろう。わたしの舌《した》は大きくない。」

と言って、またぺろりとなめました。

しばらくしてまたぺろり。

狐の舌は小さいので、ぺろりとなめてもわずかなことです。しかし、ぺろりぺろりがなんどもかさなれば、一合の油もなくなってしまいます。

こうして、山につくまでに、狐は油をすっかりなめてしまい、もってかえったのは、からのとくり*だけでした。

②待《ま》っていた鹿《しか》や猿《さる》や狼《おおかみ》は、からのとくりをみてため息《いき》をつきました。これでは、こんやはあんどんがともりません。みんなは、がっかりして思いました。

「さてさて。狐をつかいにやるのじゃなかった。」

と。

（新美南吉《にいみなんきち》「狐のつかい」）

*しりきれぞうり＝古くなって、かかとがちぎれているぞうり。

*とくり＝酒《さけ》やしょうゆなどの入れもの。とっくりともいう。

(1) ――線①とありますが、狐は何をがまんできなくなったのですか。
（　　　　　　　　）

(2) ――線②とありますが、

1. このときの鹿や猿や狼の気持《きも》ちがわかる言葉《ことば》を四字でぬき出しましょう。
□□□□

2. 1のように思ったのはなぜですか。次の（　）に合う言葉を書きましょう。

狐が（　　　　　）しまったせいで、こんやは（　　　　　）から。

2 次の文章を読んで、あとの問いに答えましょう。

（にげだしたウサギをつかまえたぼくたちは、ひげのにいちゃんのいる事務所《じむしょ》のプレハブにむかった。）

ぼくらは、石油《せきゆ》ストーブをかこむように、半円になった。

みんなに紙コップのコーヒーをくばりながら、にいちゃんは、

「おもしろかったな。」

と、わらった。

ぼくらは、①にこにこと顔をみあわせた。みんな、服《ふく》や手に、土がこびりついていた。

はっと自分の服をみたぼくは、セーターのひじと、ズボンのひざに、土がしっかりついているのをみつけた。ウサギにとびついたとき、よごしたのにちがいない。へんなはなしだけど、ぼくはよごれていることが②うれしかった。

紙のにおいのするコーヒーは、あまくて、おいしかった。

「おれ、もうつかまえられないいんじゃないかなって、おもったよ。ほんとのところ。」

達《たっ》ちゃんが、コーヒーをすすりながらいうと、

「ほんと。わたしもそうおもったの。でも、あきらめないで、ほんとによかった。」

のんこも、うれしそうにいった。③よかったな、よくつかまったな、とみんなうなずきあった。

（岡田《おかだ》 淳《じゅん》「学校ウサギをつかまえろ」）

(1) ——線①とありますが、顔をみあわせて、どんなことに気がつきましたか。

（　　　　　　　　　　）

(2) ——線②とありますが、どうしてうれしかったのですか。次から一つ選《えら》んで、記号《きごう》で答えましょう。

ア ふくのよごれは、あらえばきれいになるから。

イ ふくのよごれは、がんばってうさぎをつかまえたしょうこだから。

ウ にいちゃんがくれたコーヒーが、とてもおいしかったから。

（　　）

(3) ——線③のときのみんなの気持ちを、「あきらめない」という言葉を使《つか》って書きましょう。

（　　　　　　　　　　）という気持ち。

力をためす問題 2

答え▼379ページ

1 次《つぎ》の文章《ぶんしょう》を読んで、あとの問《と》いに答えましょう。

1 ①富士山《ふじさん》のつりあいのとれた美《うつく》しいすがたは、このままずっと続《つづ》くのでしょうか。

2 富士山に登《のぼ》ってしらべてみると、大きな谷が十数本できています。

3 ②その中でもいちばん大きいのが、「大沢《おおさわ》くずれ」とよばれるがけで、いまもやすむことなく岩《いわ》がくずれ、みぞが深《ふか》くなっています。

4 火山でも、そうでないふつうの山でも、できたはじめは、なだらかできれいな形をしています。□時がたつと、雨や風、太陽《たいよう》の光や温度《おんど》によって、山にみぞができ、谷がきざまれ、それがしだいに深く、けわしくなっていきます。

5 富士山は、まだできてから新しく、しかも雨をすいこみやすい*溶岩《ようがん》や灰《はい》によって川がなく、水でけずられにくかったため、いままで美しいすがたをたもってきました。

6 それでもだんだんみぞができ、がけがくずれ、おしまいにはしわだらけの低《ひく》い山となってしまうことでしょう。とてもざんねんなことですが、それよりわすれてならないのは、富士山が火山であるということです。

（かこさとし「富士山大ばくはつ」）

*溶岩＝地下のとけた岩が、火山のふん火で地上に流《なが》れ出たもの。

(1) ――線①とありますが、この問いに対《たい》する答えが書かれている段落《だんらく》の番号《ばんごう》を答えましょう。　（　　）

(2) ――線②とありますが、「その」が指《さ》す言葉《ことば》を次の□に合うように書きましょう。

□□□ある□□□□

(3) □に合う接続語《せつぞくご》を次から一つ選《えら》び、記号《きごう》で答えましょう。　（　　）

ア だから　イ さらに

ウ しかし　エ さて

(4) 富士山が今まで美しいすがたをたもってきた理由《りゆう》を、5段落から二つにまとめて書きましょう。

（　　　　）

（　　　　）

2 次の文章を読んで、あとの問いに答えましょう。

私《わたし》たちのまわりには、いろいろな動物《どうぶつ》が住《す》んでいます。こういう動物たちも「ことば」を持《も》っているのでしょうか。

みなさんは、アリを観察《かんさつ》したことがありますか。甘《あま》いケーキのかけらなどを落《お》としておくと、しばらくするとたくさんのアリがそのまわりにむらがって、せっせとそれを巣《す》の方向《ほうこう》に運《はこ》んでいくのが見られます。巣へ戻《もど》るとちゅうのアリが、巣からやってきたアリと出会うと、二ひきはしばらく立《た》ち止《ど》まってなにかを話しているように見えます。まるで道を教えてやっているようです。アリも「ことば」を持っているのでしょうか。

動物学者《どうぶつがくしゃ》が調《しら》べたところでは、つぎのようなことがわかっています。まず最初《さいしょ》に、一ぴきのアリが甘いものが落ちているのを発見《はっけん》します。そうすると、そのアリは巣の方へ戻りはじめるのですが、そのときのアリの脚《あし》の先から、ある特別《とくべつ》なにおいのするものがでてきます。それでアリの巣まで戻ったときには、巣と甘いものとの間《あいだ》には、一本の「においの道」ができあがります。巣にいたアリたちは、この「においの道」をたどって、甘いもののあるところまで行くというのです。人間《にんげん》のことばが耳に聞《き》こえる音や、眼《め》に見える形によって成《な》り立《た》っているのとはちがって、アリのことばは、□によっているというわけです。

（池上嘉彦《いけがみよしひこ》「ふしぎなことば　ことばのふしぎ」）

(1) 何について書いた文章ですか。次から一つ選んで、記号で答えましょう。（　）

ア いろいろな動物　イ アリの食べもの
ウ アリのことば　エ 人間のことば

(2) ――線「それ」は何を指しますか。十一字でぬき出しましょう。

(3) 動物学者が調べてわかったことを具体的《ぐたいてき》に書いている、連続《れんぞく》した四文をさがし、初《はじ》めの三文字を書きましょう。

(4) □にあてはまる三字の言葉を文中からぬき出しましょう。

力をためす問題 3

答え▼379ページ

1 次《つぎ》の文章《ぶんしょう》を読んで、あとの問《と》いに答えましょう。

[1] ぼくのお母《かあ》さんは、心臓《しんぞう》が悪《わる》くて小島病院《こじまびょういん》に入院している。昨日《きのう》、夕飯《ゆうはん》がすんでから、お見まいに行った。

[2] 病院の門《もん》を入って行くと、明るい窓口《まどぐち》に、白い服《ふく》を着《き》た女の人が二、三人集《あつ》まって、何か話したり書いたりしていた。ぼくはなんだかきまりが悪くて、もじもじしていたが、思いきって、「こんばんは。」と言って入って行った。

[3] わかいかんごしさんが、戸を開《あ》けて出てきた。ぼくの顔をじろじろ見ながら、「どなたですか。」ときいた。ぼくは、「お母さんの所《ところ》へ来たのです。」と言ってから、あわてて「林《はやし》です。」とつけ足した。かんごしさんは、「ああ、そうですか。じゃ、こちらへいらっしゃい。」と言って先に立って歩いて行った。

[4] 長い廊下《ろうか》を歩くと、薬《くすり》のにおいがぷんぷんしてくる。ぼくは、不安《ふあん》になってきた。こんな所にお母さんがいるのかと思うと、変《へん》な気持《きも》ちがした。うす暗《ぐら》い電灯《でんとう》がぼうっと光っている。角を曲《ま》がるとき、かんごしさんがコツコツ氷《こおり》をわっていた。

[5] ろうかのつきあたりの部屋《へや》の前まで来ると、「ここですよ。」と教えてくれた。ぼくは、なんと言って入ろうかと思って、考えこんでしまった。なんだか、中にいる人がお母さんでないような気がした。

[6] 思いきって戸を開《あ》けると、「あら、てる夫《お》。」とお母さんが小さな声で言った。ぼくがまくらもとに行くと、お母さんはいかにもうれしそうな顔をして、ぼくを見上げながら、「この寒《さむ》いばんに、よく来てくれたのね。」と言った。

[7] お母さんについているかんごしさんが、にこにこしながら、ぼくにいすを持《も》って来てくれた。

(1) この文章は、作者《さくしゃ》のどんな気持ちを中心に書いていますか。次から一つ選《えら》んで、記号《きごう》で答えましょう。

ア 病院でお母さんに会うまでのきんちょうした気持ち。
イ お母さんの病気が重《おも》く、とても悲《かな》しい気持ち。
ウ かんごしさんに親切《しんせつ》にされてうれしい気持ち。

（　　）

(2) ④の段落《だんらく》から、目や耳や鼻《はな》をはたらかせて様子《ようす》をくわしく表《あらわ》している言葉《ことば》を、三つぬき出しましょう。

（　　）（　　）（　　）

(3) ――線とありますが、それはなぜですか。次から一つ選んで、記号で答えましょう。

ア 病気のお母さんを見るのはいやだと思ったから。
イ 暗くて、お母さんの顔がぼんやりしていたから。
ウ 今までに入院したお母さんなど見たことがなかったから。

（　　）

(4) この文章は、大きく三つのまとまりに分けられます。次から一つ選んで、記号で答えましょう。

ア （①―②③④―⑤⑥⑦）
イ （①―②③④⑤―⑥⑦）
ウ （①②―③④―⑤⑥⑦）
エ （①―②③―④⑤⑥⑦）

（　　）

(5) この文章の題《だい》として合うものを次から一つ選んで、記号で答えましょう。

ア ぼくのお母さん
イ かんごしさんの仕事《しごと》
ウ うす暗い病院
エ お母さんのお見まい

（　　）

2 **次の手紙文を読んで、あとの問いに答えましょう。**

おばさん、お変《か》わりありませんか。

こちらではつゆが明けたら急《きゅう》に暑《あつ》くなってきました。

でも、みんな元気です。

おばさんにお願《ねが》いしたいことがあって、この手紙を書きました。わたしのお母さんの小学校の卒業文集《そつぎょうぶんしゅう》がおばさんのおうちの物置《ものおき》にしまってあるそうです。今度《こんど》わたしの学級《がっきゅう》で親子文集を出すことになり、それを確認《かくにん》する必要《ひつよう》が出てきたのです。

ごめいわくをおかけして申《もう》しわけありませんが、わたしに送《おく》っていただけないでしょうか。

よろしくお願いします。

七月十六日　　かおる

たか子おばさま

(1) この手紙の目的《もくてき》を次から一つ選んで、記号で答えましょう。

ア お知らせ　イ お願い　ウ おわび　（　　）

(2) ――線「それ」は何を指《さ》していますか。十三字でぬき出しましょう。

力をためす問題 4

答え▼379ページ

1 次《つぎ》の文章《ぶんしょう》を読んで、あとの問《と》いに答えましょう。

津田梅子《つだうめこ》は、日本の女子教育《じょしきょういく》を確立《かくりつ》した人の一人《ひとり》です。

一八七一(明治《めいじ》四)年、一せきの船がアメリカに向《む》けて出港《しゅっこう》しました。そこには、日本からはじめて送《おく》り出される女子留学生《りゅうがくせい》たち五人もいました。そのなかで、いちばん年下の六才の少女が、津田梅子でした。

*ワシントンのランマン夫妻《ふさい》の家に預《あず》けられた梅子は、英語《えいご》やラテン語、ピアノなどを学びながら、十一年過《す》ごすことになります。

やがて、留学生活を終《お》えた梅子は、十七才で日本に帰ってきます。しかし、アメリカで育《そだ》った梅子にとって、日本の言葉《ことば》や習慣《しゅうかん》など、こまったことが多くありました。そのころの日本では、女の人が学問《がくもん》をするのはめずらしいことで、梅子がアメリカで学んだことを役立《やくだ》てる機《き》会《かい》はなかなかありませんでした。

一八八五年、*華族女学校《かぞくじょがっこう》ができ、英語《えいご》を教えることになりますが、その学校になじめなかった梅子は、一八八九年、再《ふたた》びアメリカにむかいます。

二度目《にどめ》の留学では、プリンマー大学で生物学《せいぶつがく》を学び、生物学者《がくしゃ》としても期待《きたい》されていました。しかし梅子は、研究者《けんきゅうしゃ》としての道を捨《す》て、日本の女子教育に力をそそぐことを決意《けつい》します。

一九〇〇年、協力者《きょうりょくしゃ》の助《たす》けを得《え》て、「女子英学塾《えいがくじゅく》(現在《げんざい》の津田塾《つだじゅく》大学)」を開校《かいこう》。のちに、日本ではじめての女性《じょせい》のための専門《せんもん》学校となります。

*ワシントン=アメリカの首都《しゅと》。
*華族=しゃく位《い》を持《も》つ人とその家族《かぞく》。

(1) だれのことを書いた伝記《でんき》ですか。(　　　　)

(2) ――線とありますが、それはどうしてですか。
(　　　　)

(3) (1)の人は、何をした人ですか。次の(　)に合う言葉を、文章中からぬき出しましょう。
日本の(　　　　)に力をそそいだ。

2 次の文章を読んで、あとの問いに答えましょう。

六月八日(木)
今日《きょう》は、カタツムリがたまごを産《う》みました。ぼくはうれしくてたまりません。たまごは、直径《ちょっけい》二ミリメートルぐらいの大きさです。真《ま》っ白《しろ》いゴムまりのように光ったものでした。土の中にあなをあけて、その中で産んでいました。よく見ると、角《つの》と目の間の右横《みぎよこ》のところから産んでいました。

六月十三日(火)

カタツムリがふんをする様子《ようす》を見ました。からと体の間の、だんになっているところの右のほうに、直径三ミリメートルぐらいのあながあります。その下に、うすいまくがあって、そこからチューブ入りのチョコレートをおし出すように出しました。

(1) 作者《さくしゃ》は、①六月八日、②六月十三日に、それぞれ何について観察《かんさつ》していますか。

①（　　　）

②（　　　）

(2) カタツムリのたまごは、①どのくらいの大きさですか。また、②何にたとえられていますか。

①（　　　）②（　　　）

(3) ——線の「その」は何を指《さ》していますか。

（　　　）

---

3 次の詩《し》を読んで、あとの問いに答えましょう。

水のこころ　　高田敏子《たかだとしこ》

水は　つかめません
水は　すくうのです
指《ゆび》をぴったりつけて
そおっと　大切に——

水は　つかめません
水は　つつむのです
二つの手の中に
そおっと　大切に——

水のこころも
人のこころも

(1) この詩は何連《なんれん》でできていますか。漢数字《かんすうじ》で答えましょう。

（　　　）連

(2) 作者が、「水」と同じように大切にしようと言っているのは何《なん》ですか。詩の中の言葉で書きましょう。

（　　　）

ひろがる国語

季語《きご》のいろいろ

季語《きご》(季題《きだい》)は季節感《きせつかん》を表《あらわ》す言葉《ことば》です。俳句《はいく》(↓129ページ)には、季語をよみこむきまりがあります。季語は、昔《むかし》のこよみである旧暦《きゅうれき》をもとに分類《ぶんるい》されています。

春(旧暦一～三月　＊今のこよみでは二～四月)

気候《きこう》・自然《しぜん》	初日《はつひ》・立春・行く春・雪どけ・春雨《はるさめ》
行事《ぎょうじ》・生活	花見・ひな祭《まつ》り・種《たね》まき・入学・卒業《そつぎょう》
動物《どうぶつ》	うぐいす・かわず・つばめ・ちょう・はち
植物《しょくぶつ》	梅《うめ》・桜《さくら》・菜《な》の花・たんぽぽ・つくし

夏(旧暦四～六月　＊今のこよみでは五～七月)

気候・自然	風かおる・さみだれ・梅雨《つゆ》・夕立《ゆうだち》
行事・生活	うちわ・こいのぼり・田植《たう》え・ゆかた・プール
動物	か・せみ・ほたる・あゆ・金魚・めだか
植物	新緑《しんりょく》・あじさい・ひまわり・ばら・ぼたん

秋(旧暦七～九月　＊今のこよみでは八～十月)

気候・自然	残暑《ざんしょ》・天《あま》の川《がわ》・台風《たいふう》・きり・名月・星月夜《ほしづくよ》
行事・生活	月見・いねかり・七夕《たなばた》・花火・墓参《はかまい》り・運動会《うんどうかい》
動物	きりぎりす・こおろぎ・とんぼ・きつつき・わたり鳥
植物	あさがお・きく・いね・すいか・なし・ぶどう

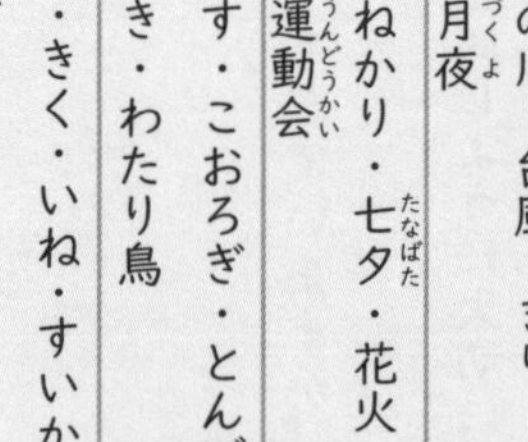

冬(旧暦十～十二月　＊今のこよみでは十一～一月)

気候・自然	小春《こはる》・しわす・行《ゆ》く年・節分《せつぶん》・しも・雪
行事・生活	こたつ・年わすれ・もちつき・クリスマス・スケート
動物	かも・たか・水鳥・ふぐ・あんこう・かき・熊《くま》
植物	さざんか・落葉《おちば》・みかん・大根《だいこん》・ねぎ・白菜《はくさい》

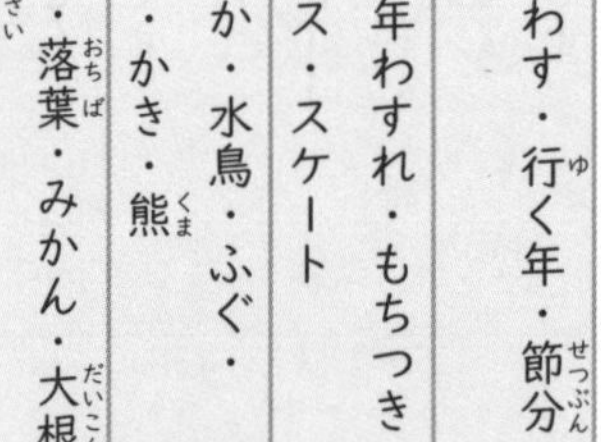

＊季語の分類では、春・夏・秋・冬のほか、「新年」を入れる場合《ばあい》があります。

第3編

書く・話す・聞く

第1章 書く

ここからスタート！

学習することがら

昨日の試合でぼくが大活やくしたことを聞いてほしい！

じゃあ②ね。

できた！

ばっ
どれどれ…。

昨日は朝7時に起《お》きて朝ごはんを食べて…。

それからサッカー場へ行って試合をしてぼくがシュートを決《き》めてそれから…。

ダラダラ…

言いたいことがよくわからないわね。

しょうがないなあ～。ぼくが直してあげる！

シュバババババババ
文章を読み返《かえ》して直していくことを「すいこう」というのよ。

できた！

もう？

はやっ。

…今だ。ぼくは思い切りボールをけった。ボールは見事《みごと》にゴールに入った…。

おぉ…

ぼくが書いたのじゃないみたい！

タロのおかげでいい作文になったわね！いろんな種類《しゅるい》の文章の書き方を勉強《べんきょう》していくわよ。

① 書き方の基本《きほん》

くわしい学習

1 書き始《はじ》める前に

よい文章《ぶんしょう》を書くために、次《つぎ》のようなことに注意《ちゅうい》しましょう。

❶ どんなことをどの形式《けいしき》で書くかを決《き》める

目的《もくてき》におうじて文章の種類《しゅるい》(日記・生活文・感想文《かんそうぶん》・手紙など)を決めます。種類によって、書き方はちがいます。

❷ 材料《ざいりょう》を集《あつ》める

書く材料は、身の回《まわ》りにあ

練習問題 ①

答え▼380ページ

1 次の文中の(①)～(⑤)に「。」か「、」をつけて、正しい文章にしましょう。

ツツジの花に(①)一ぴきのモンシロチョウが飛《と》んできました(②)静《しず》かに見ていると(③)ストローのような細長《ほそなが》い口を花のおくにのばし(④)口先をさかんに動《うご》かして(⑤)みつのありかをさがしています。

①(　　) ②(　　) ③(　　) ④(　　)
⑤(　　)

2 次のそれぞれの三つの文をつないで、一つの文にしましょう。

(1) 雨がふってきた。かさを持《も》っていなかった。走って帰った。

(　　　　　　　　)

(2) 試合《しあい》に勝《か》ちたい。一生けん命練習《めいれんしゅう》した。負《ま》けてしまった。

(　　　　　　　　)

ります。材料が見つかったら、メモを取《と》ることが大切です。

例 勉《べん》強《きょう》・行《ぎょう》事《じ》・友《とも》達《だち》・ペット・家《か》族《ぞく》・手《て》伝《つだ》い・習《なら》い事《ごと》・趣《しゅ》味《み》・旅《りょ》行《こう》・社会

③ 文章の組み立てを考える

文章は、ふつう次のように組み立てます。

はじめ	**書きだし** 何について書くのかはっきりさせる。
なか	**本文** 中心となる部分《ぶぶん》。くわしく書く。
おわり	**まとめ** 出来事《できごと》についての感想、考えを中心にまとめる。

・書きだしを工夫《くふう》しましょう。

例 会話文から書く。

3 次の文の順序《じゅんじょ》をならべかえて、正しい組み立ての文章にしましょう。

ア そのロボットは、ぼくの身長《しんちょう》の二倍《にばい》もあり、「あいさつロボットのぺぺくん」だと書いてありました。

イ 昨日《きのう》(十一月十日)、となり町の早川《はやかわ》小学校の展覧《てんらん》会を、弟と二人で見に行ってきました。

ウ そして、ダンボールを切ったり色をぬったりして、かっこいいロボットを作りました。

エ 会場に入ると、ほかにもいろいろな工作や絵が展示《てんじ》してあって、とても楽しかったです。

オ 会場の入り口に、大きなダンボールの箱《はこ》で作ったロボットが立っていました。

カ 家に帰って、ぼくと弟は、自分たちでもロボットを作ってみたいと思って、お母さんにダンボール箱《ばこ》をもらいました。

キ なぜ「あいさつロボット」かというと、ロボットの中にパソコンが入っていて、変《へん》な声で「こんにちは。いらっしゃい。おおきに。さいなら。」と、あいさつをするからです。

（　　）→（　　）→（　　）→（　　）→（　　）→（　　）→（　　）

・体験《たいけん》などを入れて、できるだけ具体的《ぐたいてき》に書くことが大切です。

2 符号《ふごう》の使《つか》い方と種類《しゅるい》

1 句点《くてん》(まる)(。)

文の終《お》わりにつけます。

例 今日《きょう》は火曜日です。

2 読点《とうてん》(てん)(、)

①意味《いみ》の切れ目につけます。

例 去年《きょねん》、妹が生まれた。

②文が長く続《つづ》くとき、読みまちがえないようにつけます。

例 ここで、はきものをぬいでください。(ぬぐのは「はきもの」)

例 ここでは、きものをぬいでください。(ぬぐのは「きもの」)

練習問題 2

答え▼380ページ

1 次《つぎ》の①②のような意味を表《あらわ》す文になるように、読点(、)を一つずつつけましょう。

(1) ① 笑《わら》っているのは「弟」

わたしは笑いながらにげる弟を追《お》いかけました。

② 笑っているのは「わたし」

わたしは笑いながらにげる弟を追いかけました。

(2) ① むかえに行ったのは「わたし」と「お母さん」

昨日《きのう》わたしはお母さんと弟をむかえに行きました。

② むかえに行ったのは「わたし」

昨日わたしはお母さんと弟をむかえに行きました。

2 次の文中に、「　」と『　』の符号を入れましょう。

吉田《よしだ》さんが　学校の帰りに　秋本《あきもと》さんに会いました。秋本さん、今日　わたしの家に　遊《あそ》びに来《こ》ない。と　さそいました。秋本さんは、わたし、山下《やました》

③ 中点（中ぐろ）（・）
言葉《ことば》をならべるときなどにつけます。
例 算数・国語・理科など。

④ かぎ（「 」）
①会話の部分《ぶぶん》や、心の中で思った部分につけます。
例 「なぜだ。」と思った。
②書名・題名《だいめい》や、特《とく》にほかと分けたい言葉につけます。
例 漱石《そうせき》の「こころ」を読む。
＊「　」の中にさらに人の話し言葉などを入れるときは二重《にじゅう》かぎ（『 』）を使います。

⑤ かっこ（（ ））
前の言葉に**説明《せつめい》を加《くわ》えると**きなどにつけます。
例 平成《へいせい》十二（二〇〇〇）年

さんから　遊びに来ない。と　言われているのよ。と　言いました。すると
吉田さんは、では、明日《あす》いらっしゃいね。と　さそいました。ありがとう。
二人は　手をふって　別《わか》れました。

3 **次の題で作文を書こうと思って、組み立てを考えました。長くなるので一つずつ省《はぶ》くとすると、どれを省けばよいですか。記号《きごう》で答えましょう。**

(1) 授業参観《じゅぎょうさんかん》　（　　）
ア 参観日の朝、お母さんにはげまされたこと。
イ 昼休みに、みんなでサッカーをしたこと。
ウ お母さんが教室《きょうしつ》に入ってきたときのこと。
エ 感想《かんそう》を発表《はっぴょう》して、先生からほめられたこと。

(2) 金魚　（　　）
ア 金魚を買ってもらったときのうれしさ。
イ 次の日、金魚が元気なので安心《あんしん》したこと。
ウ 学校から帰って、すぐに宿題《しゅくだい》をしたこと。
エ となりのお兄さんに、金魚の水草をもらったこと。

4 **次の文章《ぶんしょう》を読んで、あとの問《と》いに答えましょう。**

この前の日曜日、わたしが朝早く起《お》きると、お姉さんが自転車《じてんしゃ》でどこかへ出かけるところでした。そして、夕方になって帰ってきました。

6 ぼう線（ダッシュ）（――）
説明《せつめい》を補《おぎな》ったり、文のと中《ちゅう》で止《と》める場合《ばあい》につけます。
例「そうか、やっぱり――。」

3 すいこうのしかた

文章《ぶんしょう》を読み直して、**まちがいを直したり、よりよくしたりするのが「すいこう」**です。

・内容上《ないよう》のポイント
①主題《しゅだい》がよくわかるように書けているか
②わかりにくいところや、むだな内容はないか

・表記上《ひょうき》のポイント
①漢字《かんじ》・かなづかいが正しいか
②文字がぬけていないか
③符号《ふごう》の使《つか》い方が正しいか

わたしはどうしたのかなと思って、母にたずねてみると、母は、

「おばあさんに手作りのパンを食べさせたいと言って、パン作りを習《なら》いに行きはじめたのよ。」

と話してくれました。

次《つぎ》の日曜日、お姉さんが家にいたので、

「今日は休みなの。」

とたずねてみました。お姉さんが、

「今日はうちでパンを焼《や》くから、いっしょに作ろうか。いろんなパンを焼いて、おばあさんに持《も》っていってあげよう。」

と言いました。

お姉さんといっしょにパン作りができて、うれしかったです。

(1) この文章に題をつけるとすると、次のどれがよいですか。
ア 休みの日　**イ** パン作り　**ウ** 母の言葉《ことば》　（　　）

(2) この文章には、場面《ばめん》が大きく変《か》わったところがあります。後半の場面の最初《さいしょ》の四字をぬき出しましょう。

(3) 「わたし」の気持ちが表現《ひょうげん》されている七字と六字の言葉をぬき出しましょう。

4 原こう用紙の使《つか》い方

例

①②　家族旅行
③四年一組　木村さち
④ある日、⑤学校から帰ると、父が帰ってきて
いました。⑤父がこんな時間に家にいるのはめ
ずらしいので、
⑤⑥「お父さん、今日はどうしたの。」
と聞くと、父はにっこりわらって、
⑥「ちょうど、仕事が早目に終わったからだよ。⑤
みんなで夏休みの家族旅行の相談をしよう。」⑤
と言いました。
⑦家族旅行と聞いて、わたしはすっかりうれ
しくなってしまいました。

① 一ますに一字ずつ書きます。

② **題名《だいめい》**は一行目に二ます程度《ていど》下げて書きます。

③ 二行目に**学年・組・氏名《しめい》**を書きます。

④ 三行目から一ます空けて本文を書き始《はじ》めます。

⑤ **読点《とうてん》**（、）や**句点《くてん》**（。）、**かぎ**（「」）などの符号《ふごう》は、一ますに書きます。一ます目に読点や句点がくるときは、前の行の最後《さいご》のます目に入れます。

⑥ **会話文**は「」をつけて改行《かいぎょう》して書きます。会話文が二行以上《いじょう》になるときは、ふつう二行目からの書き始めは、一ます空けて書きます。

⑦ **段落《だんらく》の書き始め**は、一ます空けます。

② 日記・生活文を書く

くわしい学習

1 日記・生活文とは

① 日記

日記は、**その日にあった出来事《できごと》や自分が感《かん》じたこと**などを書いた、記録《きろく》のことです。一日ごとに日付《ひづけ》を入れて、その日にあったことを書きます。

・書く人による分類《ぶんるい》

(1) **生活日記**…一人の人が、自分の体験《たいけん》をもとにして、続《つづ》けて書いていくものです。

(2) **学級《がっきゅう》日記・グループ日記**…学級で起《お》こった出来事などを学級やグループで交代《こうたい》に書くものです。

・書く目的《もくてき》による分類

(1) **観察《かんさつ》日記**…理科や社会科などで、観察したことを、日記の形で書いたものです。

(2) **読書日記**…読んだ本について書いた日記。自分の感想《かんそう》が中心ですが、簡単《かんたん》なあらすじや、その本を選《えら》んだきっかけなどを入れることもあります。

(3) **飼育《しいく》日記**…家や学級、学校で飼《か》っている生き物について書いた日記。成長《せいちょう》の様子《ようす》や、日々の変化《へんか》の記録が中心になります。

② 日記の書き方の手順《てじゅん》

(1) **題材《だいざい》を決《き》める**

毎日の生活の中で、感じたり考えたりしたことの中から、特《とく》に記録しておきたい出来事や心に残《のこ》ったことを取《と》り上げます。

(2) **題材にそって書く**

そのとき感じた気持《きも》ちや心の動《うご》きなどを、すなおでかざりけのない言葉《ことば》で書きます。

(3) **すいこうをする**

304ページにある「すいこうのしかた」のポイントにそって、文章《ぶんしょう》を読み返《かえ》します。

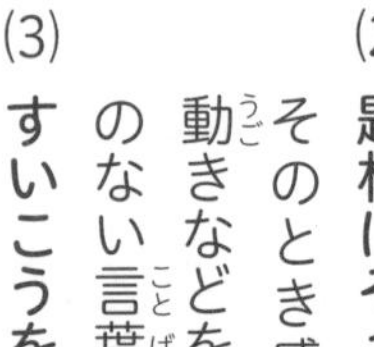

③ 生活文

ふだんのくらしの中で起こった出来事を話題《わだい》にして、感じたことや考えたことを書いた文章を生活文といいます。

わたしたちは毎日、学校や家庭《かてい》、地域《ちいき》などでさまざまな出来事に出会います。そんな出来事の中から文章に書く意味《いみ》のある題材を見つけ、そこから考えをほり下げていくことによって、よい生活文を書くことができます。

日記も生活文の一つですが、日記は自分のために書くのに対して、**生活文は自分以外《いがい》の人に読ませるためのもの**だという点が大きくちがいます。そのため、生活文を書くときには、読み手を意識《いしき》し、わかりやすく書くように心がけることが必要《ひつよう》です。

④ 生活文を書く手順

(1) 題材を決める

生活文では、**学校や家庭、町で見聞きした体験が材料《ざいりょう》**になります。自然《しぜん》や町の様子、人の言葉や行動《こうどう》、起こった出来事など、身《み》の回りの物事《ものごと》をふだんから注意深《ちゅういぶか》く観察することが大切です。そこで感じたことが、題材になります。

(2) 主題《しゅだい》を決める

体験したことについて、よく考えてみましょう。めずらしい出来事や特別《とくべつ》な体験でなくても、**深く考えた末《すえ》にたどりついたこと**が主題になります。

(3) 構成《こうせい》を決める

次《つぎ》のような組み立てにするとよいでしょう。

・初《はじ》め…いつ、どんな体験をしたかを書く。
・中…体験したことの中から、最《もっと》も伝《つた》えたいことをくわしく書く。
・終《お》わり…体験から感じたことや考えたことをまとめる。

(4) 題名をつける

題名は、文章の内容《ないよう》を読み手に伝えるためのものです。内容が予想《よそう》できるような題名にしましょう。

(5) すいこうをする

「すいこうのしかた」のポイントにそって、文章を読み返します。

2 日記の書き方

例1

①一月三十一日(木) くもり

昨日からふり続いていた雪がやんだので、②昼休みに校庭で雪合戦をした。③校庭は一面真っ白だ。自然に女子対男子の戦いになった。④男子が投げる雪玉はスピードがあって強いので、体に当たると、けっこういたい。でも、女子のほうが人数が多かったので、負けてはいなかった。わたしも、たくさん命中させた。三十分ぐらいむちゅうで遊んだあと、男子から⑤「引き分けだな。終わりにしようか。」と言ってきた。わたしは、④「女子のほうが勝っていたのになあ。」と思ったが、楽しかったからいいかと思って、だまっていた。教室にもどるとき、さとうさんが、⑤「雪だるまも作りたかったね。」と言ったので、「帰りの会のとき、みんなに声をかけてみよう。」と言った。八人残れたので、大きな雪だるまができた。④あしたみんなのびっくりする顔が楽しみだ。

書き方のポイント

①初《はじ》めに、月日・曜日・天気などを書きます。

②あとで読み返《かえ》したときに思い出せるように、いつ、どこで、何をした(何があった)かを、具体的《ぐたいてき》に書きます。

③**情景**《じょうけい》などを書いておくと、その日のことを手に取《と》るように思いうかべることができます。

④日記は、**心の成長記録**《せいちょうきろく》になるものなので、感《かん》じたこと、考えたことをできるだけくわしく書くようにします。

⑤人が言った言葉《ことば》も記録しておきます。

例2

①二月十五日（金）　晴れ　　二はん　木村　功太
②図書係から、学級文庫について話があった。本の整理をするので、げんざい借りている本は、③全部二月二十二日（金）までに返す。二月二十七日（水）から、かし出しをさいかいするとのことだった。④借りている人は、わすれずにその日までに返すようにしよう。

①二月十八日（月）　くもり　　三はん　黒田　真希
⑤今日の昼休み、男子が教室でふざけていて、教だんに置いてあった花びんをわってしまった。先週にも、小沢君がろう下ですべってけがをするということがあった。最近、不注意で起こる事こがふえているようだ。走り回るのは外だけにして、④校しゃ内ではさわがないで周りに注意しよう。

書き方のポイント

学級《がっきゅう》日記の例《れい》です。

①学級日記は、学級の人たちが交代《こうたい》で書くものなので、日付《ひづけ》や天気のほかに、書き手の名前も書いておきます。

②学級日記は、学級の人たちへのお知らせという役割《やくわり》があるので、大切なことだけを、まとめて書くように心がけます。

③日時などは、特《とく》にまちがえないように注意《ちゅうい》します。

④学級のみんなに伝《つた》えたいことは、最後《さいご》にもう一度《いちど》確《かく》にんします。

⑤学級日記には学級で起《お》こった出来事《できごと》も書きます。わかりやすく、簡潔《かんけつ》にまとめます。

3 生活文の書き方

例1

①歯科けんしん

四年二組　大木　勇助

②「さあ、ならんで。」

と、先生が③おっしゃいました。今日は歯のけんしん③です。小島君のきんちょうした顔を見ると、④ぼくもどきどきしてきました。

⑤とうとうぼくの番になりました。いすにすわって、歯医者さんの前で、⑤思い切り大きく口を開けました。

⑥「今は虫歯はないよ。これからも歯みがきをしようね。」

と言われて、④ほっとしました。

書き方のポイント

①初《はじ》めに題名《だいめい》を書きます。題名は内容《ないよう》を表《あらわ》すものにします。

②人の言った言葉《ことば》から始《はじ》めるなど、読み手を引きつけるための工夫《くふう》を考えます。

③敬語《けいご》を正しく使《つか》います。文末《ぶんまつ》は敬体《けいたい》(です・ます)か、常体《じょうたい》(だ・である)にそろえます。

④その時その時の気持《きも》ちや考えたことを書きます。

⑤自分の様子《ようす》を書いて気持ちを表したりします。

⑥人が言った言葉も記録《きろく》しておきます。歯医者《はいしゃ》さんのやさしさが表れています。

例2

母の入院

四年四組　竹中　えり

①お母さんが入院しました。来月赤ちゃんが生まれる予定だったのですが、昨日、おなかがいたくなったのです。

おばあちゃんと病院に行くと、②お母さんは元気そうにベッドに横になっていて、

③「お医者さんから、『二、三日のうちに赤ちゃんが生まれますよ。』と言われたよ。」

と話してくれたので、④安心しました。

②帰り道で、おばあちゃんと、

「あわてんぼうの赤ちゃんだね。」

と話しました。

書き方のポイント

①特別《とくべつ》な体験《たいけん》を書く場合《ばあい》は、初めに事情《じじょう》を説明《せつめい》します。

②人の様子や自分の行動《こうどう》などをくわしく書きます。

③印象的《いんしょうてき》な言葉などを書きます。会話によって、それぞれの人の気持ちや考えを伝《つた》えることができます。

④感《かん》じたことや考えたことは、できるだけくわしく書きます。

＊目や耳を働《はたら》かせて感じたこと、におい、さわったときの印象などを書くと、様子がくわしく伝えられます。

例3

立った

山中　さやか

①十月七日は、弟のそうたの一才のたんじょう日でした。前からみんなで、
②「たんじょう日までには歩くだろうね。」
と話していました。でも、たんじょう日になっても、そうたは立ちそうにありません。わたしが立たせようとしても、お母さんが、
②「そうちゃん、立っちだよ。」
と声をかけても立とうとしません。

そして、ごはんを食べて、おなかがいっぱいになったのか、③ころっとねてしまいました。
④ところが次の日、そうたが立ったのです。

書き方のポイント

①初《はじ》めに**特別《とくべつ》な日**（たんじょう日）のことから書き出しています。
②**会話**から、みんなの期待《きたい》している様子《ようす》がよくわかります。
③そうたのかわいらしい様子を、思い出して書いています。
④短《みじか》い文をつなげて、立った日のおどろきや、喜《よろこ》びの大きさを伝《つた》えようとしています。

とつぜん、立ったのです。
テレビを見ていると、
「そうたが立ったぞ。」
と、お父さんの大きな声が聞こえました。
ふり向くと、そうたがお父さんにつかまって
いて、にこっと笑って手をはなしました。
⑤「やったね。立ったね。」
⑤「すごいぞ、そうた。」
　みんなではく手していると、そうたもまね
をして手をたたきましたが、そのとたん、し
りもちをついてしまいました。
⑥立つのがおもしろくなったのか、そのあと、
一人で何度もくりかえしていました。

⑤会話から、みんなのおうえんしている気《き》持《も》ちが伝わってきます。
⑥一人で立つことができて、喜んでいるそうたの様子をよく見て書いています。

3 記録文《きろくぶん》を書く

くわしい学習

1 記録文《きろくぶん》とは

ある目的《もくてき》をもって**観察《かんさつ》したり見学したりしたこと**を記録した文章《ぶんしょう》を「記録文」といいます。

記録文には、**観察記録文**や**見学記録文**などがあります。

① 観察記録文

生物《せいぶつ》の成長《せいちょう》などについて、毎日ていねいに記録したことをまとめた文章です。

観察している動物《どうぶつ》や植物《しょくぶつ》などの変化《へんか》の様子《ようす》、新しい発見《はっけん》の記録が大切になってきます。

また、記録のための文章なので、長さや大きさなどの**数字**、どのように変化したかなどを、くわしく正確《せいかく》に、わかりやすく書くことが大切です。**グラフ**や**図**に表《あらわ》すと、変化の様子が、目に見える形でわかりやすくなります。

② 観察記録文を書く手順《てじゅん》

(1) 何についての観察記録か、どんな**目的**で観察するのかをはっきりさせる。

(2) **観察した場所《ばしょ》・時間**などを書き入れる。

(3) 目や耳、心を働《はたら》かせて、観察対象《たいしょう》の変化の様子を**順序《じゅんじょ》にしたがって**書く。そのとき、構成《こうせい》も考え、**中心**がわかるような工夫《くふう》をする。

(4) **小見出し**をつけたり、**かじょう書き**を使《つか》ったりするなど、記録のしかたにも気を配《くば》る。また、グラフや図などを用いて、一目で変化がわかるように工夫する。

(5) 最後《さいご》に、**結論《けつろん》**や**感想《かんそう》**をわかりやすく書く。

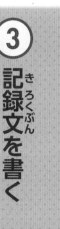

❸ 見学記録文

工場や博物館《はくぶつかん》、港《みなと》などのしせつへ行って**見学したこと**を、目的にそって記録した文章が「見学記録文」です。見学記録文は、理科や社会科などで勉強《べんきょう》したことを実際《じっさい》に見学し、まとめたものです。

本で調《しら》べたり、人の話を聞いたりしただけではわかりにくいこと、つまり**見学して初《はじ》めてわかったこと、知ったこと**を中心に書かれています。

見学に行く前や、見学に行ったときに、聞きたいことなどのメモを準備《じゅんび》しておくと、それにそってメモができるので、あとで確《たし》かめることができます。また、記録文を書くときの参考《さんこう》にもなります。

例 メモ

> 7月5日(金)　3・4時間目
> ・ゆうびん局《きょく》の見学に行く
> ・配達《はいたつ》の人たちに話を聞く
> 〈聞きたいこと〉
> たいへんなことや気をつけていることは何か。
> →まちがえない。ぬらさない。

❹ 見学記録文を書く手順

(1) **見学(観察)した日時、場所、目的**を書く。
何を見て、何を知りたいのか、見学の**目的**をはっきりさせます。

(2) **順序よく**書く。
ふつうは、見学した順序にしたがって書いていきます。
見学(観察)したことを思い出しながら、順に書いていきます。**見たこと、聞いたこと、気づいたこと**をメモしておくことが大切です。

(3) **何をいちばんくわしく書くか**を考え、中心を決《き》めて書く。
・**見学してわかったこと**が中心になります。初《はじ》めて見たものに対《たい》するおどろきや、もっと知りたいと思ったことなどを具体的《ぐたいてき》に書き表すことが大切です。
・**絵や写真《しゃしん》、図表《ずひょう》**や関係《かんけい》のある**資料《しりょう》**などを入れると、具体的《ぐたいてき》でわかりやすい記録文になります。

(4) 最後に、感《かん》じたこと、考えたことなど、**感想**をわかりやすく書く。

2 観察記録文《かんさつきろくぶん》の書き方

例1

①九月二十七日、こおろぎを観察しようと、②四ひきつかまえてきた。
先生にえさのことをたずねたら、

「野菜やくだもののほかに、かつお節か、にぼしもやりなさい。」

とおっしゃったので、さっそく、③なしのしんとかつお節のこなをお皿にのせて、かごに入れてやった。

観察しようとして近づくと、④首をかしげるようなかっこうをする。ひげは、②三センチくらいで、歩くときは、ひげをいそがしそうに動かしている。こおろぎのおすとめすは、⑤どこで見分けるのだろうかと思った。⑥図かんで調べたら、②四ひきのうち二ひきがおす、二ひきがめすだとわかった。めすの方が、少し大きい。

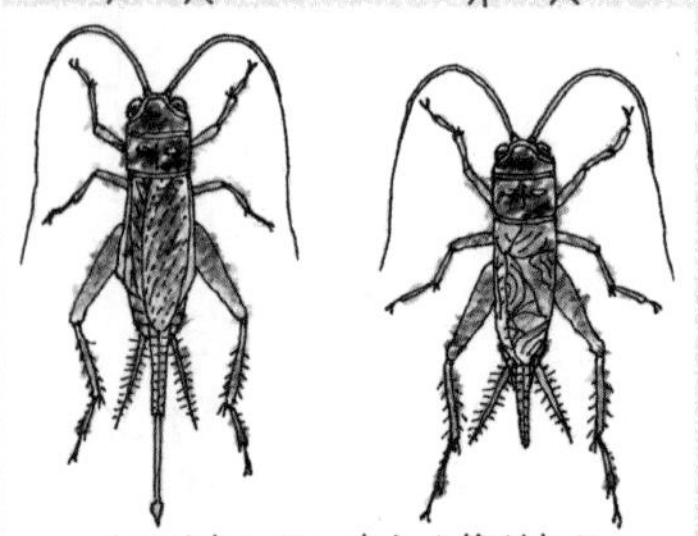
メス
オス
・メスはおしりに産らん管がある。
・オスは鳴く。
・はねのもようがちがう。

書き方のポイント

①初《はじ》めに、観察した月日などを書きます。
②観察するものの数、大きさなどの数字を正確《せいかく》に記録します。
③観察するときに注意《ちゅうい》する点をくわしく書きます。
④観察するものの様子《ようす》を、目や耳を働《はたら》かせて観察し、できるだけくわしく書いておきます。
⑤観察していて疑問《ぎもん》に思ったことを書き、それについて調《しら》べます。
⑥疑問に思ったことを何で調べたか、その結果《けっか》どんなことがわかったかを、調べたことだとわかる書き方で書きます。

例2

①五月十二日　木の箱に土を入れ、へちまの種をまいて、水をやりました。それを、②まどぎわの日が当たる場所に置きました。

五月十九日　③土の中から芽が少し出ているのが見えます。なかなか出てこなかったので、④まき方が悪かったのかと思っていたのですが、芽が出てよかったです。

五月二十日　朝見たら、③芽が土からすっかり出て、⑤一センチぐらいにのびていました。学校から帰って見ると、朝はくっついていたふた葉が開いていました。④生長が早いなと思いました。

五月二十八日　朝見ると、③ふた葉の中から出てきた新しい葉が大きく育っていました。⑥図かんで調べたら、これが本葉だということがわかりました。④もう一まい本葉が出てきそうです。

書き方のポイント

観察記録文には、日記形式《けいしき》のものもあります。

①初めに、観察した月日・時間などを書きます。

②場所《ばしょ》や、特《とく》に注意したことなどを書きます。

③観察するものの様子、形、大きさなどを、できるだけくわしく、正確に書きます。

④観察したことから感《かん》じたこと、考えたことを書きます。

⑤大きさなどは数字を使《つか》って具《ぐ》体的《たいてき》に書きます。

⑥興味《きょうみ》をひかれたことは本などを使って調べ、調べたということがわかるように書いておきます。

3 見学記録文《きろくぶん》の書き方

例1

わたしたちは、①昔の生活を勉強するために、②しじみづかいせきを見学しました。「しじみづか」というのは、いせきの多くが貝のシジミでできていたことからつけられた名前で、③貝がらが一メートル以上も積み重なっていました。④こんなにたくさんだれが食べたんだろうと思っていると、先生が、

⑤「これは、昔の人が食べた貝のからで、千年分くらいあるんだよ。」と教えてくださいました。

⑥今度は、住まいのあとを見に行きました。そこにもやはり貝がらがありました。みんなで、④この貝をどこからとってきたのだろうと話していると、⑦先生がパンフレットを見せてくれました。それによると、昔は、この近くまで海だったということでした。

⑧食べものや住まいのほかにも、昔の人たちがどんな生活をしていたのか、調べてみたいと思いました。

書き方のポイント

①初《はじ》めに見学の目的《もくてき》を明確《めいかく》に示《しめ》します。

②見学した場所《ばしょ》を書きます。

③見学して気づいたことを書きます。

④見学して疑問《ぎもん》に思ったことや考えたことを書きます。

⑤人の言葉《ことば》で、大事《だいじ》な事《こと》がらを書きます。

⑥順序《じゅんじょ》を表《あらわ》す言葉を使《つか》って、見学の順番がわかるように書きます。

⑦疑問点について聞いたことを、教えてくれた人がわかるような形で書きます。

⑧感想《かんそう》や考えをまとめます。

例2

①飛行場を見に行った。②飛行場がどんな所か知りたかったからだ。③飛行場はとても広い。飛び立っていく飛行機もあれば、着陸する飛行機もある。④飛行機は近くで見るととても大きく、はく力がある。

⑤つぎに、国さい線の受付のある部屋に入った。日本をはじめ、いろいろな国々のこう空会社の受付がずらりとならんでいる。

⑤それから、二階の国さい線待合室へ行った。③見送りの人たちが、あちらこちらに集まっている。待合室の周りのかべには、時計がいくつもかかっている。ところが、⑥どの時計も時こくがちがっている。不思議だなと思って、父に聞くと、

⑦「時計の下に、英語が書いてあるだろう。あれは、外国の地名だ。その土地の時こくを、上の時計がしめしているんだ。」

と教えてくれた。

⑧飛行機の発着について放送するのが聞こえてくる。④外国の有名な都市の名が出てくるのは、いかにも国さい空港らしいと思った。

書き方のポイント

①何を見学したのかを初めに書きます。
②見学の目的を書きます。
③見学した場所(飛行場《ひこうじょう》)の様子《ようす》をくわしく書きます。
④見学したものについての感想を書きます。
⑤順序を表す言葉や接続《せつぞく》の言葉を使って、見学したものを順序よく書きます。
⑥疑問に思ったことを書きます。
⑦教えてもらったことを書きます。
⑧見たことだけではなく、いろいろな感覚《かんかく》を働《はたら》かせてとらえた音やにおいなども書くと、その場の様子をよく伝《つた》えることができます。

④ 感想文《かんそうぶん》を書く

くわしい学習

1 感想文《かんそうぶん》とは

本を読んだり、芸術作品《げいじゅつさくひん》をかんしょうしたりしたときに感《かん》じたことを人に伝《つた》えるための文章《ぶんしょう》が「感想文」です。

① 読書感想文

感想文の中で、本を読んで感じたことを書くのが「読書感想文」です。

文章を読んだときに感じることは、人それぞれちがいます。そのため、読書感想文を書くときには、**人に伝えるためのさまざまな工夫《くふう》**が必要《ひつよう》になります。

また、読書感想文を書く目的《もくてき》は、人に感動《かんどう》を伝えることだけではありません。その**作品についての自分の考えや感じたこと**を整理《せいり》して、はっきりさせることもできます。さらに、心が豊《ゆた》かになり、知識《ちしき》に対《たい》する好《こう》き心《しん》も高まります。

② 読書感想文の書き方の手順《てじゅん》

(1) 全文《ぜんぶん》を読んで受《う》けた印象《いんしょう》や、全体《ぜんたい》から感じた感動をはっきりさせる

読み飛《と》ばしたりせず、じっくりと文章を味《あじ》わいましょう。情景《じょうけい》や心情《しんじょう》など、直接《ちょくせつ》書かれていないことも、**想像力《そうぞうりょく》を働《はたら》かせながら**読み取《と》ります。本の中で印象に残《のこ》ったところや、自分の心にうかんだ感想は、ノートにメモしておくとよいでしょう。

メモには、感動的《かんどうてき》な場面《ばめん》や好《す》きな表現《ひょうげん》なども書いておきます。

(2) 感動はどこから生まれてきたのか、根《こん》きょや理由《りゆう》を考える

例 ごんは、ひとりぼっちになった兵十《ひょうじゅう》を思ってくりを届《とど》けていた。だが、二人の気持《きも》ちが通じ合ったのは、兵十がごんをうってしまったあとだった。とてもつらく悲《かな》しいことだと思った。

(3) 場面ごとに受けた感動を書きとめる

登場人物《とうじょうじんぶつ》になったつもりで、その場面で、自分ならどうするかを考えます。登場人物と同じか、ちがうならどのようにちがうかをはっきりさせます。そのうえで、人物の行動《こうどう》に賛成《さんせい》か反対《はんたい》か、どんなところに感心したか、どんな点を疑問《ぎもん》に思ったかなど、考えたことを書いておきます。

(4) 構成《こうせい》を考えながら文章にまとめる

(1)〜(3)で書いたメモをもとにしながら、感想文をまとめます。**作者《さくしゃ》が伝えようとしていること**は何かを考え、作者にたずねたいことや、確《たし》かめたいことなども書くとよいでしょう。**感想の中心になるところは、特《とく》にくわしく書くこと**が必要です。

③ 読書感想文を書くためのメモ

印象に残った場面と感じたことをセットにして**かじょう書き**にしておくと、わかりやすいでしょう。

例

①題名《だいめい》
「野口英世《のぐちひでよ》の少年時代《じだい》」

②印象に残った場面→感じ取ったこと
・清作《せいさく》（野口英世の子どものころの名前）が小さいとき、大やけどをして、左の手首から先が、木のこぶのようになってしまったところ。
→かわいそうだと思った
・清作が、「あ、動《うご》く。指《ゆび》が動く。もう、ぼくは『てんぼう』（清作のあだ名）ではない。」と感動のなみだを流《なが》しながら帰っていくところ。
→うれしいと思った

その本を読んだきっかけや、登場人物と似《に》た体験《たいけん》をしたことなどを書くと、感想がより伝わりやすくなるかな……。

2 読書感想文《かんそうぶん》の書き方

例

「十五少年ひょう流記」を読んで

四年一組　大木　春子

①無人島に流れ着いた十五人の少年たちが、いっしょに生活する。そこがこの話の中心だ。②原いん不明の事こで少年たちだけを乗せた船（スルギ号）が、ひょう流してしまう。②その後の無人島での二年間の生活が、数々のぼうけんをおりまぜて、えがかれている。③一人一人のせいかくのちがうところがおもしろい。勇気があり、親切なブリアン、何事も一番でなければ気がすまないドニファン。そして、年上で、公平なゴードン。

④わたしが同じ立場に置かれたら、どんな役

書き方のポイント

①初《はじ》めに物語《ものがたり》のおおよその内容《ないよう》を説明《せつめい》しています。

②登場人物《とうじょうじんぶつ》の置《お》かれた状《じょう》きょうをくわしく書いています。

③印象《いんしょう》に残《のこ》った点を書いています。

④登場人物の立場《たちば》に自分を置きかえて、自分だったらどうするか考えて書いています。登場人物に共感《きょうかん》できるところ、共感できないところをあげて書くのもよいでしょう。

わりを果たすことができるだろうか、と考えさせられた。
②スルギ号は、少年たちを乗せて、二か月の旅に出ることになっていたので、ビスケットやハムなど二か月分の食料と、望遠鏡やゴムボートなど生活に必要なものがそろっていたのは、せめてものすくいだった。
⑤少年たちが流れ着いて一年半ほどがすぎたころ、島に悪人たちが上陸してきてからはハラハラすることばかりだったが、少年たちの行動にはとても感心させられた。みんなが力を合わせれば、どんなことにも打ち勝てるのだと思った。

⑤具体的《ぐたいてき》な場面《ばめん》の感想とともに、全体《ぜんたい》を通しての感想や考えを、まとめとして書いています。

⑤ 手紙を書く

くわしい学習

1 手紙とは

手紙は、**用件《ようけん》や自分の思い**を相手《あいて》に伝《つた》える文章《ぶんしょう》です。どんな用件なのかが、はっきりと相手に伝わることが大事《だいじ》です。また、手紙を読む相手は、ふつうは一人か、限《かぎ》られた何人かです。自分の思いが伝わるように、わかりやすい文章で、ていねいに書くようにしましょう。

1 手紙の種類《しゅるい》

① 用件を伝えるための手紙
・商品《しょうひん》などを**注文《ちゅうもん》**する手紙　・**招待《しょうたい》**の手紙
・何かを**お願《ねが》い**する手紙
・何かを**問《と》い合わせ**る手紙

② 気持《きも》ちを伝えるための手紙
・**お礼《れい》**の手紙　・**お祝《いわ》い**の手紙
・**お見まい**の手紙
・**様子《ようす》や気持ち**を伝える手紙

2 手紙の形式《けいしき》

・**前書き（前文）**…あいさつ
・**本文**…用件。知らせること。
・**後書《あとが》き（末文《まつぶん》）**…あいさつ
・**後《あと》づけ**…日付《ひづけ》・差出人《さしだしにん》の名前・相手の名前

3 手紙を書く手順《てじゅん》

(1) **何《なん》のために書く手紙なのか、目的《もくてき》をはっきりさせる**

(2) **相手にいちばん知らせたいことは何かを考える**

例《たと》えば、
・遠い所《ところ》にいるとき…その土地の様子など。
・先生や友達《ともだち》の病気《びょうき》のお見まいをするとき…学校での出来事《できごと》やみんなの様子など。
・見学などでお世話《せわ》になったとき…お礼の気持ちや、勉強《べんきょう》での成果《せいか》など。

・学校の行事などに招待するとき…いつ、どこで何《なん》のためにするものかなど。

(3) **手紙の言葉《ことば》づかいは、相手によって変《か》える**

㋐先生・目上の人…ていねいな言葉づかい

・文の終《お》わりを、「……です。」「……あります。」「……でした。」のようにします。

・尊敬《そんけい》語を使《つか》います。

㋑友達など…ふつうの言葉・親しい言葉づかい

・親しい相手には、話しかける調子《ちょうし》などでもよいでしょう。

例 昨日《きのう》、海水浴《かいすいよく》に行ったよ。

(4) **書いたあとは、読む人の立場《たちば》になって読み返《かえ》し、よくないところは書き直す**

次《つぎ》のような点に注意《ちゅうい》します。

・字は読みやすいか、ていねいに書いているか。

・まちがった字や、ぬけた言葉はないか。

(5) **返事《へんじ》の手紙は、相手の意図《いと》や考えを正確《せいかく》にとらえて書く**

できるだけ早く書いて出すようにしましょう。

〈あて先やあて名の書き方〉

▼ふう書の書き方

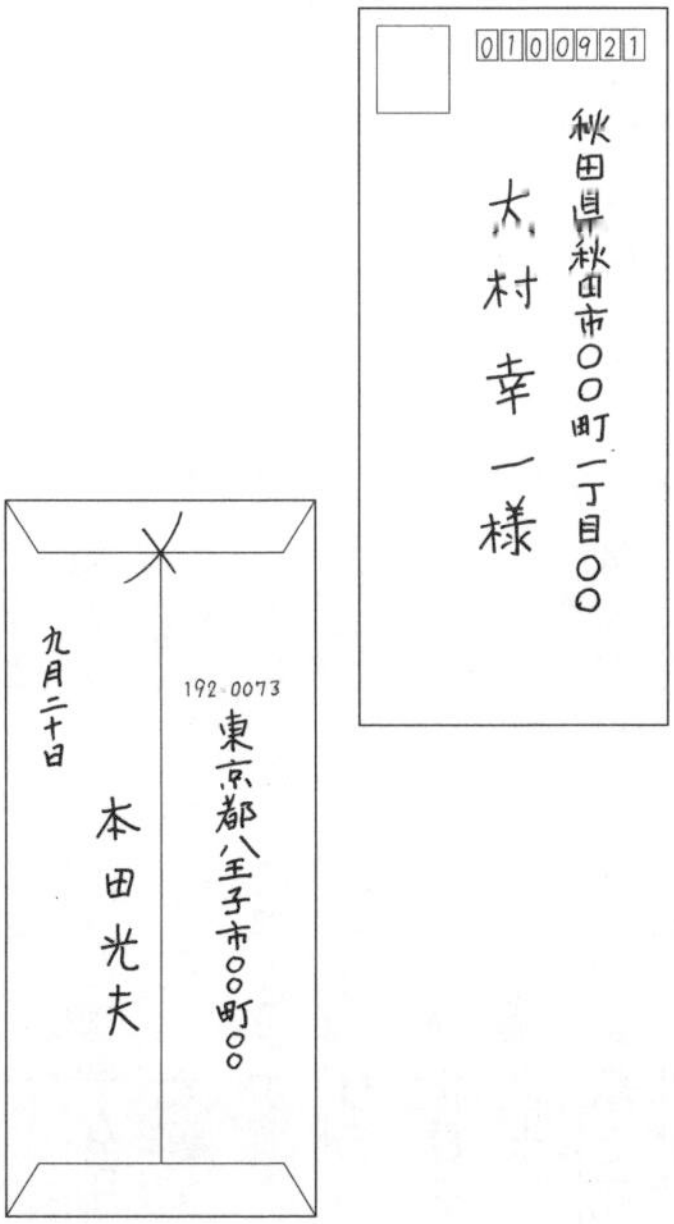

▼はがきの書き方

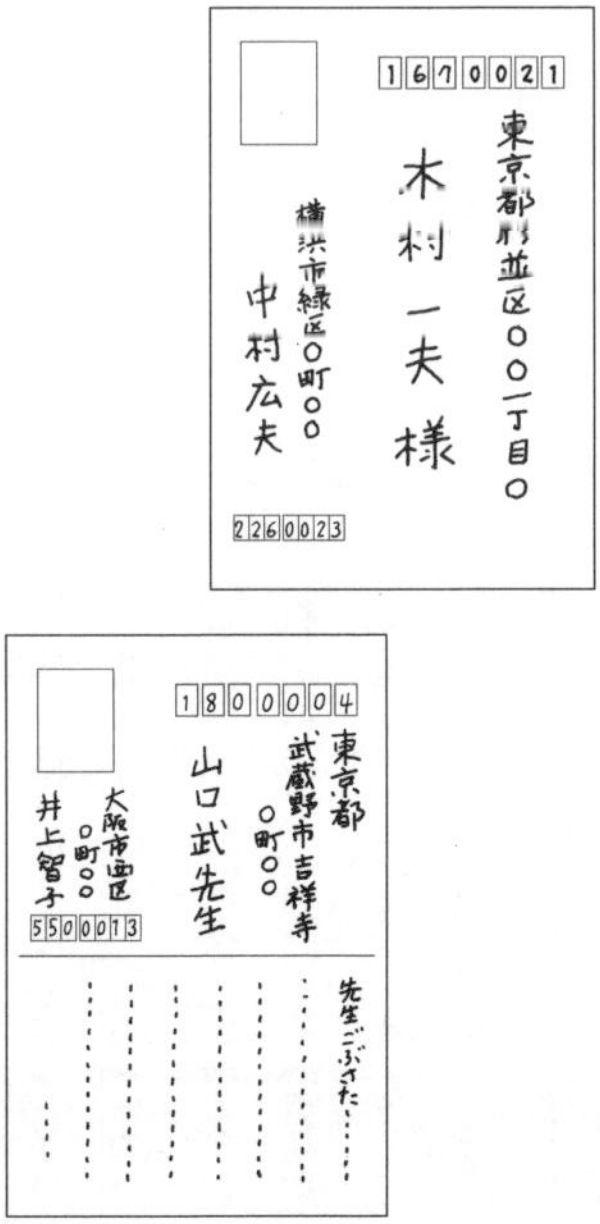

2 手紙の書き方

例1

①ようやく秋のすずしさが感じられるようになりました。おじいさん、その後、お変わりありませんか。わたしも元気に勉強や運動をしています。
②この十月一日は、わたしたちの学校の運動会です。わたしも毎日、体そうやダンスの練習をしています。当日は、お父さんやお母さんも、ごちそうを用意して見にきてくれるそうです。どうぞ、おじいさんも運動会を見においでください。わたしはリレーの選手にも選ばれているので、かっこいいところを見せられると思いますよ。
③季節の変わり目なので、まだ暑い日もあるようです。どうか、お体に気をつけてください。さようなら。
④九月二十二日
梅木ゆみ
おじいさんへ

書き方のポイント

行事《ぎょうじ》に招待《しょうたい》する手紙です。
①前書き(前文)…初《はじ》めのあいさつの言葉《ことば》。時候《じこう》(四季《しき》それぞれの気候)のあいさつから始《はじ》めるのがふつう。春なら「しだいに暖《あたた》かくなって……。」、夏なら「毎日暑《あつ》い日が……。」、冬なら「寒《さむ》さが厳《きび》しく……。」などがあります。
②本文…いちばん重要《じゅうよう》な用件《ようけん》の部分《ぶぶん》。日時など、大事《だいじ》なことを忘《わす》れずに書きます。
③後書《あとが》き(末文《まつぶん》)…終《お》わりのあいさつの言葉。相手《あいて》の健康《けんこう》を気づかう言葉などを書きます。
④後《あと》づけ…最後《さいご》に、手紙を書いた日付《ひづけ》、自分の名前、相手の名前を書きます。

例2

①はいけい　新緑の美しい季節になりました。
②わたしは、東町小学校四年三組の内山光男と申します。
わたしたちのクラスでは、海でとれた魚かい類が、どのようにしてお店にとどけられるのかを調べ、発表することになりました。わたしのグループは、魚のねだんがどのように決まるかを調べます。
③そこで、魚市場を見学させていただきたいと考えています。見学のときには、特に、せりのしくみを教えていただきたいです。
五月三十日ごろに見学させていただけるとありがたいのですが、ご都合はいかがでしょうか。五名でうかがいたいと思っています。
④この手紙がとどくころに、改めて電話させていただきます。どうぞよろしくお願いします。
⑤けいぐ

五月十日

東町小学校　四年三組　内山光男

東港市場のみな様

書き方のポイント

見学のお願《ねが》いの手紙の例《れい》です。

①書きだしの言葉で「頭語《とうご》」といいます。「拝啓《はいけい》」「前略《ぜんりゃく》」などがあり、それぞれ決《き》まった結《むす》びの言葉（「結語《けつご》」）をともないます。

②まだ会ったことのない相手に書く手紙なので、まず**自己《じこ》しょうかい**をします。

③**お願いしたいこと**（見学の内容《ないよう》や希望《きぼう》の日時、人数など）を具体的《ぐたいてき》に書きます。

④相手が引き受《う》けてくれた場合《ばあい》の具体的な打《う》ち合わせのしかたを決めておきます。

⑤結びの言葉です。「拝啓」は「**敬具《けいぐ》**」で結びます（「前略」には「**草々《そうそう》**」）。

⑥ 新聞《しんぶん》の記事《きじ》を書く

くわしい学習

1 新聞《しんぶん》とは

新聞を家で定期《ていき》こう読している人も多いのではないでしょうか。新聞は、さまざまな情報《じょうほう》を、多くの人に知らせるために、毎日あるいは週一度《しゅういちど》など、**日を決《き》めて出している印刷物《いんさつぶつ》**のことです。

みなさんになじみが深《ふか》いのは学級新聞《がっきゅうしんぶん》だと思います。ここでは、学級新聞を例《れい》にとって書き方、作り方を説明《せつめい》していきます。

① 新聞記事《きじ》の特色《とくしょく》

新聞の文章《ぶんしょう》は、生活文などとはちがって、特別《とくべつ》な書き方をします。いちばん大きな特色は、一つの事《こと》がらを記事にするために、

① 見出し…内容《ないよう》がひと目でわかる題《だい》。
② 前書き(リード)…内容を短《みじか》くまとめて示《しめ》す文章。
③ 本文…記事の中心となる部分《ぶぶん》。
④ 資料《しりょう》…写真《しゃしん》・絵・図表《ずひょう》など。

という組み立てで書かれていることです。

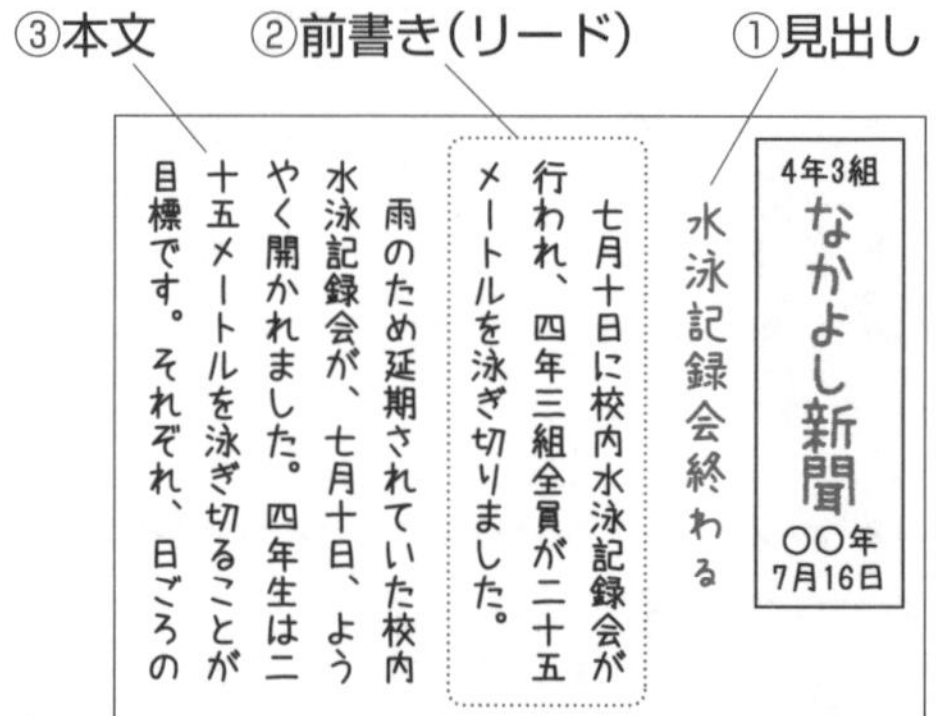
④資料(写真など)
雨のため延期されていた校内水泳記録会が、七月十日、ようやく開かれました。四年生は二十五メートルを泳ぎ切ることが目標です。それぞれ、日ごろの練習の成果を出し切ってがんばりました。……
がんばって泳ぎ切る！

② 新聞づくりの手順《てじゅん》

(1) **きかく**…どんな記事をのせるか、記事の内容をどのようにするかを話し合って決めます。

(2) **取材《しゅざい》…記事を書くための材料《ざいりょう》**を集《あつ》めます。人から話を聞いたり、自分で実際《じっさい》に体験《たいけん》してみたりします。

(3) **執筆《しっぴつ》**…取材をもとに、記事を書きます。

新聞の記事は、**新聞を出す目的《もくてき》**を考え、次《つぎ》のような点に注意《ちゅうい》して書きましょう。

・事実《じじつ》を正確《せいかく》に書く。

・**「いつ」「どこで」「だれが」「何を」「どういうわけで」「どのように」**を書く。

・感想《かんそう》を加《くわ》えるときは、最後《さいご》に名前を入れる。

(4) **編集《へんしゅう》**…記事を集めて、紙面《しめん》での配置《はいち》（わりつけ＝レイアウト）を決めたり、印刷用の文字に直したりします。

(5) **校正《こうせい》**…字のぬけやまちがい、文章のよくないところなどを直し、仕上《しあ》げます。

(6) **印刷**…完成《かんせい》した新聞を印刷します。

③ 取材のしかた

記事にする物事《ものごと》や事件《じけん》のある（あった）場所《ばしょ》に行くことが、取材の基本《きほん》です。そこで、取材の対象《たいしょう》を観《かん》察《さつ》してメモを取《と》ったり、写真をとったりします。また、関係者《かんけいしゃ》や目げき者にインタビューして話を聞くこともあります。このインタビューはとても大事な作業《さぎょう》なので、取材といえばインタビューを意味《いみ》することもあります。

◎取材（インタビュー）するときの注意点

・まず、取材したい相手《あいて》に、取材の目的、内容を伝《つた》え、許可《きょか》をもらう。

・取材する日時、場所を決める。

・取材する内容を、できるはん囲《い》で前もって調《しら》べておく。

・質問《しつもん》の内容、順番《じゅんばん》を、前もって考えておく。

・相手の答えによって、新しく聞きたいことができたら、合間《あいま》に差《さ》しはさんでもよい。

2 新聞《しんぶん》の記事《きじ》の書き方

例1

①東町チーム、おしくも敗れる

②十四日、町内ソフトボール大会の決勝戦が、町民グラウンドで行われ、東町チームは石山町チームに五対二で敗れました。

③八月十四日の午後二時から、町民のグラウンドで、待ちに待った町内ソフトボール大会の決勝戦が行われました。④ぼくたち東町小学校からも、大勢がおうえんに参加しました。今年こそは、東町チームが勝つように、みんな声をかぎりにおうえんをしました。しかし、⑤石山町チームが五対二で東町に勝ちました。石山町の優勝は、二年連続で、おうえんの人たちも大よろこびでした。⑥東町チームでは、四年一組から出ていた田中君が、ヒットを打ったりして、活やくしたのが光っていました。

書き方のポイント

学級《がっきゅう》新聞の書き方の例《れい》です。

①**見出し…**東町《ひがしまち》小学校の学級新聞なので、東町の側《がわ》から見た書き方です。中立的《ちゅうりつてき》であれば、「石山町《いしやままち》チーム二年連続《れんぞく》優勝《ゆう》《しょう》」のようになります。

②**前書き（リード）…**ニュースの大事《だいじ》な部分《ぶぶん》を短《みじか》くまとめます。

③**本文…いつ、どこで、だれが、何を、どのように、どうした**かをおさえて書きます。

④東町小学校の児童《じどう》たちの様子《ようす》を書いています。

⑤試合結果《しあいけっか》は、点数とともに客観的《きゃっかんてき》に書きます。

⑥自分たちの町や学校に関《かん》することを入れて、記事をしめくくっています。

例2

①山中小学校の友人たち来る

②岩手県の山中小学校の児童たち九人が、二十六日、わたしたちの町にやってきました。市内見学の後、二十八日に帰る予定です。

③岩手県の山中小学校のお友達九人が、二十六日、天神祭りのよい宮でにぎわう、わたしたちの町へやってきました。④山中小学校があるＹ市は、わたしたちの市と姉妹都市です。去年の大雨でＹ市が大きなひ害を受けたので、元気を出してもらおうと、代表の人たちをまねいたのです。⑤山中小学校は、自然がゆたかな山の中にある学校です。ですから、山中小学校のお友達は、駅前のビル群に目をみはっていました。それに、どこを向いても人でいっぱいなのにも、おどろいたようでした。⑥山中小学校のお友達は、二はくして市内の名所などを見学し、二十八日に帰る予定です。

書き方のポイント

学級新聞の書き方の例です。

①**見出し**…簡潔《かんけつ》に事実《じじつ》を伝《つた》えています。

②**前書き(リード)**…大事な部分を簡潔に書きます。

③**本文**…**いつ、どこで、だれが、何を、どのように、どうしたか**をおさえて書きます。

④山中《やまなか》小学校の人たちがやってきた理由《りゆう》をきちんと書いています。

⑤山中小学校と、その児童たちについて書きます。それによって、市内のにぎわいにおどろくことも理解《りかい》できます。

⑥これからの児童たちの予定《よてい》もきちんと書きます。

力をためす問題1

答え▼380ページ

1 次《つぎ》の文に、それぞれ（　）内の数の符号《ふごう》をつけましょう。

(1) 先生は、代《か》わりに、あなたたちがお手伝《てつだ》いしてくれないかしらと言いました

（句点《くてん》二つ、かぎ一組）

(2) 昨日《きのう》の夕方沖縄《おきなわ》のおじさんから荷物《にもつ》がとどきましためずらしい野菜《やさい》が入っていてわたしは、このぶつぶつしているのは何と、おばあさんにたずねました

（読点《とうてん》二つ、句点三つ、かぎ一組）

(3) このあいだの夜兄さんとおふろ屋《や》さんに行ったとき星がたくさん見えました兄さんが、あれがオリオン座《ざ》だよと言って、南の空を指《さ》しました

（読点二つ、句点三つ、かぎ一組）

2 次の文章《ぶんしょう》を読んで、あとの問《と》いに答えましょう。

二時間目の休みになったので、ぼくは運動場《うんどうじょう》で、ボールを放《ほう》り上げては受《う》けていた。

［①］、やす し君《くん》が来て、

「おい、相田《あいだ》、野球《やきゅう》が好《す》きなのか。」と言った。

「もちろん。やすし君は。」

とぼくが言うと、やすし君は、ぽんとむねをたたき、

「えっへん、このおれ様《さま》を知らねえかよ。」

と言った。［②］、二人で野球の話になった。

「ピッチャーの投《な》げる球《たま》の中にはね、小さい鉄《てつ》の赤ちゃんが入っていてさ、バットに必《かなら》ず当たるんだぜ。」

なんて、いかにも楽しそうに、やすし君が話してくれた。

「そんじゃあ、キャッチボールやんか。」

と、ぼくが言うと、

「おいきた、やるべえや。さあ、来《こ》い。」

と言って、二人で始《はじ》めました。やすし君の球は、すごく速《はや》い。ぼくがとる直前にピューンと浮《う》かび上がる。やすし君はすごいなあ、よく練習《れんしゅう》しているんだなあ。

［③］、三時間目のチャイムが鳴ったので、教室へかけていった。三時間目は理科の時間だったが、小さい鉄

の赤ちゃんのことや、やすし君が投げた球のことを考えているうちに、すぐに時間がたってしまった。

(1) この文章に題名《だいめい》をつけるなら、次のどれがよいですか。一つ選《えら》んで、記号《きごう》で答えましょう。

ア 休み時間のすごし方　イ 速い球の投げ方

ウ やすし君とのキャッチボール　（　　）

(2) 文章中の□①～③にあてはまる言葉《ことば》をそれぞれ選んで、記号で答えましょう。

① ア でも　イ そこへ　ウ だから

② ア すると　イ つまり　ウ それから

③ ア それでも　イ そのうち　ウ でも

①（　　）②（　　）③（　　）

(3) やすし君とキャッチボールをしているとき、「ぼく」が思ったことをぬき出しましょう。

（　　）

(4) 文章中に一か所《しょ》、文末《ぶんまつ》の形がほかとちがっているところがあります。その部分《ぶぶん》を五字でぬき出し、五字以内で正しく書き直しましょう。

□□□□□ → □□□□□

3 次の①～⑧のメモをもとにして、「自動車工場見学《じどうしゃこうじょうけんがく》」の記録文《きろくぶん》を書こうと思います。①～⑧の内容《ないよう》のうち必《ひつ》要《よう》のないものを三つ選んで、（　）に番号で答え、入れたほうがよい内容をあとのア～カから二つ選んで、〔　〕に記号で答えましょう。

① 見学した日時　② 見学に行く前の日の天候《てんこう》

③ 見学の目的《もくてき》　④ 自動車を組み立てる順序《じゅんじょ》

⑤ 工場全体《ぜんたい》の様子《ようす》　⑥ 次の社会見学の予定《よてい》

⑦ 案内《あんない》の人から聞いた話

⑧ 自分が好《す》きな自動車の種類《しゅるい》

ア 自動車工場に着《つ》くまでのバスの中の様子

イ 見学中に友達《ともだち》と話したテストの結果《けっか》

ウ 見学を終《お》えた後の感想《かんそう》

エ 家に帰ってからした翌日《よくじつ》の予習《よしゅう》

オ 工場で働《はたら》く人たちの様子

カ 見学した日の夜、家族《かぞく》に話したこと

（　・　・　）を〔　・　〕に入れかえる。

力をためす問題 2

答え▼381ページ

1 次《つぎ》の文章《ぶんしょう》を読んで、あとの問《と》いに答えましょう。

「むく鳥のゆめ」を読んで

①ぼくは、この本を読んで、「もし、ぼくが母のいないむく鳥だったら……。」と考えました。でも、ぼくは、幸せなことにやさしい母がいます。ですから、このむく鳥の気持《きも》ちになることは、とてもむずかしいように思いました。むく鳥は毎日どうしているのでしょう。

②ぼくの想像《そうぞう》だと、木の小さなあなに、小さく丸まっているのではないかと思います。

③話を読んでいくと、このむく鳥は、生まれてすぐ母を失《うしな》い、父に育《そだ》てられたということがわかってきました。それなのに、むく鳥の子は、母が帰《かえ》ってくることを心《しん》じて、毎日何も知らずに待《ま》っていました。

④ぼくが家に返ったときに、母がおつかいに行っていないだけでもさびしいのですから、むく鳥のさびしさは、ぼくの何十倍《なんじゅうばい》もの大きさでしょう。

⑤それなのに、なぜこのむく鳥の父親は、「お母さんは、遠い所《ところ》にいるんだよ。」とうそをついているのでしょう。

⑥もしも、ぼくがむく鳥の父親だったら、子どもに、「お母さんは、もう死《し》んでしまったんだよ。」と本当のことを言っていたでしょう。

(1) ③④段落《だんらく》をよく読んで、漢字《かんじ》のまちがいを二か所《しょ》さがし、正しく直して書きましょう。

（　　）→（　　）・（　　）→（　　）

(2) この文章の種類《しゅるい》を次から一つ選《えら》んで、記号《きごう》で答えましょう。（　　）

ア 日記　イ 見学記録文《けんがくきろくぶん》
ウ 生活文　エ 読書感想文《かんそうぶん》

(3) この文章の書き方に合うものを次から一つ選んで、記号で答えましょう。（　　）

ア 作品《さくひん》の主人公《しゅじんこう》にあてた手紙の形で書いている。
イ 友達《ともだち》に作品をしょうかいする形で書いている。
ウ 自分の場合《ばあい》とくらべて考え、書いている。

(4) 本のあらすじをまとめた段落をさがし、①～⑥の番号で答えましょう。（　　）

2 次の文章は、原稿用紙《げんこうようし》の使《つか》い方としてまちがっているところがあります。文章全体《ぜんたい》を、正しく書き直しましょう。

友達のけが
四年三組　山川ゆうか
今日の昼休み、校庭でドッジボールをしまし
た。そのとき、大山さんが、ボールを受けそ
こなって、鼻血を出してしまいました。
「大山さん、だいじょうぶ。」
と聞くと、大山さんは、
「血が止まるまで、静かにしていれば平気よ
」。と言いました。そこで、わたしが大山さん
を日かげにつれていきました。

3 次の手紙の①～④の部分《ぶぶん》の名前をあとから選んで、記号で答えましょう。

① 先生、お元気ですか。わたしは今、神奈川県《かながわけん》の祖父母《そふぼ》の家に来ています。……（　）

② 昨日《きのう》は、家族《かぞく》みんなで近くの海に行き、一日中遊《あそ》びました。帰る前に、海の家から見た夕日の美《うつく》しさはわすれられません。二学期《がっき》になったら、図工の時間に絵にかきたいと思っています。……（　）

③ 暑《あつ》さはまだまだ続《つづ》きます。先生、どうかお体を大切になさってください。さようなら。……（　）

④ 八月十日
田中里絵子《たなかりえこ》
内田《うちだ》先生……（　）

ア 本文　イ 後書き　ウ 前書き　エ 後づけ

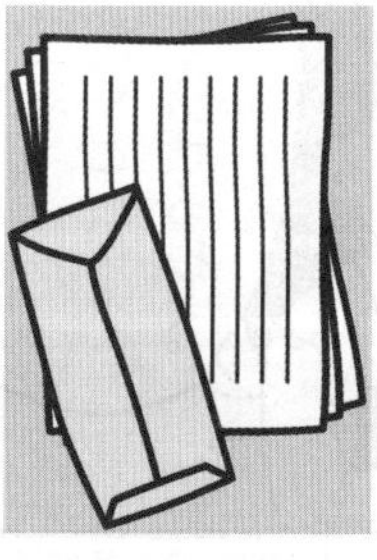

第2章 話す・聞く

ここからスタート！

学習することがら

実際《じっさい》に声に出して練習《れんしゅう》してみよう。
ハイ!!
ごそつぎょう おめでとう ございます…
当日《とうじつ》
あ～やっぱりきんちょうする！
ドキドキ
三年生代表山口ゆいさん
は、はい！
ファイト！
いよっ！待《ま》ってました！
ワハハハハ
どっ
もう、しんったら…。でもきんちょうがほぐれたわ。
ガンバレ
ワハハ
しん、おかげでうまくできたわ！ありがとう！
ドキ
お、おう！
ぎゅ
どうってことないぜ。
ソワソワ
顔が赤いね～。
?
ニヤニヤ
この章《しょう》では場面《ばめん》にあった話し方やよい聞き方を学んでいくわよ。

① 話すこと・聞くこと

例題

1 次《つぎ》の①～③の場合《ばあい》には、どんな話し方で話せばよいですか。あとから選《えら》んで、記号《きごう》で答えましょう。

① 教室《きょうしつ》で、そばにすわっている友達《ともだち》に、「運動場《うんどうじょう》に出て遊《あそ》ぼうか。」と言う場合。（　）

② 校庭《こうてい》でドッジボールをしている友達に、「おうい、みんな集《あつ》まって。」と言う場合。（　）

③ 夏休みの自由研究《じゆうけんきゅう》の発表会《はっぴょうかい》で、クラス全員《ぜんいん》の前で自分の研究結果《けっか》を発表する場合。（　）

ア 話の組み立てを考えて、聞き手の反応《はんのう》を見ながら話す。
イ みんなに聞こえる大きな声で、呼《よ》びかけるように話す。
ウ ふつうの声で、相手《あいて》に相談《そうだん》するように話す。

考え方

1 どんな話し方がよいかを考える問題です。話し方は、**相手の人数や場所《ばしょ》によって変《か》える**必要《ひつよう》があります。（340ページ）

①**一対《たい》一**で、すぐそばにいる人と話すときはどんな話し方をすればよいか考えましょう。

②**何人かに呼びかける**場合です。場所は外なので、小さな声では聞こえないでしょう。

③**クラスの発表会**での話し方です。みんながよく聞いてくれているか、理解《りかい》できているかを確《たし》かめながら話す必要があります。

2 **次の話し合いを読んで、あとの問《と》いに答えましょう。**

川上《かわかみ》 それでは図書委員会《としょいいんかい》を始《はじ》めます。今日の議題《ぎだい》は、最近《さいきん》本を借《か》りる人が減《へ》っていることについてです。何かご意見《いけん》はありますか。

池田《いけだ》 しかたがないと思います。最近はゲームとかいろいろあるので、本を読まなくても楽しめますから。

山本《やまもと》 そうだね。ぼくは「戦国《せんごく》ゲーム」がいちばん好《す》きだな。

川上 山本さん、議題に関係《かんけい》のない発言はしないでください。

畑中《はたなか》 本は、楽しむためだけではなく、知識《ちしき》を広げ心を豊《ゆた》かにする役《やく》にも立つので、やはり本を借りる人が減るのは問題《もんだい》です。

田村《たむら》 わたしもそう思います。どうすれば借りる人が増《ふ》えるかを考えるべきだと思います。

川上 では、どうすれば本を借りる人が増えるかを話し合いましょう。

(1) 議長《ぎちょう》(司会者《しかいしゃ》)はだれですか。 （　　　）さん

(2) 池田さんに反対《はんたい》する意見を言っているのは、だれとだれですか。 （　　　）さん・（　　　）さん

(3) 議長の仕事《しごと》を次から三つ選んで、記号で答えましょう。

ア 議題を提案《ていあん》する。 **イ** 発言を記録《きろく》する。 **ウ** 意見を言う。

エ 議題がわきにそれないようにする。 **オ** 話し合いを進《すす》める。

（　　）（　　）（　　）

2
(1)会議《かいぎ》のときには、議長(司会者)のほかに、記録係《がかり》なども決《き》めておく必要があります。(343ページ)
(2)山本さんは話題《わだい》からそれていますが、池田さんの意見に反対しているわけではありません。
(3)議長の仕事はいろいろあるので、しっかりおさえておきましょう。**イ**の「発言を記録する」のは記録係の仕事です。

答え
1 ①ウ ②イ ③ア
2 (1)川上
(2)畑中・田村(順不同《じゅんふどう》)
(3)ア・エ・オ(順不同)

くわしい学習

1 よい話し方

話す目的《もくてき》には、
・聞き手に何かを知らせる
・聞き手を説得《せっとく》する
などがあります。

話すときは、次《つぎ》のような点に気をつけて、聞いている人たちによくわかるように、**相**《あい》**手**《て》、**時**、**場**を考えて話す必要《ひつよう》があります。

①話す相手の人数や場所《ばしょ》によって**声の大きさ**を考え、**間**《ま》**の取**《と》**り方**や話す**速**《はや》**さ**も工《く》夫《ふう》する。

②発音《はつおん》(**声の出し方**)に気をつけて、ゆっくり、言葉《ことば》の一つ一つをはっきり言う。

練習問題

答え▼381ページ

1 次《つぎ》の①～⑧は、人に話したり、人の話を聞くときに大切なことを述《の》べたものです。(　)に合う言葉をあとから選《えら》んで、記号《きごう》で答えましょう。

① 聞く人によくわかるように、ちょうどよい(　　)で話す。
② わからないところがあったら、そのままにしないで、(　　)してもらう。
③ その場に合った声の速さで、(　　)の取り方を工夫《くふう》して話す。
④ 大事なところは(　　)しながら聞く。
⑤ 大事なところは、(　　)を落《お》とさずに話す。
⑥ (　　)と話し手の意見とは、区別《くべつ》して聞く。
⑦ 全体《ぜんたい》の(　　)をとらえながら聞く。
⑧ 言いたいことが(　　)に伝わるように話す。

ア 事実《じじつ》　**イ** メモ　**ウ** 速さ　**エ** 要点
オ 間《ま》　**カ** 正確《せいかく》　**キ** 説明《せつめい》　**ク** 筋道

③要点《ようてん》をきちんと話す。伝《つた》えたい大事《だいじ》な言葉は、特《とく》にはっきりと言う。

④報告《ほうこく》や発表《はっぴょう》をするときは、話の組み立てを考え、**聞き手の反応《はんのう》**を見ながら話す。

2 よい聞き方

話の筋道《すじみち》をとらえ、要点をしっかり聞き取るために、次のような点に注意《ちゅうい》しましょう。

①声を大きくしたり、くり返《かえ》したりしているところをよく聞く。

②**順序《じゅんじょ》を表《あらわ》す言葉**に注意する。

③聞きっぱなしにせず、メモを取りながら聞く。

2 次の話し合いを読んで、あとの問《と》いに答えましょう。

西野《にしの》　来週の市民体育大会《しみんたいいくたいかい》だけど、ぼくたち、ドッジボールに参加《さんか》しようよ。
北村《きたむら》　ドッジボールだと、ボールを当てられるのがこわいと言う人もいるので、ソフトボールのほうがいいと思います。
西野　ドッジボールのほうがいいって。絶対《ぜったい》ドッジボールだよ。
南原《なんばら》　ぼくはバスケットボールが好《す》きだな。
北村　バスケットボールだと、参加できる人数が限《かぎ》られるので、やっぱりソフトボールのほうがいいのではないでしょうか。
東田《ひがしだ》　わたしはどれでもいいや。
中原《なかはら》　それじゃあ、多数決《たすうけつ》で決《き》めることにしよう。

(1) この話し合いをよりよくするには、どうしたらよいですか。次から一つ選んで、記号で答えましょう。
ア 先に一部《いちぶ》の人で話し合い、全員《ぜんいん》に提案《ていあん》する。
イ 代表《だいひょう》を決めて、その人たちにまかせる。
ウ 司会者《しかいしゃ》を決めて、ルールにしたがって話し合う。
（　　）

(2) いちばんよい話し方をしているのはだれですか。
（　　）さん

(3) (2)の答えの理由《りゆう》は何《なん》ですか。
（　　）

④聞き取《と》れなかったことやわからなかったことは、聞き返《かえ》して確《たし》かめる。

また、話し手の顔を見て、相《あい》づちを打《う》ったりして、しっかりと聞いていることを示《しめ》すことも大切です。

3 話し合いのしかた

1 話し合いのルール

①相手《あいて》の意見《いけん》をよく聞いて、自分の意見を言う。

②事実《じじつ》と意見を区別《くべつ》して、聞いたり話したりする。

③話題《わだい》からそれない。

④自分ばかり話したり、ほかの人が話しているときにさえぎったりしない。

力をつける問題

答え▼381ページ

1 次《つぎ》の話し合いを読んで、あとの問《と》いに答えましょう。

小川《おがわ**》** この一か月間、美化係《びかがかり》の仕事をしてきて、何か気がついたことがあったら、それを出し合いたいと思います。

水谷《みずたに》 初《はじ》めのうちは、みんなよく仕事をしたけれど、五月になってから、だんだんしなくなってしまったと思う。

深田《ふかだ》 わたしもそう思います。

神山《かみやま》 でも、野口《のぐち》さんだけは、一人でまじめに仕事をしたと思うよ。

野口 あら、わたしだけじゃないわ。中村《なかむら》さんもよくやっていたと思います。

神山 そうなんだ。ぼくは、中村さんの働《はたら》いているところ、あまり見たことがなかったんだ。ごめんね。

小川 それでは、係のみんなが、責任《せきにん》をもって働くようにするには、どうしたらいいと思いますか。

野口 わたし、今まで仕事をしてきて感《かん》じたんだけど、曜日によって当番を決めたらどうかなあ。一日に一人ずつとして、五人だから、一週間に一《いち》度《ど》ずつ当番が回ってくるわけだけど。

中村 わたしもそれがいいと思います。そうすれば、みんな、責任をもって

4 会議《かいぎ》

「会議」では、話し合いの結《けつ》果《か》として、全体《ぜんたい》の意見を決《き》めます。学級会《がっきゅうかい》・児童会《じどうかい》・委員《いいん》会《かい》などがあります。

1 会議の進《すす》め方

①議長《ぎちょう》(司会者《しかいしゃ》)、記録係《きろくがかり》を決める。
②議題《ぎだい》(話題)を提案《ていあん》する。
③話し合いをする。
④結果について採決《さいけつ》をする。
⑤決まったことを確認《かくにん》する。

2 議長(司会者)の主《おも》な仕事《しごと》

①発言者《はつげんしゃ》を指名《しめい》し、話し合いを進める。
②話し合いのルールを守《まも》らせる。
③全員《ぜんいん》が話し合いの内容《ないよう》を理《り》解《かい》できるように工夫《くふう》する。

働くようになるでしょう。

(1) この話し合いの議長(司会者)は、だれですか。
（　　　）さん

(2) この話し合いの最初《さいしょ》の話題は、何《なん》でしたか。
（　　　）

(3) 神山さんの発言のしかたに合うものを次から一つ選《えら》んで、記号《きごう》で答えましょう。
（　　　）
ア 自分の考えをしっかりもって、それをどこまでもおしとおす。
イ ほかの人の意見を大事《だいじ》にして、それにしたがう。
ウ 自分の考えをもち、人の意見にも耳をかたむける。

(4) 話題は、と中からどんなことに変《か》わりましたか。
（　　　）

(5) ――線「それ」は、何を指《さ》していますか。
（　　　）

(6) 自分の経験《けいけん》をふまえた提案をしている人を、次から選んで、記号で答えましょう。
（　　　）
ア 水谷さん　イ 深田さん
ウ 野口さん　エ 中村さん

資料《しりょう》③ 図書館《としょかん》の使《つか》い方

本を読みたいときや、学習《がくしゅう》で調《しら》べたいことがあるときなどは、図書館《としょかん》を利用《りよう》するのが便利《べんり》です。図書館には、**学校図書館**のほか、自分の住《す》んでいる地域《ちいき》の**公立図書館**があります。ここでは、主《おも》に公立図書館の使《つか》い方を説明《せつめい》します。

1 本の借《か》り方・返《かえ》し方

① **図書館カード**を作ります。ふつう、その地域に住んでいる人や、その地域に通学している人ならだれでも作ることができます。

② 借りたい本や資料《しりょう》を**貸《か》し出しカウンター**に持《も》っていき、貸し出しの手続《てつづ》きをしてもらいます。

＊一回で借りられる本や資料は、冊数《さっすう》が決《き》まっています。

＊借りられる期間《きかん》も決まっています。延長《えんちょう》することもできるので、一度《いちど》返しに行き、必要《ひつよう》なら手続《てつづ》きしてもらいます。

③ 借りた本や資料を返すときは、**返却用《へんきゃくよう》のカウンター**に持っていきます。図書館が閉《し》まっているときは、**返却用ポスト**に入れることもできます。

2 本のさがし方

本や資料は、**日本十進分類法《じっしんぶんるいほう》**にしたがってならべられています。

日本十進分類法というのは、すべての本を1～9の数字を用いて分類し、どの区分《くぶん》にも入らないものには0を用いるという方法《ほうほう》です。本はこの方法によって、次《つぎ》の十種類《しゅるい》に分けられます。

000 年かん・百科事典《ひゃっかじてん》など
100 てつ学・宗教《しゅうきょう》
200 歴史《れきし》・伝記《でんき》など
300 社会科学《かがく》
400 自然《しぜん》科学（算数や理科関係《かんけい》）
500 工学・工業《こうぎょう》
600 産業《さんぎょう》
700 芸術《げいじゅつ》・体育《たいいく》
800 語学
900 文学（物語《ものがたり》など）

さらにこれを細かく分けて、210とか910のように番号《ばんごう》をつけてあります。これを**図書番号**といいます。

同じ種類の本は、この分類にしたがって同じところに集《あつ》められています。したがって、理科関係《かんけい》のことを調べたいときは400のところを、物語を読みたいときは900のところをさがします。

〈ラベルの例《れい》〉

913.6
Fニイミ

本の背《せ》には、**ラベル**がはってあります。ラベルは三段《さんだん》になっていて、いちばん上には分類番号が、二段目には作《さく》者《しゃ》の名字《みょうじ》がかたかなで示《しめ》してあります。

例《たと》えば、新美南吉《にいみなんきち》の『ごんぎつね』をさがすには、900の本だなに行き、「にいみ」の「ニ」のたなからさがし出します。

また、**図書検索機**《としょけんさくき》を使うと、さがしている本がその図書館にあるか、あるときはどのたなでさがせばいいかを、簡単《かんたん》に調べることができます。**キーワード**を入力してさがすこともできるので便利です。

また、さがしている本や資料がすでに借りられているときは予約《よやく》することもできます。そのときはカウンターで所定《しょてい》の用紙に記入し、申《もう》しこみます。

3 いろいろな人が利用する図書館

図書館は、高れい者《しゃ》や障《しょう》がいのある人も利用します。そのため、次《つぎ》のようなものを備《そな》えている図書館もあります。

- **大活字本**…大きな字で書いてある本。
- **拡大読書機**《かくだいどくしょき》…字を大きくして読めるようにする機械《きかい》。
- **点字図書**…点字で打《う》ってある図書。
- **録音図書**《ろくおんとしょ》…録音で聞くことができる図書。

4 図書館を利用するときのマナー

① 図書館の本や資料は、大切にあつかいましょう。ページを折《お》ったり、書きこみをしたりしてはいけません。また、本をよごさないように気をつけることも大事《だいじ》です。

② 図書館カードの貸し借りや、借りた本や資料の**また貸し**（他《ほか》の人に貸すこと）をしてはいけません。

③ 図書館では、他の利用者のめいわくにならないように静《しず》かにしましょう。大きな声で話したり、走り回ったりしてはいけません。

④ 図書館では、決められた場所《ばしょ》以外《いがい》でものを食べたり飲《の》んだりしないようにしましょう。

答え

第1編 言葉

第1章 漢字

① 漢字の読み

10ページ▼練習問題❶

1 (1)うご (2)な (3)け (4)そそ (5)き
(6)ま (7)のぼ (8)かん (9)お
(10)おく (11)いそ (12)あつ (13)たす
(14)う (15)くら (16)うつ (17)す (18)ま
(19)あつ (20)あらわ

2 (1)えんそく (2)ずが (3)かいとう
(4)がいしゅつ (5)にんぎょう
(6)ごご (7)つうこう (8)ぎょうれつ
(9)さくしゃ (10)けいさん
(11)えきちょう (12)じしゅう

3 (1)つう・とお (2)みせ・てん
(3)ちゅうしょく・た

4 (1)うわ・じょう・のぼ・あ
(2)ちょく・なお・ただ・じき
(3)うし・のち・ご・おく

5 (1)イ (2)ア (3)ア (4)イ (5)イ
(6)ア

考え方

1 (3)「き(える)」という訓読《くんよ》みもあります。

2 (7)・(8)「行」には、「コウ・ギョウ」という音読みがあります。

3 漢字《かんじ》の音読みと訓読みをたしかめる問題《もんだい》です。(1)「通」には「かよ(う)」という訓読みもあります。

4 複数《ふくすう》の音訓をもつ漢字の問題です。「上」「後」にはたくさんの読みがあるので注意《ちゅうい》しましょう。

5 (5)「色紙」は訓読みで「いろがみ」とも読めます。

ここに注意!

1 (7)「上《のぼ》る」との使《つか》い分けに注意しましょう。「坂《さか》を上る、川を上る」「山を登る」。

20ページ▼練習問題❷

1 (1)あ (2)なが (3)ね (4)はか
(5)た (6)しら (7)ころ (8)ひと
(9)くば (10)かな (11)う (12)みの
(13)ひろ (14)の (15)さ (16)し (17)さ
(18)あたた (19)は (20)ととの

2 (1)けんきゅう (2)ぶんこ
(3)ほうこう (4)こうふく
(5)あくにん (6)いんしょく
(7)にもつ (8)りょかん (9)がっき
(10)さっきょく (11)こすい (12)かぞく

3 (1)イ (2)ア (3)ア
(4)イ (5)ア (6)イ

4 (1)ウ (2)イ (3)ア (4)ア (5)イ
(6)エ (7)エ (8)ア (9)ウ

5 (1)けしき (2)へや (3)とけい

ここに注意！

2 (5)「あくじん」と読みまちがえないよう注意しましょう。

22ページ▼力をつける問題1

1 (1)いけん (2)きょういく
(3)びょういん (4)かおく
(5)かんりゅう (6)きゅうこん
(7)りっきょう (8)やっきょく
(9)どうぐ (10)さいこう
(11)しょうひん (12)いいん
(13)けんこう (14)やきゅう
(15)かんせい (16)きかい (17)けっかん
(18)きゅうりょう (19)どうとく
(20)じどう

2 (1)かえ (2)しる (3)む (4)あじ
(5)ころ (6)つら (7)ひ (8)あ (9)か
(10)わら (11)ま (12)ほそ (13)つめ
(14)あき (15)き

3 (1)あんぜん (2)おんど
(3)がんせき (4)ちかい
(5)けんきゅう (6)きりつ
(7)こうふく (8)むかしばなし
(9)ゆでん (10)じっけん (11)いんさつ
(12)ひょうざん (13)けいば (14)みらい
(15)けっか (16)いんしょく (17)たんさ
(18)ちょうど (19)ほっきょく
(20)しょうり

4 (1)テイ・さだ (2)チ・お
(3)ハイ・くば (4)シュク・いわ
(5)チョウ・しら (6)ツイ・お
(7)ジュウ・す (8)シン・ふか

考え方

2 (7)「冷」には「つめ(たい)・さ(める)」などの訓読みもあります。

3 (13)「競」には「キョウ」(競争《きょうそう》・競走《きょうそう》)などという音読みもあります。

4 漢字の音訓を答える問題です。(1)「定」には「ジョウ」(定石《じょうせき》など)という音読みもあります。

24ページ▼力をつける問題2

1 (1)こんしゅう・とうばん
(2)ほけんじょ・おもてどお
(3)おんがくかい・お
(4)ふあんてい・てんこう
(5)うんどうぶ・ひっしょう
(6)じてん・う
(7)みらい・ゆめ
(8)きょうそう・やぶ

2 (1)かい・ひら・あ (2)さつ・ふだ
(3)きょ・こ・さ (4)せい・は
(5)こう・さいわ・しあわ
(6)せい・しず

3 (1)リン・わ (2)サツ・す
(3)セン・たたか (4)シツ・うしな
(5)シン・すす (6)ジュ・う
(7)テン・ころ (8)トウ・ひと
(9)トウ(ト)・のぼ (10)ショウ・とな
(11)シ・はじ

4 (1)なお (2)おさ (3)ま (4)お

5 (1)とっきゅうれっしゃ

(2)かいこうきねんび
(3)がっきゅういいん

考え方

❷ (3)「過去《か》」の「去」は「キョ」ではなく「コ」です。(5)「幸」の訓読《くんよ》みには「さいわ(い)・しあわ(せ)・(さち＝中学で習《なら》う読み)」があります。

ここに注意！

❶ (2)「通り」は「とおり」です。「とうり」としないよう注意《ちゅうい》しましょう。

❺ (3)「がっきゅう」など、**つまる音**に注意しましょう。

26ページ▼力をのばす問題❶

❶ (1)ほんね (2)あんざん (3)かいし
(4)そうこ (5)もうひつ
(6)とくしょく (7)むりょう
(8)きょうりょく (9)きかい
(10)へいたい (11)はんけい
(12)せつやく (13)きこう (14)せつめい
(15)いっちょうえん (16)すいえい
(17)しゅくだい (18)そつぎょう
(19)えいご (20)ねったい (21)ろくおん
(22)しんりょく (23)りょかん
(24)なかま (25)まつばやし

❷ (1)しょ・はつ・はじ
(2)と・つ・みやこ
(3)ご・うし・あと
(4)せい・しょう・はぶ

❸ (1)ヨウ・やしな (2)ホウ・つつ
(3)ユウ・いさ (4)ヨク・あ
(5)ショ・あつ (6)ヒ・と
(7)マン・み (8)ソク・たば

❹ (1)つめ・ひ・さ (2)あ・あか・あき
(3)まった・すべ (4)そだ・はぐく
(5)ただ・まさ (6)ぬし・おも
(7)おさ・なお

考え方

❶ (1)「音」には、「おと・ね」の二つの訓読みがあります。

❷ (1)「初」には、「はじ(め)」のほかに「はつ」(初耳《はつみみ》など)などの訓読みもあります。

ここに注意！

❷ (2)「都合」を「とごう」とまちがえないよう注意しましょう。

28ページ▼力をのばす問題❷

❶ (1)さんか (2)へんか (3)ようしゅ
(4)ほんしゅう (5)しゃしん (6)しか
(7)めんせき (8)こうみょう
(9)にくたい (10)くうそう
(11)やくそく (12)のうぎょう
(13)ざいりょう (14)きょうだい
(15)ざんねん (16)むがい (17)びょうし
(18)こうさく (19)やね (20)ししゅう
(21)しそん (22)くさぶえ (23)でんたつ
(24)たんぴん (25)こうてい

❷ (1)こづつみ (2)みかづき (3)てつづ
(4)まぢか (5)てづく (6)はなぢ
(7)みやづか (8)いろじろ

❸ (1)イ (2)ア (3)ア (4)ア (5)ア
(6)イ (7)ア (8)イ (9)ア

❹ (1)きょうそう・けいば
(2)たいよう・まるた
(3)ふしぎ・ぶさいく
(4)とうじょう・とざん
(5)むり・ぶじ (6)だいり・こうたい

❺ (1)かい (2)える (3)りる (4)める

考え方

❶ (18)「工」を「ク」と読む熟語《じゅくご》には、「工《く》夫《ふう》」などがあります。

❸ (7)「エキ」は音読みです。「駅」には訓読みはありません。

❹ (3)「不」を「ブ」と読む熟語には、「不《ぶ》気《き》味《み》」「不《ぶ》器《き》用《よう》」などもあります。

ここに注意！

❶ (8)「光明」を「こうめい」とまちがえないよう注意しましょう。

❷ **「じ」と「ぢ」、「ず」と「づ」の使《つか》い分け**に注意しましょう。(1)は「つつみ」がにごって「づつみ」、(8)は「しろ」がにごって「じろ」です。

30ページ▼力をのばす問題❸

❶ (1)いんしょくぶつ (2)いんさつき
(3)むかんしん (4)みなみはんきゅう
(5)がっきゅうかい
(6)たいりょうせいさん
(7)えいようしっちょう
(8)ぶんがくはくし(はかせ)
(9)りくじょうせんしゅ
(10)ひんしゅかいりょう
(11)きかいうんどう
(12)こっかいぎいん
(13)さいていきおん (14)かいすいよく
(15)せかいいっしゅう (16)かんこうち

❷ (1)ひょう・おもて・あらわ
(2)こう・この・す (3)し・ゆび・さ
(4)へい・びょう・ひら

❸ (1)おおさか (2)とやま (3)えひめ
(4)いばらき (5)しが (6)みやぎ
(7)ぎふ (8)おおいた (9)ながさき
(10)さいたま (11)とちぎ (12)やまなし

❹ (1)しんじつ・きゅうめい
(2)まちかど・しょうてん
(3)いがく・しんぽ
(4)りか・じっけん
(5)とうぜん・けっか
(6)ようふく・しゅるい

❺ (1)ちる (2)う (3)ろ (4)りる

❻ (1)フウシャ・かざぐるま
(2)ソウゲン・くさはら
(3)センテイ・ふなぞこ
(4)チクリン・たけばやし

❼ (順《じゅん》不《ふ》同《どう》)(1)ギョ・リョウ
(2)ブツ・モツ (3)セイ・ショウ
(4)ム・ブ (5)ジ・シ (6)ガク・ラク

❽ (1)ともだち (2)まじめ (3)やおや
(4)しみず (5)くだもの
(6)てつだ(う)

考え方

❶ (8)「はかせ」は特別《とくべつ》な読み方です。

❹ (1)「究明《きゅうめい》」は、物事《ものごと》をつきつめて明らかにすることです。

❼ (5)「自」を「シ」と読む熟語《じゅくご》は、「自《し》然《ぜん》」のほかにはあまりありません。

❽ (4)京都《きょうと》の「清水寺」の場合は「きよみず」と読みます。

ここに注意！

❶ (1)「飲食物」を「いんしょくもつ」とまちがえないよう注意《ちゅうい》しましょう。

② 漢字の書き

36ページ▼練習問題❶

1 (1)安全 (2)意見 (3)岩石 (4)近所 (5)道具 (6)取材 (7)目次 (8)主人

2 (1)耳 (2)顔 (3)畑 (4)馬 (5)秋分

3 (1)家・科・(2)仕・始 (3)合・会 (4)負・追

---

4 (1)切・着 (2)立・建 (3)早・速

5 (1)ア (2)ア (3)イ (4)ア (5)イ (6)イ

6 (1)イ・イ (2)イ・ア (3)イ・ア

考え方

3 (3)「合う」は「同じである。一つになる」、「会う」は「顔をあわせる」の意《い》味《み》を表《あらわ》します。

ここに注意！

1 (3)「岩」は、音が同じ「岸」とまちがえないよう注意しましょう。

2 セットにして覚《おぼ》えるとよい漢字《かんじ》です。(2)「頭」と「顔」は、部首《ぶしゅ》(おおがい)が同じなので、特《とく》に注意しましょう。

38ページ▼練習問題❷

1 (1)暗 (2)横 (3)館 (4)銀 (5)坂 (6)庫 (7)祭 (8)乗 (9)帳

2 (1)左・作 (2)低・底 (3)案・安

---

(4)照・昭 (5)静・清 (6)求・球

3 (1)完・感 (2)計・量 (3)返・帰

4 (1)ア (2)イ (3)イ (4)イ (5)ア

5 (1)イ (2)ア (3)ア (4)イ (5)ア (6)イ

考え方

1 (5)「坂」は、「板《いた》」「反《はん》」など形のにた漢字としっかり区別《くべつ》しましょう。

3 (2)「計る」は**数《かず》や時間**を調《しら》べるとき、「量《はか》る」は**重《おも》さや量《りょう》**を調べるときに使《つか》います。

ここに注意！

5 (5)「群」と「郡」は形がにていて音も同じなので、特に注意が必要《ひつよう》です。

40ページ▼練習問題❸

1 (1)医学・兄弟 (2)研究・発表 (3)開会・校長 (4)細心・注意 (5)詩集・借 (6)広・場所

2 (1)役・約　(2)集・週　(3)福・服
(4)相・想　(5)練・連　(6)節・説

3 (1)イ　(2)イ　(3)ア　(4)ア　(5)イ
(6)ア

4 (1)放・話　(2)覚・冷　(3)明・空
(4)球・玉　(5)熱・暑

5 (1)鉄　(2)角　(3)単

考え方

4 (2)「覚《さ》める」は「ねむりやまよいから気がさめる」とき、「冷める」は「温《おん》度《ど》が下がったり、気持《きも》ちがうすれたりする」ときに使います。

5 画《かく》が出るか出ないか、点の数はいくつかなど、正確《せいかく》に覚えておきましょう。

ここに注意！

1 (4)「細心」は、「細《こま》かいところまで気を配《くば》る」という意味です。同音異義語《いぎご》の「最新《さいしん》」との使い分けに注意しましょう。

2 (4)「相」と「想」は音も同じなので、特に使い分けに注意しましょう。

42ページ▼力をつける問題❶

❶ (1)湯・早　(2)自然・育　(3)街灯・明
(4)平等・分　(5)結果・教室
(6)自由・考　(7)福引・当　(8)万一
(9)港・旅　(10)石炭・運

❷ (1)敗れる　(2)悲しむ　(3)注ぐ
(4)全て　(5)幸せ

❸ (1)州・集・周　(2)投・灯・登
(3)向・候・康　(4)祭・菜・最

❹ (1)両親・良心　(2)工場・向上
(3)火事・家事

考え方

❷ 送《おく》りがなに注意《ちゅうい》する問題《もんだい》です。言葉《ことば》の終《お》わりの形が変《か》わるものは、**形が変わるところから送る**のが原則《げんそく》です。
(5)「幸」には「さいわ(い)」という訓《くん》読《よ》みもあります。

❸ (2)「登」には「ト」という音読みもあります。(登山など)

❹ (2)「向上《こうじょう》」は、「よりよい方に向《む》かう」という意味です。

44ページ▼力をつける問題❷

❶ (1)病院・通　(2)害虫・苦
(3)共・協力　(4)人口・一億
(5)昔・詩人　(6)洋服・選
(7)必・成功　(8)薬・副
(9)静岡県　(10)校庭・遊

❷ (1)浴びる　(2)老いる　(3)包む
(4)定める　(5)整える

❸ (1)明るい　(2)温かい(熱い)　(3)軽い
(4)終わり　(5)勝つ　(6)小さい
(7)遠い　(8)弱い　(9)暑い　(10)短い

❹ (1)円　(2)芽　(3)急　(4)札　(5)松
(6)城　(7)深　(8)倉

❺ (1)席・積・赤　(2)他・多・太
(3)地・置・知

考え方

❶ (3)「共」は「行動《こうどう》を共《とも》にする・共働《ともばたら》き」などと使《つか》います。

❸ (2)のように、複数《ふくすう》の対義語《たいぎご》をもつ言《こと》葉《ば》もあるので、注意《ちゅうい》が必要《ひつよう》です。

(9)「寒い」の対義語には、「暑い」のほかに「暖《あたた》かい」(六年で学習《がくしゅう》する漢《かん》字《じ》)もあります。

❺ (2)「太」には「タ」のほかに「タイ」という音もあります。(太陽《たいよう》・太平《たいへい》洋《よう》・太古《たいこ》)

ここに注意!

❹ (1)「丸い」との使い分けに注意しましょう。「円い」は皿《さら》のような平たいものに、「丸い」はボールのようなふくらみのあるものに使《つか》います。

46ページ▼力をつける問題❸

❶ (1)静・神社 (2)感想・語
(3)海辺・走 (4)図書館・庭
(5)料理・配 (6)深海・調
(7)重・労働 (8)新聞記者
(9)真実・伝 (10)別・方法

❷ (1)固まる (2)結ぶ (3)失う (4)短い
(5)転がる

❸ (1)形・係・景 (2)算・産・参
(3)星・整・成 (4)府・不・付

❹ (1)残念 (2)発明 (3)流行 (4)商店
(5)屋上

❺ (1)約束 (2)必 (3)青年

考え方

❶ (8)「キシャ」は、同音異義語《いぎご》の「汽車・帰社」と区別《くべつ》します。

❺ (3)「青年」には「成年」という同音異義語があります。(成年に達《たっ》する)

ここに注意!

❷ (4)「短かい」とまちがえないようにしましょう。

48ページ▼力をつける問題❹

❶ (1)観察・続 (2)期待・星
(3)結果・伝 (4)湖・南岸
(5)梅・果実 (6)交通・便
(7)炭火・焼 (8)孫・残

❷ (1)例える (2)望む (3)悲しい
(4)投げる (5)折れる (6)反らす

❸ (1)イ (2)ウ (3)イ (4)イ (5)イ
(6)ア (7)ウ (8)ア (9)イ

❹ (1)位 (2)暗い (3)初め (4)始め
(5)別れる (6)分かれる

考え方

❷ (3)「悲《かな》しい」「美《うつく》しい」などは、「し」から送《おく》ります。

❸ (5)「量」と「料」をしっかり使い分けましょう。(「数量・分量」「食《しょく》料・材《ざい》料」)

ここに注意!

❶ (2)「待」を「持」と書きまちがえないよう注意しましょう。

50ページ▼力をつける問題❺

❶ (1)姉・写真 (2)野菜・食
(3)順番・待 (4)庭・松
(5)豆・種類 (6)最後・札
(7)観光・城 (8)都市・銀行
(9)工業・栄 (10)田畑・売

❷ (1)ア (2)ウ (3)イ (4)イ (5)ア

❸ (1)季節 (2)委員 (3)連続 (4)安全
(5)学園祭 (6)観察 (7)牛肉 (8)午後
(9)作曲 (10)理由

❹ (1)者 (2)酒 (3)受 (4)唱 (5)市
(6)進 (7)望 (8)物

❺ (1)大臣 (2)短所 (3)万一

考え方

❷ それぞれの言葉《ことば》の意味《いみ》を考えて答えます。

ここに注意！

❶ (6)「札」を、「板《いた》」「材《ざい》」などのきへんの漢字とまちがえないよう注意しましょう。

52ページ▼力をつける問題❻

❶ (1)黒板・消 (2)急・天候
(3)博物館・建 (4)固・決意
(5)漁港・調 (6)児童公園・遊
(7)農業・発 (8)栄養・富
(9)歯医者・通 (10)百貨店・買

❷ (1)標的 (2)伝票 (3)昨年 (4)作成
(5)地底 (6)低温

❸ (1)億・兆 (2)都・府 (3)孫・親

❹ (1)安・暗 (2)周・集 (3)径・係
(4)登・灯 (5)包・法 (6)味・未

❺ (1)苦 (2)後 (3)細 (4)重

考え方

❷ (1)・(2)、(3)・(4)、(5)・(6)で、同じ部分《ぶぶん》をもつ漢字《かんじ》を使った熟語《じゅくご》の問題《もんだい》です。それぞれの使い分けに注意しましょう。

ここに注意！

❶ (2)「候」の三画目のたてぼうを書き忘《わす》れないようにしましょう。
(5)「魚港」とまちがえないよう注意しましょう。

54ページ▼力をのばす問題❶

❶ (1)姉・英語・勉強
(2)地図帳・面積・産物
(3)給食・安・種類 (4)希望・失・無理
(5)旅館・入浴・予定

❷ (1)末 (2)東 (3)様 (4)借 (5)勇
(6)別 (7)的 (8)説

❸ (1)州・終・週
(2)功・好・候
(3)典・転・店
(4)薬・役・約 (5)説・節・折
(6)郡・軍・群

❹ (1)用紙・養子 (2)人口・人工
(3)身長・新調 (4)氏名・使命

考え方

❷ 訓読《くんよ》みから漢字の意味を考えましょう。

ここに注意！

❶ (4)「失」を「矢《や》」と書きまちがえないよう注意《ちゅうい》しましょう。

❸ (6)「郡」と「群」の使《つか》い分けに注意しましょう。「郡部《ぐんぶ》」「大群《たいぐん》」と使います。

❹ (4)「氏名《しめい》」を「指名《しめい》」、「使命《しめい》」を「死命《しめい》」とまちがえないよう注意しましょう。

56ページ▼力をのばす問題❷

❶ (1)世界・不思議・好　(2)倉庫・古・金貨　(3)庭・園芸・楽　(4)単語・覚・大変　(5)文法・参考・印

❷ (1)泳　(2)街　(3)起　(4)挙　(5)産　(6)晴　(7)側　(8)飛

❸ (1)散　(2)養　(3)建　(4)君　(5)差　(6)急　(7)結　(8)菜　(9)所

❹ (1)鳥取　(2)奈良　(3)鹿児島　(4)茨城　(5)佐賀　(6)神奈川　(7)静岡　(8)熊本　(9)沖縄

❺ (1)短い　(2)浅い　(3)軽い　(4)冷たい

考え方

❷ (2)「町」も「まち」という訓《くん》をもちますが、音読みは「チョウ」です。(5)「生」も「う(む)」という訓をもちますが、音読みは「セイ・ショウ」などです。

ここに注意！

❸ (4)「君」の二画目の横画《よこかく》は、右につき出ます。

58ページ▼力をのばす問題❸

❶ (1)家族・愛・童話　(2)改・勉強・重要　(3)失礼・申・反省　(4)願・卒業・仲良　(5)知事・選挙・聞

❷ (1)古　(2)係　(3)刷　(4)指　(5)社　(6)主　(7)取　(8)類

❸ (1)百科・百貨　(2)会場・開場　(3)機関・器官　(4)用品・洋品　(5)大漁・大量　(6)成年・青年　(7)火事・家事　(8)最少・最小　(9)極地・局地

❹ (1)必　(2)祝　(3)相　(4)根

考え方

❸ (8)「最少」は最《もっと》も少ないこと、「最小」は最も小さいことです。

ここに注意！

❹ (2)「祝《しゅく》」の部首《ぶしゅ》「ネ」を、「ネ」と書きまちがえないようにしましょう。

60ページ▼力をのばす問題❹

❶ (1)信念・人物・多　(2)病気・初・欠席　(3)工業・発達・運　(4)血・全・他人　(5)社員・幸・努

❷ (1)筆 (2)豆 (3)波 (4)頭 (5)追
(6)物 (7)練 (8)無

❸ (1)城 (2)化 (3)平 (4)流 (5)落
(6)覚 (7)笛 (8)酒 (9)底 (10)羊

❹ (1)単・巣・果 (2)失・矢・夫
(3)用・角・同 (4)由・申・田

考え方

❸ (6)同訓異字《どうくんいじ》の「冷《さ》める」と正しく使い分けましょう。

❹ 形のよくにた漢字《かんじ》を、しっかり区別《くべつ》して書きます。(1)上に点(ツ)がつくか、下にはらいがつくかを書き分けましょう。

62ページ▼力をのばす問題❺

❶ (1)飯・緑茶・注 (2)寺院・徳・有名
(3)息・水泳・苦手
(4)館・全景・場所
(5)結成・式・司会
(6)天才・詩人・画家

❷ (1)静める (2)足りる (3)働く
(4)美しい (5)明らか (6)固める

❸ (1)後 (2)折 (3)帯 (4)伝 (5)孫
(6)側 (7)悲 (8)飛 (9)富

❹ (1)全 (2)親 (3)着 (4)育 (5)通
(6)直

❺ (1)刷 (2)欠 (3)表 (4)散

ここに注意！

❷ (5)明《あ》かり、明《あか》るい、明《あき》らか、明《あ》かすなど、「明」はそれぞれの訓読みによって、送《おく》りがなが変《か》わります。

64ページ▼力をのばす問題❻

❶ (1)児童・笛・旗 (2)神社・梅・松
(3)北極・氷山・熊 (4)交通・使・住
(5)熱・湯・浴

❷ (1)鳴・泣 (2)速・早 (3)治・直
(4)計・量

❸ (1)定・庭 (2)結・決 (3)急・休
(4)住・重 (5)商・唱・少
(6)森・深・新

❹ (1)短い・整える
(2)多く・交わる・楽しい
(3)新しい・考え・唱える
(4)勇ましい・投げる

考え方

❷ (3)「治《なお》る」は、病気《びょうき》やけが、きずのときに使います。

ここに注意！

❹ (2)「交《まじ》わる」「交《ま》じる」の送りがなのちがいに注意しましょう。

66ページ▼力をのばす問題❼

❶ (1)訓練・生徒・屋外 (2)野菜・塩・加
(3)札・束・十億 (4)湖・深・建物
(5)卒業・文集・印刷

❷ (1)辺り (2)当たり (3)変わり
(4)代わり (5)友 (6)共

❸ (1)究・給・宮・急
(2)光・交・考・候
(3)位・以・意・委
(4)完・寒・関・管

(5)調・兆・丁・帳
(6)生・清・静・晴
(7)臣・進・身・信
(8)服・福・副

4 (1)勝者・商社　(2)産出・算出
(3)海運・開運

5 (1)問屋　(2)平等　(3)黄金　(4)新米

③ 漢字の組み立て

70ページ▼練習問題

1 (1)くさかんむり　(2)かねへん
(3)うかんむり　(4)ごんべん
(5)りっとう　(6)くるまへん

2 (例《れい》)(1)花・草・芽　(2)家・安・室
(3)語・読・話　(4)道・近・遠
(5)国・図・園　(6)別・利・列

3 (1)ま　(2)が　(3)ま　(4)や

4 イ

5 (順不同《じゅんふどう》)イ・ウ

6 ウ

7 (1)安　(2)清　(3)秋　(4)整
(5)徒

8 (1)攵・のぶん(ぼくづくり・ぼくにょう)
(2)弓・ゆみへん
(3)穴・あなかんむり
(4)刂・りっとう
(5)頁・おおがい
(6)阝・おおざと
(7)米・こめへん
(8)門・もんがまえ

考え方

4 こざとへんとおおざとは、形がほとんど同じなので、注意《ちゅうい》が必要《ひつよう》です。漢字《かんじ》の左側《ひだりがわ》にあるのが「へん」で「こざとへん」、右側にあるのが「つくり」で「おおざと」と覚《おぼ》えましょう。

ここに注意！

8 (1)「放」は「方」(ほうへん・かたへん)ではありません。

72ページ▼力をつける問題

1 (1)きへん　(2)うかんむり
(3)くさかんむり　(4)ごんべん
(5)にんべん　(6)ひへん
(7)おんなへん　(8)こざとへん
(9)おおざと　(10)かねへん
(11)うしへん　(12)てへん　(13)いとへん
(14)はつがしら
(15)ひとあし(にんにょう)
(16)えんにょう　(17)れんが(れっか)
(18)くにがまえ

2 (1)氵・さんずい　(2)亻・にんべん
(3)言・ごんべん　(4)日・ひへん
(5)禾・のぎへん

3 (例)(1)灯　(2)好　(3)持　(4)弱
(5)階　(6)歌　(7)体　(8)点　(9)別
(10)晴　(11)算　(12)林

4 (順不同)イ・オ・カ・キ

5 (1)しめすへん　(例)神・礼
(2)つちへん　(例)地・場
(3)のぎへん　(例)科・種

(4)ぎょうにんべん (例)後・待
(5)もんがまえ (例)間・開
(6)さんずい (例)海・池

考え方

❷ それぞれの部首《ぶしゅ》は(1)氵、(2)イ、(3)言、(4)阝、(5)禾となります。

❸ (6)「次」の部首は「冫(にすい)」ではなく「欠(あくび)」です。

74ページ▼力をのばす問題

❶ (1)①登・のぼる ②頭・あたま
(2)①読・よむ ②続・つづく

❷ (1)こざとへん (2)いとへん
(3)しめすへん (4)えんにょう
(5)しんにょう(しんにゅう)
(6)ぎょうにんべん

❸ (1)宀・うかんむり (2)广・まだれ
(3)氵・さんずい
(4)辶・しんにょう(しんにゅう)
(5)刂・りっとう
(6)阝・おおざと

④ 漢字の筆順と画数

78ページ▼練習問題❶

1 (1)ウ (2)ア (3)ア (4)イ (5)ア
(6)ウ

2 (1)イ (2)イ (3)ア (4)ア (5)イ
(6)イ (7)ア

3 (1)3 (2)6 (3)5 (4)3 (5)3
(6)3 (7)8 (8)3

4 (1) ノ 八 公 公
(2) 一 十 キ 丰 声 耒 表 表
(3) ㇜ 幺 幺 糸 糸 糸 紒 級 級
(4) 亅 刁 刃 氺 氷

5 (1)6 (2)8 (3)10 (4)11 (5)9
(6)5 (7)12 (8)10 (9)5 (10)9
(11)12 (12)12 (13)14 (14)11 (15)11
(16)4 (17)15 (18)6 (19)12 (20)7

考え方

2 (5)・(6)・(7)は、**筆順《ひつじゅん》のきまり**⑦・⑧(80ページ)にしたがって、横画《よこかく》と左はらいの順番《じゅんばん》が決《き》まります。

80ページ▼練習問題❷

1 (1)イ (2)イ (3)ア (4)イ (5)ア
(6)ア

2 (1)12 (2)5 (3)10 (4)7 (5)5
(6)5 (7)8 (8)5

3 イ

4 (1)3 (2)5 (3)9 (4)6 (5)5
(6)3 (7)4 (8)7 (9)7 (10)12
(11)9 (12)14 (13)8 (14)4 (15)8
(16)5 (17)8 (18)13 (19)11 (20)11
(21)4 (22)12 (23)8 (24)5

5 (1)阝・九 (2)氵・九 (3)广・五
(4)羊・七 (5)灬・八 (6)刂・六
(7)艹・五 (8)貝・五

考え方

5 **総画数《そうかくすう》から部首の画数を引いた画数**で調《しら》べます。

82ページ▼力をつける問題

❶ (1)ア (2)イ (3)イ (4)ア (5)ア

(6)イ (7)イ (8)イ

❷ (1)2 (2)3 (3)1 (4)8 (5)11
(6)6 (7)4 (8)5 (9)2 (10)1

❸ (順不同《じゅんふどう》)(1)草・言 (2)川・湖
(3)光・赤 (4)同・円 (5)牛・車
(6)近・建

❹ (1)ア (2)ア (3)イ (4)ア (5)イ
(6)イ (7)イ (8)イ (9)ア (10)イ

考え方

❷ (1)「非」の部分《ぶぶん》は、「丿」の部分を先に書きます。

❹ (4)「厂」は、横画《よこかく》を先に書きます。

84ページ▼力をのばす問題

❶ (1)ア (2)イ (3)ア (4)イ

❷ (1)11 (2)14 (3)14 (4)14 (5)16
(6)11 (7)7 (8)11 (9)7 (10)5
(11)8 (12)7

❸ (1)四・のぶん(ぼくづくり・ぼくにょう)
(2)九・おおがい (3)四・しめすへん
(4)三・おおざと (5)三・うかんむり
(6)三・こ・(こへん)

考え方

❸ (4)「郡」の部首《ぶしゅ》「阝」(おおざと)と、「階」「陽」などの「阝」(こざとへん)は、形が同じですが付《つ》く位置《いち》がちがいます。

ここに注意！

❸ (1)「敗」の部首は「貝(かいへん)」ではありません。

86ページ▼力をためす問題❶

❶ (1)ひょうご (2)ひつじゅん
(3)まちかど (4)しょるい
(5)ゆうりょう (6)しゃりん
(7)りっきょう (8)よくじょう
(9)ほうぼく (10)むかしばなし
(11)さいしょく (12)ししょ
(13)たいしょう (14)じょうか
(15)けいかん (16)てんねん
(17)たつじん (18)しょうじき
(19)とうか (20)くふう

❷ (1)かる (2)あたた (3)ば (4)いわ
(5)たば (6)はな (7)きそ (8)な
(9)か (10)うしな (11)もっと (12)か

❸ (1)かい・ひら・あ (2)な・ぶ・む
(3)じっ・み・みの
(4)かく・ざ・おぼ
(5)れい・つめ・さ (6)ふ・ま・お
(7)じ・し・みずか
(8)ぐん・む・むら (9)ぶん・ふん・わ
(10)へい・ひら・たい

❹ (1)こだち (2)はるさめ (3)あまど
(4)ふなびん (5)さかや (6)ゆげ
(7)たなばた (8)とけい (9)ふつか
(10)けしき (11)かわら (12)おとな
(13)ともだち (14)へや (15)まじめ
(16)やおや

❺ (1)①エ ②ア ③オ ④イ ⑤カ
⑥ウ ⑦キ
(2)①カ ②オ ③エ ④イ ⑤ウ
⑥ア

(3)①カ ②ア ③オ ④ウ ⑤エ
⑥イ

❻ (1)成功 (2)安全 (3)短所 (4)暗い
(5)浅い (6)苦しい (7)買う (8)勝つ

ここに注意！

❸ (8)「群《む》れる・群《むら》がる」は、送《おく》りがなに注意《ちゅうい》して読みましょう。

88ページ▼力をためす問題❷

❶ (1)15 (2)12 (3)16 (4)9 (5)12
(6)11 (7)10 (8)12 (9)11 (10)18
(11)12 (12)10 (13)14 (14)10 (15)16
(16)8 (17)9 (18)5 (19)10 (20)7
(21)8 (22)14 (23)16 (24)12

❷ (1)ア (2)イ (3)イ (4)イ (5)ア
(6)イ

❸ (1)口・くにがまえ
(2)癶・はつがしら (3)广・まだれ
(4)阝・おおざと (5)礻・しめすへん
(6)刂・りっとう

❹ (1)エ (2)ア (3)ウ (4)カ (5)オ
(6)イ (7)キ

❺ (1)冷・冫・にすい
(2)談・言・ごんべん
(3)改・攵・のぶん(ぼくづくり・ぼくにょう)
(4)管・⺮・たけかんむり
(5)照・灬・れんが(れっか)
(6)究・穴・あなかんむり

❻ (1)2 (2)6 (3)7 (4)5 (5)7
(6)2 (7)7 (8)10 (9)4 (10)3
(11)3 (12)4

❼ (1)丸・3 (2)始・8 (3)病・10
(4)単・9 (5)帳・11 (6)悲・12
(7)園・13 (8)進・11

❽ (1)イ (2)ア (3)イ (4)イ (5)イ
(6)イ

考え方

❼ (8)「辶」は、後で書きます。

90ページ▼力をためす問題❸

❶ (1)ま (2)はか (3)にが (4)やぶ
(5)そそ (6)いさ (7)たぐ (8)あら

❷ (1)やまざと (2)りゅうひょう
(3)きょうだい (4)しんぶん
(5)はついく (6)えきちょう
(7)よこぶえ (8)ひつよう
(9)さいれい (10)きょうくん
(11)しゅうまつ (12)えいよう
(13)きろく (14)れんたい
(15)けいりょう (16)はんせい
(17)しょうり (18)まんかい (19)しそう
(20)まつばやし

❸ (1)行列・加 (2)和服 (3)旅行者
(4)高熱 (5)具合 (6)赤飯・祝
(7)鼻声 (8)配達 (9)人口・億 (10)梅
(11)球根・植 (12)平和・唱 (13)季節

❹ (1)イ (2)ウ (3)ア

❺ (1)刷・札・察 (2)貨・課・果
(3)標・票・表 (4)夫・府・付
(5)径・景・係 (6)顔・願・岸

❻ (1)じょうず・かみて　(2)ぶんべつ・ふんべつ

❼ (1)教わる　(2)始める　(3)改まる
(4)温める　(5)等しい

92ページ▼力をためす問題❹

❶ (1)こや・おくがい
(2)しあわ・さいわ
(3)しがい・まちかど　(4)ほそ・こま
(5)ねもと・こんま
(6)にゅうばい・うめ
(7)ろうどう・はたら
(8)ちょくご・しょうじき
(9)かよ・とお　(10)げつまつ・
すえ(っ)こ　(11)けいりょう・はか
(12)へいわ・びょうどう

❷ (1)案・安　(2)館・感　(3)者・写
(4)期・機　(5)未・味　(6)皮・悲
(7)席・積　(8)各・角　(9)仕・司

❸ (1)①消化　②消火
(2)①気候　②機構　③帰港

(3)①大勝　②対照

❹ (1)女・おんなへん　(2)扌・てへん
(3)亻・にんべん　(4)禾・のぎへん
(5)走・そうにょう
(6)欠・あくび(かける)
(7)氵・さんずい　(8)刂・りっとう
(9)厂・がんだれ
(10)攵・のぶん(ぼくづくり・ぼくにょう)
(11)灬・れんが(れっか)
(12)阝・こざとへん

❺ (1)なべぶた・(例《れい》)交
(2)あなかんむり・(例)空
(3)おいかんむり・(例)者
(4)あめかんむり・(例)雲
(5)うかんむり・(例)家
(6)はつがしら・(例)発
(7)たけかんむり・(例)筆
(8)くさかんむり・(例)芽

❻ (1)①挙　②上
(2)①明　②空　③開
(3)①着　②付　(4)①代　②変

(5)①覚　②冷　(6)①暑　②熱

考え方

❹ (9)にた部首《ぶしゅ》に「广」(まだれ)がありますが、これは建物《たてもの》の意味《いみ》をもち、「庫・店」などの漢字《かんじ》があります。

第2章 ローマ字

① ローマ字

104ページ▼練習問題

1 (1)ク　(2)ケ　(3)ウ　(4)イ　(5)オ
(6)ア　(7)エ　(8)カ　(9)キ

2 (1)Miyazaki-ken　(2)tan'i
(3)IKEBUKURO

3 (1)neko　(2)inu　(3)wani　(4)usagi
(5)happi　(6)suzume
(7)hitu(tsu)zi(ji)　(8)hu(fu)gu
(9)tenpura　(10)kutu(tsu)si(shi)ta
(11)gyôza　(12)kômori

4 (1)kin'yôbi　(2)kyûkôressya(sha)

(3) dôrokôzi(ji) (4) pan'ya
(5) hu(fu)n'iki (6) ryôrinin
(7) si(shi)nbunsya(sha)
(8) si(shi)yakusyo(sho)

考え方
3 のばす音は、「a・i・u・e・o」の上に「^」の印《しるし》を入れます。

106ページ ▼ 力をつける問題

❶ (1) tyo(cho)kinbako (2) senbei
(3) râmen (4) hikôki (5) kappa
(6) kyôryû (7) gyûnyû (8) gakkô
(9) yûenti(chi)

❷ (1) MIKANN
(2) TI(CHI)DI(JI)MU
(3) KOREWO
(4) TU(TSU)ZU(DU)KI
(5) ROUKA (6) SO−SU

❸ (1) Akita−ken (2) Kôbe−si(shi)
(3) Hu(Fu)zi(ji)san (4) Tonegawa

(5) Noguti(chi)Hideyo (6) Kyûsyû
(7) Sapporo (8) HU(FU)KUOKA

❹ (順不同《じゅんふどう》)(1) syûmai shûmai
(2) utyû uchû
(3) yubimozi yubimoji
(4) taihû taifû
(5) zyôro jôro (6) moti mochi

考え方
3 地名《ちめい》や人名は、最初《さいしょ》の文字を大文字にします。

108ページ ▼ 力をのばす問題

❶ (1) Shinjuku (2) chûduri
(3) FUJISAWA−SHI
(4) -suchifumazu

❷ (1) pengin (2) hanazi(di) (3) sekken
(4) nattô (5) kyûri
(6) ti(chi)rasi(shi)zusi(shi)

❸ (1) mizudepô (2) sokozi(di)kara
(3) hu(fu)nazoko (4) sakagura

(5) si(shi)nbôzu(du)yoi
(6) kazaguruma

❹ (1) SENNI (2) KONNYA
(3) ZYU(JU)UENNDAMA
(4) ONEESANN

❺ (1) ZYU(JU)−SU (2) BO−RU

第3章 いろいろな言葉

① 言葉の意味

130ページ ▼ 練習問題

1 (1) ①イ ②エ ③ウ ④ア
(2) ①エ ②ア ③イ ④ウ

2 (1) 手 (2) 耳 (3) 首 (4) 鼻 (5) 足

3 (1) イ (2) ア (3) ウ (4) ア (5) イ
(6) ウ

4 (1) オ (2) エ (3) ア (4) イ (5) ウ

132ページ ▼ 力をつける問題

❶ (1) あがる (2) はる (3) もつ

❷ (1) ケ (2) カ (3) サ (4) ク (5) エ

(6)ア (7)イ (8)キ

❸ (1)カ (2)ウ (3)オ (4)エ (5)ア
(6)イ

❹ (1)オ (2)イ (3)エ (4)カ (5)ク
(6)ケ

❺ (1)オ (2)イ (3)ア (4)ク (5)エ
(6)コ (7)カ

考え方

❹ (1)「のれんにうでおし」も似《に》た意味《いみ》のことわざです。

104ページ▼力をのばす問題

❶ (1)①ウ ②ア ③イ ④エ
(2)①イ ②ア ③エ ④ウ
(3)①エ ②ア ③ウ ④イ

❷ (1)ウ (2)ア (3)オ (4)カ (5)イ
(6)エ

❸ (1)あらう (2)高い (3)立たない
(4)合う (5)上がらない (6)回る

❹ (1)× (2)○ (3)× (4)○ (5)×
(6)○

---

❺ (1)カ (2)オ (3)イ (4)ア (5)エ
(6)ウ

❻ (1)エ (2)カ (3)イ (4)ア

❼ (1)イ (2)ア (3)エ

考え方

❶ 同じ言葉《ことば》で、使《つか》い方によって意味が変《か》わる言葉です。文全体の意味から考えましょう。

❹ ことわざの意味が、文の意味に合っているか考えましょう。

② 熟語

146ページ▼練習問題

1 (例《れい》)(1)新年・少年・年月
(2)市場・都市・市長
(3)土地・地主・地球
(4)番地・交番・番号

2 (1)前(方)角 (2)夜(間)接
(3)県(道)徳 (4)急(病)室
(5)気(流)行 (6)投(手)記

3 (例)(1)品・一 (2)利・全
(3)合・道 (4)業・開 (5)記・達
(6)字・学 (7)和・公 (8)気・太

4 体重・都会・重大・船出・白紙・関係・発表・意味・使用・交代・読書・全員

5 (1)上 (2)体 (3)内 (4)養 (5)合
(6)食 (7)国 (8)大 (9)無 (10)明

6 (1)海 (2)字 (3)自 (4)通 (5)書
(6)用 (7)一 (8)竹 (9)柱 (10)神
(11)下 (12)業

7 (1)短 (2)エ (3)週 (4)極 (5)曜
(6)都

8 (1)ウ (2)イ (3)エ (4)カ (5)ア
(6)オ

148ページ▼力をつける問題

❶ (1)ウ (2)ア (3)イ (4)ア (5)イ

❷ (1)ウ (2)エ (3)ア (4)オ (5)イ

❸ (1)不 (2)非 (3)無(不) (4)不 (5)無
(6)不 (7)非 (8)無 (9)非 (10)不

❹ (1)ア・エ・オ・サ

(2)ウ・カ・ク・コ・シ
(3)イ・キ・ケ

5 (1)下 (2)業 (3)勝(定) (4)転 (5)輪
(6)働 (7)動 (8)始 (9)人 (10)意

6 (1)エ (2)ク (3)ア (4)ウ (5)キ
(6)オ (7)カ (8)イ

7 (1)ケ (2)イ (3)ウ (4)キ (5)オ
(6)カ (7)コ (8)ア (9)ク (10)サ

8 (1)ウ (2)エ (3)ア (4)オ (5)イ

考え方

3 上にどの打《う》ち消《け》す漢字《かんじ》がつくかは、漢字や熟語《じゅくご》によって決《き》まっているので、一つの言葉として覚《おぼ》えておきましょう。

150ページ▼力をのばす問題

1 (1)イ・カ (2)ウ・オ (3)キ・コ
(4)エ・ク (5)ア・ケ

2 (1)学 (2)客 (3)対 (4)子

3 (1)同(共) (2)具 (3)者 (4)発 (5)品
(6)度

4 (順不同《じゅんふどう》)(1)参考・形式・伝記・光景・印象・文脈 (2)徒歩・英文・流通・川辺・返答・落葉

5 公園・問題・反対・道具・放送・岩山・有名・品物・氷水・行列・薬指・番号

6 (1)ウ・ク (2)イ・キ (3)ア・エ
(4)オ・カ

考え方

6 二字の熟語に分けて、その中にふくまれる漢字に注目《ちゅうもく》します。イ「右往《うおう》左往《さおう》」は、「右」と「左」で反対《はんたい》だとわかります。ウ「公明正大《こうめいせいだい》」は、「公明」「正大」ともに、かくしだてしないで、正しく堂々《どうどう》としていることです。

③ 対義語と類義語

158ページ▼練習問題

1 昼夜・大小・長短・東西・父母・兄弟・湯水・往来

2 (1)少ない・多少 (2)死ぬ・生死
(3)弱い・強弱 (4)答える・問答
(5)楽しい・苦楽 (6)短い・長短
(7)売る・売買 (8)暗い・明暗

3 (1)オ (2)ク (3)キ (4)ウ (5)イ
(6)ア (7)エ (8)カ

4 (1)地 (2)小 (3)夕 (4)他 (5)終
(6)外 (7)散 (8)敗 (9)害 (10)無
(11)後 (12)重

5 (1)服 (2)央 (3)始 (4)着 (5)産
(6)冷 (7)福 (8)送 (9)去 (10)体
(11)実 (12)等 (13)好 (14)童 (15)育
(16)配 (17)想 (18)思 (19)加 (20)路

6 (1)コ・ウ (2)シ・エ (3)イ・キ
(4)カ・セ (5)ケ・ア (6)ス・ク

160ページ▼力をつける問題

1 (1)不便 (2)夜間 (3)下校 (4)出港
(5)終点 (6)全部(全体) (7)不安(心配) (8)消極 (9)有害 (10)終業

2 (1)上 (2)勉 (3)的 (4)目 (5)意

(6)分　(7)敗　(8)意　(9)心　(10)短

❸ (1)オ・そつぎょう　(2)キ・しゅどう
(3)ク・てんねん　(4)イ・じょうしゃ
(5)ケ・しゅうぎょう
(6)エ・ふよう　(7)ウ・こうりつ
(8)ア・あんぜん　(9)カ・はっしゃ
(10)コ・ふわ　(11)シ・はいぼく
(12)サ・そうしん

❹ (1)無　(2)未　(3)不(無)　(4)非　(5)不
(6)無　(7)不　(8)非　(9)無　(10)未
(11)未　(12)不　(13)無　(14)非

❺ (1)不利　(2)戦争　(3)未来　(4)形式
(5)下山　(6)成功　(7)無料　(8)生産
(9)不運　(10)結果

❻ (1)ウ　(2)ク　(3)エ　(4)ア　(5)イ
(6)オ　(7)カ　(8)キ　(9)ケ

考え方

❷ 類義語《るいぎご》は二つ以上《いじょう》考《かんが》えられるものが多くあります。一字をヒントに答えましょう。

❹ 漢字《かんじ》や熟語《じゅくご》の上につく「不《ふ》」「無《む》」「非《ひ》」「未《み》」の漢字は決《き》まっています。対義語《たいぎご》の形で覚《おぼ》えましょう。

162ページ▼力をのばす問題

❶ (1)低・こうてい　(2)重・けいちょう
(3)母・ふぼ　(4)西・とうざい
(5)外・ないがい　(6)死・せいし
(7)夜・ちゅうや　(8)女・だんじょ
(9)北・なんぼく　(10)妹・しまい
(11)答・もんどう　(12)無・うむ

❷ (例《れい》)(1)前半・後半　(2)直線・曲線
(3)高木・低木　(4)有料・無料
(5)悲観・楽観　(6)内面・外面
(7)始業・終業　(8)当選・落選
(9)上品・下品

❸ (1)受信　(2)生産　(3)原因　(4)本店
(5)反対　(6)入院　(7)悪意　(8)水平
(9)自分　(10)失敗

❹ (1)去(昨)　(2)短　(3)後　(4)登　(5)下
(6)開　(7)外　(8)全　(9)和　(10)黒
(11)消　(12)悲

❺ (1)イ　(2)ア　(3)ア　(4)イ　(5)イ

❻ (1)地　(2)弟　(3)低　(4)雨　(5)暗
(6)親　(7)内　(8)大　(9)始

❼ (1)①美　②短　(2)①心　②配
(3)①初　②終　(4)①全　②一

考え方

❶ 訓読《くんよ》みから反対《はんたい》の意味《いみ》の漢字を考えます。

❹ 一字が共通《きょうつう》で、反対の意味を表《あらわ》す漢字と結《むす》びついてできた熟語を作る問《もん》題《だい》です。共通ではない部分《ぶぶん》の反対の意味の漢字を考えます。

164ページ▼力をためす問題❶

❶ (1)ク　(2)エ　(3)オ　(4)ア　(5)ウ
(6)イ　(7)カ　(8)キ　(9)ケ

❷ (1)イ　(2)オ　(3)カ　(4)ケ　(5)キ
(6)ウ　(7)ク

❸ (1)カ　(2)イ　(3)ウ

❹ (1)エ　(2)ウ　(3)オ　(4)イ　(5)カ
(6)ア　(7)キ

❺ (1)オ (2)ウ (3)イ (4)エ (5)ア
(6)カ (7)ク (8)キ

❻ (1)キ (2)オ (3)ケ (4)ア (5)エ
(6)ク (7)イ (8)コ (9)ウ (10)カ

考え方

❷ 「手」がつく慣用句《かんようく》の使《つか》い分けです。前後の文から「手」の意味を考えます。

166ページ▼力をためす問題❷

❶ (1)頭 (2)目 (3)耳 (4)鼻 (5)顔
(6)手 (7)足

❷ (1)百 (2)二 (3)八 (4)七

❸ (1)ウ (2)イ (3)ア (4)ア

❹ (1)つえ・オ (2)だんご・イ
(3)あわ・カ (4)しょうこ・ウ
(5)目薬・エ (6)情け・ク (7)火・ア
(8)のれん・キ

❺ (1)ア (2)ウ (3)エ (4)オ

❻ (1)ウ (2)ア (3)イ (4)イ (5)ウ
(6)ア (7)ウ (8)ア (9)イ (10)イ
(11)ウ (12)イ

168ページ▼力をためす問題❸

❶ (1)①ウ ②ア ③イ ④エ
(2)①イ ②エ ③ア ④ウ

❷ (1)イ (2)ウ (3)ア (4)エ (5)カ
(6)オ

❸ (順不同《じゅんふどう》)(1)シ・タ (2)ア・イ
(3)エ・コ (4)オ・キ (5)ウ・ク
(6)ケ・サ (7)セ・ソ (8)カ・ス

❹ (1)エ (2)ウ (3)カ (4)イ (5)オ
(6)ヤ

❺ (1)去 (2)配 (3)短 (4)向(位)
(5)白 (6)公

❻ (1)消極 (2)苦手 (3)未来(現在)
(4)敗北 (5)人工 (6)結果

考え方

❸ それぞれの熟語の成《な》り立ちは次《つぎ》のようになります。
(1)上の漢字が下の漢字を修飾《しゅうしょく》しているもの。(2)「～を」「～に」にあたる意味の漢字が下にくるもの。(3)反対の意味をもつ漢字を組み合わせたもの。(4)似《に》た意味の漢字を組み合わせたもの。(5)主語《しゅご》・述語《じゅつご》の関係《かんけい》にあるもの。(6)「不・無・未・非」などが上について、下の言葉《ことば》の意味を打《う》ち消《け》すもの。(7)下に「性《せい》・的《てき》・化《か》・然《ぜん》」などの意味を強めたり、そえたりする漢字がつくもの。(8)同じ漢字を重《かさ》ねたもの。

第4章 言葉のきまり

① 文の組み立て

178ページ▼練習問題

1 (1)二人は (2)国語辞典は
(3)子ねこが (4)わしが (5)わたしは

2 (1)ウ・カ (2)イ・エ (3)イ・カ
(4)ア・エ (5)ア・ク

3 (1)ウ (2)エ (3)ア (4)イ (5)ウ
(6)イ (7)ア (8)エ

考え方

2 **述語《じゅつご》は文末《ぶんまつ》にあることが多い**ので、まず述語を見つけてから、それに対《たい》応《おう》する主語《しゅご》を見つけましょう。

180ページ▼力をつける問題

1 (1)弟は・かたづけた　(2)犬が・います　(3)子どもが・開けました　(4)女の子が・走っている　(5)仕事は・大事だよ

2 (例《れい》)(1)わたしは　(2)山田先生は　(3)あなたの席は

3 (1)**イ**　(2)**イ**　(3)**オ**　(4)**オ**　(5)**ア**　(6)**カ**

4 (1)鳴いている　(2)手だ　(3)きんもくせいが　(4)屋根が　(5)たん生日だ　(6)出かけた

考え方

2 問《と》われているのは何(だれ)かを考えましょう。(1)「ぼくは」、(3)「きみの席は」などでも正答《せいとう》です。

3 **4** **「どんな」「どのように」**と、くわしく説明《せつめい》されている言葉《ことば》です。

182ページ▼力をのばす問題1

1 (1)ほほえんで　(2)来るように　(3)さいた　(4)ねむる　(5)早く

2 (1)**イ**　(2)**ウ**　(3)**エ**　(4)**イ**

3 (1)

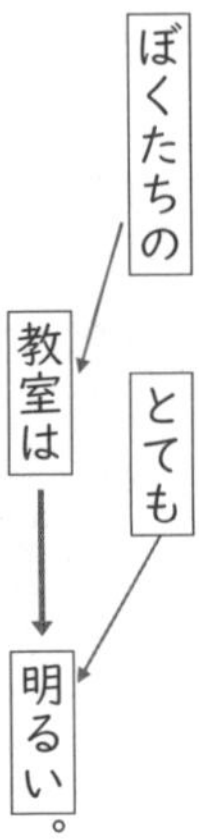

ぼくたちの
教室は
とても
明るい。

(2)

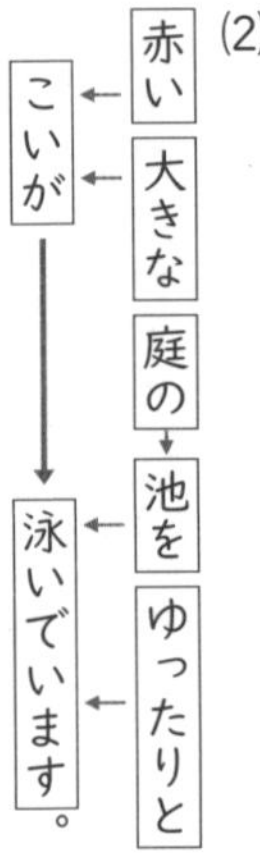

赤い
大きな
庭の
池を
ゆったりと
こいが
泳いでいます。

(3)

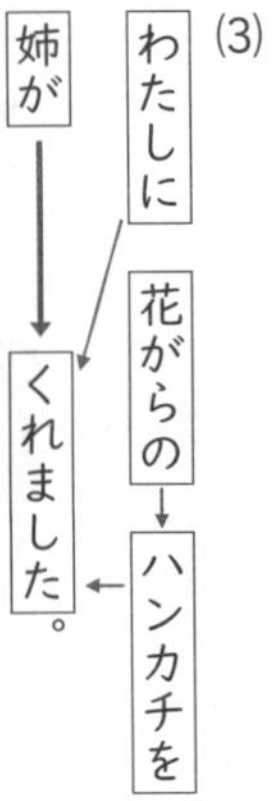

わたしに
花がらの
ハンカチを
姉が
くれました。

考え方

3 まず、主語と述語をさがし、次《つぎ》にそれらに係《かか》る言葉をさがしましょう。

184ページ▼力をのばす問題2

1 (1)ほほえみました　(2)いかない　(3)来られるでしょう　(4)顔は　(5)うなずいた　(6)人は　(7)遊びました　(8)住んでいました　(9)聞いて　(10)わき上がりました

2 (1)

わたしたちの
チームは
全勝で
優勝した。

(2)

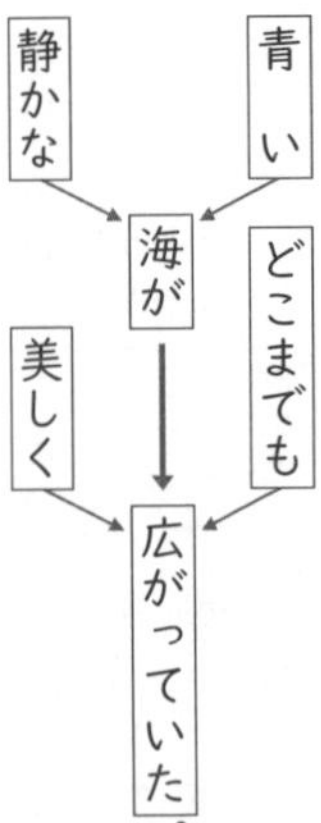

青い
静かな
海が
どこまでも
美しく
広がっていた。

(3)

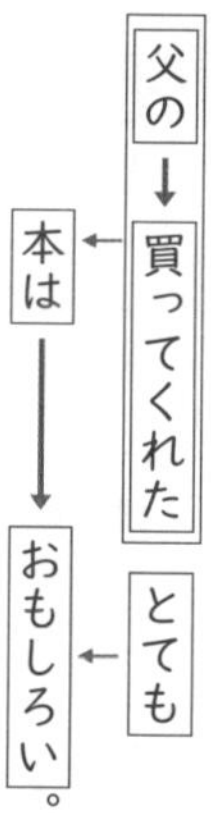

(4)

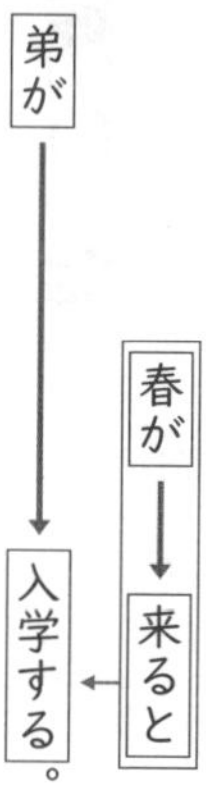

考え方

❷ (3)と(4)は「主語—述語」が二つある文です。

ここに注意！

❶ (9)「父は—聞いて」「父は—知っていた」とつながります。

② 言葉の種類とはたらき

188ページ▼練習問題

1 (1)エ (2)イ (3)ア (4)ウ (5)ア

2 (1)ア (2)イ (3)ウ

3 (1)イ (2)ウ (3)エ

4 (1)イ (2)ウ (3)ア (4)エ

5 (例)(1)から (2)と (3)ば (4)が

考え方

1 2 形容詞《けいようし》と形容動詞《けいようどうし》は、言い切りの形で見分けられます。**形容詞**は「～い」で、**形容動詞は「～だ」**で終《お》わります。

3 つなぎ言葉(接続詞《せつぞくし》)は、前後の文や言葉の関係《かんけい》で使《つか》い分けます。

190ページ▼力をつける問題❶

❶ (1)イ (2)ウ (3)ア (4)エ (5)ア

❷ (1)な (2)に (3)だ (4)だろ (5)だっ

❸ (1)イ (2)オ (3)エ (4)ア (5)ウ

❹ (1)ア (2)イ (3)ア (4)ウ (5)エ (6)エ

考え方

❷ 形容動詞「きれいだ」の「だ」の部分《ぶぶん》を、あとに続《つづ》く言葉に合うように変《か》えます。

192ページ▼力をつける問題❷

❶ (1)とどける (2)変わる (3)しめる (4)育てる (5)広まる (6)直る

❷ (1)エ (2)ア (3)ウ (4)オ (5)イ

❸ (1)カ (2)イ (3)ア (4)エ

❹ (1)イ (2)ア (3)イ (4)ウ

考え方

❹ 副詞《ふくし》は、動詞や形容詞・形容動詞をくわしく説明する言葉です。

194ページ▼力をのばす問題❶

❶ ①エ ②ウ ③イ ④ウ ⑤ア ⑥ア

❷ (1)あぶなく (2)あぶなかっ (3)あぶない (4)あぶなけれ (5)あぶない

❸ (1)イ (2)ウ (3)オ (4)エ (5)ア

❹ (1)イ (2)ア (3)イ (4)イ

考え方

❹ (1)ほかから動作《どうさ》を受《う》ける意味《いみ》です。

(2)人から聞いた意味《いみ》です。(3)打《う》ち消《け》しの推量《すいりょう》(おしはかること)の意味です。(4)推定《すいてい》(おしはかる)の意味です。

196ページ▼力をのばす問題②

❶ (1)読ん (2)行こ (3)見 (4)書き
(5)泳が

❷ (1)イ (2)ウ (3)ア (4)ウ (5)ウ

❸ (1)ください (2)だろう (3)ように
(4)か (5)ても

❹ (1)の (2)のに (3)さえ (4)な

❺ (1)せる (2)たい (3)そうだ

考え方

❷ 言い切りの形が **「〜い」なら形容詞《けいようし》**、**「〜だ」なら形容動詞《けいようどうし》**です。

ここに注意!

❷ (2)「少し」は副詞《ふくし》です。(4)「手紙だ」は「手紙」という名詞《めいし》に「だ」という助動詞《じょどうし》がついたものです。(5)あとに打ち消しの言葉《ことば》が続《つづ》く副詞です。

③ 敬語

200ページ▼練習問題

1 (1)お (2)ご (3)お (4)お (5)ご
(6)お

2 (1)もう一年になります。
(2)明日も雨がふるでしょう。
(3)七時に夕食を食べます。
(4)今日は月曜日です。

3 (1)日曜日に祖父《そふ》の家をたずねようと思った。
(2)ガラスの花びんに、バラの花をさす。
(3)委員《いいん》に選《えら》ばれ、身《み》のひきしまるような思《おも》いだ。
(4)話を聞いて、とてもうれしい気持《きも》ちだった。

4 (1)イ (2)イ (3)ウ (4)ア

5 (1)イ (2)エ (3)ア (4)ウ

考え方

2 3 ふつうの言い方(常体《じょうたい》)は文末《ぶんまつ》が **「だ・である」**、ていねいな言い方(敬体《けいたい》)は文末が **「です・ます」** になります。

ここに注意!

4 (1)・(2)は自分の行動《こうどう》なので、けんじょう語、(4)は校長先生の行動なので、尊敬語《そんけいご》です。

202ページ▼力をつける問題

❶ (1)ア (2)ウ (3)イ (4)イ (5)ア
(6)ア

❷ (1)お伝えする (2)ご連らくする
(3)お話しになる (4)ご説明になる
(5)持たれる (6)来られる

❸ (1)ウ (2)イ (3)ア

❹ (1)お父さん↓父
(2)聞いた↓聞かれた(お聞きになった・おたずねになった)
(3)なさいました↓いたしました
(4)○ (5)なられた↓なった(お話しになられた↓話された)

考え方

❷ 主語《しゅご》によって尊敬語、けんじょう語を使《つか》い分けます。(1)・(2)は自分の行動なので、けんじょう語、(3)〜(6)は「先生」の行動なので、尊敬語に直します。

❹ (5)「お…になる」という尊敬語に、さらに「られる」をそえるのは、まちがいです。

ここに注意！

❹ (1)身内《みうち》のことを言うので、「お」や「さん」はつけません。
(3)「なさる」は尊敬語で、けんじょう語では「いたす」を使います。

204ページ▼力をためす問題❶

❶ (1)くじらが・ふいた
(2)大こう水が・ありました
(3)わたしも・行きたい
(4)ねこが・ねていました
(5)コスモスが・きれいだ
(6)作ったのは・わたしです

❷ (1)**イ** (2)**ウ** (3)**ア**

❸ (1)**イ** (2)**ウ** (3)**ア**

❹ (例《れい》)(1)今年の夏も、おそらく暑いでしょう。
(2)もしうまくいったら、みんなでお祝いをしましょう。
(3)わたしたちは、成功するまで決してあきらめない。

❺ (1)赤い・大きな
(2)並木道を・母と
(3)いとこと・プールに
(4)北海道の・寒い
(5)ゆうべ・映画を

❻ (1)させ (2)せれ (3)せ (4)させ

❼ (1)**エ・ク** (2)**ウ・キ** (3)**ア・カ**
(4)**イ・オ**

❽ (1)①お客様がお帰りになる。②お客様が帰られる。
(2)①どなたがここにおすわりになるのですか。
②どなたがここにすわられるのですか。

考え方

❻ すぐ前の動詞によって、どちらを使うかが決《き》まります。（ ）に合うように、「せる」「させる」の形を変《か》えて入れます。

❽ ①は「お(ご)……になる」、②は「れる・られる」をそえる言い方です。

ここに注意！

❸ (2)**ウ**は「かわいらしい」という形《けい》容詞《ようし》の一部《いちぶ》、ほかは助動詞《じょどうし》。(3)**イ・ウ**は一語で形容詞ですが、**ア**は「あっけない」という形容詞の一部です。

❼ (3)は数詞《すうし》、(4)は代名詞《だいめいし》です。

208ページ▼力をためす問題2

1 (1)運動会は (2)よろこびました (3)にらみつけた (4)鳴り (5)見せません (6)兄と友人たちは

2 (1)イ (2)イ (3)エ (4)エ

3 (1)イ (2)ウ (3)ア

4 (1)
先生が → くださいました。
わたしに → くださいました。
手紙を → くださいました。

(2)
弟が → 連れてきた → 子どもたちも
子どもたちも → 遊んでいる。
いっしょに → 遊んでいる。
楽しく → 遊んでいる。

(3)
大つぶの → 雨が
雨が → ふり出した。
急に → ふり出した。
はげしく → ふり出した。

5 (1)ウ (2)イ (3)ア (4)エ

6 (1)わたしが先生をご案内します。
(2)母は、学校へ参りました。
(3)外国からお客さんがいらっしゃる。
(外国からお客さんがおいでになる。)
(4)先生のお宅で昼食をいただいた。

考え方

2 (1)は禁止《きんし》の意味《いみ》、(2)は疑問《ぎもん》の意味、(3)はほかからの動作《どうさ》を受《う》ける意味、(4)は場所《ばしょ》を示《しめ》す意味の助詞《じょし》。

3 相手《あいて》との関係《かんけい》をおさえて敬語《けいご》の使《つか》い分けをしましょう。

第2編 読む

第1章 文章の読み方の基本

① 文章の読み方

214ページ▼練習問題1

1 (1)物語 (2)ぼくの左側 (3)レコードを

2 (1)四 (2)シオマネキ (3)(例《れい》)メスにたいする結婚の申しこみ (4)巣あなか

考え方

2 (1)句点《くてん》(。)で区切《くぎ》られたものが一つの文です。

216ページ▼練習問題2

1 (1)ニ (2)雨の少ないさばく (3)(例)葉をとげにかえている。

2 (1)花が (2)ずんずん・ぐんぐん(順不同《じゅんふどう》) (3)なす (4)そのうつくしいこと、まるでむらさきのくものようです。

考え方

1 (1)最初《さいしょ》の段落《だんらく》に書かれています。「大きく育《そだ》つために必要《ひつよう》な栄養分《えいようぶん》をつくりだす」ことと「気孔《きこう》から、あまった水分を蒸発《じょうはつ》させたり、とけこんでいる養分《ようぶん》をとったあとの水をすてる」ことです。

2 (4)「まるでむらさきのくものよう」と、たとえを使《つか》って表《あらわ》しています。

ここに注意！

1 (3)三番目の段落の文末《ぶんまつ》と問題《もんだい》の「できるだけ外に…」が同じであることに着目《ちゃくもく》しましょう。

218ページ▼力をつける問題❶

❶ (1)①コバネガです　②蛾は
(2)イ　(3)説明文

❷ (1)(例)①夏休みがおわったつぎの日のしぎょうしきのとき。
②サクラ小学校
(2)校長先生
(3)主語…子どもたちは
述語…わらいました

考え方

❶ (2)トビケラについても書かれていますが、これはコバネガについて説明《せつめい》するためです。
(3)コバネガについて説明している「説明文」です。

❷ (1)②「東京のはずれにある小学校」でも正答《せいとう》です。
(2)すぐ前に「校長先生がいいました」と書いてあるのでわかります。

220ページ▼力をつける問題❷

❶ (1)春がきて、ヤマザクラがさくころ。
(2)おばな・めばな(順不同)
(3)①おばな　②葉や枝

❷ ①見ました　②食べた
③ひばりは　④×

❸ (1)野原　(2)遠くの山々
(3)高いにれの木の上

考え方

❸ (2)遠くの山々や野原の様子《ようす》がえがかれている文をさがしましょう。

ここに注意！

❷ ④話しかけている相手《あいて》が主語《しゅご》ですが、この文では省略《しょうりゃく》されています。

第2章　いろいろな文章を読む

①　物語

226ページ▼練習問題❶

1 (1)①ドーナツがた　②(例)ふとい木がなん本もはえていて、その木の下に小さいお宮がある。
(2)三人ともうれしくて、むねがどきどきしました。
(3)(例)メダカをとりたいと思った。

2 (1)八十セ・そして(順不同)
(2)(例)形がランプとは思えず、鉄ぽうのように見えたから。

考え方

1 (3)あきらの言葉《ことば》に着目しましょう。「メダカ、とりたいなあ。」と言っています。

2 (1)問題文《もんだいぶん》に「具体的《ぐたいてき》に」とあるので、大きさや材質《ざいしつ》などが書かれた文をさがしましょう。

(2)「太い竹のつつが台になっていたから。」のように書いても正答《せいとう》です。

228ページ▼練習問題❷

1 (1)息をハーハーいわせている。
(2)ウ　(3)ぼく

2 (1)花のトンネル
(2)(例《れい》)学校の子どもたちがみんな、マルのことを知っていて、かわいがってくれたから。

考え方

1 (2)「ぶつぶつ言う」のは「不満《ふまん》」があって、文句《もんく》を言っているのです。アの「いかり」は近いですが、少し強すぎます。

2 (2)「なぜ…」に対《たい》し、「…から」は、その理由《りゆう》を表《あらわ》す言い方です。

230ページ▼力をつける問題❶

❶ (1)(夏葉が)ミミズを持てること。
(2)ア
(3)(例)ミミズは汁でできているということ。
(4)(例)笑ってはいたが、表情がかたかったから。
(5)よろこ～なのだ(のだ。)

ここに注意！

❶ (4)夏葉《なつは》は、本当はミミズが苦手《にがて》なのでしょう。表情《ひょうじょう》がかたくなっていることに注意《ちゅうい》しましょう。

232ページ▼力をつける問題❷

❶ (1)(例)首の下に三日月が横になった形の白いすじがあり、しっぽが黒い。
(2)(例)真由子がきたないネコにえさをやったから。
(3)・においをかいで、前足でつっついただけだった。
・食べかけのウィンナーをはじきとばした。(順不同《じゅんふどう》)
(4)①ウ・(例)首の下にある白いすじが、ツキノワグマみたいだったから。
②ア・(例)ウィンナーをはじきとばしたから。

234ページ▼力をのばす問題❶

❶ (1)(例)茶色っぽい灰色のウサギで、胸に白い毛がある。
(2)(例)ウサギがおどろいてにげてしまわないようにするため。
(3)にげみちはない。
(4)(例)ウサギを見ることに集中していたから。
(5)(例)ウサギをよびよせるため。

考え方

❶ (4)「ウサギのほうに気を取《と》られていたから。」でも正答です。

ここに注意！

❶ (5)小さい動物《どうぶつ》に対《たい》して、「こっちにおいで」と呼《よ》びかけたりするときのしぐさを思い出しましょう。

236ページ▼力をのばす問題②

①
(1)(例)いえのそうじをしたり、かさをとんやさんにとどけたり、いっしょうけんめいはたらいた。
(2)五じゅうのとうのてっぺん
(3)(例)①こまった。早くどこかに着いてほしい。②よかった。これでひと安心だ。③おそろしい。だれかここから下ろしてほしい。

考え方

① (2)「どこかのいえのやねのうえ」でも正答です。
(3)①「トホホ」というのは、人がこまったときに出てくる言葉《ことば》です。②すぐ後に「ほっとして」とあるのもヒントになります。

238ページ▼力をのばす問題③

①
(1)①(例)小さなスズメを食べるなんてひどい。②(例)ノラネコが自分でえさをつかまえて食べるのは当然《とうぜん》だ。
(2)(例)かわいい声を出さないし、あまえてこない。・からあげやウィンナーも食べない。・町の中にすんでいるが、野生の動物だ。(順不同)

考え方

① (1)ツキノワがスズメを食べたことを単純《たんじゅん》に「ひどい」と言っている真由《まゆ》子《こ》に対して、小原《おはら》さんはノラネコが生きていくためには当たり前のことだと考えています。

② 説明文

242ページ▼練習問題①

1
(1)(恐竜の)タマゴ
(2)①どこ…ゴビ砂漠　どんな様子…(例)(砂に掘ったすりばち状の巣の中に、)きちんとならべられていた。
②(小形の角竜)プロトケラトプス

2
(1)日本・インド(順不同)
(2)(例)インドの細長いお米で炊いたごはんは、おはしではつまみにくいし、指にもつかないから手で食べたりする。

考え方

2 (2)実験《じっけん》の内容《ないよう》は二《に》段落《だんらく》目に書かれており、「日本のごはん」と「インドのごはん」を、はしや手でつまむ、おにぎりにするなどしています。実験の結果《けっか》からわかったことが、——線のあとに書かれています。

244ページ▼練習問題②

1
(1)「くじをひく」という言い方
(2)細い木箱など　(3)ア

2
(1)火球
(2)地上におちてくるいん石は、大きさも、形も、種類も、じつにさまざまです
(3)・石でできているもの・鉄ばかりのもの・石と鉄のまざりあったもの
(順不同)

考え方

1 (2)指示語《しじご》の指示内容《ないよう》は、その言葉《ことば》の少し前にあります。

240ページ▼力をつける問題1

1 (1)水をたっぷりたくわえている

(2)とげ

(3)(例《れい》)・動物から身をまもる。・くきをおおって砂あらしから身をまもる。・強い太陽の光をさえぎる。(順《じゅん》不同《ふどう》)

2 (1)ウ

(2)①(例)ずっとひがたに出ている

②(例)コメツキガニよりもチゴガニのほうが、陸上生活にふさわしい習性になっているということ。

考え方

2 (1)・(2)ひがたでくらしている二種類《しゅるい》のカニについて書かれていることを、しっかりととらえましょう。

248ページ▼力をつける問題2

1 (1)(例)親鳥がほとんど見あたらない

(2)「これ」…(例)黒っぽい毛をしたヒナがかたまっているところ。

「クレイシ」…(フランス語で)保育園

(3)交代で(、食べものをとりに出かける。) (4)(例)たくさんの食べものが必要になるから。 (5)イ

考え方

1 (5)「親鳥は、二羽《にわ》とも海へ…」の文から考えましょう。

ここに注意!

1 (2)「ペンギンは、保育園《ほいくえん》をつくるおもしろいとくちょうのある鳥として、よく知られています。」という一文に着目《ちゃくもく》しましょう。

250ページ▼力をのばす問題1

1 (1)うんとガッシリ・二足で立ちあがった

(2)(例)足跡はほぼ一直線上にならんでいること。 (3)ア

考え方

1 (3)最後《さいご》の段落《だんらく》に、この文章《ぶんしょう》の結論《けつろん》が書かれているので、そこから読み取《と》りましょう。

252ページ▼力をのばす問題2

1 (1)(例)インドのもの(インドのカレー)・日本人にあうカレー

(2)カレールー (3)3

(4)・(例)カレーの肉は小さくきってあるし、カレーのにおいが強いから、肉を食べるということが気にならなかったから。

・(例)日本人の食べなれていたごはんがいっしょだったから。(順不同)

考え方

1 (4)たくさん理由《りゆう》が考えられるなかで、二つがとくに取り上げられています。

ここに注意！
❶(2)「やがてカレールーが登場することによって…」の部分《ぶぶん》に注目《ちゅうもく》しましょう。

254ページ▼力をのばす問題❸

❶(1)イ　(2)まるでその木の皮をほしがっているようです。(3)サルの社会(4)・(例)ゴリラには食物をめぐってあらそう気持ちがあまりないこと。
・(例)どちらが強いか、勝ち負けでは問題を解決しようとはしないこと。
(順不同)

考え方
❶(1)前後の文の関係《かんけい》をおさえて、つなぎ言葉を選《えら》びましょう。

❸ 手紙・生活文・伝記など

258ページ▼練習問題❶

1 (1)①テスト　②反省
(2)(例)この次のテストは、落ち着いて、最後まで見直しをしようということ。

2 (1)四年一組一同から、焼津漁業協同組合のみなさまへ(出した手紙)。
(2)ア　(3)(例)いっぱいならべられていた二メートル以上もありそうな大きなまぐろ。

考え方
1 (2)いちばん最後《さいご》に、作者《さくしゃ》の決意《けつい》が書かれています。
2 (1)手紙文の最後の「後《あと》づけ」に書かれています。下の名前が書いた人(差出人《さしだしにん》)、上の名前が相手(受取人《うけとりにん》)です。

ここに注意！
2 (2)最初《さいしょ》に見学のときにお世話《せわ》になったお礼《れい》がのべられていることに着目しましょう。

260ページ▼練習問題❷

1 (1)ウ
(2)一人でとるときも、ここへ来れば、すぐたまるぞ
(3)(例)くわをふんづけたり、ひっかいたりすること。

2 (1)五(5)人　(2)しず　(3)ア
(4)①△　②○　③○　④△

考え方
1 (2)「〜と思っていると」という言葉《ことば》に着目しましょう。
2 (1)「進治《しんじ》、高司《たかし》、実《みのる》、登《のぼる》、しず」の五人です。
(3)進治の「早くしないと、学校が始《はじ》まるぞ。」という言葉から考えます。
(4)人の動作《どうさ》や、せりふの言い方などを説明《せつめい》しているのが「ト書き」です。

262ページ▼練習問題❸

1 (1)(例)日本で最初に近代的な日本地

図を作製したこと。

(2)(例《れい》)伊能忠敬が天文学者高橋至時の弟子になったとき。

(3)(例)学問に対する燃えるような情熱。

2 (1)さなぎ(になっていく様子。)

(2)(例)さなぎになる場所によって、その色がちがうと聞いたことが本当かどうか調べるため。

(3)四センチ七ミリ

考え方

1 (3)「元名主《もとなぬし》としての義務感《ぎむかん》」もあったでしょうが、それは主《おも》な理由《りゆう》ではありません。

2 (2)「赤いさなぎになるかどうかをためすため。」としても正答《せいとう》です。

264ページ▼力をつける問題1

1 (1)①前書き ②本文 ③後書き

④後づけ (2)イ

(3)あきお君もいっしょにぜひおいでください

2 (1)①(例)わたしは、少しかぜ気味だったこと。②(例)学校に行って、サッカーをしたこと。③(例)児童会の会長選挙があったこと。

(2)・わたしは、少しかぜ気味なので、起きるのがとてもつらかった。・わたしはよかったと思った。(順不同《じゅんふどう》)

考え方

1 (2)おじさんを時代祭《じだいまつ》り見物《けんぶつ》にしょう待《たい》しています。

2 (1)三つの段落《だんらく》に一つずつ出来事《できごと》が書かれています。

ここに注意！

2 (2)「つらかった」「よかったと思った」などの言葉に着目しましょう。

266ページ▼力をつける問題2

1 (1)①(例)急にむねがどきどきしてきた。

②(例)心細くなってきた。

③(例)がっかりした。

(2)(例)知らない町で

2 (1)五(5)人 (2)てんぐの面

(3)ア (4)いたずら

考え方

1 (2)「道にまよったときのこと」なども考えられます。知らない町で道にまよったことがわかる題名《だいめい》なら正答です。

ここに注意！

2 (1)悪太郎《あくたろう》を数えるのを忘《わす》れないようにしましょう。(2)は若者《わかもの》2のせりふ、(4)は村の男のせりふ、(3)は若者1のせりふからわかります。それぞれ悪太郎のことを何《なん》と言っているか注意《ちゅうい》しましょう。

268ページ▼力をつける問題③

❶ (1)広岡浅子
(2)(例)次の新時代に生き残れるかどうかという、大商人にとってとてもきびしい時代。
(3)一代の女けつ

❷ (1)(順に)3・1・2
(2)おじさん
(3)(例)マスは冷たい水の中に住むから。
(4)ひやりとした雪を思わせる。・部屋のすみずみからとてもいやなにおいがする。(順不同)

考え方

❶ (2)二番目の段落に書かれています。
(3)「女けつ(女傑)」とは、すぐれた知えと行動力《こうどうりょく》をもった女性《じょせい》のことですが、「男まさり」というニュアンスもふくみます。

270ページ▼力をのばす問題①

❶ (1)学芸会(のあった日。)
(2)ウ・オ(順不同)　(3)イ
(4)くださったので

考え方

❶ (1)「今日は学芸会《がくげいかい》がありました。」から読み取《と》りましょう。
(2)前書きと後《あと》書《が》きの部分《ぶぶん》にお見まいの気《き》持《も》ちが、本文に学芸会の報告《ほうこく》が書かれています。

272ページ▼力をのばす問題②

❶ (1)土手　(2)イ
(3)(例)一ぴきもつれていないのが、はずかしかったから。

❷ ①イ　②カ　③ア　④エ　⑤オ
⑥キ(③・④・⑤は順不同)

考え方

❶ (2)ひろしのせりふから、ひろしの気持ちを想像《そうぞう》しましょう。

ここに注意！

❶ (1)前書きの部分もきちんと読みましょう。

274ページ▼力をのばす問題③

❶ (1)①一八二二年　②ドイツのシュヴェリーン近郊　③トロイアを発くつしたこと(で知られている)。
(2)(例)いつかトロイアの遺せきを発くつしたいということ。
(3)(例)ホメロスの創作。　(4)イ
(5)一八七〇年　(6)ア・ウ(順不同)

考え方

❶ (4)前の内容《ないよう》とは逆《ぎゃく》のことが次《つぎ》に来《き》ているので、イの「しかし」を選《えら》びます。
(5)「ハインリヒ四十八才のとき」などでも正答。
(6)子どものころのゆめを忘《わす》れなかったこと、苦難《くなん》の末《すえ》、事業《じぎょう》に成功《せいこう》したことから考えましょう。

276ページ▼力をのばす問題❹

❶ (1)税関・けんえき所・しんりょう所・船員の待合所・海上保安部の建物(順《じゅん》不同《ふどう》)

(2)①(例《れい》)外国へ行く人や日本に来た人の荷物などをけんさする所。②(例)船の中の人や動物がきけんな病原きんを持っていないかけんさする所。 (3)ア

❷ (1)セミのよう虫

(2)①横にしまのもようがある。②小さくて、耳のような形をしている。

考え方

❶ (3)さん橋《ばし》に向《む》かいながら、見えた建《たて》物《もの》について説明《せつめい》しています。

④ 詩

280ページ▼練習問題❶

1 (1)イ

(2)シャボン玉・庭

2 (1)世界一の音楽・すばらしい夏の歌

(2)(例)ひぐらしがあまりいい声なので、はずかしくなるから。

考え方

1 (1)定型詩《ていけいし》は、音数やリズムが一定《いってい》のものをいいます。

2 (2)自分たちよりいい声なので、小鳥たちがはじらうだろうというのです。

282ページ▼練習問題❷

1 (1)二(連)

(2)夕日・ぼくら

(3)ア・エ・オ(順不同)

考え方

1 (3)くり返《かえ》されている言葉《ことば》や、夕日が「おしてくる」「よびかける」などの表現《ひょうげん》に着目《ちゃくもく》しましょう。

284ページ▼力をつける問題

❶ (1)イ (2)地球

❷ (1)五(連) (2)身近

ここに注意!

❶ (1)「地球《ちきゅう》は/みどりを着るのが好き」という表現に注意《ちゅうい》しましょう。

286ページ▼力をのばす問題

❶ (1)不思議 (2)四(連)

(3)ア・エ(順不同) (4)ウ

考え方

❶ (4)一～三連《れん》では、作者《さくしゃ》はさまざまな自然現象《しぜんげんしょう》を「不思議《ふしぎ》でたまらない」と思っていますが、四連では、そのことを他《ほか》の人たちは「あたりまえだ」ということが「不思議でたまらない」と感《かん》じています。

288ページ▼力をためす問題❶

❶ (1)(例)油をなめること。

(2)1 がっかり

2 (例)油をすっかりなめて・あんどんがともらない

❷ (1)(例)みんな、服や手に、土がこびりついていること。 (2)イ
(3)(例)にげだしたウサギをつかまえるのを、あきらめないでよかった

考え方

❷ (2)・(3)「みんな、服《ふく》や手に、土がこびりついていた。」のと同じように自分もよごれていたことや、その後のみんなの話からも、みんなでウサギをつかまえられたことの喜《よろこ》びが伝《つた》わってきます。

290ページ▼力をためす問題❷

❶ (1)[6]
(2)十数本(ある)大きな谷 (3)ウ
(4)・(例)まだできてから新しいから。
・(例)雨をすいこみやすい溶岩や灰によって川がなく、水でけずられにくかったから。(順不同)

❷ (1)ウ (2)甘いケーキのかけらなど
(3)まず最 (4)におい

考え方

❷ 動物《どうぶつ》たちは、どんな「ことば」をもっているかということを取《と》り上げた文章《ぶんしょう》です。ここでは「アリ」について書かれています。

ここに注意！

❶ (1)「…続《つづ》くのでしょうか。」という問《と》いかけに対《たい》する、[6]段落《だんらく》の「…なってしまうことでしょう。」に注意しましょう。

292ページ▼力をためす問題❸

❶ (1)ア (2)ぷんぷん・ぼうっと・コツコツ(順不同) (3)ウ (4)イ
(5)エ

❷ (1)イ
(2)お母さんの小学校の卒業文集

考え方

❶ (4)[2]〜[5]の段落には、お母さんの病《びょう》室《しつ》に向《む》かうまでの作者の気《き》持《も》ちが書かれています。

ここに注意！

❷ (1)「おばさんにお願《ねが》いしたいことがあって、…」の文に着目しましょう。

294ページ▼力をためす問題❹

❶ (1)津田梅子
(2)(例)そのころの日本では、女の人が学問をするのはめずらしいことだったから。 (3)女子教育

❷ (1)①(例)カタツムリのたまご(カタツムリがたまごを産む様子)
②(例)カタツムリのふん(カタツムリがふんをする様子)
(2)①直径二ミリメートルぐらい
②真っ白いゴムまり
(3)直径三ミリメートルぐらいのあな

❸ (1)三(連) (2)人のこころ

考え方

❷ (2)②「…(の)ように」は、たとえを表《あらわ》

す表現《ひょうげん》です。

ここに注意！

❶ (2)――線の前の部分《ぶぶん》に書かれていることをきちんとおさえて読みましょう。

第3編 書く・話す・聞く

第1章 書く

① 書き方の基本

000ページ▼練習問題❶

1 ①、②。③、④、⑤、

2 (1)(例《れい》)雨がふってきたが、かさを持っていなかったので、走って帰った。
(2)(例)試合に勝ちたいので、一生けん命練習したが、負けてしまった。

3 イ→オ→ア→キ→エ→カ→ウ

考え方

2 前の文と後の文の関係《かんけい》を考えてつなぎましょう。

302ページ▼練習問題❷

1 (1)①わたしは、笑いながらにげる弟を追いかけました。②わたしは笑いながら、にげる弟を追いかけました。
(2)①昨日わたしはお母さんと、弟をむかえに行きました。②昨日わたしは、お母さんと弟をむかえに行きました。

2 吉田さんが学校の帰りに秋本さんに会いました。「秋本さん、今日わたしの家に来ない。」とさそいました。秋本さんは、「わたし、山下さんから『遊びに来ない。』と言われているのよ。」と言いました。すると吉田さんは、「では、明日いらっしゃいね。」とさそいました。「ありがとう。」二人は手をふって別れました。

3 (1)イ (2)ウ

4 (1)イ (2)次の日曜
(3)どうしたのかな・うれしかった

考え方

2 会話の部分に「　」をつけます。「　」の中に「　」を入れるときは、中の「　」を『　』にします。

332ページ▼力をためす問題❶

❶ (1)先生は、「代わりに、あなたたちがお手伝いしてくれないかしら。」と言いました。(2)昨日の夕方、沖縄のおじさんから荷物がとどきました。めずらしい野菜が入っていて、わたしは、「このぶつぶつしているのは何。」と、おばあさんにたずねました。(3)このあいだの夜、兄さんとおふろ屋さんに行ったとき、星がたくさん見えました。兄さんが、「あれがオリオン座だよ。」と言って、南の空を指しました。

❷ (1)ウ　(2)①イ　②ウ　③イ
(3)やすし君はすごいなあ、よく練習していいるんだなあ。
(4)始めました→始めた

❸ ②・⑥・⑧(順《じゅん》不《ふ》同《どう》)・ウ・オ(順不同)

考え方

❸ 前日の天候《てんこう》などは必要《ひつよう》ありません。

334ページ▼力をためす問題❷

❶ (1)心→信・返→帰(順不同)
(2)エ　(3)ウ　(4)③

❷

友達のけが
四年三組　山川ゆうか
①今日の昼休み、校庭でドッジボールをしま
した。そのとき、大山さんが、ボールを受け
そこなって、鼻血を出してしまいました。
③「大山さん、だいじょうぶ。」②
と聞くと、大山さんは、
「血が止まるまで、静かにしていれば平気よ。」④
と言いました。そこで、わたしが大山さんを
日かげにつれていきました。

❸ ①ウ　②ア　③イ　④エ

考え方

❶ (3)「もし、ぼくが……むく鳥だったら」「もしも、ぼくがむく鳥の父親だったら」などの書き方から考えましょう。

❷ ①段落《だんらく》の初めは一ます空ける。
②一ますに入れる。
③一ます空けない。
④句読点《くとうてん》やとじかぎは、次《つぎ》の行の頭におかない。

第2章 話す・聞く

① 話すこと・聞くこと

340ページ▼練習問題

1 ①ウ　②キ　③オ　④イ　⑤エ
⑥ア　⑦ク　⑧カ

2 (1)ウ　(2)北村
(3)(例)根きょをのべたうえで、自分の意見を話しているから。

考え方

2 (2)ただ自分の意見《いけん》をくり返《かえ》しているだけの人もいます。

342ページ▼力をつける問題

❶ (1)小川
(2)(例)美化係の仕事をしてきて、何か気がついたことがあるかということ。
(3)ウ
(4)(例)係のみんなが、責任をもって働くようにするには、どうしたらいいかということ。
(5)(例)曜日によって当番を決めること。
(6)ウ

考え方

❶ (1)議題《ぎだい》を提示《ていじ》しているのはだれか考えましょう。

さくいん

・赤い数字は，中心的《ちゅうしんてき》な説明《せつめい》があるページです。

※ QRコードは(株)デンソーウェーブの登録商標です。

小学3・4年 自由自在 国語

編著者 小学教育研究会　　発行所 受験研究社

発行者 岡 本 泰 治　　©株式会社 増進堂・受験研究社

〒550-0013 大阪市西区新町2—19—15
注文・不良品などについて：(06)6532-1581(代表)／本の内容について：(06)6532-1586(編集)

Printed in Japan　寿印刷・高廣製本
落丁・乱丁本はお取り替えします。